U0908979

兰州大学新闻与传播学院
西北民族大学新闻传播学院
兰州城市学院传媒学院
西北师范大学传媒学院

联合推荐新闻实践读物

一面 社会进步变化的镜子

一部 记录甘肃发展的新闻史

一册 见解独到的深度报道集锦

我从陇上走过

——甘肃发展深度报道作品集

贾治堂　编著

蘭州大學出版社

图书在版编目(CIP)数据

我从陇上走过:甘肃发展深度报道作品集 / 贾治堂编著. —2 版. —兰州:兰州大学出版社,2013. 8
ISBN 978-7-311-03559-4

Ⅰ. ①我… Ⅱ. ①贾… Ⅲ. ①新闻报道—作品集—中国—当代 Ⅳ. ①I253

中国版本图书馆 CIP 数据核字(2013)第 197100 号

策划编辑 宋 婷
责任编辑 宋 婷
封面设计 管军伟

书　　名 我从陇上走过
——甘肃发展深度报道作品集
作　　者 贾治堂 编著
出版发行 兰州大学出版社 (地址:兰州市天水南路 222 号 730000)
电　　话 0931－8912613(总编办公室) 0931－8617156(营销中心)
0931－8914298(读者服务部)
网　　址 http://www.onbook.com.cn
电子信箱 press@lzu.edu.cn
印　　刷 兰州大众彩印包装有限公司
开　　本 787 mm×1092 mm 1/16
印　　张 20
字　　数 459 千
版　　次 2013 年 8 月第 2 版
印　　次 2013 年 8 月第 1 次印刷
书　　号 ISBN 978-7-311-03559-4
定　　价 49.00 元

地气·正气·人气

甘肃省记协主席、甘肃日报社社长
张瑞民

长期的宣传工作经历,使我结识了很多记者,他们或敏锐,或睿智,或热情,或冷静,不一而足。一个新闻事件,经过沉着判断,热情投入,冷静梳理,充分求证后才能写出客观公正且经得起时间检验的新闻报道来,这是新闻工作者的最基本素养。

《我从陇上走过》是一本新闻作品集,里面大多数文章是记者进行了深入的采访且在国内主流媒体上发表的。好的新闻作品必须由能接地气、敢担正气的优秀记者完成,而一个媒介有众多的接地气、担正气的记者,这个媒介才能出好的新闻作品,才能聚焦人气。

何为地气?即大地的气息。顺乎人理,接其自然。接地气引申到新闻工作中的含义就是要广泛接触老百姓,与最广大的人民群众打成一片,反映最底层普通民众的愿望、诉求和利益。记者、编辑不能让自己高高在上,脱离了群众的实际需求和真实愿望;文章也不应浮于表面,而是踏踏实实,深入人心。简单地说,就是要深入群众,走群众路线。

"走转改"活动的提出,说明我们在新闻报道中存在脱离实际、脱离生活、脱离群众的问题。有些新闻记者,习惯围着领导转,工作游离于群众之外,说话凌驾于群众之上;在新闻稿件中,官腔味儿严重,官话、套话多,群众语言少;在报道内容上,许多都是上层新闻,来自群众和基层的事例较少;在报道方式上,习惯用惯性思维,程式化写作,缺乏新意、感染力和吸引力。这样的新闻报道,不但不能反映群众的实际生活、解决实际问题,而且难以亲近群众,最终会影响新闻工作者和媒体的形象。

要增强新闻报道的可读性,就必须采访接地气、新闻接地气、记者接地气。"为了谁,依靠谁,我是谁"是记者的职业坐标。深入实际、深入生活、深入群众也是唯一正确的采访路线。

范敬宜老先生曾经说:"穆青把根扎在最厚的土层里,所以他有最肥沃的养分。"脚下粘有多少泥土,心中就凝聚了多少真情。反映人民心声,也是马克思主义新闻观的一个重要观点。

比如本书中的《甘肃320万亩农田遭遇退耕难题》一文,记者通过对甘肃全省18个县的全程采访,深入细致且条理清楚地讲述了在全国退耕还林政策紧缩的情况下,甘肃成为全国受害最重的地区,阐述了"来年造林任务去年秋季完成是甘肃多年总结林木成活的经验”，呼吁有关部门避免“一刀切”，而对于这项改革的推向深入，又提出了极富远见的建议。这篇稿件好就好在反映社会现实问题时，记者的新闻价值取向是建设性的，而不是恶意炒作，没有停留在提出问题的层面上，而是通过深入的调查、走访，以理性的剖析提出了许多中肯的意见，这些意见又是在广泛听取基层干部群众呼声的基础上形成的，因此对解决问题有着很强的针对性。

理性是新闻人所应具备的正气，也是正能量。

我们处于一个变革的时代，在种种社会问题、矛盾的交织下，人们往往易产生茫然、愤怒的情绪。能在这样的背景下保持一份理性与客观，敢于担当正气，是记者守护社会良知的职业底线。

能够接地气、敢于担当正气的优秀新闻工作者是媒体的财富，有了这样一些人、一群人，就可以聚拢人气，形成媒体自有的人脉，从而为媒体的品牌建设起到不可估量的作用。当前，媒体已经进入到品牌营销时代，媒体竞争的实质就是品牌竞争、人才竞争。因此，培养并推出一大批在行业内外有口碑、高素质、有知名度的记者、编辑，已成为媒体发展的第一要务。

值得一提的是，《我从陇上走过》中的文章几乎全部是深度报道，深度报道是新闻改革的结果，是报纸为应对电子传媒竞争发展而来的。所谓深度报道是运用解释分析预测等方法，从历史渊源、因果关系、影响作用和发展趋势等方面报道新闻的形式。最重要的是深度报道有着全方位的认识社会、社会干预和媒体提升的功能。

当前，互联网的“信息海洋”改变了人们的许多思想和认识，错误信息、不实信息、虚假信息时刻使大众在误读社会、误判政策、误导方向，所以只有运用深度报道的新闻手法，才能引导舆论、剖析事实，把握宏观背景，展示真实性，才能还原新闻本质，达到真正的传播效果。

由此更希望能有更多的青年编辑、记者用优秀的作品，实现自己的职业追求、事业梦想、人生理想，为媒体这座大厦增砖添瓦，推动社会全面发展。

一份坚守价值的品质

中国青年报社常务副社长
张 坤

认识甘肃经济日报社贾治堂先生还是通过《中国青年报》，通过他在该报上发表的文章。治堂先生的《我从陇上走过》中有10多篇比较深刻的文章都是发表在《中国青年报》上的，近10万字的作品发表在《南方周末》、《经济日报》、《中国经济周刊》等全国主流媒体上，这是一个好记者的成功和幸福。

不禁想起著名记者、新华社社长郭超人曾说过的一句话："大多数人能想到能做到的，而你想不到做不到，就当不了记者；大多数人能想到能做到，而你也能想到能做到，可以当记者，但不一定是好记者；唯有大多数人想不到做不到，而你能想到能做到，那么你就能当一个好记者。"

《我从陇上走过》正是"能想到能做到"的一个结晶。可以读出他对新闻这项事业的那份执著的爱，那份坚守价值的品质。作为一名地方媒体的记者，这是难能可贵的，最为重要的是，这些作品以深度报道的形式出现，读完总能给人留下启迪和振奋。

当新媒体越来越占据主要传播地位以后，外来的信息远远超出人们经验判断的范畴，尤其是现在的改革正在处于攻坚阶段，有很多新矛盾、新问题，要化解这些发展中的问题，回答大众关心的热点、难点，深度报道在这个"速食"的快速移动的时代，因为其稀缺而更显示其强大的生命力。

新闻记者同坐在沙发上沉思的政治家或历史学家毕竟不一样，他是个哨兵，甚至是个侦察兵。贾治堂有敏锐的眼光，有一个勤于思索、善于思考的大脑，能透过现象捕捉事物的本质，这一点是一个优秀记者必须具备的。

《我从陇上走过》中有很多文章是用了春秋笔法的，春秋笔法是目前很多媒体在追求可读性上惯用的一种新闻笔法。春秋笔法是孔子在写《春秋》时用的一种写法，它有两个很鲜明的特点：一是微言大义，以小见大。二是褒贬中规中矩，客观公正。

比如该书中的深度报道《兰洽会在鲜花和舆论中成长》运用春秋笔法比较成功。文章没有从正面去评价兰洽会，而以主办方的口气倒出无奈——"兰洽会如春节晚会一样，虽难办还得年年办。"事实上，随着兰洽会的声名鹊起和关注度、美誉度的提高，兰洽会始终摆脱不了褒贬不一的"口水战"，而这也是会展经济发展的一个必由之路。"经过计划经济和市场经济交替的洗礼,兰洽会的功能已经是‘灿烂之极归于平淡’”。通过大量的采访和数据的分析了解到兰洽会已经是“老百姓烦了,政府累了”的实际情况,得出兰洽会在市场经济中没有找到真正的定位,缺少创新,服务太少,包办太多的结论。微言大义:兰洽会既是商业活动,就必须由市场来决定,只有培育真正的市场主体,找准定位,才是唯一的出路。“兰洽会若能走出政府包办的圈子,有可能在目前取得巨大成就的基础上迎来更大的辉煌。”

像这样的例子该书中很多。有人称,目前媒体已经进入了品牌营销时代,新闻报道进入了观点时代,不管这个说法正确与否,但是具有高品质信息附加值的深度报道越来越受到了广泛关注,就像《我从陇上走过》里的很多文章。

穿越十年,记录甘肃变化;秉承数载,见证时代进步。

《我从陇上走过》字里行间不仅燃烧着激情,还充满了良知。一个人做到让人肃然起敬不是一件容易的事情,一个人的作品让人肃然起敬更是艰难的事情。但是年轻的贾治堂已经做到了。这是因为他的人品、文品和知识经验融入其中,不是偶然,而是必然的。

期待治堂先生今后能够继续保持这样的品质和精神,更加注重在调查研究的同时写出更多专业和史学、文学等方面的作品来!

是为序!

为时代发展鼓与呼

兰州大学新闻与传播学院院长、博士生导师
中华全国新闻工作者协会理事
张民华

踏着时代的滚滚浪潮，记录社会的点滴变迁，成为新闻工作者的使命和责任所在。

在转型期的中国社会里，矛盾错综复杂，社会问题丛生，尤其改革进入到攻坚克难的关键阶段，作为社会公平和正义守护者的新闻工作者，更需要用自己的职业敏感来观察社会，引导社会舆论，为社会发展与时代进步传递正能量。

对记录时代变迁发展的新闻人而言，不仅要有职业的责任意识，还要有承担责任的能力。这种能力体现在记者每一次采访报道的意识中，体现在采写的每一篇稿件中，体现在一句句的新闻语言中。这样的新闻报道才会发人深思，引领社会的进步与发展。

优秀的新闻人，在社会改革转型发展的浪潮中体现着自身的价值和意义，就是要敢于触碰敏感话题，引导主流舆论，要秉承理性态度和建设性态度，致力于推动问题的解决。只有这样，才会让自己从一名时代发展的记录者、观察者，转变成一名真正的时代发展进步的推动者和建设者。

当下，社会的发展和时代的进步需要新闻行业里有大量拥有这种责任意识和能力的工作者。诚然，这种能力并不是一个人生来就有的，需要自身不断地学习思考，需要不断地深入实际探究，需要用敏锐的目光去捕捉，需要执著的精神和坚守的品质。这也是时下新闻行业大力提倡的“走转改”之接地气的要求。

以独特的视角审视社会发展中出现的重大新闻题材，准确把握时代的脉搏，助推社会的发展前行，这是难得的“新闻人品质”。治堂是一位优秀的新闻人，他每次为我们兰大本科学生授课我都聆听，他的实践经验我认为大于理论、高于理论。他的众多新闻作品，记录展现的都是一些社会的热点、难点问题，都是时代进步、社会发展需迫切解决的民生问题，都是社会关注的话题。对这些热点、难点问题，他所采写的新闻报道中总是能够透过现象触及问题的本质，为一些社会热点、难点问题的解决，提出一些建设性的意见或建议，对推动问题的解决有着一定的启迪和借鉴作用。

在建设幸福美好新甘肃的今天，我们需要更多新闻人的鼓与呼，来守护社会的公平正义，为实现中国梦传递正能量。

见证历史

甘肃杂文学会会长、诗人
吴辰旭

能见证历史是一种幸福。

能见证并用笔记录历史的真实是一种智慧。

能见证并定格新世纪中国千年未有之大变局，不仅是一种责任，更是人生之最大荣幸。

作为一名资深的新闻记者，贾治堂的善良、诚实、敏锐，让他的记者生涯凝重而又多彩，深刻而又恣肆。

记者，其实就是行者。

有人说，记者的华彩文章是走出来的，这话有部分道理，因为不用双脚深入百业俱兴的火热阵地、风起云涌的在线现场、错综复杂的矛盾纠葛，你就不能感知改革开放中因社会结构的深刻变动、利益格局的深刻调整，和思想观念的深刻变化所引发的剧烈社会震荡和阵痛；但仅仅深入下去还不够，记者还要善于用双脚进行思考，要有一幅雷达式全天候进行思想扫描的大脑。贾治堂正是具备了“行”和“思”这两个基本素质，所以他在改革开放的大潮中，才能像一只高飞的猎隼，敏锐地捕捉到重大题材，及时发现重大线索，准确地把握时代的脉搏。所以，他的深度报道写得大气、宏廊、深邃，能见人所未识，发人所未达，视角独道，观点新颖，多为《经济日报》、《南方周末》、《中国青年报》、《光明日报》等全国性权威媒体发表或转载，产生了十分广泛的影响，也为党和政府推动改革开放向纵深发展提供了有力而真实的第一手资料。

行，既是现实，又是历史，当前脚落下后脚迈出的一刹那，现实就变成历史。因此，记者的行，既是在线，又是历史。世间的一切都是过程，行既是这个过程的实践者又是这个过程的见证者，而记者的行却因为思想和文笔，与历史邂逅，偕历史而行，走入时间的永恒，这正是记者这个行当的伟大之处。

贾治堂还年轻，把身影投入历史，并给时间以镌痕，让多彩的笔为一个崭新的世纪写真。

社会百态，秉笔直书

西北民族大学新闻传播学院党委书记　艾买提

古语有云，“以铜为鉴可以正衣冠，以史为鉴可以知兴衰。”李大钊也曾说过：“现在的新闻，就是将来的历史。”《我从陇上走过》每一篇深度报道都能告诉我们，在每一个社会事件发生时，总有一双犀利的眼睛注视着事件的真相，总有一个人在用一支金钱买不动的笔记录着社会发展和世间百态。

19世纪初，美国著名记者普利策曾这样形容过新闻记者：“倘若国家是一条航行在大海上的船，新闻记者就是船头上的瞭望者。他要在一望无际的海面上观察一切，审视海上的不测风云和暗礁险滩，及时发出警告。”

改革开放后，许多国外的新鲜事物流入中国，人们经过思考后，摒除了一些，吸收了一些。近年来，越来越开放的人们对每一个新生事物的出现增加了更多的怀疑态度。比如，很多人就认为去参见听证会的代表是政府请来的“托儿”。所以，在报道关于听证会方面的新闻时，想要做到客观公正，不受个人情感的影响，就需要很大的定力。

本书中《电价听证：没有悬念的较量》一文，针对甘肃省电价上调一事，作者在文章中，将反对方在听证会上提出质疑、政府五大理由回应质疑、电价到底有哪些成本列数详尽，并通过采访专家学者指出公众参与破解“价格围城”。这种采访与写作风格做到了客观公正，不干扰受众的判断力，真正做到了一个记者应做的事。通过这种深度报道、深度分析，民众更能了解政府所做决定背后的故事，也在无形之中增加了政府工作的透明度。

记者不仅仅要报道新闻，还要通过新闻引导社会的发展，因为记者是“瞭望者”，要告诉人们哪里有暗礁，哪里是一路坦途。或许，人们对记者也有这种心里期待吧！

近年来，每年的一号文件都是涉农的。《甘肃320万亩农田遭遇退耕难题》与《退耕还林：缘何成为“唐僧肉”》两篇文章，前者反映了定西市两个乡镇将土地退耕后无力还林，却又面临国家政策调整、退耕土地将被还耕的现状，展示了客观事实；后者反映了国家对当前国家粮食安全及耕地锐减的重视，挖掘了前者现象背后更深层的原因。

有句话说：“脚上有泥巴，手头就有好新闻”。在关乎农民生产生活的土地上面，作者奔走在田间，与农民深入交谈，将农民为退耕还林后再还耕所付出的劳动见诸报端。记者将农民的故事客观公正地展现在读者眼前，让读者身临其境般体会农民的苦衷；同时，这两篇文章也说明了部分政府部门的初衷也是为农民好，只不过“先斩后奏”的后果就是上面分下来的退耕还林指标不够用，补偿款与粮食不能按诺言发放到农民手中，国家却为国家粮食安全与耕地的减少担忧，为整个民族的发展着想，于是乎，就出现了“我该退耕，还是复耕？”这样的疑问。这个时候，记者的作用就在于将此矛盾展现出来，让读者和决策者去讨论。

记者是读者与事实之间的桥梁，在中国这艘巨轮前行的路上，我们需要更多的“瞭望者”来告诉民众事件的真相。及时发觉险滩暗礁，第一时间发出警告，这是一个记者的责任。

目　录

生态资源篇

民主法制篇

文化教育篇

精神文明篇

三农发展篇

民生经济篇

<<<

生态资源篇

甘肃320万亩农田遭遇退耕难题

仁和村的心事

仁和村村民白继信的财产原本包括一台17寸的黑白电视机、两千斤粮食,另外还有一头骡子“小黑”,桌上那部电话从不往外打,只用来接听在新疆当兵的儿子的来电。

那天早上牵着“小黑”出门时,老伴哭了,抓着缰绳死活不松手,白继信只好硬抢过来。在路上,他越走越慢,几次转过“不卖”的念头,“小黑”是家里唯一的耕畜,已经陪伴他们13年了,就像一个家庭成员一样。“小黑”似有灵性,打死也不走一步。但想起退耕要筹钱整地,白继信最后还是硬起了心肠。“小黑”以1500元卖了出去。

为了退耕的事, 头天晚上老两口已经吵了一架: 白家一共30亩坡耕地,2003年9月28日,村里召开全体村民大会,榆中县、哈岘乡的头头脑脑全来了,动员村民“务必响应政策”退耕还林,每亩地退耕之后,国家每年提供200斤粮食,20元现金,而且一补8年。主管农业的副乡长要求,“11月底完成仁和村8000亩退耕任务,完不成的,影响整体验收的要罚款”。

白继信兴冲冲地算了一笔账,如果30亩地退耕,一年就有6000斤粮食,600块钱,“这比种什么都划算”。他开始憧憬,用这笔钱可以修房子,还可以给老伴治病,最大的好处还有把他解放出来打个短工什么的。

白家是村里的贫困户,村子里如今住窑洞的已经不多了,白家是其中一个。

没想到晚上跟老伴商量时,这好事却遭到了反对,老伴竟然认为:“全国那么大,这样的好事,还能轮到咱这穷山沟?”家里的30多亩地是唯一的生存保障,老伴舍不得。

白继信觉得“女人见识短”,他家30亩地,全是连田埂都没有的山坡地,靠天吃饭,广种薄收,去年一共只收了3000斤麦子,亩产100斤。“这是明摆着的好事嘛”,他决定“响应国家政策”。

白家的这些地,被专家称为“坡耕地”,它是甘肃乃至西部水土流失的“首犯”。国家林业局曾公布数据说,“每年流入长江黄河的泥沙20亿吨,其中2/3来自坡地,全国有9100万亩25度以上的坡地急需退耕治理”。

村子里激动的不止白继信一个人,仁和村340多户1000多人,户均耕地30多亩,几乎全是坡耕地,去年的人均收入仅为800元,退耕还林的消息在村子传开后,简直像炸了窝,大家都抢着报名,和村委会签协议。

村民魏帮中当时还有点担心:“这好事能不能兑现?”在村支书周永桢拍了胸脯、给他看了红头文件后,他才放心下来。

退耕需要树种,可乡上一时拿不出购买树种的钱,当了十几年村干部的周永桢觉得“机不可失”,贫困的仁和村必须抓住这个机遇。他和村主任白兴才商量,干脆贷款买树种,等上面款子一到再补上。干部们雷厉风行,第二天,村长就以村委会的名义到信用社贷了4.5万元,打发人到县上买了杏树、胡条的种苗。

看着村民们的热情一浪高过一浪,周永桢当时还很得意,前两年别的乡镇退耕,大家都在观望,今年仁和村终于列入了退耕还林重点,本来他还担心村民反对,看现在这劲头,不亚于农业学大寨那年头。

10月12日,仁和村背面的山上人声鼎沸、热闹非凡,全村老小都出现在工地上。有人还从村委会找出一面旧得发白的红旗插在半山腰上。“那场面是承包到户以后再没见过的。”村委会主任白兴才回忆。

由于任务重、时间紧,仁和村好多家忙不过来,大家便商量订个价,让有劳力的人承包。白继信就是在这种情况下卖掉“小黑”,支付了1350元工钱,再说只留下3亩口粮田,耕畜也没有多大用,全村80%的人家都卖掉了耕畜。

提起整地,白仁志是累得最惨的一个。这位40岁的汉子有一身好力气,他用3天时间整完了自家退耕的10亩地,然后就带上妻子,没日没夜地开始承包。钱和粮食的诱惑对白仁志实在太大了。孩子小、父母年迈、家里缺粮是他最现实的困难,一个多月下来,他竟然整了110亩地。

从整了地之后,村民们就一直在盼上边的通知下来,谁也没想到,今年3月份等来了一个晴天霹雳——县里的通知说:“今年没有退耕指标,平整好的地全部复耕。”

去传达这个通知时,乡政府干部你找我,我推你,没人敢去。乡长哈明星没办法,只好亲自前往,他告诉记者,自己的乡长今年算是到头了,而且“经过这么一折腾,几年的扶贫全泡汤了,一部分农民又得返贫”。

面对纷纷找上门来的村民,村主任白兴才更是有苦说不出来,村里一共退耕8000多亩地,几乎涉及每一户,他觉得无脸面对乡亲们,“找了好多次,上面也没办法”,白兴才只好时不时在外面躲几天。他告诉记者,自己现在焦头烂额,不仅复耕工作难做,自己签字的贷款怎么还都不知道。

仁和村是兰州市北部的一个小山村,乡长哈明星告诉记者,政府已经初步估算过,每亩地一退一复,要损失200多元,因为平整后的地破坏了养土,在一两年时间里,“即使你把金子种上,地都不长”。

白继信的老伴当时就气病了,在床上躺了好几天,病好一些后,她和白继信陷入了“冷战”,拒绝做饭。4月16日,记者到村里采访时,白继信领着记者四处参观,站在村庄的高处望过去,周围满眼灰黄的山梁,一圈圈全是挖好的树坑,风吹过时,尘土漫天飞扬。

白继信告诉记者:“恨不得找人去拼命,但村上说是乡上的指示,乡上说是县上的指示,而县上说是省里的指示,我找谁去?”

说这话的时候，他蹲在地里，戴顶灰蓝的鸭舌帽，脸上是两团风沙吹出的腮红，眼睛里竟然有泪。

“风大吹的，风大吹的。”他对记者说。

两个乡镇的悲喜

回想这一年的时间，马骥觉得自己就像演了一场戏，翻云覆雨之中，自己的命运也因此变幻转折。

2003年3月，马骥走马上任宁远镇镇长，他的前任鲁生贵对退耕还林工作一向不太热心，从2000年试点一直到2002年，全镇一共才退耕8124亩地，而相邻的几个乡镇中，有的甚至是整乡推进，少的也退耕1万多亩地。

宁远镇一共有耕地10.05万亩，其中坡耕地占了大半，刚获提拔的马骥，迅速地调整了工作重心，在全镇的干部动员大会上，他算了个简单的账，“退耕1万亩地什么概念？国家一年拨到咱们镇的钱20万元，粮食200万斤，我们镇里全年的财政收入，也不过70万元”。

马骥决定把“退耕还林”作为一项扶贫工作来抓，其他乡镇这时已经探出路来了：退耕之后，农民不再投入种地成本，补助的钱粮成为净收入，林间还可发展畜草养殖，生态环境也改善了，腾出的劳动力还可以出门打工，一年再增收入两三千元，可谓一举几得。

“全镇30多个干部都动员起来了，”镇干部李文告诉记者，“去年秋季降雨多，全镇的工作重点就是退耕还林，干部们组成工作组，下到村里量线、规划、抓进度、把质量关，干得热火朝天。”

秋季一个月下来，宁远镇一举动员了4000多户农户，退耕地1.74万亩，是所有乡镇中完成面积最多的，可谓成绩斐然。这是马骥心情最舒畅的一段日子，“新官上任三把火”，他烧的这第一把火，看来就先声夺人。

2004年3月，安定区传来的消息，震得马骥好长时间回不过神来：区里一共只分到退耕指标两万亩，消化上年超标任务6268亩后，剩下的1.3万亩被凤翔等其他4个乡镇瓜分，宁远镇一个指标都没有。

马骥觉得自己被耍了，跑到区政府去讲理：“预安排时，答应给宁远镇5万亩指标，怎么现在不兑现呢？”不过区政府同样无奈，从国家到省再到市，退耕还林指标大幅削减，“僧多粥少，怎么办”？

事情就这样僵持着，马骥的情绪变得消沉。他知道很多老百姓都在指着他的脊梁骨骂，他也知道今年的“农业税费肯定收不上来”，“即使他们不骂，我心里也不好受啊”。面对采访的记者，马骥一直不抬头，不锈钢的茶杯在手里转来转去，他的办公室左边墙上贴着一封致全区人民的信，信的内容是宣传退耕还林优惠政策，右边墙上是镇领导分工，下面贴着照片和名字，记者注意到，镇长的名字已经全被抠掉了。

去年还感觉自己在仕途上春风得意的马镇长，现在已经心灰意冷，他说：“我也40多岁了，组织上怎么安排都行吧。”

正是看到一个个同僚都焦头烂额，陈天红的心情因此更显复杂，以致难以用一个词来准确描述，幸灾乐祸？不对，兔死狐悲？也不对，陈天红觉得自己是侥幸，想起来又有些后怕。

陈天红是宁远镇旁的杏园乡党委书记，辖下总人口8663人，耕地面积8万亩，在4年的退耕还林中，陈天红一马当先，整乡整流域(李家河流域)推进，并打出了“建设全区生态第一乡”的口号，到去年底，别的乡镇开始如火如荼展开退耕还林时，杏园乡早已完成退耕面积26773亩，鸣金收兵，也因此，在这次的调整中，杏园乡得以幸免。

对于自己超前一步的眼光，陈书记还是有点得意，他认为自己“抓住了政策机遇，就像炒股票，你不能涨的时候买，跌的时候卖，那不就套牢了”？去年，杏园乡的人均纯收入上升到1392元，这中间，退耕还林功不可没，乡里作过统计，全乡人均退耕3.1亩，人均补助的粮款折算为年收入403元，占到了全部收入的1/3。

更重要的是，通过3年的生态建设，杏园的环境已经有了一定的改善，领着记者四处参观时，陈书记说起了当地的顺口溜，“荒山秃岭和尚头，林草奇缺水如油，山下布满碱沟沟，一年四季人外流”。现在，这些荒山秃岭在退耕之后，种上了柠条、沙荆、红柳等耐旱植被，陈书记开玩笑说：“和尚头变了癞子头，长头发嘛，估计还得几十年。”

陈书记家在市区，任职杏园乡已经3年了，他对自己做出的成绩十分满意，但不知道能不能给他带来调回市里的机会。

甘肃省的两难困局

宁远镇和杏园乡，都属于定西市管辖。在此次退耕还林调整中，定西是重灾区，市退耕还林办负责人告诉记者：“目前统计上来的数字，去年秋季一共预先整地57.8万亩，结果分下来指标只有6.3万亩，我们当时一下都懵了。”

为什么在去年秋季就开始第二年的整地造林呢？刘青解答了这个疑问：“甘肃的气候春旱秋雨，大部分降水集中在7、8、9月，而且这时土地的墒情好，植树的成活率高。”

记者后来在北京的采访也印证了这一说法，国家林业局退耕还林办综合处刘青处长说：“造林各地有季节性，国家因此与各省签订责任书时，也有意回避了时间，当年的任务，事实上可以跨年度完成或者提前完成。”

定西市去年完成的退耕指标为64万亩，荒山造林49万亩，两者相加的数字为113万亩，创下历史新高，刘青坦言：“确实没想到，今年的退耕面积一下减了这么多。”

甘肃省退耕还林办主任谢忙义同样对此满腹苦恼：中央今年对退耕还林(退耕还林包括退耕地还林和荒山造林——作者注）作出调整，全国总任务5600万亩，其中退耕还林1000万亩，下到甘肃的指标只有45万亩。

“今年的指标比去年减少了88.75%，与已完成的整地和造林面积差距很大，”甘肃省省长陆浩在4月2日的全省林业工作动员会上说，“妥善解决这个矛盾，是我们认真贯彻国家宏观调控政策，保护广大农民群众切身利益的重大问题。”

甘肃省已经完成的面积有多少呢？省林业厅的一份情况汇报显示，2003年秋冬季节，全省已完成2004年工程建设整地、造林700.46万亩，其中退耕地整地、造林374.23万亩(造林230.74万亩，整地未栽143.49万亩），涉及14个地市州的86个县。

对于这一数字，谢忙义主任持保留态度，他告诉记者："这是各地报上来的数字，并不是省里的核实数。"但统计数无疑已经凸现出甘肃的窘境：一是国家计划任务仅能消化已造林面积的19.5%，尚有185.74万亩将无法兑现补助粮款，二是已整耕地既不能造林，也影响耕种，将直接影响农民收入。

记者在调查中了解到，陇南地区的个别乡镇已有村干部因无法向农民交代，有的外出打工，有的辞职不干。

对于甘肃的高层领导来说，目前燃眉之急的是两件事，一是向中央争取追加指标，二是组织农户对未栽种的田地复耕，"这就涉及一大笔钱，"甘肃省政府研究室农村处处长张泽林算了笔账，"140万亩未栽的地，每亩一整一复，损失在40元左右，如果赔偿，全省就要拿出5600万元。"

如果加上超标的185.74万亩已经造林的耕地，一年的补助粮款折合36亿元，"两项相加是一个天文数字，"张泽林说，"去年全省财政收入才80多亿元，这几乎占到全省财政收入的一半。"

记者查阅了甘肃省2003年的财政预算执行表，去年是甘肃财政收入创历史新高的一年，地方财政一共收入86.71亿元，而总支出达300亿元，入不敷出，200多亿元的缺口靠中央财政的转移支付。

靠地方财政来买单，无疑不太现实，但对这些超标的面积，要中央追加指标，谢忙义心里更没底，一个显而易见的逻辑是，在国家并未下达指标的前提下，甘肃的大面积退耕，无疑是"先斩后奏"，往年国家在11月底下达指标，今年却延到3月19日。谢忙义告诉记者："国家作出调整肯定有宏观上的原因，再说，各省都在打报告呢，这个口子怎么开？"

甘肃省林业厅、财政厅、农业厅等部门，都已分别向主管部门递交报告，甘肃省政府一位官员透露，"已经送上去的报告有十多个了"，记者在甘肃采访时，该省的一个专题小组又已经飞赴北京向国务院汇报。

与此同时，甘肃省省长陆浩在一次讲话中已经明确要求："严格执行国家计划，对已退耕还林，今年无法纳入国家计划的面积，在今后逐年纳入，予以兑现政策，在未全部列入计划前，任何地方都不得增加面积，对已整地尚未造林的耕地，要研究政策，采取措施尽可能复耕，千方百计做好群众的思想工作。"

记者获得的最新消息是，国家林业局已经派出调查组前往甘肃，并承诺"根据实际情况追加一定的指标"，甘肃省也已决定对复耕地进行补偿，甘肃省政府一位官员透露，"补偿标准还没最后敲定"。

（原文刊载于2004年5月13日《南方周末》，作者贾治堂、张立）

退耕还林:缘何成为“唐僧肉”?

在国家林业局提供给本报的资料中,对于这次退耕还林的政策调整,国家林业局局长周生贤将其定义为“适时性、结构性的调整”。

周生贤在今年3月19日的讲话中说:“根据中咨公司中期评估意见以及我局和西部办、发改委、财政部、粮食局等有关部门的调研结果,退耕还林必须在继续推进的基础上,进行适当调整,把握好规模、节奏和力度。”

“怎么理解适时性和结构性?”国家林业局退耕办综合处刘处长接受本报采访时说,“适时性是指当前国家粮食安全和耕地锐减等多方面因素,结构性则是经过几年大规模的退耕,已经到了一定程度,现在退耕还林的重点,将由退耕地为主,转到以荒山造林为主。”

耕地的压力

“近年全国粮食减产幅度很大,” 国务院一位研究人士告诉记者,“粮食安全是国家稳定的基础,不能不引起高度的重视。”

从国家统计局发布的《2003年国民经济和社会发展统计公报》可以看出端倪:我国去年全年粮食产量为4.3亿吨,比上年减产2639万吨。去年全年粮食种植面积14.9亿亩,比上年减少6720万亩。由于生产锐减,每年形成的粮食缺口高达250亿至350亿公斤,去年的缺口更高达500亿公斤,以致今年“两会”期间,不少代表呼吁政府要高度重视粮食安全问题。

这种重视从最近的电视新闻中都可以看出来,进入4月,胡锦涛、温家宝频频入访农家,鼓励农民种粮,并承诺以“不低于0.7元/斤的保护价收购”。

与此相对应的是耕地面积的锐减, 国土资源部今年3月公布,2002年全国耕地减少2529万亩,2003年减少3800万亩,1996年时我国的耕地总面积为19.51亿亩,到2003年底的最新数据已经减少到18.51亿亩。国土资源部的官员认为,建设用地、开发区圈地、生态退耕是其中的主要因素,在此背景下,从去年下半年开始,全国范围的土地市场清理整顿拉开序幕,强行收回了不少未经审批的建设用地。

也正是在此背景下,退耕还林工程开始进入国家宏观调控的视野。“退耕还林是粮食换生态,退耕之后给农民补助粮食,”中科院地理科学与资源研究所刘爱民博士分析,“此前决策的基础是认为粮食太多了,现在在粮食安全与耕地锐减的双重因素挤压下,退耕还林不可避免要受到冲击,因为它不仅减少耕地,还消耗粮食库存。”

国家林业局提供给本报的数据显示，退耕还林工程推行5年来，全国一共退耕造林1.08亿亩，补助农民粮食折合资金338.4亿元（注：中央政府以0.7元/斤的价格下拨购粮款给各省），换算成粮食483.4亿斤。

刘爱民博士认为："尽管看起来数字很大，但绝不是说退耕还林是导致粮食减产的主要因素，原因很简单，退耕还林主要退的是坡耕地、沙化地，亩产200斤以下，这些地本来就不该辟作耕地，10亩的产量也仅等于南方一亩。"

国务院一位研究人士也透露，在去年的粮食生产中，山东、福建、江苏、浙江等东南沿海省份，占到减产量的50%以上，主要是耕地减少，以及种植结构由种粮为主变成了以种经济作物为主。这些地区都未列入退耕还林的范围。

但毫无疑问，在国家"以最严格的措施控制耕地减少"的背景下，粮食安全又日益成为社会关注的焦点时，就势必调整了。"一旦认为粮食要出问题了，大家的神经就很紧张，"北京大学中国经济研究中心卢锋教授认为，"只要上升到国家安全的高度，决策就带有了很大的政治性。"

卢锋认为，粮食安全最近是不是构成了问题，学术界尚存争议，"而担心粮价上涨会导致通货膨胀，也是一个假设的逻辑"。1990年末的粮食体制改革最终以失败告终，根源正在于以行政手段替代市场功能。

事实上，卢锋认为，越来越多的迹象表明，新一届中央政府正致力于宏观调控，给中国过热的经济降温，在这一轮攸关大局的调控中，农业首先要起到基础的稳定作用，而真正的主战场在钢铁、房地产等领域，退耕还林政策调整，仅仅是一个侧面。

利益驱动的国家行动

如果分析退耕还林政策的整个历程，国家意志在其中所起的作用，一直在发生微妙的变化。兰州市政府办公厅农林处处长王宇和就认为，政策的实施过程中，存在复杂的利益博弈，而这些博弈，反过来又导致了政策的变化。

梳理"退耕还林"的历史，这个词见诸新中国的政策，最早要追溯到1949年4月，当时晋西北行政公署发布的《保护与发展林木林业暂行条例（草案）》中，第一次提到"林中小块农田应停耕还林"。

此后，退耕还林在新中国的各种政策中被提及至少7次，但真正转化为国家行动，却是在1998年，在经历长江流域的特大洪水后，中央政府痛定思痛，对西南西北尤其是长江黄河源头的生态建设，提升到"国土安全"高度，天保工程和退耕还林工程，正是在此背景下启动的，时任国务院总理的朱镕基，在视察西南西北6省后，首次提出了退耕还林的16字方针。

"这一政策的最大特点，就是将利益机制和市场法则导入运作之中，"定西市的一位基层官员告诉记者，"以往的生态改造，为什么总是雷声大雨点小，就在于以政治动员为主，没有解决利益机制的问题。"

在生态治理方面，定西无疑是一个值得解剖的标本，这是一个饱受生态恶化之苦的地区,清朝名臣左宗棠任甘陕总督时,就曾慨叹"定西苦瘠甲天下"。中华人民共和国成立后,周恩来总理在看到定西人民的生活状况时,不禁潸然泪下。

定西县志中记载,清朝康熙时还"立楼置门、伐木通道",而到咸丰之后,就已经是"千里陇原一片赤地"的景象。

对于定西是否存在过"林草丰美"的时代,兰州大学生态学专家王刚教授表示值得怀疑,但近代人口膨胀导致大面积开荒,无疑是生态恶化的主因,"人多就要吃饭,要粮就要开荒,"在王刚眼里,"粮食和生态的矛盾始终就存在,小到升斗小民要养活自己,大到国家因为粮食安全而暂时牺牲环境,动机并没有区别"。

"根据联合国专家的测算,定西的生态和环境承载力,最多16人/平方公里,而现在,1平方公里147人,超过了10倍,"那位基层干部告诉记者,"773万亩耕地,坡耕地就占667万亩,不解决谁来养活自己的矛盾,生态改造事实上就陷入了死循环。"

"国家补助钱粮退耕还林,事实上正是针对这一点,"那位基层干部认为,"这样就将生态环境的破坏者,变成了建设者和维护者。"

被争夺的指标

但利益无疑是把双刃剑,一方面,各省在退耕还林工作中表现出从所未有的热情,以甘肃为例,1999年—2003年,累计完成退耕还林建设任务1445万亩,累计获得国家投入31.12亿元,几乎等于前十几年的总和,水土流失面积和土壤侵蚀量明显减少;但另一方面,各个省也开始竞相争夺退耕还林的指标。

国家林业局提供的资料显示,1999年,退耕还林仅在陕西、山西、甘肃三省试点,2000年3月试点扩大到了17个省,而到2002年正式启动时,范围已经扩大到24个省和新疆生产建设兵团。

国务院一位研究人士认为,"退耕还林的主要目的,是针对西部的生态改造,但在范围不断扩大之后,就成了一块'唐僧肉',既无法突出重点,面积又越来越大,中央财政的负担也越来越重,所以采取措施调整也就势在必行了"。

对于甘肃超标建设的状况,这位人士认为同样存在利益的博弈,"每一级政府事实上都在超标建设,以拿到更多的指标"。记者在甘肃采访时也发现,例如宁远镇预安排指标1.5万亩,各村后来实际共完成1.7万亩,定西市预定指标42万亩,各区县实际完成57万亩。

在层层以"既成事实"为理由,要求上级政府"开口子"时,既要保证政令的权威,又要体恤黎民的疾苦,还要考虑政策的连续性,避免一刀切,或许,这是甘肃退耕事件最让人左右为难的问题。

对于整个政策的流变过程,中科院的刘爱民博士认为,其中体现出现有行政系统的鲜明特点,"值得作为案例来进行深层分析"。

(原文刊载于2004年5月13日《南方周末》,作者贾治堂、张立)

黄河首曲湿地遭受沙化之痛

黄河从巴颜喀拉山发源之后，一路浩浩荡荡东下，在青藏高原东部边缘突然形成了一个433公里的九曲黄河第一弯，甘肃省甘南藏族自治州玛曲县就被这第一弯所怀抱。

“玛曲”在藏语中意为孔雀河。玛曲县坐落在黄河首曲，素有“羌海”之称，是一个钟灵毓秀的地方。黄河在玛曲境内流经1.01万平方公里，占甘肃省境内黄河流域面积的59%。黄河在玛曲入境时水量只有20%，出境时的水量已达到65%，玛曲给黄河补水量达到45%，有“黄河蓄水池”之称。

然而，近年来黄河首曲湿地沙化触目惊心，沿黄河两岸沙化土地面积已达3.9万公顷，共有36处大型沙化点。截至目前，黄河沿岸已形成220公里的沙丘带。沙化严重，地下水位下降，玛曲境内数千泉眼已经干涸，流入黄河的27条主要支流中，已有11条常年干涸，16条河流成为季节河。

一直关注黄河首曲湿地的兰州大学杜国桢教授在一次国际研讨会上断言，甘南草原以现在沙化的速度计算，不出10年时间，植被平均覆盖率将下降50%，到那时，每年刮起的沙尘土量将达到4.699亿立方米。如果不采取有力的保护措施，黄河首曲将成为我国第四大沙尘暴源头。

“新”行当——草地变沙丘，牧民卖沙丘

甘肃省玛曲县环保局局长刘森告诉记者，玛曲境内沿黄河两岸的220公里，已经没有牧民居住了，草场退化面积达80万亩，共有36处大型沙化点，其中每年在流动的沙丘有2072公顷，沙丘最高达15米。

在玛曲草原的一沙堆旁，记者几次试图与藏族牧民然布考谈谈，但几次都遭到拒绝。对于记者的采访，他似乎觉得是“不怀好意”。

然布考在玛曲县算得上“有头脑”的人物。陪同采访的玛曲县委宣传部李向东告诉记者，2003年，玛曲县欧拉乡欧拉强村几户牧民的草场全部退化，沙化的草地上堆起了大沙丘。放牧是不行了，于是然布考看准了商机，找人撮合，以2万元的价格承包了草场。“这个草场有4个大沙丘，可是一笔财富。”然布考雇了5辆农运车，专门往工地上送沙子。

自称是甘肃临夏人的马小虎对记者说，今年初他就在这退化的草场上开始拉沙子。车是自己的，除了油钱，一天能挣80元左右。

对于记者的来访，和然布考一样，深受沙化之苦的玛曲牧民并没有流露出太多的好奇和希冀。县委一位负责接待工作的领导告诉记者，从2000年至今，县上几乎天天接待前来考察沙化的团体和个人，考察调研的不仅有记者、学者，也有方方面面的领导。县城唯一的首曲宾馆经常是人满为患，吃饭还好说，住宿有时成为县上最头疼的一件事情。

站在玛曲黄河桥上，放眼西望，的确可以感受到“黄河之水天上来”的磅礴气势，然而谁也不会想到，母亲河却正遭到如此严重的威胁。沿着黄河，记者行程几十公里，映入眼帘的都是黄河两岸大大小小的沙包和撂荒的草地，一阵风吹过，团团沙土落入黄河水中，随波消散。

1985年到2003年的18年间，玛曲沙化速度达20.94%。尼玛镇沙河村党支部书记胜利告诉记者，1999年是玛曲沙化最严重的时期，当年玛曲特别干旱，一刮起风来，黄沙直往黄河里灌。记者从有关资料中得知，1999年黄河五次断流，当时造成国家经济损失1000多亿元，仅山东一个省就达100亿元。“玛曲沙化严重是黄河断流的主要原因之一。”有关专家这样认为。

当地人——牧民生活日渐拮据

由于沙化，玛曲县贫困人口每年以5%的速度在增长。

玛曲所在的甘肃南部，海拔3300米~4806米，草场面积1288万亩，其中可利用草场面积1245万亩。玛曲草原的丰美是无与伦比的，因此有“亚洲第一草场”之称。

“以前玛曲到处是大片的水域，野鸳鸯、水鸭、水獭很多，尤其是在夏天，漂亮极了。但现在不一样了，由于沼泽周围的水草全被放牧，沼泽里面的水无法得到有效涵养，时间一久便干涸了。”玛曲县委书记才智说。整个玛曲，在冬春季因严重缺水不能利用的草场达301.6万亩，其中，因干旱引起的沼泽草场干涸速度越来越快，1980年—1985年沼泽草场保留面积103.42万亩，现在仅存52.38万亩，年均递减19.3%。

65岁的求加是尼玛镇秀玛村第四组的牧民，沙化、草场退化直接影响了全家生计。为了照顾这个十口之家的吃饭问题，县政府安排求加在县冶炼厂门房值班，并照顾他的小儿子在县艺术团打杂。他的大儿子索道告诉记者，2000年以前，家里的生活虽不是很富裕，但也过得去。自从2000年调整对换草场以后，他们家的日子一天不如一天，家境日渐没落。索道家的帐篷再简单不过了，席坐在草地上，记者环视四周，没有发现值钱的家什，只有一床被子搁在帐篷中央。

镇上的计生干部尹旦吉告诉记者，由于草地沙化和沼泽地疾病多，索道家已经四年没有养过牛羊，现在只能靠政府每个月给一点救济粮来维持生活。陪同记者采访的拉毛道恒，是连续五届全国人大代表，她对索道家的情况非常熟悉，她说：“每来一次，都要流一回泪。”今年初，香港慈善机构捐给索道家230只羊，原想这个家庭能脱贫，不料退化了的沼泽草地让牛羊染上了“大疱虫”病，150多只羊10天内全部死掉了。

据县政府的一位领导介绍，秀玛村近2万亩草场，目前直接沙化面积达5000多亩，全村26户人家，有8户牧民因草场退化放弃放牧，无以为生，沦为贫困人口。玛曲县提供的最新数据表明，玛曲90%的草场都存在不同程度的退化和沙化现象，沙化区的2500个牧民和近20万头(匹)牧畜已经开始无草无地放牧，近3000人因沙化逐渐变为贫困扶持对象。县上一位领导说："由于沙化，全县贫困人口每年以5%的速度在增长。"

知情人——过度放牧是沙化主因

兰州大学杜国祯教授对草原沙化情况再熟悉不过了。早在1999年，他所主持的课题组就对甘南草原沙化进行专项研究。"甘南玛曲草原退化，沙漠化扩大，虫害严重，许多泉水、河流干涸，直接影响着黄河上游的生态，如果不加紧保护，黄河就有断流的可能。"

2002年，杜国祯递交了一份研究报告。在报告中，记者看到他对草场的退化原因逐一进行了直言不讳的分析。

一是草地沙化速度惊人。玛曲境内沙化草地面积目前已达3.9万公顷，占全县草场面积的20%。经过检验测算，每年以6%的速度在增长。沙化截至目前直接导致2500多个牧民沦为贫困人口，而且每年都有因沙化产生的新贫困人口。

二是湿地和河流萎缩、干涸。由于受全球性"厄尔尼诺"现象的影响，玛曲境内数千眼泉水已经干涸，在27条支流中，有11条常年干涸，16条河已经成为季节河，大部分山谷小溪绝流。首曲湿地的大部分沼泽地干涸，面积达3.5万公顷。

三是过度放牧是草场退化的主要原因之一。玛曲草原合理的载畜量为182.31万个羊单位，现在最保守的数字是超载40万个羊单位，超载率为21.94%。严重超载放牧，使得草地植被生态趋于恶化，草场质量下降，诱发了土地沙化。

四是河岸塌方与水土流失严重。黄河首曲河岸塌方最宽处达1000米，据保守计算，每年至少有8000万立方米泥沙灌入黄河。

五是虫害、鼠害严重。高原鼠兔、草原毛虫大肆泛滥，危害面积达15万公顷。

六是滥采乱挖野生药材。玛曲境内每年有五六万外来民工进驻草原采挖野生药材，对草原生态造成严重的人为威胁。

七是由于生态恶化，不仅生物链受到影响，而且各类珍稀动物由1970年的230多种减少到目前的140种。

"目前最好的办法是禁牧、休牧，保护草场的涵养能力。"杜国祯说，按照每亩草地每年15元人民币进行植被恢复和提高牧产量的生态工程计算，玛曲县目前每年需要2亿多元用于草地改良。

追问——遏制沙化，玛曲要等多久？

甘肃省社科院一位专家建议，退牧还草已经成为首曲湿地的当务之急。但是"玛曲是一个纯牧业县，4万藏族牧民的主要生产资料是牛羊，如果不让他们放牧，既没有了生产资料，也没有经济来源，这是一对矛盾"。

玛曲县委书记才智是一个典型的藏族汉子，他说在发展畜牧业与保护草原上，玛曲在作痛苦的抉择，自上任以来，草场退化给他的压力一天比一天大，“退化治理是一个系统工程，也许10年、20年也完成不了”。

才智说，黄河首曲生态安危，关系到黄河流域12个省的安危。作为三江源头的玛曲生态保护，不仅仅是玛曲人民的事情，而且是全国、全社会的事情，保护好黄河首曲，就是保护好黄河，所以玛曲已从2003年开始实施退牧还草工程。

据玛曲县环保局局长刘森介绍，1996年以来，玛曲专门设立育草基金，每年投入100万元用于草原围栏和草原灭鼠，先后控制鼠虫害面积522.3万亩。1996年至1998年，在牧区开发示范工程，投资400万元，围栏改良退化草场1万亩，人工种草2010亩。1998年香港乐施会和兰州大学干旱农业国家重点实验室组织实施的高效畜牧业生态示范工程，总投资227万元，通过围栏补播、除莠、施肥、灭鼠等综合改良措施，改良治理草场面积10000亩。

“这只是杯水车薪，资金仍然是目前最大的难题。”刘森说，玛曲县环保局已申请将首曲湿地设为国家级生态功能保护区，该项目总投资1.75亿元，目前甘肃省发改委已经批复立项，但国家能不能批复，还是一个未知数。

早在2003年和2004年的全国“两会”上，甘南藏族自治州委书记陈建华两次提交“首曲湿地保护”议案。陈建华告诉记者，第一次到玛曲检查工作时看到沙化如此严重，他感到震惊，也很难受。为此，陈建华在甘南藏族自治州提出了“以发展促稳定，以稳定促发展”的思路，要保护好资源，合理利用好资源，实现可持续发展。

离开玛曲的时候，兰州大学杜国祯教授已经飞赴上海，参加那里举行的一个研讨会，杜教授临行前告诉记者，在这次研讨会上，他还要为首曲湿地保护而呼吁，呼吁社会更多地关注首曲，了解首曲的生态状况，让全社会参加保卫黄河战役。

（原文刊载于2004年9月12日《经济日报》，作者贾治堂、李琛奇）

玉门在搬迁中艰难重生

玉门市离汉代玉门关有上百公里，离清代玉门县旧址约70公里，它高高地蹲伏在祁连山绵延重叠的余脉上，倚靠着白雪皑皑的雪峰。

这里是诞生中国第一口油井的地方，这里是诞生中国第一个油田的地方，这里是诞生中国第一个石化基地的地方，这里是孕育大庆油田、胜利油田、克拉玛依油田的地方，这里是养育和繁衍中国现代工业的地方，这里曾经激荡着整个民族的光荣与梦想。

但现在，它是一块弃地。20世纪末玉门油田曾经面临枯竭。21世纪初玉门市和玉门油田作出一个决定：迁移。

于是玉门走上了它的衰落与末路，就像一名功勋卓著的战将，只是英雄迟暮。

玉门——石油枯竭后的艰难重生

三个女人抱一个孩子坐在玉门市南头的一片废墟里。要不是听这三个女人说起，真不知道几年以前这里曾经是玉门的繁华市区，1000多人曾经生活在这里。住宅楼房连着油井，磕头机不停地转动，街道、商店、市场、学校……一派繁荣。

但是，一切都没有了，包括曾经使用过的名字：东岗北村。

废墟里的生存

废墟里住的是最后一名钻井工和他的妻子、儿子、媳妇和孙子。窦占明是玉门油田分公司采油综合6队的退休职工，1958年20岁的时候从甘肃张掖被招工，来到玉门，是一名修井工。这一排房子是他用5000块钱买下的，而现在连800元也很难出手了。

这三年，他眼睁睁地看着这座城市怎样被肢解、生活怎样戛然而止、熟悉的人群四散而去。

先是簇新的四幢大楼被以每幢8000元的价格出卖，铁锤咚咚地扒出了里面的钢筋；接着他房前屋后十多幢平房变成了瓦砾，一整幢的房子以一块块的红砖出售；男女老少仿佛一夜之间消失殆尽，马路上不再有人行走，房子里不再有人的笑声。

所有能变成钱的东西都被拆走了。粗大的暖气管道拆了，他家断了暖气；门前马路上的十多杆路灯卸得只剩下一盏，早就不亮了，照明电线也被拆了卖了破烂，他家的照明只好从一口还在工作的油井上扯了一根线。一大群来自农村的拆砖头捡破烂的人住进了废墟，成为他的新邻居，但大家互相提防着、观察着，互不讲话。

整个东岗村在三四年前有好几千人，想住这里的楼房都要走后门，每天接送职工上下班的通勤车“能把人挤死”，车一来大伙一拥而上，甚至有人胳膊被挤断过，后来不得不规定按工龄的长短先后上车，窦占明向记者诉说着。

窦占明50多年从来没有离开过玉门，从住地窝子、破棚子到住红砖的平房，看着一幢幢新楼在身边盖起来，又看着这座活生生的城市，被拆分成一块块的砖头和水泥板卖掉。

玉门的兴盛是从1992年开始的。窦占明的感觉最强烈，从那时起，他拿了20多年的60多元的工资开始往上涨，城市的上空搭着无数脚手架，楼房呼呼地生长出来，大批的四五十岁的老石油们乔迁新居，年届三十的石油工人成群地结婚，但热闹的景象也就持续了十年。玉门好像一步就从兴盛跨进了凋落。

全玉门市66个居委会2001年缩减成33个，今年4月又缩减成12个，大片大片的工厂倒闭，大片大片的厂房住宅被夷为平地。

玉门人口锐减始于20世纪末，当时玉门油田年生产量下降到35万吨，玉门油田开始将力量投入新疆吐哈油田，职工整装调离，至2001年玉门人口从10万减到6万。

明年，窦家也要随着迁城的石油职工一起到酒泉去生活，他在废墟里坚守三年的生活也要结束。

在一片废墟里，有女人正在打水，这是一家从临夏来的农民，他们赖以生存的办法就是拆除这座城市，在她家的墙上写着几个显得稚拙的字：砖，要多少有多少。

光荣与梦想

玉门老君庙，中国石油的发祥地。站在高处，看到大地的巨大裂隙，河水深切之处，露出了地壳内部的秘密。中国的第一口油井就开凿于谷底。据说当年这口油井是以人工的方式开挖的，人工洞挖至23米处黑乎乎的油便流了出来，继而进一步钻井，得到一个日产10吨的油井。这是1939年8月11日，中国第一口油井，它的发现者是孙健初。

老君庙因此成为中国石油人的朝圣地，这个巨大的河谷就是中国石油发展的横断面。

高高耸峙的山崖底部，密集地分布着一个个黑黑的洞穴，那就是石油工人最早住的地方，玉门市委宣传部外宣办主任万宗平说，他的父母就在那些洞穴住过，他的大哥就是在洞里出生的。沿着这些洞穴向上，是整个中国石油发展的路径，它们是越来越新的磕头机，越来越亮的储油罐，石油人也从谷底的洞穴住进了平房，然后是楼房。

这里还是铁人王进喜曾经工作的地方，新中国成立前他以一个放羊娃身份进了玉门油矿，后来成为玉门油田的一名钻井队长。

现在老君庙的第一口油井在贡献了半个世纪之后枯竭了，老君庙油田也已经成了一个低产区，除了它的符号意义之外，这里已经成了一块鸡肋。巨大的厂区和成幢的住宅之间没有一个人行走，长久的寂静之后响起汽车的声音，一辆中巴公交车，下来两三个人，但是不一会儿人就不见了，四川方言的声音消散在风里，几个人仿佛被巨大的空寂吞没了。

在大庆石油开发之前，玉门开采的原油占全国总量的87%。新中国成立以来，玉门为国家上缴税收120多亿元，先后培养了70多位省部级干部，向全国兄弟油田输送专业技术人才、石油工人20多万人，支援设备2300多台件。截至2002年，玉门共开采原油1亿吨，据说，如果用装载30吨的卡车排列起来，可以绕地球1.6周。

东岗，玉门的坟场。这是全国石油系统最著名的墓地。全国每一个油田都有人来这里上坟，因为有油田的地方就有玉门人。葬在这里的已经有四代人了。

被撕裂的生活

2001年，王门油田选择下撤酒泉市，生活与办公基地设在酒泉，只把玉门作为生产区；玉门市则选择搬迁到70公里外的玉门镇。两家走的刚好是一东一西两个方向。

一对在一起厮磨生活了近50年的兄弟突然各奔东西，一座半个世纪的城市在一道政令下要被舍弃，就像一个有血有肉的人突然被撕成两半一样，痛苦应该是刻骨铭心的。

陈一琳(应被访者要求隐去真名)一家正在经受这样的被撕裂的痛苦。

这是一个三口之家，一家三口将被分裂成三部分，呆在三个不同的地方。陈一琳的单位是玉门市的，丈夫是石油职工，孩子三岁。丈夫必须跟油田搬到酒泉市去，而妻子必须跟着工作搬到玉门镇(玉门市新址)去，孩子得留在老玉门市。一家三口将被分布在一个大三角形的三个角上，每周一次的会面将会变得很奢侈，因为每周来去的交通费用将花去她工资的四分之一，而不见面的痛苦又是一家人难以承受的。

对于这个家庭来说，真是“相聚时难别亦难”。三年前，为了和丈夫团聚，陈一琳抱着做一辈子家庭妇女的决心，选择了从新疆的一家学校辞职来玉门。他们在玉门买了房子，安顿下生活，生了孩子，她也有幸找到了一份不错的工作。现在她又面临着一次选择：是忍受分离的痛苦去工作，还是再一次辞职回家做一名家庭妇女。

好女嫁石油郎，一直是玉门市民婚姻选择的主流趋向。现在，这种血肉相连的关系却必须因为一个行政的划分而撕扯开来，真有些血淋淋的感觉。

陈一琳所在的单位有50名职工，其中有9个家庭面临着这种分离，除去未婚的，接近四分之一。按这个比例来算，整个玉门市现有的6万人口将有近千个家庭不得不分成几瓣儿。

夫妻因为单位的搬与不搬而分离，老人们因为搬不动而离开子女，孩子们会因为跟父母还是跟爷爷奶奶的选择而痛苦，还有因为刚刚在老市区买了房的，他们为无力再在新城购房而犯愁；有依靠老城而生活的，去了新城就没有了生计。

每个小家庭都在为分离算着账，分离的成本要小家庭承担，情感的付出也得由每个人体验，一座城市中几千户上万人，都将以一种来来去去的奔波相聚了再分离的状况生活，其间的成本有多大，没有人计算过。

贬值的城市

解放门紧临着玉门汽车站，是玉门的繁华之地，这里饭店多，客流量大，各种店铺一个挨一个。中巴公交车招手就停，出租车在这里等活儿，街上的行人从容地走路，从外表看不出发生了什么变化。

看不见的裂痕发生在这个城市的最深处,这是致命的裂痕,它已经从城市的根部开始慢慢地向上蔓延、侵蚀,让这座城市萎靡不振。

迁城决定作出后,解放门的生意一路下跌,今年春天跌入最低谷。各家店铺纷纷转让、关门,开着门的生意也一落千丈。天宝火锅店曾经是这条街上最火的馆子,现在每天有两桌客人就不错了。一家叫小香港的理发馆在一年之内四易主人。

玉门最有名气的理发店“梦魅美容美发”的老板娘说,他们十年经营积累下来的老顾客走了一半,自己也肯定会跟着这些顾客往酒泉走的,但因为店铺才装修不久,走了实在可惜,挺着干一段时间再说。

林家铺子的女店主说,过去每天烟酒的销售额在1000元,现在跌到了100元。生意没法做下去,大家都吵着要退店,出租者只好把租金降下来,但这也留不住人,老板们不再看中玉门的商业前景,带着自己积蓄的资金向酒泉、向嘉峪关、向敦煌而去。

最先抛弃玉门的是年轻的女人们,不知什么时候开始,她们不再在玉门消费,她们时髦的货色都来自于酒泉,她们新款的烫发、尖头的皮鞋、绣花的牛仔裤都来自于玉门以外的城市。

几十年的经营旦夕之间化为灰烬。一切都在贬值,过去的旺铺如今门庭冷落,过去非常值钱的固定资产,忽然就变成一堆废物。从高楼大厦到平民住宅都在贬值,玉门人戏言:“啥都不值钱了,连人也贬值了。”

玉门市百货有限公司正在经受这样的贬值痛苦。这家和玉门一起成长起来的国有商业企业曾经是甘肃省县市级商业排头名的企业,更是玉门商业的龙头老大,它下属的商业网点遍布整个玉门市区、城乡。

2001年商业企业进行改制,玉门百货有限公司改为持大股经营,让人想不到的是自迁城议题提出后,形势急转直下,销售额从5000万一路下跌至不足200万,下属的民族商场、玉门商场、18区商店、批发公司等七八家商场、商店大部分关门,商场固定资产由原来“红红火火的商场变成不良资产,有的贬值为零,卖都没人要,只好卖残值”(公司董事长语),勉强维持的百货大楼、玉门商场二分之一闲置。

记者在百货大楼看到,偌大的商场里竟然没有一个顾客,摊位主们聚在一起聊天,商品黑黢黢的没有生气。公司董事长说现在每节柜台的出租金从400元至800元降到了130元、150元,但来自温州、广州的商贩们还是全部撤出,比较有名的品牌也拆了柜台。现在承租摊位的都成了原商场的职工,但他们的进货渠道和经营意识大不如南方商人。

公司董事长认为商业企业的职工在搬迁中是被甩下的一群,他们所依靠的企业全部都垮了,职工手中所持的企业股全部贬值,养老、医药都无法保证,更不用说企业拿出钱对职工进行搬迁补贴了。在这种情况下,商业职工不可能到新城去买房,“都被甩在老城了”。

在采访中记者得知,公司的20位管理人员,自2004年起就没有开过工资。水、电、暖、税、老职工医药费都是刚性的支出,有人说,“我们就要维持不下去了”。

离开的和留下的

能够找到更好出路的人从某种意义上来说真的是“有本事”的人。玉门市第二人民医院自去年年底到今年初一就走了8个中级以上职称的医生。

让医院院长王华政痛心不已的是有5个人根本没办任何调离手续，把人事关系、工资关系一扔就走了，“思想工作”、“挽留”、“卡”，一切办法都失去效用。

走掉的人当中有两个是技术精湛的外科手术医生。这两人过去都是医院花钱送出去进修过的。第二人民医院总共有中级以上职称的医生38人，不到半年时间8个人离开，其表面影响是对科室力量的削弱，看不见的是人心的涣散。对于已经经受着玉门人口骤减打击的第二人民医院来说无异于雪上加霜。

在这次迁址中，第二人民医院属于留守单位，医院院长王华政最担心的一个问题是迁址后的玉门能留下多少人，他预测，如果玉门能够留下3万人不走的话，那他的医院还可以勉强维持，否则就“前途渺茫，不好说”。

近两三年来，这家医院的年门诊量从10万人减至5万人，150个住院床位从每日保持100多的入住水平下降到不到30人。

医院目前的状况是付了医药公司的药款，就没有钱发工资，发了工资就没有钱付药款。2002年经职工代表大会决议，每位职工每月减200元工资，现在累积起来已经每人减5000元了。最惨的是家里有三四个人同时在这家医院工作的。“损失可以用惨重来形容。”王院长说。

玉门第二医院的情况在玉门一中同样发生着。玉门一中是一所酒泉地区的重点中学，两三年前整个酒泉地区的家长不惜路途遥远也要把孩子送到玉门一中来读书，因为进了玉门一中就意味着进了上大学的保险箱，并且可能进北大、清华。

而现在尖子生们纷纷离开玉门一中，“每个学期以100人的速度减少，都是顶尖的学生。”玉门一中孙校长无奈地说。

学生和家长对于一中的失望源自于一中教师的流失，自2002年起学校的省级教学骨干、地级学科带头人流失了13人，这对只有100人的教师队伍来说是惊人的，“学校面临严峻考验，几乎出现无人上课的情况”(校长语)。

今年刚好是玉门一中50年校庆，它比玉门市的历史还要长5年。“内心非常非常复杂，伤感，不愿意提起这件事(迁城)”，不仅仅是孙校长的感受，也是很多玉门人的感受。

玉门的悲凉不是一个人的感受，而是整座城市的感受。暗红色花岗岩的王进喜雕像高高耸立着，铁人坚毅的目光投向远方的群山。

在铁人雕像左侧的楼房里，住着一个叫杜虎兰的妇女和她的家人，她们因为付不起1300元的暖气费而把家里的暖气管道拆除。杜虎兰家前后大约有六七排楼房，这里全是供不起暖气费的人家，六七幢楼房里全部都拆了暖气。

在铁人的右侧，每天游荡着一群找活干的工人，城市的萎缩给他们提供的就业机会越来越少，装车、卸货、抡铁锤，只要是活儿，3块5块什么都干，有时候为了一顿牛肉面也去。

一座自2000年起就不再有脚手架、不再有起重机、不再有建设工地的城市能给这些人提供多少就业机会呢？

新城无力去，旧城无法留，这些人的人生境况才是最难堪的。

（原文刊载于2004年6月3日《南方周末》作者南香红、贾治堂）

兰州最后“企管村”经历转型阵痛

兰州市红古区窑街的下街、山根、滩子和下窑4个村都有一个特殊的称呼——“企管村”。

村里没有耕地，村民唯一的谋生之道就是依靠当地的煤炭资源在矿上做工，跑运输，或者倒卖煤炭。虽是企管村，可除了主管部门外，其村民自治性质则和其他村没有区别，仍然设有村民委员会。窑街煤电公司的屈耀辉将此比作是“一个总经理管农民”的村子。

1978年，为了支持国有企业发展，兰州市政府和窑街矿务局（现窑街煤电有限责任公司）协商，把窑街4个村的2000多口人和全部耕地整体划归窑街矿务局管理，矿务局为此成立矿队结合办公室。27年过去了，4个村由以前的600多户人家增加到现在的1767户近7000口人，并通过集体和个人联合的形式开办了34家小煤矿。

但时过境迁，34家煤矿和4个村的长远发展问题，成了煤电公司和红古区政府难以了结的“心结”。

2005年8月15日，国务院通报广东兴宁市特大煤矿透水事故，要求坚决整顿关闭不具备安全生产条件的非法煤矿。甘肃省安监局和煤炭安全生产管理局联合成立执法检查团，对全省的大小煤矿进行检查。窑街4个村的34家小煤矿首当其冲被强行停产，原因是这34个小煤矿在相当长的时间里没有采矿许可证、煤炭生产许可证以及营业执照。

近日，记者来到山根村王连珠老人家。走进昏暗的土坯房，一股腐臭味扑面而来。村民告诉记者，“没有钱买菜，70岁的老人只能在市场捡菜叶子，菜叶子容易腐烂”。老人告诉记者，儿子和媳妇都在小煤窑上干活，最近小煤矿停产，都去青海打工了。窑街4个村的许多家庭和王连珠老人一样面临着生活问题。

滩子村地处窑街煤电有限责任公司的采煤区域，有限的耕地由于采煤塌陷遭到彻底破坏。当地农民无耕地、无工作、无生活保障。村民们靠每年每户不足千元的青苗补偿款和每季度140元的低保金过日子。

窑街还有一个现象叫“吃老子”。64岁的王伟业以前是矿务局的工人，他告诉记者，本想退休后能享几天清福，可儿子、媳妇都没有工作，一家5口人只靠他仅有的一点退休金来维持生活。他开玩笑说：“到了这般年纪，不仅要养活儿子，还得养活孙子。”

曾在窑街镇当过8年党委书记的红古区委宣传部张副部长认为，长期以来，这里的人依赖性很强，靠煤吃煤，“冬天不冷，夏天不饿”。

2002年，国家加强了安全生产管理力度，对乡镇煤矿实行关井压产，窑街煤电公司曾以157号文件上报省市有关部门，要求对34家小煤矿的性质予以明确界定。2002年12月27日，受副省长杨志明委托，省长助理陈刚主持召开相关会议。会议明确，34家小煤矿可按乡镇煤矿对待，并按国家有关规定进行清理整顿。

2003年1月3日，兰州市召开清理整顿现场办公会，要求34家小煤矿立即停产整顿，整顿自检合格的矿井提出申请，由窑街煤电公司按照有关标准组织验收，验收合格后向清理整顿小组提出申请，由区、市、省有关部门分级组织验收，验收合格后核发"四证"。

红古区政府认为，34家小煤矿"四级验收"无法贯彻落实，主要是因为主管单位窑街煤电公司未按甘肃省政府和兰州市政府相关会议精神进行初级验收，使四级验收无法进行。虽然目前34家小煤矿已有31家被评为B类矿井，但是由于主管单位不全，无采矿证，也无法申报安全生产许可证。

红古区政府一位不愿透露姓名的干部告诉记者，谁都知道4个村20多年前就归矿务局管理，矿务局也默许村民开矿，所有的问题都是煤电公司在管理，现如今一推了之，其目的是在"抛包袱"、"甩问题"，是在推卸责任。

而窑街煤电公司则对文件另有一番解释。公司安监局一位姓徐的副局长说，按照甘肃省政府的文件，2003年1月，窑街煤电公司积极配合红古区有关部门进行了清理整顿工作。从这一点上讲，红古区政府已经介入管理。而且，在2004年安全评估中，红古区将原4村×××煤矿全部更名为红古区×××煤矿。从去年至今，红古区多次对34家小煤矿进行安全检查。同时34家小煤矿的资源补偿费及营业税、工商管理费等都是由红古区政府在征收。所以我们认为，这34家小煤矿应该按照属地管理的原则进行管理。

"现存的34家小煤矿不是矿办小井"，窑街煤电公司的一位领导斩钉截铁地告诉记者，矿办小井和乡镇煤矿有明确的界定，"矿办小井"是指由国有企业在本矿区开办或者其他矿区开办和管理的各类煤矿的总称；而"乡镇煤矿"是指由乡镇、村集体投资开办，或由个人独资开办，或由集体、个人集资参股开办的除国有煤矿及其矿办小井以外的其他各类煤矿的总称。而且，34家小煤矿早在2002年就已经界定为乡镇煤矿，既然是乡镇煤矿，我们作为企业是没有权利参与的，也无权管理。

窑街煤电公司安监局局长屈耀辉说，27年前，兰州市一纸文件把4个村划归煤电公司，当时是历史的需要，实质上多少年以来，4村的村民还是农民。那么，农民所办的矿，怎么能由企业来管理？对于小煤矿，这些年煤电公司自始至终都没有管过，只是做了个登记。

2005年5月10日，窑街煤电公司在给甘肃煤矿安全监察局的报告中说，34家小煤矿是20世纪80年代"有水快流原则"的产物，窑街矿区最多时达278个，小煤矿既有红古区各乡镇开办的，也有矿队办村民开办的，还有外地农民开办的，这些煤矿在大矿的报废区内，窑街煤电公司从未支持和参与小煤矿生产经营，也不存在任命矿长的问题。

记者在窑街采访期间，看到许多拎着行李外出打工的农民。在4个村走访期间，随处可见塌陷的痕迹。由于整个窑街经济萧条，村民们无所事事。在下窑村的一处墙根下，记者碰到一群"扬沙子"赌博的年轻人。

自2001年以来，兰州市先后召开专题会议，并将会议内容报告省政府，要求明确管理职责。2005年6月1日，省长陆浩主持召开省政府常务会议，决定4村所办34家小煤矿的安全监管问题，由甘肃煤矿安全监察局、省煤炭安全监管局和兰州市政府负责落实。

（原文刊载于《甘肃经济日报》，后转载于2005年11月14日《中国青年报》，本文获中国经济新闻二等获，作者贾治堂、狄多华、方惠玲）

甘肃庆阳的资源之惑

“零资源”这顶帽子,直到2001年庆阳西峰油田勘测结果出来之后才被摘去。而在今年,当又发现1342亿吨的煤层储量时,刚刚摘掉“零资源”帽子的庆阳马上又戴上了另一顶帽子——“资源大市”。面对突如其来的“财运”,庆阳似乎又不知该如何“消化”了。

2001年，一条消息让甘肃庆阳人振奋不已：庆阳西峰油田勘测石油储量高达4.35亿吨。今年,庆阳又发现1342亿吨的煤层储量,占甘肃省煤炭总储量的94%。一夜之间,庆阳跻身于西北最大的资源大市行列,应该说庆阳迎来了千年不遇的发展机遇。但是,庆阳人却高兴不起来,“庆阳拥有大量资源却难以很快发展,我们如芒刺在背,寝食难安。”庆阳市一位领导发出这样的感慨。

没有资源难发展,有了资源更难发展,在资源富集与贫困落后的两极反差面前,庆阳老区面临着前所未有的抉择。

红色庆阳

在历史上,有人曾用“庆阳是中国革命成功的转折点”来形容庆阳在中国革命史上的地位。1930年初,刘志丹、谢子长、习仲勋等老一辈无产阶级革命家就在庆阳一带宣传马列主义,带领群众闹革命,开展了兵运活动和武装斗争,庆阳百姓踊跃参军。

经过几年的斗争,庆阳老区人民用鲜血创建了著名的南梁苏维埃政权,为党中央、中央红军提供了落脚点。而在抗日战争时期,庆阳老区成为抗战的后方阵地,当地人民群众把粮食、布匹、军需物资送上前线,有力地支持了抗日战争。“在庆阳这块土地上,不仅长眠着600多名革命先烈,而且有着许多革命传统。”回忆起庆阳的过去,当地一位七旬老人几乎落下眼泪。

“战争期间如此,解放后同样如此。”这位老人告诉记者。1969年,国家开发长庆油田,由于那时候国家还比较困难,因此庆阳人民又像当年支持革命战争一样,一如既往地支持油田开发。

根据地方志记载,从1971年至1993年间,庆阳市累计为油田供应平价面粉11.5亿斤,为此庆阳财政倒挂2亿多元。在1998年扶持陕西发展的过程中,庆阳也作出了巨大贡献。但是当历史翻开新的一页时,和其他革命老区相比,庆阳却落伍了、发展缓慢了。

“零资源”的困惑

庆阳地处陇南，延伸到延安腹地，自然条件封闭，属于典型的黄土高原地貌，而且基本上处在“零资源”状态，这样的土地上能长出什么来呢？

“庆阳所谓的‘零资源’其实是相对的，当初只是没有找到或发现庆阳的资源。其实，解放初期就有很多关于庆阳有石油的传言，后来的事实也证明了这一传言。”庆阳当地的一位干部对记者如是解释。

这位干部提到的石油传言就是地跨甘肃长庆和陕西延安的长庆油田。在1998年时，为了扶持延安发展，陕西省政府与中国石油天然气总公司签署了“相关协议”。协议规定：长庆油田在延安勘测开发石油资源的过程中，要兼顾延安老区的利益，促进和带动地方经济发展，同时要充分发挥各方优势，合作开发石油资源，以油养油，滚动发展。

“同是革命老区，同是长庆油田，却有着截然不同的待遇。在石油开发惠及地方经济建设上，庆阳远不及延安所获得的支持力度大。”上述干部埋怨说。

1994年，甘肃省政府与中国石油天然气总公司签署“纪要”。纪要确定：庆阳市地方不划区块开采、不钻井、不占油井、不能影响边远井试采，更不允许其他部门和单位参与或组织该区的石油探采活动等等。

记者了解到，庆阳老百姓在忍受着环境污染、耕地被破坏煎熬的同时，地方经济并没有得到“因油而富”的发展。

“到2003年，延安的地方原油产量高达480万吨，就地加工原油533万吨，石油工业对财政的贡献占到财政收入37亿元的92%。仅此一项，延安就高出庆阳7倍多。同年，延安的GDP高达143亿元，是庆阳的2倍。”上述干部表示，“2003年的庆阳地方财政收入只有4.55亿元、财政支出达18.07亿元，8个县区有7个县仍入不敷出，目前全市财政累计赤字达10多亿元，甘肃省5亿元财政赤字县全都分布在庆阳。”

“资源大市”也有苦恼

长庆油田并没有让庆阳人“因油而富”已是既成事实，而煤矿的发现和开发自然寄托了庆阳全部的希望。

庆阳市委书记黄选平在接受记者采访时就直言不讳地说，庆阳目前最大、最突出的问题是财政赤字巨大，最着急的事情是城乡居民收入增长缓慢，最根本的出路是借优势资源发展，“西峰油田开发，从理论上说是庆阳的最大机遇”。

据勘探测定，庆阳西峰油田石油储量高达4.35亿吨。“如果这一油田得以开发，庆阳就不愁没有钱花了”，这已经成了庆阳人最大的共识。

但是，庆阳人的这一夙愿能够实现吗？“问题是庆阳的资源能不能为庆阳带来发展、带来利益，石油开发与地方经济发展能不能互补、双赢，这就需要政策扶持。”黄选平如是说。

黄的判断不无道理。从长庆油田的开发来看，一个地方能不能发展，关键取决于政策的扶持和扶持的力度。即使资源优势再好，得不到政策上的倾斜，“发展也会擦肩而过”。从陕西延安的发展历程中不难得出这一结论。

如果说长庆油田的“前车之鉴”让庆阳人对西峰油田能否带给他们富裕没有十足的信心，那么1300多亿吨煤层储量的发现对庆阳的发展无异于一大“双保险”，庆阳人的喜悦自是不必言表。

初步探明显示，庆阳发现的煤炭储量高达1342亿吨，占甘肃煤藏总量1428亿吨的94%，排名全国第六。但是，庆阳煤田开采面临的难题将是高成本投入保障安全开采，尤其在目前煤炭行业事故多发时期，安全高于一切，而高成本投入就意味着需要大量资金注入。

前面已经提到，庆阳财政几乎年年都入不敷出，赤字高达10亿元。而这就意味着开采煤炭必须招商引资，而招商引资又必须要有政策，但是现在庆阳并没有拿到政策。

政策为什么拿不到手呢？“国家一直三令五申，开发能源产业必须建立在以人为本、科学发展的基础上，发展不能以损害社会、群众利益为代价。尤其是新时期，开发能源产业更需要谨慎，更何况能源产业还是一个高风险、高污染的产业呢？”庆阳当地一位不愿透露姓名的干部分析，这也许正是上面迟迟没有给庆阳政策的一个重要原因。

能不能争取到政策？能不能举起产业旗、打一个优势仗？发展与代价（污染）并存，庆阳该如何抉择？“承受着来自各方的巨大压力，感到责任重大。”市委书记黄选平如是形容庆阳面临的挑战。

庆阳的另类困惑

最新消息是，庆阳市的领导目前正在做各种努力，促使进一步勘测煤田，以跻身国家亿吨煤田规划行列。如果这一努力得以实现，那么庆阳将不会再为开发煤田的资金问题而犯愁了。

庆阳高层已经制定了一个资源开发利用的初步规划，根据规划，庆阳将按照市场经济的基本规则，采用公开拍卖开发、市场运作开发、动员国内外大集团参股开发的混合开发模式。

尽管如此，庆阳还是没有开心的理由。据悉，庆阳这些年一直在打造以“红色旅游”为主的旅游产业。相关人士介绍说，除了深厚的革命历史底蕴之外，庆阳是先祖农耕文化的发祥地，也是中华民族的发祥地和黄河文明的发源地之一，其文化内涵可上溯至旧石器、新石器时代以来的南佐、仰韶、齐家等文化，现有遗址多达984处，珍藏文物2万余件，还有北魏时期的北石窟寺、秦长城、秦直古道，以及周祖遗陵、华夏公刘第一庙等等。

但是，正如前面所提到的那样，无论西峰油田还是1300多亿吨煤田，任何一个项目的开发，给自然、人文景观等旅游资源带来的打击都是毁灭性的。

顺便提到的是，在甘肃省的“十一五”规划草案中，未来5年的发展重心就是旅游，甘肃计划用5年时间打造以敦煌、兰州为龙头的全新旅游产业，这一旅游产业包括10个重点，但革命老区庆阳并未列席，“草案中只是顺带提到了庆阳”。见过甘肃“十一五”规划草案的知情人士对记者如是说。

不过他强调:“这只是一个草案,并不表示最终的规划就是这样。”据悉,该规划草案目前已经送达国家相关部门初审,还没有最终敲定。

必须提到的一个事实是,对于庆阳而言,不管最终的选择是发展旅游还是开发石油煤炭,首先要突破的一个“瓶颈”是交通。

政府提供的数据显示,庆阳交通目前仍然单纯依赖公路运输,二级以上路面只有200多公里,尚无高速公路,目前有46个乡镇不通油路,325个行政村不通农机路,有400多公里出境路是断头路。

“庆阳要实现跨越式发展,首先要解决的就是交通闭塞问题。”国务院发展研究中心专家说。

(原文刊载于2004年12月28日《中国商报》,作者贾治堂)

玉门油城和10万人的出路

"苏联有巴库,中国有玉门,凡有石油处,就有玉门人。"这是著名诗人李季对辉煌了半个世纪的玉门的真实描写。玉门是新中国最早的能源工业基地之一,是中国石油工业的摇篮和母校,也曾以磨炼出"铁人"王进喜而著称。

1939年3月,一群外来淘金者在玉门老君庙人工挖掘出中国第一口油井,而正是由于这一口油井,让中国从此告别了"无油国"的贬称。据史料记载,抗日战争时期,玉门出产的原油量占全中国的97%,大大满足了抗战需要。在国家民族存亡的最紧要关头,玉门人民为抗战一线捐赠了2架飞机。

在大庆石油开发之前,玉门开采的原油占全国总量的87%。新中国成立以来,玉门为国家上缴税收120多亿元,60多年来玉门石油先后培养了70多位省部级干部,向全国兄弟油田输送专业技术人才、石油工人20多万,支援设备2300多台件。

1957年10月,新华社向全世界宣告,中国第一个石油基地在玉门市建成,截至2002年,玉门共开采原油1亿吨,这就意味着:如果用装载30吨的卡车排列起来,可以绕地球1.6周!

玉门1955年建市,现有城市人口10.1万人,是全国7个因油立市的大型城市之一,1958年为了给玉门油田提供生产生活保障,更好地支持、服务油田的发展,玉门市从现在的玉门镇整体搬到玉门油田,与玉门石油管理局合并为地级市。

然而自1997年以来,玉门油田原油储量急剧减少,加上石油改革不断深化,面对僧多粥少的严峻局面,玉门石油公司断然决定搬迁,另谋发展。此时,玉门市失去了长期以来赖以生存的服务对象,加之生存条件、人居环境急剧恶化,玉门市也作出痛苦的选择——下迁。一对相处60多年的好兄弟分道扬镳。于是,新的问题出现了,新玉门到底如何转型?而这个问题的背后,是全国100多座因煤立市或因油立市的城市如何实现可持续发展面临的共同问题。

玉门市转型的标本极为重要,2004年3月10日,本报记者历时一个星期,体验了玉门这座被誉为共和国长子成长的艰辛,也感受到转型的失落。

昔日辉煌随"油"去

一碗牛肉面,外加一个大饼和两个鸡蛋,是马文新的早餐。他鼓着两腮喝完最后一口汤,披上印有"中国石油"的工作服,便吆喝着几个人去干活。听说记者要采访,他邀请我们一块到工地上看看。

狼藉一片的工地，让我们一行人大为震惊。一幢五层大楼右半部已拆到第二层，偌大的平地上到处是残砖碎瓦，废墟中间一块空地上堆了几大堆弯弯曲曲的钢筋和电缆线。大楼的左半部分门窗全部拆卸一空，摇摇欲坠，似乎有马上倒塌的危险。

马文新，甘肃临夏县人，从2002年开始，他就在玉门市专门领着一帮人承包“拆房工程”。这位满脸憨厚、30岁刚出头的小伙子对记者说的第一句话是：“别人建房子，我们却破坏性地拆房子，真是可惜！”他告诉记者，两年来，他们共拆这样的大楼8幢，每幢都是6000元到8000元不等的价钱承包下来的。其中有两次赔了钱，原因是墙体里面的钢筋号数太小，没有卖上价钱。

为什么把楼拆掉呢？玉门市委宣传部张勇部长给记者解释说，这些被拆的楼房都是玉门油田已经搬走了的单位的，油田有一个口号，各单位搬迁时要把损失降到最低点。

到底有多少这样的楼房被拆毁，玉门市官方没有一个确切的数字，但马文新告诉记者，至少有大小30多幢楼房被拆了。

早晨11点半，记者有幸“光顾”了一回玉门市公交车。偌大的车内坐着两个人，车厢的后几排座上落着厚厚的尘土，司机告诉记者，早晨来回10多趟，乘车的不足10人。透过车窗，记者看到路两边好多铺面都已关门，路上行人稀少，冷清的大街透出苍凉的气氛。在一处较为平坦的地方，路旁有两排低矮的平房，空地间两根孤立的电线杆之间拉着一根绳子，上面晾着刚洗的衣服，三四个孩子正在玩耍。车上一位老太太告诉记者：“这些遗弃的房子，让捡垃圾的外地人占上了，城市搬迁后，人口减少，捡垃圾的日子也没有保障了。”

2001年10月16日，玉门市政府向酒泉地区行署请示说，由于玉门油田大搬迁，玉门市失去了服务对象和转型发展的有利条件，要求将玉门市政府驻地搬迁到玉门镇。从此，几乎在一夜之间，玉门市便开始“沸腾”。首先是楼房贬值，一套两室两厅的房子标价3000元出售还无人问津，一位政府工作人员告诉记者，大多数人现在是有走心无守心，政府和企业都搬走了，剩下一座空城，房子再便宜，也没有人想着买。

一直忙于玉门搬迁申报工作的玉门市民政局局长刘志存对近两年玉门大批楼房被夷为平地心情复杂。2003年，得到民政部同意玉门搬迁的批复，刘志存既高兴又担心，他从玉门城东头步行1小时走到城西头，感慨万分，即兴写下一首打油诗：管理局下山了，政府下迁了；有钱的向东走，没钱的死守空城；房拆了树死了，实现小康更难了。

玉门市，地处河西走廊西端，东临古城酒泉，南接钢城嘉峪关，西通世界名城敦煌市，北接中蒙边境。总面积1.35万平方公里，全市总人口18.9万人，其中城市人口10.1万人，农村人口8.8万人，是一个典型的老工业型城市。1955年，经国务院批准，玉门建立县级市；1958年，为了更好地服务油田建设，玉门市、县合并归一，升格为地级市，并把政府和石油管理局归并为一套班子；1961年，市局分家，玉门市又改为县级市，在第一、二、三届全国县域经济基本竞争力评价中，玉门市分别名列第53、63、81位，成为当时甘肃仅有的唯一的百强县市。

玉门油田是在玉门土生土长的一个石油工业基地。早在新中国成立前，玉门油田就为全中国的抗战和解放事业立下过汗马功劳。20世纪50年代,“铁人”王进喜和广大油田工人战天斗地、艰苦创业,在戈壁沙滩上建起了新中国的第一个石油基地。此后,为了推动国家石油产业发展,玉门石油人毫无怨言,又向兄弟油田伸出援助之手,20世纪80年代,共向长庆油田输送1.8万人,设备数千台;1995年,吐哈油田开始建设,玉门油田又输送了2.8万名工人。60多年来,玉门油田累计向外输送专业人才10万人,培养各类工人10多万人,玉门风格全国颂扬。可以说,没有玉门油田,就没有中国石油产业的繁荣发展。

“春风”难度玉门关

油田搬迁犹如釜底抽薪,给玉门市带来了“灭顶之灾”。

“玉门石油的重心开始向外转移,油田生活基地整体搬迁,城市职能和服务对象随之发生了重大改变,所以玉门市的搬迁是历史性的选择。”玉门市委书记张静昌说。

自1995年以来,玉门油田先后有2.5万名工人和近6万人口东迁西移,市区人口锐减,给玉门市社会发展带来灾难性的后果。2001年,中国石油天然气总公司批准玉门油田办公及生活基地一并迁至酒泉,玉门市区只作为生产作业区。

玉门市人大常委会主任王顺业向记者透露:油田搬迁更深层的一个原因是玉门石油现在原油产量下降到39万吨,加之2001年玉门油田分公司又发现了储量高达1亿吨的青西油田,这无疑给玉门油田搬迁找到一个更好的理由。

玉门市市长詹顺舟在向记者介绍情况时说,近年来,石油企业改革逐步深化,石油企业内部大办三产,大部分生产资料供应实行自给,而玉门市以前的工业、商业几乎全部是围着石油转的第三产业,这样一来,玉门的“主道粮”就断了,依赖石油建立起来的地方经济体系和财税体制受到严重的冲击。目前,城市转型是当务之急,但是玉门市现在海拔高,自然环境差,鼠疫、灾害非常严重,所以,玉门唯一的出路就是迁址异地。

玉门市地处祁连山北麓,市区最高海拔达2700多米,空气稀薄,市区地势南高北低,坡度较大,落差在600米以上,平均气压为76.8千帕(比标准状态低24.5千帕);空气含氧量为14.8%(与标准状态相比缺氧29%)。

不仅自然条件极其恶劣,而且水资源直接威胁着居民的健康。玉门市环保局局长李发国在接受记者采访时用一组触目惊心的数字形容玉门地表饮用水的质量。他说,玉门唯一的饮用水源连续8年检测为三类水质,而且逐年恶化。在2003年监测的19项指标中,超标率为18%,其中高锰酸钾、化学耗氧量、氨氮,都超出正常水质2倍以上,石油类和挥发酚超过国标的19倍和231.4倍。

玉门市地处祁连山地震断裂带,20世纪80年代,该市被国家列为地震重点区。最近的2002年12月14日,玉门就发生了里氏5.9级地震,造成直接经济损失达8000多万元。灾情的频发,给市民工作、生活带来极大的危害。提起灾情,还不仅仅是地震,上了年纪的玉门人对鼠疫更是心有余悸。从1989年开始便在玉门石油沟从事鼠疫检测的张杰告诉记者,玉门的鼠疫属于国家一号病重点区,主要传播者为生存在祁连山的旱獭。他说,1972年7月23日,玉门石油管理局一职工因剥食旱獭,染疫身亡,疫情惊动了党中央国务院,国家动用一切力量，从北京空运大批药品，并增派警力严守出入口，所幸后来疫情得到了控制，而那次疫情造成直接损失达1亿元。80年代初期，国家在玉门建立了鼠疫检测站，一直坚持到今。

“近几年我们连续8年在监测区检测出了鼠疫，疫点的分布正在由偏僻地带向市区和公路沿线逼近，这是20多年从未有过的。”张杰很沉重地告诉记者。

玉门市距离玉门镇78公里，离辖区最远的乡镇170公里，与312国道和兰新铁路直线距离30公里，距玉门火车站33公里，远离交通主干线，地域相对封闭，流动人口少，物资运输困难，各种生活资料成本费用较高，也是制约玉门长远发展的不利条件。玉门市财政局的同志向记者出示了玉门每年额外的财政管理费用，国家公务人员每年的差旅费和机关车辆燃油费高达200多万。由于玉门文教卫生和公检法等职能部门在玉门市和玉门镇各设一套机构，市财政供给人员仅此原因就比其他县市多1000余人，每年仅工资、公用经费两项就得多支出1300多万元。

由于地处高寒地带，玉门市年供暖期长达7个月，玉门市民仅供暖一项每年必须多支出800元。而这远远超出玉门市居民的承受能力。为了减轻居民负担，玉门市政府每年需要300万元用于供暖补助。

玉门市背靠祁连山脉石油河流域，由于地形所限，市区没有构筑防洪设施的条件，一泻而下的泥石流、洪水随时有吞噬玉门腹地的危险。玉门市民政部门的同志向记者讲述了2002年“6·24”洪灾的情况，当时，有7人死亡，城区大部分公共设施遭到破坏，造成居民断水、断电20余天，直接损失1.4亿元。灾害过后，全市人民总动员，用了20天时间才清理完街道上的淤泥。

在玉门市工作了近20年的玉门市体改办的董天文说，他见证了玉门从繁荣走向衰退的历程，玉门的搬迁是无奈的选择，因为这里的生存环境是人类生存环境的临界点。

搬迁难倒“英雄汉”

因油（煤、矿）立市和油（煤、矿）市一体化是前苏联的城市建设模式，虽然在当时来说有其合理性，但从长远看，它是不合理的一种短期行为，这种短期行为的危害也只能在几十年后也就是资源枯竭、城市转型的时候才能看得出来。玉门就是一个很现实的例子。

搬迁是玉门的长远大计，转型是玉门发展的根本。但是一座城市的搬迁不仅仅是搬家而已，玉门的搬迁产生了很多社会问题。

玉门市政府为了搬迁，给全市的干部、公务员、职工给予一定的住房补贴。初步预算是，科级以上干部（15年以上工龄）每户补贴1.6万元，科级以下干部每户补贴1.4万元，其余单位拿一部分，住户再拿一部分。记者了解到，玉门市共有65个行政事业单位，国家公务人员1200多名，按此计算，在玉门搬迁过程中，玉门市财政必须拿出3000万元用于住房补贴。就这样，好多人还是不领情，一位不愿透露姓名的公务员告诉记者，他在玉门市去年刚贷款买了房子，现在又要在新市区买房子，旧房子的贷款谁来还。他说，现在他住着一套86平方米的房子，房子装修得还可以，即使这样，也卖不上3000元。

单位自筹部分更是难上加难。玉门市环保局李发国很无奈地向记者说，玉门市环保局一年的办公经费只有9000元，他们好多同志几年的差旅费至今还没有报销。单位两台车由于无法及时维护也不能正常运转，为了开展工作，到监测站收取数据只能靠自行车。

"搬归搬，可我总是想不通，为啥养大的孩子没长记性呢？"62岁的老人张向东这番话是针对玉门石油公司说的。老人是玉门油田辉煌历史的见证人。1958年，张向东随父母从南京迁至玉门支持油田建设，"艰苦奋斗、先生产后生活"是当时创业的口号。他们一家三口在帐篷里一住就是三年。他也亲身感受到玉门人民的伟大和纯朴。1967年，玉门油田在扩建过程中需要征占两户居民的宅院，当时张向东负责征地工作，"好歹也是个家，居民肯定不搬。"可是，当第二天早晨他到两户居民宅院时，院里的所有东西已搬卸一空。那种热情让人感动！事后，他才知道，两户居民为了支持油田建设，连夜就搬走了。"油田需要地方人民的支持时，人民是毫无怨言，不计得失。60年来，玉门老百姓舍'小家'为'大家'支持油田发展的例子是举不胜举的。"老人激动万分。"可是我就想不通，当初玉门油田是轰轰烈烈地来，现在又是轰轰烈烈地走，扔下一座空城，这于情于理都不通。"据记者了解，中国石油天然气总公司批准玉门油田搬迁总投资是15亿元人民币。与此形成鲜明对比的是玉门市各级领导正在上下奔走，虽然得到的承诺不少，但至今未兑现一分钱。

在玉门还有一个现象叫"吃老子"。64岁的张洪业老人从玉门石油退下来已好几年了，老伴大前年去世，儿子儿媳以前在玉门市办的三产企业上班，如今都下岗了，家里唯一的经济来源就是老人的退休金。被迫无奈，小两口外出谋生，4岁的小孙子留在家里让老人照看。老人开玩笑说："到了这把年纪，不仅要养活儿子还得养孙子。"这种"吃老子"的现象在玉门市极为普遍。据不完全统计，由于玉门市为石油服务的三产企业96%都倒闭，全市约有43%的人过着吃老本的生活。

玉门市劳动局办公室主任李雪花介绍，玉门石油大办三产，导致玉门市7000名工人失业下岗，加上原玉门石油管理局有偿解除劳动关系推向社会的6331人，全市目前累计失业、待业、下岗人员超过1.5万人，这其中还没有包括4888户13285人的困难群众，这些困难群众对玉门市就业和再就业造成极大的压力。

李雪花告诉记者，近年来，玉门市劳动纠纷逐年增加，每年高达300多起件，是过去10年的总和。

据统计，2003年，玉门市企业离退休总人数达2239人，养老金当年收入只有943万元，支出1535万元，缺口达692万元。预计2004年，养老保险缺口将突破1000万元。市长詹顺舟更是重担压肩。他说，国务院和民政部对玉门搬迁的批复明确提出，迁址的资金由甘肃省自行调剂解决，省政府在财力非常紧张的情况下，拨付5000万元，计划5年内到位；酒泉市也计划支持1000万元，3年内到位。但是玉门市新市区基础设施建设、社会事业和党政机关办公点建设最少需要资金7.4亿元。这么大的资金缺口直接威胁着玉门搬迁的成功和今后的发展。

而玉门市政府的财政已是捉襟见肘，财政赤字及政府债务极为沉重。失去石油税收以后，玉门市开发区建设的大部分项目基本上是靠贷款、借款、集资或者施工单位垫资完成。据介绍，截至2003年底，玉门市财政滚存赤字达4061万元，政府债务累计高达1.18亿元。

记者在采访中还了解到，由此搬迁还将带来一部分人两地分居。玉门市委副书记任凤梅告诉记者，有的人在玉门石油基地上班，而爱人在玉门市机关上班，政府迁址后，很多人就得两头跑，而玉门市与玉门镇之间还有100多公里路程，给工作和生活带来很多困难。

玉门石油的生活基地大部分已搬迁完毕，据了解，今年8月份，玉门油田的其他部门包括石油管理局也要相继搬走。搬迁后的玉门市将成为一座空城，但仍有近3万的市民将在很长时间内生活在这座城市，面对环境恶劣、自然条件差、灾害严重的形势，他们将何去何从？为了解决这一问题，玉门市政府决定在老市区设立管委会，此项工作目前正在申报阶段。

在玉门市的新市区，记者又看到另一番景象。

3月13日，几位房地产开发商应约接受了记者的采访。据了解，新市区现在已盖好楼房1400多套，而入住率不到2%，原因是政府承诺兑现的住房补贴和单位自筹部分不能到位，很多人正在隔山观望。一位房地产开发商更是忧虑重重。他说，新市区楼房已是大量过剩，不知这些资源何时才能盘活。

为迁消得人憔悴

玉门突围，确切地说走了近20年的历程。在论证和探索过程中，历届政府都倾注过不少心血。在计划经济时期，会哭的孩子有奶吃，玉门人民不相信眼泪会再现威力。“迈步从头越、艰苦创业是玉门人民的英雄本色。”原玉门市二届政协主席蒋代文对记者说这番话时拳头高举过了头顶。

“为迁消得人憔悴，玉门职能机关的人都在为搬迁谋思路、想办法。”市委书记张静昌深为感动，他说，2003年，他代表玉门市去北京专门向中国石油天然气总公司总经理马福才当面作了汇报，恳请中国石油天然气总公司看在玉门油田和玉门人民60多年兄弟感情的分上，给搬迁予以一定的资金援助，但时至今日，如石沉大海，没有答复。

2004年1月9日，张静昌以玉门市一名省人大代表的身份，就玉门搬迁困难提了议案，建议把玉门搬迁列入国家重点工程。张静昌告诉记者，他对这次提出的议案很有信心，因为它代表了几十万玉门人民的心声。

“玉门搬迁”是近年来玉门人无时不谈的话题，而这件事却让英雄迟暮的玉门扼腕长叹！“玉门市的领导日子不好过，各种困难积重难返”，刚上任不久的詹顺舟市长每时每刻都有这种体会。

玉门居民的日子更不好过，他们时时刻刻体味着失业的痛苦，他们年复一年地接受着恶劣环境的考验。记者在玉门采访，所到之处无论是老工人，还是老居民，回忆起昔日的辉煌都不胜感慨。

（原文刊载于2004年3月30日《甘肃经济日报》，后在2004年第4期《世界地理》杂志刊发，作者贾治堂）

兰州节水刻不容缓

兰州是一个有着160万人口的中型城市，滔滔黄河穿城而过的独特条件决定了水资源在表面看来比西北其他城市相对丰富。多年以来，有人以兰州水资源是“取之不尽，用之不竭”而自喻，但记者近日了解到的消息表明，兰州的地下水取水水位明显下降，在10年前的基础上下降了15米，而现存地下水水质硬度明显加大，以致不能饮用。

山穷水尽又一村

10年前，兰州市水资源人均占有率名列全国前茅，水质也比较良好。随着近年来兰州市经济迅猛发展，人口剧增，工矿企业需求增大，兰州市的供水量出现了有史以来的突破，日供水量达100万吨左右。由于水需求量的增大，地下水已经基本枯竭。记者从自来水公司了解到，兰州市地下取水位置在兰州市的三滩，即马滩、银门滩、大滩，由于长期以来兰州市取水资源来自地下水，致使三滩地下水在10年前水位上降低了15米，水质出现明显的硬度，其中含矿物质钙、镁等金属离子过高，以致不能饮用，三滩的水厂不得不关闭停运。

兰州市自来水公司田部长告诉记者，目前兰州市的用水90%来自黄河地表水。假如没有黄河，或者黄河枯竭，兰州市的用水会出现危机。10年前，兰州市每天地下取水能力超过20万吨，而目前只能取水5万吨。但是新一轮问题又在出现，虽然黄河水无论水质、成品水的成本都好于地下水，但黄河上游，尤其是在青海境内，严重的工业污染给黄河水源造成重大的威胁。

何日告别缺水时代

兰州市目前有水消费者近200万人，一些大中型企业的崛起和大批流动人口的涌入，使兰州的供水量供不应求。尤其是在夏季高峰期，兰州市每天有5~7万吨的水量缺口。

从2001年起，在省委、省政府的大力支持下，兰州市投入近10亿元进行供水扩建工程，从水源地、净化设备、供水线路等方面进行了全方位的扩建，以提高供水生产能力。预计可新增供水量达 30 万吨，有望今年年底投产使用。此举不仅能解决兰州市目前水资源短缺现状，也可满足兰州今后 15 年供水发展需求。

兰州自来水公司工作人员告诉记者，兰州市目前每天供水量在 100 万吨左右。工业用水平均在 1.00 元/吨，民用生活用水 0.80 元/吨，这其中都含污水处理费。前不久，好多市民质疑水价涨了，其实是由于污水处理的成本增加，自来水公司只能代收污水处理费而已。有人曾算过一笔账，兰州市如果每天节约 5 万吨水，可供全市 200 万人饮用 60 天。

经济是节水杠杆

在新《水法》实施之前，四川省率先在全国实行计量收费和超定额累进加价收费制度，同时采取有效措施，推广节水型生活用具，降低城市供水管网漏失率，提高生活用水效率。对拒不缴纳、拖延缴纳或者拖欠水资源费的，从滞纳之日起加收部分滞纳金，并处以一倍以上五倍以下的罚款。

记者在采访中了解到，兰州市目前的水价是全国36个大型城市中价格低的城市之一。北京目前水价2.5元/吨，重庆、上海、广州等城市水价都在2元以上。

兰州大学的一位经济学学者曾呼吁，节约用水的最根本办法，是用经济做杠杆调节水价。目前兰州市日用水量100万吨左右，相当于甘肃10个县的日用水量。如果每辆卡车运10吨水，兰州地区每天得用10万辆卡车运输，大账易为小算，兰州每天能浪费多少水呢？

饱暖之时需有忧患意识。假如黄河里剩下最后一辙水，假如水资源污浊不清时，我们的生活都难以为继，又何谈经济发展。节约用水是一项全民运动，必须从个人做起，给经济发展、子孙后代留一个发展空间。

（原文刊载于2002年9月13日《甘肃经济日报》，作者贯治堂）

兰州污染,无风惹的祸?

进入11月份以来,聚集在兰州上空的阴云久久不能散去,像一个大锅盖压得人喘不过气来。11月27日之前,兰州的重度污染天数已连续超过20天。

兰州,今冬不言晴?

"白天和晚上一个样,晴天和阴天一个样,太阳和月亮一个样,麻雀和乌鸦一个样",这是多年前有人为兰州污染编写的一首打油诗。事隔多年,它再次成为兰州污染的真实写照。

11月25日,星期五,兰州遭遇了7年来比较大的一次空气污染,全天有8个小时的能见度不到5公里。这一天,兰州的空气污染指数为480,仅次于乌鲁木齐的500,位居全国第二。可吸入颗粒物和空气质量的级别为5级。

而在此前的多年中,同今年一样,每到冬季,兰州的污染都是人们关注的焦点。1993年,兰州市民98天未见着太阳;1994年,兰州市民102天未见着太阳;1996年,兰州市82天处于重度污染;1999年,兰州大气质量五级以上的天数为67天。1996年是兰州历史上污染最严重的一年,监测结果表明,兰州市二氧化硫的日均值全年均出现超标,最高的一季度,超标率为45.8%,最高日均值超标倍数为4.4;氮氧化物第一、四季度日均浓度超标率分别为65.0%和33.3%,最高日均值超标倍数为2.11;总悬浮微粒全年每个季度的超标率均在80.0%以上,第四季度超标率为97.0%,几乎天天超标。1998年全世界大气污染最严重的十个城市中,中国独占8个,其中兰州位居第四。

兰州市属山区河谷城市,其大气污染形成原因具有河谷城市的一般特点。当城市处于较稳定天气系统控制之下时,一方面由于河谷地形的存在,在地形高度附近形成了一个逆温层,不利于大气污染物扩散;另一方面,大气污染物吸收太阳辐射,使上层大气加热,增加了逆温层的温度梯度,不利于逆温层消失。同时,由于大气污染物吸收太阳辐射,使到达地面的太阳辐射量减少,不利于热力湍流的形成,抑制了混合层的发展,也不利于大气污染物扩散。记者查阅兰州今年10月和11月空气污染情况时发现,10月份,在6日到25日的20天时间里,污染指数超过100的天数达8天,在11月份的25天里,污染指数超过100的天数就达16天,有10天污染指数在240以上。11月25日,指数高达480,创造了5年来的最高纪录。

记者在采访中听到最多的一句玩笑话是,"希望兰州真能空穴来风"。11月22日,记者从兰医二院得到证实,近期兰州的呼吸道感染、感冒、小儿科疾病患者明显增加。专家指出,雾天不利于空气流通,污染物悬浮是引起各种疾病的元凶。

11月25日,兰州市环保局王得明局长通过《兰州晚报》"一把手"直通车告诉市民,影响兰州大气环境的主要原因是污染因素和气象条件。王局长说,兰州特殊的地形使得其常年静风,逆温层厚度达50~1000米,这个逆温层就像"大锅盖"扣在城市上空,无风时,空气中的污染物无法向外转移,从而降低了能见度。

污染?还是大雾?

今冬兰州大气污染严重,"空气不流通、气温高、少风"等客观因素是主要原因,然而,既然空气不流通,徘徊在兰州上空的污染源又从何而来?恐怕只有一个解释,那就是兰州的污染源在增加,而不是在减少。

今年3月8日,省委常委、兰州市委书记陈宝生认真、客观、实际地分析了兰州的环境污染因素,综合起来有三个方面:尾气、浮尘和煤烟。他认为,在这三大因素里面有两个半是人为造成的,对自然导致的环境问题,我们应顺势而为,不能过分地干扰自然,但凡是人为的,通过人的努力就可以治理,走循环经济的路子就是很好的选择。2005年初,兰州市决定实施治理大气污染的"123"蓝天工程,即一年内完成公交车"油改气",两年内完成出租车"油改气",三年内完成燃煤锅炉的清洁能源改造。汽车尾气可以说是兰州大气污染的重中之重。资料显示,汽车尾气中有150种以上的化合物,其中对人体有危害的主要有CO、NOx、HnCm、Pb等。据统计,兰州市城区现有机动车约8万辆,出租车6500辆左右,过境车辆2000辆左右,交通车辆年耗油总量为39.97万吨,按照8%的污染比例计算,兰州每年至少产生3万多吨污染严重的汽车尾气。

专家指出,汽车尾气排放最严重的是出租车,因为出租车使用的频率非常高,大多24小时连轴转,尤其是在后期使用中,尾气的排放量随着车的老化而增加。"所以,这一小部分的排放是不容忽视的,一旦把这一部分出租车'油改气',兰州机动车尾气污染状况肯定会有一个很大的改观,可吸入颗粒物等其他各类污染物的排放量也会有所下降。"早在几年前的兰州市人代会上,人大代表们就提出过此建议。

记者了解到,截至目前,兰州市只有2000辆左右的车完成了"油改气",可以说"油改气"在兰州还仅仅是开始。记者获悉,目前兰州仅有两家天然气加气站,而且都分布在市区的西部,加气站太少,制约了兰州"油改气"快速发展的步伐,加气站在短时间内得不到根本改善,加速"油改气"步伐也只能是一句空话。

问题不仅在于此,有关部门比较委屈,兰州市政府的一位处长告诉记者,加气站首选位置应设在城区便利的地方,但是按目前实施的关于国家土地使用的有关规定,城市中挂牌经营场所使用的土地必须经公开竞拍才能取得经营资格。"这是一个非常突出的矛盾,这一矛盾不彻底解决,20座加气站将是一句空话。"兰州市政府的这位处长很担心地告诉记者。事实上10年前兰州市就开始"油改气",但由于相关管理部门分工不明晰及职能变换等原因，导致该项工程一直没有得到很好的执行和完善。

记者调查兰州市的出租车时发现，不少司机对出租车“油改气”抱不接受和观望态度。他们认为，“油改气”后，车的力量非常小，“就像小牛拉大车”。“这一现象的确存在，就出租车来讲，天然气和汽油在同等条件下使用，两种燃料基本上相差一个档位。兰州乾得利燃料有限公司总经理赖丽芬承认了这个事实，但她同时认为，这种情况对出租车在市区行驶影响不是很大。

锅炉取暖和企业排放的“三废”是兰州空气污染的“罪魁祸首”。资料显示，20世纪90年代，兰州市每年需要煤总量270万吨，顶峰时达到300万吨。其中一大半是工业用煤，工业企业年排放烟尘2.4万吨，约有12%的大气悬浮颗粒物来源于燃煤。有人测算，兰州上空每平方公里有2000吨浮尘、烟尘在漂浮，而当时的最高污染指数是540。

11月25日，兰州的污染指数高达480，这只能说明小锅炉在增加。不久前，记者和一个单位的领导聊天，这位领导很高兴地告诉记者，他的单位年初就接到有关部门责令拆除小锅炉的整改书，但是没有钱接天然气，只能找关系，几经周折，最后“上面”答应今年小锅炉再使用一年。 11月23日上午10时，站在兰州一栋23层高楼的楼顶，记者粗略计算，仅方圆几公里就有46个大小烟囱正浓烟滚滚。

记者采访时还发现，兰州市伏龙坪、焦家湾等大型煤厂生意非常火爆。一位工人告诉记者，蜂窝煤和碳每天都可以卖70到90车，由于量大，蜂窝煤最近开始紧销，“老板谋着要涨价”。 2001年11月，涩宁兰天然气管道通至兰州，为兰州调整能源结构提供了千载难逢的良机。甘肃省、兰州市开始实施总投资为122亿元的兰州大气污染综合治理规划。2001年以来，兰州市先后改造燃煤炉灶6000多台，将300多台燃煤供暖锅炉改用天然气和电。2001年和2002年，兰州两年的燃煤量仅为1999年之前一年燃煤量的70%。但是兰州的天然气改造和供暖管道建设还是任重而道远，一组数字可以说明一切，兰州二热连片供热面积目前还不到600万平方米，而兰州市公共场所和居民住宅面积已超过4000万平方米(不完全统计)。

在兰州，一个企业上几套环保设施已经算不上新闻了，而2004年6月，兰州石化公司炼油化工两大燃烧了多年的“火炬”终于被熄灭，成了当时一条爆炸性的新闻。减少企业污染源是兰州市多年来实施蓝天计划的重要举措，2004年12月，兰州市“忍痛割爱”对80户企业进行停产和限产，但是今年截至目前还没有限产，记者采访期间，不少市民呼吁“应该早一点对这些污染企业进行限产，越早越好”。

不久前，网上有一篇评论，题目叫“挖来挖去挖什么”，文章一针见血地指出，兰州的不文明施工是城市污染的公敌。兰州两山夹一川的地形要求工地必须“文明施工”，但是进入11 月，兰州开建的工地似乎多了起来。尤其是大小街道，随处都在“开肠破肚”。西北师大张开勋认为，兰州的污染这么严重，尽量减少没有必要的施工是完全有必要的。

人努力，天帮忙?

早在20多年前，兰州人就有过改造大气环境的好多梦想，有人设想在山顶架上一台大型风机吹风，或者在山腰炸开几个大洞引风；还有人设想在空中撒冰片破坏逆温层或者把山头削平，使外面的风吹进来……虽然都是设想，但“引风”差点成为现实。20世纪末期，一场“史无前例”的“劈山救城”工程辉煌上演，此壮举不但引起兰州市民极高的热情，而且引起了全国的极大关注。

这个新版“愚公移山”为何引起关注呢？最大的原因是，一些环保人士认为，位于榆中县来紫堡乡与兰州市城关区拱星墩乡接合部海拔1690米的大青山是阻挠新鲜空气进入兰州的一道屏障，是造成兰州污染的“罪魁”。

“尽管兰州空气污浊与大青山阻挡空气流通不无关系，但这也并不是兰州空气不好的原因。”环保专家认为，构成兰州大气污染的主要原因是兰州特殊的地理气象条件。拔掉大青山，能在上风向形成一个缺口，在东风条件下，会给兰州市输入新鲜空气，在西风条件下，能将市区空气向东推移扩散，对兰州市的环境改造“肯定会有一定的好处”。

对于长期受污染之苦的兰州市民，“肯定会有一定的好处”，比什么安慰的话都来得实在。

虽然“大青山引风工程”后来落马，但在当时也有不同的声音，兰州某大学的一位教授至今仍然坚持一种观点：兰州曾经拥有过蓝天，后来造成的大气污染是城市工业发展带来的负效应，不能完全归咎于地理条件，需要的是治本；另外，轻易改变一个城市的气象和风流格局，在带来福音的同时可能会带来其他负面效应，那就是失去大青山的屏障作用后，会不会形成风沙天气。如果引来大风，20多亿立方米的污染气体又吹向何方，会不会给周边地区造成酸雨，改变大多数地区的气候，形成新的不可预测的危害。

尽管大青山事件的教训是很深刻的，但是从根本上讲，老百姓的想法是好的，政府的初衷也是对的。问题是治理兰州污染，每一届兰州市政府和每个兰州市民都在努力，只是天不帮忙。

“事实上，兰州的污染不能总是‘怪罪’老天，人为的因素也有相当大的责任。”兰州环境资源学院王朴教授认为，兰州的污染之所以根治不了或者反弹强烈，其主要原因是没有制度上的保证。任何事情发展到一定程度都需要制度的约束，兰州污染的治理也不例外。比如“油改气”问题，现在虽然陆陆续续地在进行，但是“油改气”工程却无法可依，车辆改装资质、改装厂的审批几乎处在管理真空阶段。另外，交通部门的老专家曾多次建言，改变兰州过往车辆的行车路线，让没有必要进城的车辆绕道，减少污染源。

兰州污染治理的根本问题是资金匮乏。近日，美国专家对兰州的发展前景进行了评价，认为兰州在改善大气污染方面至少还需要3年时间，而需要的资金是1.28亿美元。

早在1999年，省政府和中科院兰州分院联合成立了兰州大气污染研究小组。研究认为，对城市规划做一点改进——市区不同区域的建筑物采用不同的颜色䌽又称之为“增色工程”，以此来改变地表反照率并进一步改变下垫面热力状况，加剧下垫面热力非均匀性，刺激局地热力环流的形成。同时通过模拟研究认为，设法增加市区内的湿度䌽称为“增湿工程”，在锅炉湿法除尘的同时加大水汽的排放量，水汽的凝结可产生大量的潜热，使逆温层削弱从而增强热力不稳定的发展，以利于大气污染物的扩散。

但是，建议归建议，兰州治理大气污染是一个任重而道远的全民工程，它不仅需要一个个科学的建议，需要全民参与，更重要的是需要政府持之以恒、一如既往地坚持治理，而且要建立长效机制，巩固成效。

（原文刊载于2005年11月28日《甘肃经济日报》，作者贾治堂）

据资料显示,兰州市每天有2183吨生活垃圾产生,近十二年来,累积所产生的垃圾全被填埋在兰州市东南西北四个方向,垃圾已对兰州形成包围之势。那么—— 何日冲出垃圾包围?

2002年10月的一天,兰州市芦家沟场着火了,刺鼻的浓烟激怒了附近居民,接二连三的电话打到"市长热线"和有关部门。居民们声称是垃圾清运队在焚烧垃圾,对附近住户的健康造成了侵害。后经有关部门查实,原来是堆积成山的垃圾挥发出的沼气不点自燃。

兰州,垃圾围城的背后

如果把兰州描述成垃圾生产线一点也不过分,一组数字足以说明这一点。

兰州市目前有城市居民160万人,日产生活垃圾2183吨,而拥有1000万人口的广州市,日产生活垃圾5300吨,不难看出,只有广州1/6人口的兰州市,每天生活垃圾却接近广州的一半。当然这与兰州市经济欠发达、居民消费水平和生活质量低都分不开。

芦家沟原是一个三面环山的深沟,沟长700多米,宽、高各近200米。1990年,芦家沟只是兰州市众多垃圾场中的一个。据兰州市城市管理办公室李永忠主任讲,兰州市目前至少有5个固定的垃圾场。东有榆中县的阳洼沟垃圾场,南有皋兰山的芦家沟垃圾场和七里河华林坪垃圾场,西有西固寺儿沟垃圾场,北有安宁青石沟垃圾场。这些垃圾场目前几乎都快堆放满了。

为了清运垃圾,市环卫系统每天都有200台垃圾清运车和2000多名工人奋战在一线。记者11月3日在伏龙坪见到了兰州市城关区垃圾清运队的周队长,当谈到垃圾场垃圾焚烧时,周队长一脸无奈:好多市民认为垃圾场的垃圾是清运队工作人员点着的,其实我们根本没工夫,也没精力,垃圾场里的垃圾天长日久地堆放,容易产生沼气,地表的垃圾遇到沼气后就会自燃。市民们不知道实情,以为我们在焚烧垃圾。周队长说,兰州市城关区人口密集,垃圾清运工作量非常大,每天要清运1200多吨生活垃圾,我们不可能有人员去干焚烧垃圾的事。

兰州市每年至少有79.68万吨生活垃圾,十年间的生活垃圾超过了800万吨。对此,许多人忧心忡忡。兰州大学物理系教授蒲训认为,生活垃圾不经任何处理大量堆积,会带来意想不到的害处。兰州市几座垃圾场,客观地讲,是我们这辈人留给后代的一个"血债"。他说,垃圾埋在地下不但破坏土壤、生态和生物链,而且对地下水、地表水水质都有直接影响。尤其是塑料,有埋在地下100年不腐不烂的说法。同时,垃圾堆放时间过长,经发酵会产生各种有毒气体,并且垃圾之间也会产生化学反应、物理反应,危害不容小视。

按照有关标准，垃圾填埋每层上面必须垫放50厘米~80厘米的土，由于受各种因素的制约，兰州市几处垃圾场目前基本上都没做到这一点。

11月3日，记者在华林坪垃圾场亲眼目睹了不敢想象的一幕：20多头白毛猪在垃圾堆里争抢着吃垃圾，旁边几个小孩用棍子拨弄着一堆堆垃圾，寻找着猪能吃的“食物”。据附近人讲，垃圾场建在此，确实对周围居民危害不小，但同时也富了一批人，这里有10多家人都是靠“垃圾猪”暴富起来的。

李永忠主任告诉记者，随着兰州居住人口的逐年增加，兰州生活垃圾也以每年5%到7%的速度增长，而垃圾场是有限的。我们已经让几座垃圾围城围困兰州城，难道还要继续填埋生活垃圾？垃圾今后何去何从，确实是关系到几百万兰州人民生计的大事。长远之计是尽快建立一个大型垃圾处理场。

一笔难算的账

有关专家曾指出，垃圾处理现在不是技术问题，而是非技术的经济因素。假如用垃圾发电，生产出的电能要高于市场电价，因此，垃圾处理必须要政府给予补贴。

广州市今年10月率先开始生活垃圾收费，收费标准每户10元；西宁市也相继出台生活垃圾收费标准，每户6元。我省目前开始制定城市垃圾收费标准，现在拟定为每月每户4元。

接踵而来的问题是，兰州人能不能接受收费这个现实？即使接受，仅收费这一工作，又得多少人参与？组建一支收费队伍靠什么来养活？况且不愿交费的大有人在，靠什么来约束？靠谁来管理？

在兰州市的160万常住人口中，如果以三口之家为单位简单计算，起码有53.3万户，每户每月收4元垃圾处理费，一年只有2500多万元。而兰州市每天至少产生2183吨垃圾，按每吨50元处理费算，一年最少需要3800万元垃圾处理费。这1000多万的“缺口”又到哪里去补呢？

垃圾处理迫在眉睫

国家环保总局近日统计显示，我国人均每年产生生活垃圾300公斤，全国目前有三分之二的城市已建成生活垃圾处理场740座，这些垃圾处理场90%仍用填埋的土办法处理垃圾。专家预言，二十年后，这些垃圾将“卷土重来”，出现与人争地的局面。

为解决这个问题，国家计生委、建设部、环保总局今年联合发出通知，要求城市垃圾处理工作要向产业化方向发展，以“谁排放、谁交费”的原则把垃圾处理纳入城市管理中来。通知同时明确，对于社会资本投资的城市污水和垃圾处理项目，当地政府可参照同期银行长期贷款利率的标准，设定投资回报参考标准。

建设部杨鲁豫博士日前在分析城市固体废物处理与资源化问题时指出，随着城市化、工业化进入高峰，许多城市的垃圾堆放场和填埋场在今后几年至十年，将是一个重大的天灾人祸的隐患。如何提高垃圾场填埋承载能力，实现土地利用高效化，造福子孙后代，是我国城市垃圾处理面临的重要课题。

事实上,建立垃圾处理场政府早有动作,也一直在努力。兰州市政府早在三年前就与一家公司达成意向性协议,拟在兰州市黄河北大沙坪建造一个大型垃圾处理场,但由于种种原因,关于建场的事项至今还是一个问号。

(原文刊载于2002年11月19日《甘肃经济日报》,作者贾治堂)

刘家峡水库的功能不仅仅是蓄水发电,它的最大使命是拦截泥沙和防洪。1958年,被喻为"黄河上第一颗明珠"的三门峡水电站正式运行发电。2年后,三门峡水库的淤泥达50亿吨,渭河河床暴长5米,沿岸的大小城市受到严重威胁,黄河上游及支流水面也是渐涨渐高。危急之中,国家当机立断:"在黄河上游建设一座大型水电站,拦截黄河泥沙,保卫黄河。"刘家峡就此诞生于黄河的危难中。

而40多年后的今天,刘家峡同样遇到了三门峡难以克服的问题,黄河泥沙正在"有步骤、有计划"地吞噬着连同它下游的盐锅峡、八盘峡水电站。专家预言:如果不及时治理水土流失,生态继续恶化,几十年后,黄河三峡上的3座水库将失去所有的功能。

黄河三峡的泥沙之痛

20世纪80年代,原国务委员陈俊生在永靖视察完刘家峡、盐锅峡、八盘峡三座水电站后曾感叹地说:"一个县拥有三座水电站,这在全国是少有的。"半个世纪来,永靖人民一直沉浸在这种自豪里。也许正因为有这三座水库,才证明了黄河三峡的生态如此脆弱:自三座水电站建成以后,仅永靖县每平方公里的土地上土地流失量就达15万吨。每年有2500万吨左右的泥沙流入黄河,这些泥沙如果用50吨的车皮来运,车皮可以排5000公里长,相当于一条黄河的长。2006年,中国社科院欠发达经济研究中心主任袁钢明在永靖县调研后认为,黄河三峡正在经历一场生态灾难,而这种生态灾难如果不及时治理,有可能殃及整个黄河流域,甚至整个中国生态平衡。

三座水坝的相同命运

和其他水坝一样,刘家峡水坝并没有什么特别。一坝连两山,连绵不断的山脉把滔滔的黄河拦腰截断。站在永靖县的龙汇山上,鸟瞰刘家峡大坝,可以想象到40多年前,这个新中国第一座百万千瓦级的水电站建设时的壮观场面。

从龙汇山可以看到刘家峡大坝的全貌,水库的中间有条泾渭分明的线,一边浑浊不清,一边清澈见底。永靖县水电局副局长李锁明说,洮河的泥沙特别多,每立方水里含泥沙57千克,黄河的泥沙大部分来自这里,然后在这里沉淀。

永靖县县委书记王正君告诉记者,永靖县的大部分山区土壤属于典型的湿陷性黄土,水土流失非常严重,全县平均侵蚀模数每平方公里在3000至5000吨之间,每年有2000万吨到3000万吨泥沙流入黄河,全县水土流失面积高达1484平方公里,占总土地面积的80%以上。据了解，虽然洮河的来水量只占黄河总水量的18%，但是泥沙量却高达38%。

对于刘家峡水坝目前的情况，刘家峡水电厂陈启峰主任用一组惊人的数字向记者描述，水电站目前运行了37年，库容已经消耗了30%左右，淤泥在15亿吨左右，如果不采取有力的措施，也许几十年后，刘家峡将失去发电功能。陈启峰主任说，目前大坝平均淤泥深在70米左右，最深处已经达到100米以上，已经对发电产生了不小的影响。

水土流失严重，生态严重退化的背后是自然灾害频繁、农民生产条件恶化、生活质量急剧下降，尤其是库区移民的生活非常艰难。在永靖，库区移民的生活并不是很乐观。有的移民生活倒退，甚至不如搬迁以前。由于地质复杂，居住环境不断恶化，农民在不断的搬家中越搬越穷，越穷越搬。2005年永靖县政府的年终统计数字显示，当初4.9万移民如今已经发展到10万人，有的地方人均耕地还不足0.3亩，库区移民纯收入只有770元，比甘肃全省平均水平低1200元，比临夏州农民收入平均水平低500元。

甘肃省人大农业资源委员会主任盛维德向记者讲述了一件感人的事情。今年6月，水利部一位司长在永靖三塬镇东风村调研，在老村长的家里，当他看到"老村长家里唯一的家当是吃饭锅，一间房子裂缝四起，一贫如洗"时，这位北京干部动之以情，掏出身上仅有的500元钱当场塞给了老村长。

1960年，刘家峡水库建设在即，永靖县城只好从旧址上搬迁，当时只下拨了40万元县城建设费，在那个人定胜天的年代，40万就是最大的支持。不仅如此，作出最大牺牲的是众多的移民。永靖县县长李生发说："刘家峡水电站建设正是大跃进年代，人人都讲风格，个个都讲利益，1个移民8元钱安置费，1 块木料安排2个移民，这是当时最优惠的政策。"

然而在永靖县盐锅峡镇黑方台村民刘根珠的眼里，"刘家峡大坝的淤泥算不了什么，盐锅峡库区的水土流失才是严重的，泥沙都是他们(刘家峡)排下来的"。而盐锅峡水电厂提供的数据证明，刘家峡到盐锅峡总区域面积只有161平方公里，而水土流失面积就达149平方公里。"逢下雨，分不清是泥还是水，全灌入黄河里。"刘根珠说。

20世纪70年代，因盐锅峡水库建设，有近万名库区村民搬迁到盐锅峡水坝旁边的黑方台，如今，生活在黑方台附近的8个村的村民，频繁遭受山体滑坡的灾害。2006年5月14日，一场滑坡不期而至，黑方台的1公里长的山体整体下陷，造成9家农户住房被摧毁，数百亩良田被毁，直接经济损失近千万元。

"对于这里的村民来讲，除了耕地的减少、为山体滑坡担心外，最大的问题是土地盐碱化。"63岁的冯永康告诉记者，自1968年以来，黑方台一带共发生滑坡95次，从2002年至目前的5年中，平均每年就发生6次事故。冯永康说，盐锅峡大坝建成的38年来里，已有37人因滑坡致死，100多人受伤。由于水土流失严重，"水进人退"，400多户农民曾经搬了3次家，最多的搬过6次家。记者在盐锅峡采访时看到，随盐锅峡镇10多公里的山体上，裂缝随处可见，最宽处有20厘米，山下，是农民的住房和庄稼地，再下面，就是浑浊不清的黄河。

"这个地方就不适合居住和耕种。"中国社科院欠发达经济研究中心主任袁钢明的看法是，建设水库之处，不应该将这上万名村民搬迁到黑方台上。

盐锅峡水电站2000年的安全检查报告中指出，盐锅峡水库目前库容已经损失了77%，坝前左岸淤滩断面一直没有得到有效的控制，反而进一步恶化，1996年以前的10年间，断面只拓展了42米，而1996年到1997年的一年时间里，断面就拓展了55米。报告同时指出，由于近年来盲目追求经济利益，人为抬高水位运行，造成水库淤积进一步恶化。

“以总书记曾在这里工作过为荣”是八盘峡水电站职工的厂训，但是提起黄河泥沙，他们一点也高兴不起来。比起刘家峡和盐锅峡，八盘峡水库的地势比较平坦，“但是平坦并不是优势，反而利于泥沙沉淀”。据陇电分公司工程师焦世海介绍，八盘峡水库属于日调节水库，设计库容为0.49亿立方米，近10年来，由于黄河上游水库较多，丰水期又比较少，造成河道输沙能力下降，水库的泥沙淤积特别严重，目前损失库容55%。库区沿岸的148.1平方公里面积上，水土流失面积达139.4平方公里。每年流入水库的泥沙达79.5万吨，使库容减少了0.87亿立方米。

刘家峡、盐锅峡、八盘峡三座水电站位于临夏州北部黄河的干流上，故称为“黄河三峡”，库区包括永靖县、东乡县、临夏县和积石山县。刘家峡和盐锅峡始建于1958 年，八盘峡始建于1969年，三座水库库面面积167平方公里，总库容为65亿立方米。目前三座水库共沉淀泥沙近30亿吨，而从国家环保总局传来的数据证明，黄河流域每年有15亿吨泥沙，而从甘肃境内流入的有5亿吨，占总量的三分之一。

杯水车薪的10年治理

1996年，时任国务院总理的朱镕基同志在视察完刘家峡水库时，心情十分沉重，他一再叮咛基层干部，“一定要加强库区绿化，治理水土流失，改善生态环境”。10年来，永靖县委、县政府始终把“三大水库保护”作为全县工作的重中之重，组织和带领全县人民，治山治水，造林种草，为改善生态环境、治理水土流失到处“问医求药”。

永靖县委书记王正君说，为了彻底改变生态，永靖政府编制了《黄河沿岸生态环境建设规划》，制定了年度治理计划，保证了库区绿化有计划、有步骤地快速推进。为了克服资金难题，永靖县政府采取财政拿一点，干部捐一点，个体承包一点，上面争取一点的“四点方式”，来维持长治久安的植树种草工程。

2000年4月，由团中央青基会与《读者》杂志社联合倡议发起的“保护母亲河，共建读者林”项目在永靖县启动实施，4年来，“共建读者林”在社会上收到一定的效果。与此同时，永靖县“放水养鱼”，放宽政策，鼓励个体承包荒山，一大批企业家和农民积极投入资金，大办生态性产业，投身造林绿化事业，如今已经形成了多元化投资造林绿化的新机制，永靖县的非公有制林业有了突飞猛进的发展。

河南企业家秦廷瑞就是其中的典型。1999年，他投资350万元，承包刘家峡村荒山大平地，进行综合开发治理，修建上水工程2处，配套了喷灌、滴灌设施，完成造林3840亩，如今已建成为集生态治理、旅游开发、休闲度假为一体的综合生态园区。据了解，目前全县共有23名个体大户承包经营治理荒山荒坡5.05万亩，已承包荒山27处，农民和企业家投入资金已达2050万元，为永靖县的林业发展注入了新的活力。

“但是，10年的治理对于从根本上解决水土流失仍然是杯水车薪，永靖县的小流域治理也并非一朝一夕的事。10年来治理的面积还不足总面积的10%，目前还有32万亩荒山需要治理，有1000多条沟壑需要建设淤地坝，任务艰巨，需要的资金也是非常巨大。”永靖县水电局副局长李锁明说，永靖县属于典型的湿陷性黄土，植树种草的成本非常大。他告诉记者：“为了把水引到山上，有的地方水提灌达已经到了14级，按照一级提灌的成本是27度电，14级提灌一小时就需要近400度电，所以1亩地的造林成本在2000元左右，这些成本对于一个穷县来说，几乎是难上加难。”

永靖县在向全国人大汇报的材料中提到，因库区地处黄土高原丘陵沟壑区，土壤质地疏松，干旱少雨，自然条件严酷，沿岸植被稀少，林草覆盖率仅为13%，水土流失严重，库区生态环境日趋恶化，不仅危及刘家峡水电站的正常运行，而且对黄河下游生态安全造成严重威胁。因长期的土壤侵蚀冲刷，造成库区沿岸台塬地滑坡下沉，库区沿岸11个乡、17个村的12000亩耕地被严重侵蚀，耕地面积逐年减少，盐碱化严重，当地群众生产生活环境日趋恶化，10万移民情绪波动较大。

李锁明认为：“启动实施刘家峡库区生态工程，不仅对刘家峡水库本身具有重要的现实意义，而且对黄河中下游流域数亿人民的生态、生活、生产安全也具有十分重要的战略意义。”

问题能否变成项目？

对于黄河临夏段水土流失和永靖县生态治理，从1995年开始，永靖县的人大代表和政协委员每逢“两会”必提，从县里的“两会”提到自治州的“两会”上，从州上又提到省上，但都由于资金的原因，始终没有提到议事日程。

2005年5月，全国人大盛华仁副委员长在甘肃进行水污染防治法执法检查时，目睹了黄河三峡的脆弱生态，他当即指示：“请全国人大代表提出建议，全国人大把它作为代表重点建议转国务院研究办理。”同年的6月30日，盛华仁副委员长、全国人大环资委毛如柏主任在人民大会堂会见甘肃省人大常委会副主任嘉木样洛桑久美图丹却吉尼玛时再次指出，要把刘家峡库区生态保护项目作为全国人大代表建议重点督办，由国家发改委、环保总局、林业局等部门办理。

现担任甘肃省人大农资委主任的盛维德，在任甘肃省水利厅厅长的8年时间里，在黄河三峡地区共走访了18次，他对黄河三峡地区水土流失严重程度可以说了如指掌。2006年3月，在十届全国人大会上，由他和十届全国人大代表甘肃省人大代表任继东领衔、20名人大代表的联名提案《刘家峡库区水土生态保持建议》呈到全国“两会”上。

“在全国两会上，没有一个代表对治理方案表示异议”，盛维德代表就具体综合治理进行了说明，他在说明会上说，《刘家峡库区水土生态保持建议》方案是一个综合治理方案，涉及三个方面，一是实施治沟工程，在20条小流域修建淤地坝；二是大规模开展种草种树，封禁治理408平方公里，完成55平方公里面积的植被保护。三是加大梯田建设力度，修建梯田36平方公里。项目总投资4.7亿元。项目不仅关系到黄河三峡，也关系到整个黄河流域的治理。

“把问题变成项目是甘肃人大工作2005年的一大创举”，甘肃省人大副主任程有清对盛维德等甘肃省的全国人大代表的做法表示认同。甘肃省人大环资委主任丁国民说，盛华仁委员长的甘肃之行，发现了一个真实的黄河，各级政府毫不隐瞒，敢于揭自家丑，把问题展现给全国人大，这是我们多年来工作思维的最大转变。

在2006年的全国人大代表会上，全国人大共收到6511件提案，人代会结束后，全国人大最后确定了12件“委员长督办案”，《刘家峡库区水土生态保持建议》被列为其中之一，盛维德主任称此为“不幸中的万幸”。

由于黄河三峡综合治理工程周期长，规模大，资金多，涉及部门又比较多，办理难度比较大，为此，全国人大特别指示，由水利部牵头，国家发改委、农业部、林业部、环保总局等部门共同协助完成。2006年5月，水利部的9名专家赴甘肃进行考察。在随后的闭门会议上，专家们一致同意综合治理的可行性报告，并提出了修改意见。一个月后，水利部首次承诺，给予刘家峡综合治理工程1000万元的支持。

然而8月24日，从北京传来消息，“刘家峡综合治理项目截至目前还没有立项，立项工作进展很不顺利”。盛维德告诉记者，由于该项目的主办方是水利部，但是项目立项权又在发改委，加之项目的资金量大，所以需要一个过程。盛维德说，“但愿好事多磨”。

更着急的是临夏州和永靖县，临夏州的一位领导说，从去年8月，临夏州、永靖县专门抽调人力，组织协调。为此临夏州还专门成立了“刘家峡综合治理领导小组”，州委主要领导亲自挂帅，同时还设立了“刘家峡综合治理指挥部”。为了便于治理工作的有力开展，2005年9月23日，临夏州人大常委会通过了《临夏回族自治州刘家峡库区生态环境保护建设条例》，条例对库区生态治理的责任、义务以及违规处理都作了明文规定。用这位领导的话讲，“目前已是万事俱备，只欠东风，但愿项目能早日上马，黄河三峡的水土流失能从根本上得到治理”。

（原文刊载于2006年8月27日《甘肃经济日报》，本文获省人大好新闻二等奖，作者贾治堂、胡作政、罗玉珍）

资源开发与地方发展何以双赢？

——直面庆阳发展的六大挑战

2001年，一条消息让庆阳人民振奋不已：西峰油田勘测石油储量高达4.35亿吨。2004年，庆阳又发现1342亿吨的煤层储量（占甘肃煤炭总储量的94%）。一夜之间，庆阳跻身于西北最大的资源大市。应该说庆阳迎来了千年不遇的发展机遇。但是机遇与挑战并存，就像庆阳领导感慨之余所言："庆阳在拥有大量资源面前难以很快发展，我们如芒刺在背，寝食难安。"

没有资源难发展，有了资源更难发展，在资源富集与贫困落后的两极反差面前，老区人民面对着前所未有的抉择。

庆阳，是中国革命成功的转折点，在这块热土上不仅长眠着600多名革命先烈，而且有许多革命传统。1930年初，刘志丹、谢子长、习仲勋等老一辈无产阶级革命家在庆阳一带宣传马列主义，带领群众闹革命，在兵运活动和武装斗争中，庆阳人民踊跃参军，父母送子，妻女送夫，兄弟争相入伍的感人事迹举不胜举。经过几年的斗争，老区人民用鲜血创建了南梁苏维埃政权，成为第一次国内革命失败后全国仅存的革命根据地，为党中央、中央红军提供了落脚点。抗日战争时期，庆阳老区成为抗战的后方阵地，老区人民把粮食、布匹、军需物资送上前线，为抗战胜利提供了保障。新中国成立以后，为了支援国家建设，老区人民饿着肚子，积攒起一大批粮食支援新疆、山东等灾区，庆阳也由此而得名为"陇东粮仓"。

1969年，长庆油田开发时，老区人民像当年支持革命战争一样，一如既往地支持油田开发。宁县长庆桥、庆城县两次无偿让出政府机关、学校给石油指挥部，在石油大会战中，庆城县发动民兵工程队，日夜奋战，参与抢修油井。据统计，从1971年至1993年，庆阳市累计为油田供应平价面粉11.5亿斤。为此，平价粮供应让庆阳财政倒挂2亿多元。30多年来，老区人民与油田职工风雨同舟，为繁荣国家石油事业作出了不可磨灭的贡献。

翻开历史新的一页时，和全国其他革命老区相比，庆阳落伍了，发展缓慢了，当然，其主要原因是受封闭的自然条件和曾经拥有的"零资源"所限制。

今天，老区人民没有忘记历史，全国人民也不会忘记历史。告别"零资源"的庆阳迎来了新的发展机遇。而正是这个机遇，对于庆阳广大干部群众和各级政府来说，是一种最大的挑战。

挑战一：寻求“老区待遇”

延安，中国革命的摇篮。其自然条件、历史背景几乎与庆阳相同。在改革开放初期，延安的经济几乎是负增长，但是近几年，由于国家对延安的扶持力度加大，今天的延安经济社会发展呈现全面加速势头。早在1998年，为了扶持陕西发展，陕西省政府与中国石油天然气总公司签署了“4·13协议”。协议商定：长庆油田在延安勘探开发石油资源的过程中，要兼顾延安老区的利益，促进和带动地方经济发展，同时要充分发挥各方优势，合作开发石油资源，以油养油，滚动发展。

这个协议给延安市划定8514平方公里和下寺湾区一带1951平方公里，作为延安油田勘探开发区，同时吸收了地方资金；在陕北安塞油田坪桥区划出约300平方公里，作为长庆油田和地方合作开发区；为了陕北坪桥的长期稳定，长庆油田把靖边县域以南的3500平方公里的油区井面交予地方，作为滚动勘探开发合作区。

由于长庆油田给予了陕北地方扶持性的支持，近几年来，以延安为代表的陕北老区经济社会发展出现了良好的局面，很多地方发生了天翻地覆的变化。以2003年为例，延安的地方原油产量高达480万吨，就地加工原油533万吨，石油工业对财政的贡献占到财政收入37亿元的92%，就此一项，延安高出庆阳7倍多。据资料显示，截至2003年底，延安总人口有205万人，是庆阳的五分之四，而当年的GDP高达143亿元，是庆阳的两倍。2003年延安全社会固定投资为106亿元，而庆阳只有47.43亿元，地方财政收入延安当年为21亿元，是庆阳的4.4倍。

同是革命老区，同是长庆油田，却有着截然不同的待遇。在石油开发惠及地方经济建设上，庆阳远不及延安所获的支持力度大。

1994年，甘肃省政府与中国石油天然气总公司签署“11·14纪要”。纪要商定：

1.庆阳市地方不划区块开采，不钻井、不占油井、不能影响边远井试采，更不允许其他部门和单位参与或组织该区的石油探采活动。

2.为了帮助地方经济发展，长庆油田当年应向庆阳市提供3万吨原油，1995年、1996年各提供原油5万吨，由庆阳组织加工；并从1994年起每年给地方700万元，用于搞好油区社会综合治理和改善油区基础设施条件，三年不变。

3.庆油已钻成的10口油井由华池、环县经营，产油井逐步用产量相当或略高的油田探井替换，当探井所属区域油田投入开发时，地方必须退出，再用相当或略高的新探井替换。

信守承诺，先人后己是老区的光荣传统。在“11·14纪要”的执行上，庆阳市不折不扣地落实了纪要规定，而长庆油田并没有完全执行协议，原规定给5万吨原油，结果只给差价，1998年以后，每吨只给300元差价，与协议背道而行。

记者了解到，长庆油田绝大部分油井在庆阳辖区内。一方面，庆阳老百姓忍受着环境污染、耕地破坏的煎熬；另一方面，庆阳地方经济并没有得到“因油而富”的发展，与同是革命老区的延安相比，庆阳付出的代价远不是几口油井。

同样以2003年为例，庆阳的地方工业增加值比重不到13%，城镇水平低于全省8.78个百分点，目前仍有23万贫困人口和67万低收入人口，有3.5万人依靠政府最低生活保障金度日。2003年，庆阳地方财政收入只有4.55亿元，财政支出达18.07亿元，8个县区有7县仍入不敷出，目前全市财政累计赤字达10多亿元，全省5个亿元财政赤字县全都分布在庆阳。庆阳的发展并没有想象中那样乐观。

庆阳老区人民在革命战争、和平建设时期作出贡献的历史是不容否认的。利用优势资源加快发展是庆阳260万群众和广大干部的心愿，能不能争取政策，举产业旗、打优势仗则是庆阳市委、市政府的最大挑战。

中共中央候补委员、庆阳市委书记黄选平用“承受着来自各方巨大的压力，深感责任重大”来形容面对的挑战。他在接受记者采访时说，庆阳目前最大、最突出的问题是财政赤字巨大，最着急的事情是城乡居民收入增长缓慢，最根本的出路是借优势资源发展。黄选平说，西峰油田开发从理论上说是庆阳的最大机遇，问题是庆阳的资源能不能为庆阳带来发展、带来利益，石油开发与地方经济发展能不能互补、双赢，这就需要政策扶持。

挑战二：50年后的庆阳不走转型路

继西峰油田后，庆阳又发现储量惊人的煤层，勘测表明，庆阳三县共有储煤1300多亿吨，占甘肃煤藏总量1428亿吨的94%。

庆阳成为资源大市，本是一件可喜可贺的事。但是资源型城市发展是一条艰辛的路，往往在辉煌以后，便会萧条、走向没落，主要是多年来我们在资源型城市建设时都按照“煤(油)市一体”的模式规划。所谓“因煤(油)而兴，也因煤(油)而衰”就是这个道理。

煤(油)市一体化是前苏联的城市建设模式。建国初期，我国按照前苏联模式在全国兴建起一大批资源型城市，目前这些城市在资源枯竭后的转型问题已是当地政府最为焦虑的难题。据资料统计，目前全国面临转型的城市有41个，其中有十几个城市因转型还未步入正轨，直接影响到当地的社会稳定和经济发展。而我省的白银、金昌、玉门以及兰州市的阿干镇，都属于资源转型城市。

任何资源都不是“取之不竭，用之不尽”的。十六届三中全会提出了“五个统筹”的要求，要求更大程度地发挥市场在资源配置中的基础作用。庆阳的资源开发也必须建立在这个原则上，要避免城市煤(油)一体化，重复资源枯竭后转型之路。

在市场经济体制下，资源开发必须按照市场经济的开发观开发利用。采用公开拍卖开发、市场运作开发、动员国内外大集团参股开发，这是市场经济条件下资源开发利用的基本规则。

在庆阳采访期间，记者在与多位领导探讨时，他们都有同感。他们认为，庆阳目前拥有的资源是庆阳发展的机遇，但是，如何利用好资源、开发好资源，以使百年后的庆阳更为繁荣，能够实现可持续发展，需要各级政府规划好近期战略和长期战略，规划好建设方案和发展方案。

庆阳一位退休的老干部告诉记者，老区人民不仅需要国家资金扶持，更重要的是需要政策扶持。所以说，拥有大量资源在某种程度上是考验、是挑战，如何开发利用资源壮大庆阳区域经济,如何让子孙后代不再重走转型之路,这是一个需要研究的重大课题。

记者在庆阳采访时得知,庆阳市的领导目前正在尽各种努力,促使煤田进一步勘测,以跻身国家亿吨煤田规划行列。

挑战三:能否达到科学发展

石油、煤炭行业是我国工业经济的动脉,是社会经济的血液。尤其是新时期,在煤电油能源非常紧缺的情况下,开发能源产业显得颇为紧迫。但是能源产业是一个高风险、高污染的产业,“十六大”明确提出,“开发能源产业必须建立在以人为本科学发展的基础上,发展不能以损害社会、群众利益为代价”。

庆阳现初步探明煤炭储量高达1300多亿吨,排名全国第六。但是庆阳煤田开采面临的难题将是高成本投入保障安全开采,高成本投入就意味着需要大量的资金。而庆阳财政入不敷出,赤字累累,这就需要政府有一个清醒的认识,保持冷静的头脑,逐步争取建设资金,宁可发展规划周期远一点,千万不要盲目开采、低成本运行,否则损害的不仅仅是企业的利益,更重要的是损害老百姓的利益。

煤炭、石油开采污染已是公开的秘密。八百里秦川抵不上一个董志塬边。素有“陇东粮仓”的董志塬是目前世界上保存最完整、面积最大、黄土层最厚的黄土高原,随着西峰油田的逐步开发,世界之最有可能告别历史。记者在采访时了解到,分布在董志塬上的700多口油井污染初现,当地老百姓希望能够处理好污染,处理好地下水、地表水。

目前,我国正处于工业化中期阶段,发展的速度和社会可承受的程度还不协调,经济高速增长对资源和环境构成的压力与日俱增,所以,必须有一个清醒的认识,那就是坚持以人为本的科学发展观,要统筹兼顾人与自然的和谐发展。

坚持“以人为本”的发展观,政府必须负总责,而这并非一朝一夕、一政一策的事情。庆阳市面对的这个挑战,是任重而道远的考验,虽然“路漫漫”,但相信经过各方努力将能“其修远”。

挑战四:县级政府难扛旅游大旗

庆阳不仅是工业资源大市,而且是一个文化旅游资源大市。“庆阳历史悠久,文化底蕴深厚,旅游资源丰富,具有人文景观、生态景观和民俗风情俱佳结合的特点。”中共中央候补委员、庆阳市委书记黄选平对庆阳旅游资源开发给予了极高的评价。他说,庆阳深厚的文化内涵包罗万象,既有农耕文化,也有革命文化,既有新时期文化,也有黄土风情文化。记者从相关部门了解到,截至目前,庆阳有开发和利用价值的旅游资源达61个,但是由于受客观条件所限制,庆阳的旅游开发几乎处于“零状态”。

庆阳是周先祖农耕文化的发祥地,也是中华民族的发祥地和黄河文明的发源地之一。其文化内涵可上溯至旧石器、新石器时代以来的南佐、仰韶、齐家等文化,现有遗址多达984处,现珍藏文物2万余件。庆阳也是甘肃唯一的革命老区。毛泽东、周恩来、邓小平、刘志丹、习仲勋等老一辈革命家都在庆阳留下了革命足迹。皮影、剪纸、刺绣、香包、陇东道情堪称“陇东五绝”，其古朴性、民俗性寓意深远，备受国内外思想文化界的青睐。郭沫若曾把庆阳誉为“民间艺术的瑰宝”。

丰富的文化资源造就了一大批旅游景观。有北魏时期的北石窟寺、第四世纪的黄河古象、秦长城、秦直古道，有周祖遗陵，华夏公刘第一庙，子午岭原始森林风貌，还有南梁革命遗址、抗大分校、列宁小学遗址、环县河连湾甘宁省政府旧址、山城堡战役遗址等。在漫长的历史发展过程中，庆阳这块古老的土地上不仅积淀了丰富的历史文化，涌现出一大批杰出的历史人物，而且人才辈出，有最早在庆阳建立中国共产党组织的王孝锡，电影文学剧本《红河激浪》原型赵德荣，评剧《刘巧儿》的原型封芝琴，全国劳模张占明，优秀民间诗人、歌手孙万福，《绣锦匾》创作者汪庭，原甘肃省政协主席王秉祥等，他们为庆阳留下了丰厚的精神财富。

但是庆阳的旅游业没有乐观的理由。2003年，全市旅游收入不到6000万元，与周边的宁夏、平凉、延安无法相比。旅游业是一项关联度高、带动能力强的产业，它以发展快、效益高、前景好被誉为“朝阳产业”，成为第三产业的龙头。但是要发展旅游产业，必须加大基础设施投入，开发景点建设。庆阳市旅游局副局长文华告诉记者，庆阳市旅游目前最大的困难是资金投入严重不足，仅红色旅游景点建设、设施更新就需要1亿多元。

庆阳不仅资源优势突出，而且区位优势非常明显，与周边省市有良好的旅游协作条件，同时旅游网络已逐步形成，在空间和时间上也能为游客提供方便。国家实施的西部大开发是旅游产业发展的好机遇。由于旅游业是当今社会见效快、周期长、污染少，同时能促进多种经济共同发展的“无烟工业”，所以，在西部大开发中，旅游产业被作为重点扶持对象。庆阳经过多年的发展，旅游产业的基础已经比较稳定，各种局面正在逐步打开。所以说，庆阳大办旅游产业势在必行。

“一业兴，百业旺。”问题是庆阳发展旅游产业除了资金制约外，还明显存在着各种挑战。记者从庆阳市旅游局了解到，由于庆阳市旅游景点多、线路长，造成多头领导、多块分割，建设混乱，同时很多景区开发规模小、文化内涵还没有发掘出来，重复建设和小打小闹现象比较普遍，因而导致统一规划不够；定位不准，缺乏新意，留下许多败笔、缺憾。据介绍，全市目前只有国家3A级景点1个，吃、住、行、游、购、娱的旅游六要素体系还不完善。同时，各级群众还存在观念陈旧、思想不解放等问题。所有这些远远不能适应旅游市场的变化和市场体制下旅游产业的发展。

面对机遇和挑战，黄选平书记认为，庆阳不仅要发掘历史文化、红色文化、黄土民俗文化作为发展旅游的平台，而且要发展农业观光游、工业旅游和生态旅游，同时要确立新的旅游发展思路，构筑新的旅游发展格局，做好特色文章，实施名牌战略，准确定位，突出重点，全面发展。要坚持市场运作、多方投资的方针，拓展旅游精品线。要大力宣传旅游业，不仅能走出去，更能请进来。

2004年7月，苏荣书记在庆阳调研时指出，庆阳是革命老区，已经有了政治荣誉，怎样将这种政治荣誉转化成巨大的物质力量，使老区人民在经济上得到更大的发展和实惠，这是摆在庆阳各级干部面前的一个紧迫任务。

挑战五:用什么打破交通瓶颈

要致富,先修路。交通不仅是人流、物流的一个畅通渠道,而且是现代信息流的一个主要方面。

华池通达草业公司是庆阳近年来招商引资的最大项目之一, 草畜产业已明显形成一条产业链,带动了地方经济的发展。记者在该公司采访时,一位负责人告诉记者,公司的效益特别好,订货单位非常多,但就是运输不出去。他告诉记者,从9月份至今,他们一直努力在平凉火车站定购火车皮,寻找了各种关系,但都没有结果,他希望通过记者呼吁,能解决燃眉之急。

庆阳东接陕西延安、富县、志庆县、甘泉县,北邻陕西吴县、定边以及宁夏盐池县,西连同心、固原、彭阳县,南接平凉市、泾川县和陕西的长武、旬邑、彬县。从地理位置上看,庆阳应该是处于黄金地带的“金三角”。其实不然,庆阳道路唯一的通口是312国道。南梁革命遗址是全省爱国主义教育基地,与华池县只有60公里的路程,但是路面全线破损,单趟行程就需要近3个小时。记者了解到,处于“死胡同”的庆阳道路建设严重滞后,交通单纯依赖公路运输,二级以上路面只有200多公里,尚无高速公路,目前有46个乡镇不通油路,325个行政村不通农机路,有400多公里出境路是断头路。

旅游业是一个需要先期投入的产业,没有投入,资源就难转化成产品,进不了市场,形不成规模,接待不了游客,因而资源优势就很难形成经济优势和市场优势。要发展庆阳旅游业,必须先抓基础设施建设,让每个资源景点道路互通,才能形成互动旅游产业,才能得到发展。

庆阳市委副书记张文先在与记者探讨时认为,发展旅游业最大的挑战是如何把“死三角”变成“金三角”。所以,庆阳要实现跨越式发展,不仅要有一两条高速公路,而且要解决交通闭塞的问题。

挑战六:新观念的勇气从何而来

祖先们给庆阳留下了宝贵的财富,这些财富无论是物质的,还是精神的,都值得人们为之自豪和骄傲。几十年来,老区人民默默无闻,甘于奉献,不求回报,这就是伟大的革命老区精神。雄关漫道真如铁,而今迈步从头越。今天,庆阳迎来了千载难逢的发展机遇,利用机遇发展不仅需要雄厚的资金和倾斜政策, 更主要的是各级群众干部在把握机遇中要破除陈规,打破传统观念。对于老区来说,解决观念问题,是最大的挑战。

记者在庆阳采访时搭乘了一辆出租车,聊天时记者问及北石窟寺的情况,司机反问记者,“几尊石头佛像有什么看头”。出租车是一个城市的窗口,北京市、天津市近日对出租车司机设了一道门槛:必须要有初中以上文化程度和较好的文化素质。也许那仅仅是司机无意间流露出的一句不屑话语,但是作为城市的窗口,庆阳市的一分子,必须时刻有宣传意识、引导意识。在新发展期,转变观念,提高认识,宣传庆阳显得尤为重要,特别是对庆阳旅游的宣传。要知道,口碑宣传也同样重要。

比如北石窟寺是我省四大石窟之一，由于受观念的制约，目前只注重保护，不注重开发，很好的资源就白白地浪费掉了。如今是市场经济，“好酒不怕巷子深”的理念已成为昨天，再大的资源、再大的优势，必须依托宣传，宣传也能出生产力。

转变观念，提高开放开发认识，不仅是广大群众的事情，也是领导干部的事情。记者在庆阳采访农业产业化的有关问题时了解到，20年前，庆阳就搞苹果园基地建设，20年后的今天，庆阳仅存苹果林面积不足30万亩。一位相关部门的干部告诉记者，海拔在800~1200米的气候中生产出的苹果品质最好，而庆阳具有这样的条件。所以，陕西客商每年都在庆阳收购苹果，然后贴上自己的商标，出口到北美、欧洲一带。用这位干部的话讲，庆阳苹果产业之所以发展不起来，主要是观念不一致，没有常抓不懈，形不成规模，所以高品质的苹果，只能做别人的“嫁妆”。

当然，挑战是暂时的，庆阳的发展前景仍然是光明的，相信通过庆阳市委市政府的各种努力，在中央和省委、省政府的大力支持下，在260万庆阳人民的开拓创新中，庆阳的明天一定会更美好，小康社会中的庆阳一定更精彩、更经典。

（原文刊载于2004年11月30日《甘肃经济日报》，作者贯治堂）

<<< # 民主法制篇

兰州两任市长落马的前台幕后

重拳反腐，兰州两任市长相继落马。甘肃省高层表示，对腐败分子要“科以重典”。

地处西北的甘肃政坛，一直以来较为平静，最近，这一局面正悄悄被打破。经过长期反复的缜密调查，中纪委、甘肃省纪委和检察反贪部门联合掀起了一场大规模的夏季反腐风暴。

6月23日上午，中共甘肃省纪委、省监察厅召开新闻发布会，通报兰州市原副市长杨在溪，甘肃省财政厅原副厅长郑卫民，兰州市原市长、甘肃省人大常委会秘书长张玉舜，兰州市人大常委会原副主任高纪勋4人的严重违纪违法案件，杨在溪、郑卫民、张玉舜3人被“双开”(开除党籍、开除公职)，高纪勋“留党察看两年”。

在此次通报的4人中，郑卫民被媒体称为“腐败财神”，而最引人注目的是其他3人都是兰州市的干部，张玉舜和杨在溪分别是兰州市市长和副市长，他们先后落马，在当地官场引起了不小的震动。

事实上，中纪委掀起的这场反腐风暴，还涉及到一名曾担任兰州市市长的高官———现任甘肃省政协副主席朱作勇，他也刚刚被批准逮捕。朱作勇和张玉舜是前后两任的兰州市长。在这次中纪委掀起的反腐风暴后面，有着戏剧性的发展过程。

甘肃首次启动人民监督员程序

62岁的张玉舜，甘肃白银市人，厦门大学会计专业研究生结业。张玉舜的仕途是从兰州市商业系统开始起步的，在担任兰州市商业局局长、党组书记多年后，1992年被提拔为兰州市副市长。8年后，张玉舜成为市委副书记、代市长，2000年3月正式就任市长，到达其政治生涯辉煌的顶点。

但他的市长生涯只持续了两年，还没有任满一届。2002年1月，正厅级的张玉舜就被平调至甘肃省人大，先后担任副秘书长、秘书长，这背后有颇为复杂的原因。

在兰州市商业系统老同事的眼中，张玉舜是一个“敬业、平实”、思想活跃的人。他在公开场合，常把“我是本地人，我做兰州市市长对兰州和兰州人民感情很深”这句话挂在嘴边。

但据甘肃省纪委通报，他在担任市长期间，2003年，兰州某公司经理贾某送给他25万元人民币；2004年春节前后，浙江东阳某建筑公司兰州分公司为承揽工程，以拜年名义送给其10万元。这些钱，他全部笑纳了。此外，张玉舜的妻子、女儿各收受甘肃首富张某送来的10万元。另据省检察院办案人员介绍，除了这些受贿事实外，张玉舜还主动“退赔”80多万元。

张玉舜最早出事的时间在2004年10月，一直暗中查案的中纪委对其进行了“双规”，该案成为中纪委直接查办的要案。

“双规”期间，张玉舜异常“活跃”，经常往外“递条子”。据一位了解案情的人士透露，张玉舜为了串供，频频向外发送信息，欲将收来的赃款摇身变成“借来的钱”。后来，一位看守他的武警将条子上交甘肃省纪委，张玉舜的串供意图败露，侦查人员随后在其女婿家中搜出伪造的证据“借条”。为了彻底断绝张和外界的联系，最后中纪委将张玉舜羁押至四川绵阳。

2005年1月，中纪委将该案移交至甘肃省检察院反贪局，并继续进行调查取证。5月16日，甘肃省检察院以涉嫌受贿罪决定逮捕张玉舜。但张玉舜以身体健康状况不适，其行为不是受贿犯罪，并称其有举报立功表现，拒绝在逮捕证上签字，并要求重新审查。

随后，甘肃省检察院对张玉舜的身体进行了医学专业检查，认定其不符合“取保候审”的条件。对于其举报揭发其他人的立功表现，办案人员告诉他，法官会在庭审判决时给他明确答复，同时会在量刑时给予充分考虑。经过再次审查，甘肃省检察院最后认为张玉舜的申诉理由不成立，拟维持原逮捕决定。

6月2日，甘肃省检察院针对该案首次启动了人民监督员程序。当日上午9点，4名人民监督员来到甘肃省检察院的6楼，经过3个小时的案情了解和磋商，最后独立表决，一致通过对张玉舜逮捕的决定。

目前，张玉舜涉嫌受贿案已经移交至甘肃省检察院指定的定西地区检察院，正在审查起诉。

在此期间，因为其对家人请的辩护律师不太满意，张玉舜又要求换成李勇和陈利民律师为其辩护。6月14日，张玉舜的大女儿张翠兰和李勇签下授权委托书，聘请李勇为张玉舜受贿案的辩护律师。

神秘的举报人

一切风波，最初肇始于号称“甘肃首富”的张某，2004年5月，张某突然被中纪委带走“协助调查”，一时间在兰州引起了巨大反响。

张某是浙江东阳人，21岁时来到甘肃定西地区闯荡，由此挖到了“第一桶金”。

十多年前，他到兰州之后，财富急剧膨胀，并成长为“甘肃首富”。在张的财富轨迹中，起点是建设位于兰州市中心的某商场。1998年4月，他低价拿到了兰州市中心地带东方红广场的公益用地，并在这里建起了商场。

兰州市政府的初衷是，在这里建设一座国际博览中心，作为兰洽会一个永久性主会场使用。但为何公益用地变成了商业用地呢？中纪委开始调查后，这成为了一个重要的突破点。

就在调查的关键时刻，中纪委和甘肃省纪委联合组成的调查小组，收到了一份神秘举报材料，材料中以详实的证据反映了时任兰州市副市长杨在溪的违规问题。杨在溪是主管城建、环保的副市长，在东方红广场用地的转让上，他正是具体的主管人，发挥过不小的作用。从后来对杨在溪的起诉来看，其中在2002年，杨在溪先后两次收受6万元、10万元的贿赂。

从检察院后来披露的情况看，最初两方是以建一座8层的国际博览中心为名义。当初达成的协议是：1–4层产权归张所掌控的集团公司，政府拥有5–6层产权及7–8层兰洽会期间40天的免费使用权。

在建设时，张某因缺乏资金，又与政府达成一项合同。合同内容为：张免费取得土地使用权，甘肃省与兰州市财政各支付6000万元及4000万元建设资金作为国际博览中心5–8层的建设资金。

此外，为了解决资金难题，张某在建设之初，先将国际博览中心1–4层划分为精品屋，向社会公开预售，后以“商场经营格局变化”为由，将已经卖出的楼层全部收回。同时又提出要求，向政府收取物业管理费用，最终双方达成协议，5–6楼由公司免费使用，开兰洽会时清场。(本报于2004年7月22日曾做过详细报道)

另据本报记者在兰州市公安局提交的一份报告草案中了解到，1996年，张某涉嫌虚假注册名为某某公司的中外合资企业，骗取税收减免560余万元。

调查因为有举报的证据，进展得十分顺利，而张某交代出来的一个账本，详尽记录了行贿的情况，更是牵出了兰州市的一串官员。

2004年12月31日，杨在溪被依法逮捕。

那么，神秘的举报人是谁？兰州市上下猜测纷纷。当他们最后得知前市长是举报人时，非常吃惊。

举报者也是涉案人

事实上，张玉舜从来没有隐瞒，是他举报了时任兰州市委主要领导和副市长杨在溪。

张玉舜与王某的矛盾由来已久，双方经常发生冲突，“有时两人在办公会上就吵僵了，剑拔弩张的样子……”一位曾在会议期间目睹的市委官员说，“甚至两人都互相威胁要将对方送进监狱。”

据《第一财经日报》2005年5月24日报道，2003年前发生的“兰州出租车司机罢工”事件，兰州市委主要领导认为，市长张玉舜在风波中负有不可推卸的责任，并在随后的兰州市十二届人大常委会第三十三次会议上，明确表示不再支持张玉舜的工作。张玉舜随即在之后的投票表决中落选，并辞去兰州市市长职务，于2002年1月调任省人大先后担任副秘书长、秘书长。

这无疑使两人的冲突进一步升级，2004年中纪委前来调查张某案时，也就有了兰州市上演的这幕“市长举报”。

戏剧性的发展是，张玉舜举报王军和杨在溪的问题时，涉及到的两个行贿人——张某和贾某。在接受调查时,证实了举报的情况,例如贾某就交代,他曾三次向杨在溪行贿。

举报人原来也是"案中人",这倒成了一个意外收获。2004年10月,张玉舜被中纪委"双规"。甘肃省一位干部告诉本报记者,此案发生之后,甘肃省领导曾两次赴京,向中央领导汇报案情,可见对此的重视。

张玉舜冒着把自己也牵进去的"风险",举报的成效看来也不小。

2005年5月18日,杨在溪案在武威中院开庭审理,检察机关查明,他4年间索贿受贿300万元,包括人民币193万元、美金9.3万元、港币5万元、价值人民币约15万元的金条。

而张玉舜在举报之后又被查处,看来受到了不小的刺激,尤其是被检察院批准逮捕时,其情绪曾十分反常。甘肃省一位干部告诉记者:"他接受不了这个结果,精神快要崩溃了,为此还接受了一段时间的治疗。"这位曾和张玉舜共事多年的干部认为张玉舜"心理素质不是太好"。"他心里肯定不平衡,"张玉舜的辩护律师李勇说,"即使作为一个普通人来看,也会出现这种情况。"

这一事件对兰州市也造成了很大的震撼,官员们普遍的看法是,"内耗严重,影响了兰州市正常的工作开展,班子内部太不团结。"兰州市委书记陈宝生履新之时,就着重讲了这个问题。

陈宝生到任后,当地的媒体曾评论,"从他履任短短一个月时间的所言所行看,他的讲话新颖独到,少官腔、没套话;他的行动风风火火,不作秀、不客套。讲话涉及的方面很多,但有两点特别引起群众关注:一是反腐倡廉的决心,二是对实干、真干的强调。"

让兰州更清洁一些

兰州市的反腐风暴,仍然在继续。

除了副市长杨在溪落马,被查处的官员还有兰州市建委副主任梁鸿宾、市发展计划委员会工业交通处副处长魏国真。不过最近掉入网中的,还有一个人令人关注,那就是张玉舜的前任,原兰州市市长、现任甘肃省政协副主席朱作勇。检察机关已经将其批捕。

6月2日,甘肃省检察院反贪局透露:朱作勇一家6口都已被抓,包括其妻子马云芳、两个儿子朱乐春、朱乐天和两个儿媳。

马云芳是兰州市科协下属的少年宫主任,其人态度傲慢。省检察院一位参加抓捕的检察官透露,在执行抓捕时,马云芳正在游泳馆游泳,办案人员叫她时,马没有理睬,而是在游泳池里悠然自得地游了1个多小时才出来。

目前,朱作勇已被中纪委带往北京,他的两个儿子和妻子则被有关部门带到西安接受调查。

据知情人透露,朱作勇的妻子和儿子的最初案发,是由于安徽省政协一位官员东窗事发而暴露。中纪委在安徽查案时发现,有两笔账款流向了兰州,于是顺藤摸瓜查出了朱作勇两个儿子各收受人民币200万元,其妻马云芳收受人民币80万元。

"朱作勇一直不明白自己的问题出在哪儿。"据朱作勇的一位私人顾问透露,早在其妻子马云芳和儿子出事后,他还曾找到这位私人顾问进行咨询,但是没发现问题症结。

朱作勇的东窗事发，事实上种因于多年之前。1998年，王济伟(化名)和几个股东合伙成立兰州泰华房地产开发公司，通过各项合法的审批手续后，承建兰州五里铺排洪沟治理工程，并在此工程上进行商业用房的延伸开发。因为看到该工程有利可图，时任兰州市市长的朱作勇一面表示支持，一面让妻子马云芳出面，要求分享股权。

“按照她开出的条件，要白给30%的股份。”王济伟心里很犹豫，当时没答应。后来，朱作勇的儿子朱乐春出面，要求不断加码：40%、49%，最后要控股51%。

王济伟无法忍受，就回绝他们的要求。他心想各项手续齐全，还能不让工程开工？但是停工通知单马上下来了，理由是模糊不清的“不符合有关规定”。

后来，执著的王济伟开始了漫长的8年抗争之路。为了这件事，他手中握有甘肃省、兰州市16位领导的批示，其中包括两任省委书记、两任省长的批示；这件事媒体多次曝光，甚至还上了新华社内参动态清样。但是王济伟的工程依然开不了工，800万的前期投入灰飞烟灭，8年的时间等待无果。

看到如此艰辛的维权之路，最后连中纪委调查组一位官员都忍不住感慨：“当时若给朱作勇股份，那工程早完工了。”此案同样引起了中央的高度重视，6月22日，中纪委调查组一行5人再次飞到兰州，坐镇督办。

兰州市掀起的风暴，无疑是中央坚定反腐的决心表现，也使兰州老百姓感觉人心大快。而甘肃省委书记苏荣也在多种会议场合强调，要加强党风廉政建设，铁腕反腐，同时要注意教育干部、爱护干部，反腐斗争要“常举刀，少砍人”，预防和惩治相结合。

在兰州市纪委今年3月10日召开的大会上，陈宝生特意强调：全市各级党政组织要坚持标本兼治，惩防并举，建立健全惩治和预防腐败体系，坚定不移地推进党风廉政建设和反腐败工作。

在6月23日甘肃省纪委对张玉舜、杨在溪等人的案情通报会上，甘肃省纪委常务副书记、监察厅厅长王润康强调，加强反腐败的同时，要结合甘肃省的实际，注意维护“促进、扶持民营经济快速发展的大局”。他说：“对于问题严重、群众反应强烈的腐败分子要‘科以重典’，同时对主动讲清问题、积极退赃，并有检举立功表现的，包括一些民营企业家，依纪依法予以从宽处理。”

(本文刊登于2005年6月30日《南方周末》，作者贾治堂、成功)

注解一个词语，引发一场官司

——兰州学者张尔进考证烈士遗词被判名誉侵权

日前，不断奔波在学术和媒体之间的张尔进，坦言自己对司法失去了信心。

见到记者，他表示，二审败诉，只感意外，但他并不急于提起申请抗诉，只希望这一在全国不多见的案例，能引起社会各界对学术问题进入司法审判的关注。

注解史诗惹上官司

作为兰州教育学院退休教授、甘肃美学研究会副会长、甘肃中国传统文化研究会副会长，张尔进之所以惹官司上身，是缘于他所著的《张雨僧狱中遗诗考》(下称《遗诗考》)一书。

原告魏竞存指控张尔进在《遗诗考》一书中捏造、歪曲事实，侮辱诽谤其父名誉，丑化其父人格，多处用“猬狗”一语指名辱骂魏绍武。要求被告停止侵权，消除影响，恢复魏绍武名誉，赔偿损失费5000元等。

魏竞存之父魏绍武(原名魏鸿发)，生于1886年，卒于1982年。甘肃省甘谷人，曾在北洋军阀陆洪涛统治甘肃期间，任督署参谋长、军务厅长、亲兵统领、卫戍司令等职。新中国成立后，曾任甘肃文史馆馆员、省政协常委。

与之同时代的甘肃省武山人张雨僧，生于1888年，是早期同盟会会员，1911年曾参加武昌起义。1921年直皖战争中率部入陕投奔于右任的靖国军，与杨虎城联合。1922年在京被甘肃督府陆洪涛的手下密捕，押解到兰州后，于1923年被杀害。其狱中遗诗24首，在天水、陇西、兰州地区流传甚广。

被告张尔进在答辩中称，自己耗费十余年精力完成、1998年由甘肃人民出版社出版的《遗诗考》，全文13万字，是对张雨僧狱中遗诗的收集、整理、考证、注释，是一本文史专著。他说，面对烈士遗诗和所涉及的历史人物事件，我的任务是把遗诗放在历史环境中进行考释，使后来的读者明白诗意，受到熏陶。

遗诗《有怀二首之二》有“鹿鳖狸兔獐狼与猬狗”句，张尔进在书中注释：“此句以动物谐音痛斥当时为害甘肃的一批军阀政客，且生动地揭露了他们的个性特征。鹿鳖指昏庸如鳖的陆洪涛，猬狗，甘作陆督走狗的魏鸿发。”此段正是此案诉讼的焦点。

一审二审名誉侵权

2001年9月27日，兰州市城关区法院雁滩法庭开庭审理此案。在法庭上，原被告双方进行了辩论。原告认为张雨僧的诗中并未说“猬狗”即魏鸿发，被告的注释是对原告及其父的名誉损害。张尔进则根据文史资料认为，张雨僧面对捕杀他的陆洪涛军阀集团，痛斥的当然是该集团的主要人物，魏鸿发身居督署参谋长、亲兵统领、军务厅长、卫戍司令等要职，且该集团骨干分子中无第二个姓魏者与“猬”谐音，因此书中注释用词均在原诗内涵中，并没有虚夸，更无侮辱诽谤的用意。

今年元月，兰州市城关区法院对此案作出一审判决。判决书称：“被告张尔进作为一名文史作品的作者，由于占有资料和个人认识水平有限，其书中所述的内容和所持的观点难免有失实和不当之处，有待学术界争论并指正，属正常的学术研究，不存在侵犯他人名誉的问题。”驳回了原告的诉讼请求。

原告不服一审判决，向兰州市中级人民法院提起上诉。

今年4月11日，兰州市中级人民法院二审此案。被告张尔进坚持认定，对遗诗的注释属于学术研究与文史考证的范畴，如有问题应由学术界讨论、研究。

7月4日，兰州市中级人民法院作出终审判决，判张尔进名誉侵权成立。判决书称：张雨僧仅留下遗诗，其诗中以动物为比喻，并未指明比喻何人、何物，但张尔进在缺乏证据的情况下，直接将“猬狗”指向特定之人魏鸿发，且又注释为他人走狗，是一种贬低他人人格的行为。张尔进将这些与事实不符的内容传播给第三人，已构成了对魏鸿发社会地位的降低。

关于本案所涉及的内容是否属学术之争或文史考证的范畴，法院认定，不管是否学术之争，只要其文中所涉及内容不真实并造成他人社会地位的降低，即侵害他人名誉，张尔进的辩解理由就不能成立。

兰州中院最后的判决是：1.撤销一审判决；2.由张尔进于判决生效后30日内在媒体连续发表声明，为死者魏鸿发恢复名誉，向其家属魏竞存赔礼道歉，恢复名誉，赔礼道歉的内容由法院审定，逾期不履行，则由法院在该报刊登上述内容或判决书内容的公告，费用由张尔进承担；3.张尔进在判决生效后立即停止发行《遗诗考》一书，若再版，删除相关内容；4.驳回魏竞存要求张尔进赔偿精神抚恤金3000元及经济损失5000元的诉讼请求。

学术问题法律何为

张尔进拒不执行判决，并向甘肃省检察院递交了言辞激愤的申诉书。“正因为张雨僧在遇害前只留下遗诗，并未指明为何人何物，才需要学人考释。文史研究的存在价值也正在此。”“至于魏鸿发等人，是我作诗考时在张雨僧的历史平台上不期而遇的，是我不能预设、也不能避免的。”“把一个文史考证的争论强行诉诸法律解决，这是对人文社科研究的粗暴干涉。”

终审判决一出，即刻引起甘肃学术界的强烈反应。甘肃文史学术界20位知名人士和学者联名致信省市有关部门领导，呼请关注此案。他们认为，此判决开了以法庭干预学术问题的先例。文史考证显然是学术问题，即使考释错误也应在学术争鸣范围内给予批评，况且张尔进的考释基本是正确的、合乎历史事实的。

(原文刊载于1999年6月13日《中国青年报》，作者狄多华、贾治堂)

38封“情书”救起女儿的生命

这是一个发生在兰州的真实故事，一个纯真的少女因爱酿成大错，故意伤人而被劳改。绝望之极，设计种种自杀方式，想结束生命。忽然有一天她又因爱而感动，奇迹般地活了下来。而这位爱她的“男友”竟然是她的母亲。一封封情书，犹如一颗颗灵丹妙药唤醒了一颗已经死去的心，唤回了不归的灵魂。

磨难中成长的女大学生

1980年，吴娟出生在兰州市安宁区一个普通工人家庭中，自记事起，她就成为这个家庭的小天使。父亲特别疼爱她，每天下班回来，总要给她带很多很多好吃的东西，每逢周末，父母总带她到黄河边戏水，蓝蓝的天，绿绿的水，兴致未尽之余，父亲便教她唱儿歌。天有不测风云、人有旦夕祸福。6岁那年，父亲在一次意外车祸中不幸去世，从此，这个幸福的小家再也听不到笑声，母亲变成了她生命中的唯一。吴娟的母亲是兰州市某厂的一名普通工人，厂子效益不好，经常发不出工资，1993年宣布破产。为了供吴娟上学，母亲就在临街的地方开了一个小店，吴娟从懂事起就记得妈妈每天都起早贪黑，忙碌奔波。随着年龄的增长，她开始成为一个懂事的孩子。渐渐地，她懂得妈妈的辛苦是为了自己，懂事的她每天放学早早回家，从不贪玩。要么帮母亲干家务，要么帮母亲照看铺子。为了使母亲的担子轻一些，她上学放学从不让妈妈接送，自己也学会了过马路买早点。不仅如此，她也是一个争气的孩子，从小学到初中，每次考试总是名列前茅，年年被评为优秀学生、三好学生。为此，街坊邻居都夸吴娟是一个争气又懂事的好孩子。

在父亲去世的那一段时间里，吴娟少言寡语、性情孤僻。知女莫若母，母亲用了很长一段时间来调整女儿的心境，努力让她适应单亲生活。母亲尽力为她创造愉快的气氛，尽管工作很忙很累，但每到周末，母亲都要带她去看电影、逛公园。母亲无时不为她创造一份完整的爱，用百倍的母爱弥补吴娟心中失去的另一半父爱。母亲了解她胜过了解她自己，在吴娟幼小的心灵里，后妈后爸都是刻薄不讲理的。11岁那年，他们班的一位同学因为后妈的虐待，饿得晕倒在操场上，同学们都很同情，吴娟带头为那位同学捐钱捐物。一次，小吴娟问母亲：“妈妈，我会不会有那样的下场？”母亲被女儿的话语震动，坚定地说：“不会，永远不会！”自此，母亲就下定决心终生不再嫁人。

功夫不负有心人，1998年，吴娟以优异的成绩如愿以偿考上兰州某大学，这个家庭从此有了久违的笑声。母亲也更加起早贪黑，没日没夜地经营小店。长大了的吴娟，看在眼里疼在心上，她知道是自己拖累了母亲，要是没有她，母亲或许会过得更好。于是，她曾多次给母亲做工作，让母亲再找一个爸爸。可每次母亲都说："只要你能过得好，将来有出息，我也就心满意足了。"

拿到大学入学通知书的那一刻，吴娟激动万分，她感谢母亲所给予她的全部。她知道母亲所给予她的无以回报，即使用她的生命延续母亲的生命，那之间也不存在等号，因为有母亲才有快乐，才知道拼搏和奋斗，倘若没有母亲，她也许一事无成。所以她会很好地生存与奋斗。

爱情破灭，她捅了他一刀

就这样，吴娟成了一名大学生，她在班里一直是品学兼优的学生，学习认真、刻苦勤奋，和同学老师的关系处得也很融洽。大二那年，她的生活里出现了一个男生，于是，她的生活发生了变化。他叫林祥，学生会主席，比她高一级。浓眉大眼，高高的个子，尤其是足球场上的威猛英姿，更让这位19岁的少女彻夜难眠，芳心倾动。她暗暗地对他产生好感。在学生会组织的一次舞会上，能歌善舞的她引起他的注意，他邀请她跳舞，她没有拒绝。从他的言谈中，她得知他就是校内大名鼎鼎的亚子，写一手很好的诗，发表在校刊上的那首更让她感动，她至今记忆犹新。那是一首写母亲的诗，从这首诗里，吴娟猜到林祥的母亲已不在人世。她问他："你的母亲真的去世了吗？""是的，我的母亲在我13岁时就去世了。母亲为我们操劳一生，积劳成疾，在她离开人世的最后一刻，当我从离家十几里的学校赶回家时，她却闭上了眼睛。"她说："我6岁时死了父亲。之所以有今天，全靠自己有一位伟大的母亲。"他们都为自己的母亲而骄傲，似乎这就成为他们靠近的理由。他们的接触开始频繁，一起学习，一起吃饭散步，一起郊游，一起祝福天下所有的父母平安健康。

2000年6月的一天，一个不祥的日子，没有预兆的事情发生了。和往常一样，吴娟做完功课，兴冲冲地来到林祥的宿舍，她本想给他一个惊喜，悄悄推开宿舍的门。眼前的一切让她惊呆了：林祥正和一个女孩搂抱在一起，偎在床角，床上的被子乱糟糟堆成一团，一种强大的受骗感涌上心头，原来那些至爱至忠的绵绵私语都是假的。林祥连忙过来要解释，她已失去了理智，抓起一把桌上的水果刀，疯狂地捅向林祥……

悔恨是泪、爱情为药

林祥被捅两刀，左肋骨折，经鉴定为重伤。吴娟被刑事拘留。2000年8月22日，兰州市安宁区法院合议庭审理以"故意伤害罪"判处吴娟3年零8个月的徒刑。

从法官宣判那一刻起，吴娟只觉得天旋地转。"我完了，我完了！"她内心在撕心地呐喊。怎么走进高墙内，她不记得了。在刚进监狱的前三天，她想以绝食自戕，三天未进一粒米，她痛苦极了。9月1日深夜，等同室的狱友睡熟后，吴娟取出早已准备好的旧背心，她把背心从中间一撕两半，不由得眼泪已像泉水般流了下来，背心的一头挽在床边上，从另一头开始拧。母亲那慈祥、善良的眼神像相册一页页从她脑海里翻过。母亲为了她，从未有改嫁的念头。记得小时候，她和同学吵架，有个男生老骂她“野种”，她为此回家哭着向母亲要爸爸。母亲什么也不说，只是把她紧紧地抱在怀里，暗暗地流泪。母亲从不打骂她，那次语文考试未及格，家长会上老师点了她的名，并让母亲留下谈话。回家后，母亲追问原因，她顶撞母亲几句，当母亲举起巴掌，她挺住准备挨打时，这巴掌不是落在她身上，而是母亲在自己抽打自己的脸。从那以后，她刻苦学习，一举成为全班第五名。她成为一名大学生，是母亲的骄傲，也是自己的骄傲。当初考上这所大学时，同班同学都羡慕极了，说她是同龄人中的“幸运儿”，可她怎会不懂得珍惜呢？“是谁害了我，是我自己。”吴娟把用旧背心拧好的细绳套在床铺的顶角：“妈妈，恕女儿不孝，您多保重。”当她把绳子套挽住脖子的时候，几名管教冲进来，把她救下来。在以后的日子里，她设计多种死法，每一次都被细心的管教救下。这个性格倔强的女孩彻底绝望了。万念俱灰，她开始像木头人般，成天一声不吭，呆呆地望着窗外。偶尔传来悦耳的鸟鸣，她便发疯地揪住自己的头发埋胸抱头、似笑非笑地折磨自己。

然而，谁也没有想到，一封意外的来信，却又一次改变了这个脆弱的姑娘，唤醒了一颗年轻的心。

那是在她入狱后第18天的上午，管教给她送来一封信，信的落款地址是她的母校，粉红色的“友爱”稿子，溢着淡淡的馨香，刚健有力的字迹一看就是男性的笔迹。面对这熟悉的地址和陌生的字迹，她有些手足无措。

末尾是一个男孩的署名，言语间流露出爱慕的心情，天哪！这竟是一封“情书”，她大惊失色。当她躲在无人的角落里一字一句地读下去时，脸上泛起粉红色的羞涩……

吴娟：

你好！听说你出事了，我感到惊讶，但更多的是一种心痛和理解！

读到这里，你肯定会问我是谁，我只能这样告诉你了，我是一位过去一直在默默关注你的人。今天，冒昧给你写这封信，是想告诉你，我至今仍未改变对你的感觉：你纯真、善良、有上进心。

听说你自杀过两次，我真的很心痛，风华正茂的你，怎会想到死呢……你肯定认为自己从此完了，其实怎么会呢？犯了罪仍然可以悔过自新！对摔倒了又顽强爬起来朝前走的人，谁还会笑他呢……等你的云

她受宠若惊：“他会是谁呢？”

一千零一天的故事

“真的有人在乎我？”吴娟开始绞尽脑汁地猜想他是谁？并给他回了信。日子就在猜想中一天天度过，就在吴娟实在猜想不出他是谁时，第二封信又来了。

吴娟：

你好，来信已经收到。随信给你寄来今年的新课本，望注意收启……振作起来，为你、为我活下去，而且活得更好……

夜凉了,珍重加衣……

云

春风般的话语,使她仿佛看到他永远洋溢着执著与自信的脸。吴娟简直像变了个人似的,她觉得每天都有一种呼唤,有一种神奇的力量使她觉得前面的路还很长。她开始振作精神,衣服穿得整整齐齐,被子叠得有棱有角,忙里偷闲时,她拿出小镜子时时照照自己。她所在的这个班组,劳动任务是剥瓜子皮,她每次都是第一个完成任务,还帮别人干活,遇到闹情绪的就开导她们,帮她们洗衣服,教她们唱歌,照顾生病的犯人。渐渐地,她成了班组中的典范,她甚至打算,出狱后,要办一个幼儿园,她觉得老师是一种伟大的职业。小时候,当老师讲清一个道理时,她羡慕老师怎么会有那么多的知识,发誓长大以后,要做一位老师。

在以后的每个月里,她都要收到一封信,信中除了关心她的状况外,还有一些绵绵私语让她感动。面对一封封敞开心灵的信,吴娟有种想哭的感觉,每当躺在床铺上,她第一件事就是从枕头底下拿出一沓平展的信。"如果你是一片云,我就是一阵风,风云永远相随……"每天她都带着甜甜的遐想进入梦乡。有时她会扳着手指算寄出的信何时能收到,下一封信什么时候来。她甚至在想,这会儿他在干什么呢?

吴娟每收到一封情书,都要写一封回信,在监狱的时间共是2年8个月,正好是一千零一天,她共收到38封信,也写了38封回信,每发一封信,她都亲手交给管教,千嘱万托,不要弄丢。

为了女儿,母亲"体验爱情"

吴娟的转变是极快的,2001年她被评为先进个人,经过组织决定,终于在2002年5月5日,吴娟因服刑期间表现好,提前一年释放。

5月5日早晨,吴娟收拾好行李。她今天要做的第一件事情,就是要找到神秘的他。当她向管教们告别时,管教们的一番话让她激动得痛哭失声。原来,自吴娟进了监狱精神不振、几次自杀未遂后,管教们心里着急,就跟吴娟母亲商量。母亲知道吴娟的个性,劝说开导已无济于事。最后,母亲决定以一个男孩的身份给女儿写情书。但是写情书,对于已是下岗女工的母亲谈何容易,丈夫去世时,她才32岁。这些年来,好多朋友给她介绍过合适的对象,但为了孩子成长,不受别人歧视,她都放弃再婚念头。尽管她是过来人,写情书对于她还是第一次,当年谈恋爱时,先报组织批准,再由双方父母审查,没有写情书的风气。找人写,她又怕麻烦别人,况且自己也不放心。正巧有一天,原单位的同事王师傅寄来一封信向她问候。王师傅是她原来厂子车间的师傅,为人厚道,妻子去世多年了。王师傅在信里问了她的近况,吴娟的母亲就把吴娟的事写信告诉王师傅,请他帮忙出主意。王师傅收到信后,写了第一封回信,信中除了安慰吴娟母亲外,也坦白了对吴娟母亲的感情,踏破铁鞋无觅处,得来全不费工夫。王师傅的回信竟然起了很大作用,母亲就仿照回信给女儿写了第一封情书。为了把自己的情感调动起来,母亲在每次写"情书"前都要极力地调整自己的心态,她不想让女儿看出破绽,她动用所有的情感把情书编得天衣无缝。每写一封情书,母亲都要找邻居小刘抄一遍,为了不出纰漏,每次发信都要跑好远的路,到某大学附近的邮局。每当看到邮递员带走信时,她就觉得好像连同一种寄托、一种期望都带进了高墙内。一封、两封、十封、三十封,信犹如定规的三角,传来又传去。在一千零一个日子里,她竟写了38封信,而吴娟交给管教的38封信,管教原封不动交给了吴娟的母亲。

吴娟听了管教的讲述后,泣不成声地跪在前来接她的母亲面前。她泪如雨下,一头扑进母亲的怀里。“妈妈,我对不起您……”

5月12日,正是“母亲节”,吴娟要南下打工,她一身素装,背着一个简单的行李包登上了南下的火车,吴娟要重新开始属于她和母亲的生活。(应当事人要求,文中主人公系化名)

(原文刊载于2002年第8期《现代妇女》,作者贯治堂)

户外广告拆除引发争议

——兰州百家广告公司质疑城管执法

7月1日，兰州市市长张津梁收到一封特殊的来信。近百家广告公司联名上书，希望政府在户外广告拆除上多听听民众意见。张津梁当即在“请愿书”上批示：请相关部门妥善处理。随后副市长吴继德也作了批示：请兰州市执法局负责人在工作中参阅。

事情缘于兰州市城管执法局对户外广告的拆除行动。6月15日，城管执法局发出通知，部署兰州四区32万平方米户外广告的拆除工作，并限期在8月30日前彻底拆除。就在该局动员宣传的时候，情况发生了变化，兰州市近百家广告公司联名上书，对此次行动提出六大质疑。在双方对峙不下时，请愿书送到了市长张津梁的案头。

六大理由质疑兰州城管局

兰州世纪广告、甘肃友好、兰州中大等近百家广告公司在“请愿书”中，对兰州市城管部门此次大面积拆除户外广告提出了“六大质疑”：

一是执法者自身行为的合法性。联名信称，兰州市城管执法局自行强制拆除广告公司的户外广告是违法的，因为城管执法局不是强制执法的主体，不具备强制执法的资格，因此没有强制拆除的权力。广告公司认为，城管执法部门首先应向广告公司提出整改意见，提前告知广告公司，同时要给予广告公司在一定时间内申请复议的权利。

二是下属单位有没有执法权？广告公司一致认为，兰州市城管执法局无权委托其下属单位强制执行户外广告的拆除任务，更何况有的还是事业单位。比如东方红广场物业管理办公室，就是事业单位，但在这次行动中被授予了执法权。

三是拆除依据不能令人信服。兰州市城管执法局宣称此次拆除违法户外广告的依据是“规划”，但是这个依据不能令人信服。广告公司认为，兰州市“两场三街”的“规划”是该局委托兰州财智创意投资发展公司和中国策划研究院（兰州）策划中心制定的，而这两家单位实际上是一家单位，只不过打着两个“旗号”进行不正当竞争，他们设计的规划作品不能令人信服。

四是重大规划没有听取民意。广告公司认为，重大规划应当进行听证，听取民意。兰州市在取消“摩的”（载客摩托车）和拆除“小炮楼”（非法建筑）时都听取了民意，并且进行了听证，唯独这次拆除户外广告不进行听证，有失公正和透明。

五是黑广告从何而来？兰州市90%的户外广告没有经过审批，那么未经审批的户外广告是如何形成的？监管部门又在干什么？

六是设计规划是否具有科学性？广告公司的联名信中说，年年规划年年变，如2005年的规划与2006年的就不一样，一会儿保留甲拆除乙，一会儿又保留乙拆除甲，可见规划的极不科学性和人为的主观臆断性。

六大理由以书面形式提出以后，引起了社会的关注，兰州市政府两位市长都作了重要批示。

城管局：广告公司没有资格质疑

7月7日，兰州市城市管理行政执法局副局长、新闻发言人李永忠接受记者采访，用“非常头疼”来形容当前的局面。

他告诉记者，广告公司在某种程度上是无理取闹。“今年是兰州市争创‘全国卫生城市’的达标年，所以用两个月的时间集中整治，是要还市民一个干净、漂亮、整洁的市容。”

李永忠局长说，在城市发展以及城市建设中，必须是小利益服从大利益，小家服从大家，个人利益服从社会利益，只有这样，社会才能进步，否则，发展将是纸上谈兵，一事无成。

“户外广告规划是否具备科学性，只有专家才有发言权，广告公司无资格认定。”李永忠认为，户外广告规划的形成程序，先由城管局委托有相应资质的规划院、策划院进行规划，而后进行评审会，在此基础上由规划院、策划院进行修订，修订的规划由城管局报市规划局进行审定，再次进行修改，最后报市建委进行审定。

对于城管执法局强制拆除户外广告本身是否具备合法性的问题，李永忠说，兰州市城市管理行政执法局的设立是经省政府批复、兰州市人大常委会2005年12月23日审议通过的，拥有行使市容环境卫生、城市规划管理、城市绿化管理、市政管理、环境保护、工商行政管理、公安交通管理等方面全部或部分的行政处罚权。执法依据是兰州市政府颁发的《兰州市城市管理综合行政执法暂行规定》。其中有规定：对超过规定的设置期限未拆除的户外广告、未经批准擅自设置的户外广告，在不得设置户外广告的区域、载体和禁止设置户外广告的场所设置的户外广告，城管执法局应当责令广告设置人限期拆除；逾期不拆除的，由城管执法局予以拆除，拆除费用由广告设置人承担。

李永忠强调：“强制拆除是因为在我们发出自行拆除《通知书》规定时限内，业主没有自行拆除，执法部门只有采取强制措施。否则，将影响全市户外广告规范设置的进程。”

李永忠认为，城市管理行政执法的主体是城市管理行政执法局，它依法享有城市管理行政执法权，能以自己的名义作出城市管理行政执法行为，能够独立承担法律后果或法律责任，兰州市城管执法局同时设立区城市管理行政执法局、大队，他们受市城管执法局委托，可具体从事行政执法行为。

2006年1月6日，兰州市政府颁布了《关于城市管理相对集中行政处罚权暂行规定》，授权兰州市城市管理行政执法局负责对城市户外广告进行统一规划，在前后几个月时间内，城管局的“两场三街”规划先后两次提交市规划局、工商局、公安局、市政管理处、市建管委及专家参加的论证会进行论证，并报兰州市建委进行了审批。

“是否举行听证也并非法定程序”，李永忠说，听证一般是对社会问题进行的，本次拆除不牵扯社会、物价、政策等方面的问题，所以没有必要进行听证，况且在行动紧、任务重的情况下，我们有权委托有资质的公司进行整体规划。当然对广告公司此项建议，今后我们会慎重考虑。

重典能否治乱世

长期从事广告宣传研究的兰州大学教授刘小洋认为，兰州户外广告乱有多方面的原因，在解决争端时必须具体问题具体对待，拆除要有和谐社会的大局观，注重宣传，而使用硬性行政管理手段，只能导致政企矛盾激化，冲突不断。

兰州广告业界一位不愿透露姓名的资深人士则尖锐地指出，户外广告规划牵扯到空间美学、新型材料、光景观、视觉艺术方方面面，事关新兰州的形象，而执法局委托的“权威”仅仅是一草台班子，更可怕的是，其自身图谋在户外广告经营中分得一杯羹。如此作为，不仅难以服众，而且无法保证新的户外广告格局经得起时间和城市未来的考验。

他反问：“兰州市的规划、城建起点不高，前瞻性不够，科学性不足，已让这座城市在发展中吃尽苦头，难道如此大动干戈之后的户外广告，还要重蹈覆辙吗？”

(原文刊载于2006年7月15日《中国青年报》，后编入国家行政学院《执法案例》教科书中，本文获甘肃新闻奖二等奖，作者贯治堂、狄多华)

兰洽会在鲜花和舆论中成长

第 13 届兰洽会新增了商业贸易一项，家住兰州市七里河区的王先生开幕当天就花 300 元买了一条“梦特娇”品牌裤子，谁知第二天，同一品牌的裤子降到 150 元，到了第三天，梦特娇开始大甩卖，裤子 50 元一条，王先生大呼上当。

备感憋屈的不止王先生一人。7 月 9 日下午，前来参会的杭州品牌服饰经营商刘小璐告诉记者，三天只收入 500 块钱，路费、租费哪一样都不够。记者了解到，由于本届兰洽会主会场西移，导致人气大跌，商品大多无人问津。刘小璐说：“下一次还来不来要认真考虑一下。”

“兰洽会就如春节晚会一样，虽难办还得年年办。”兰洽会一筹备工作人员 7 月 13 日接受记者采访时道出了“心里话”：“不是办会的水平不高。每届兰洽会自始至终，组委会均高度重视，倾最大力量，瞄准最高水平，追求最好的效果。而是老百姓的期望值和观念已今非昔比，挑剔得多了。”随着近几年兰洽会的声名鹊起和关注度、美誉度的提高，兰洽会始终摆脱不了褒贬不一的“口水战”。

灿烂兰洽会

事实上，兰洽会远没有老百姓和个别客商描绘的那样“不尽如人意”，其发挥的带动作用已远远超过其本身。

1992年9月10日，兰洽会的前身——首届丝绸之路节在兰州市举办。丝路节上，兰州重现了丝绸古道茶马互市的繁荣景象。自此，大大小小的外地商贩和南方商品一夜之间在兰州遍地生根。西北师大教授、20世纪90年代曾两度在政协会上建言“兰州要发展会展业”的李管华老先生用“物流、人流、信息流的反应堆”来形容前五届兰洽会的拉动效应。

经济学界认为，兰州商贸、流通领域的繁荣和兴盛完全归功于20世纪90年代兰洽会的带动。90年代初，兰州商业几乎是“死水一潭”，从1992年开始，义乌、温州的“百货军团”尝到了甜头，大批的服饰、布料、日常物资抢滩兰州。用商贩的话讲：“赚到的不仅仅是钞票，还有十倍的信心。”从此，浙商一拥而进，兰州第三产业迎来了春天。

一位世界级会展业巨头曾说，举办会展就好比是一架飞机在城市上空撒钱。这话乍听起来有些夸张的成分，但会展通过对交通、通讯、宾馆、餐饮、旅游等相关产业的拉动，从而对整体经济发展的促进作用却是毋庸置疑的。第13届兰洽会主会场移师安宁的兰州黄河国际展览中心，直接拉动了七里河、西固、安宁三区的餐饮和饭店业。兰州市外宣办宗海伟处长告诉记者，今年七里河10家左右的大宾馆，兰洽会期间天天爆满，而安宁区更是“近水楼台先得月”，连招待所也是人满为患。分析人士认为，在兰州这个不规则的狭长城市，会展中心西移，对经济的拉动和带动具有不可估量的作用。

更重要的是，13届兰洽会让企业在这个平台上成了真正的市场主体。我省一些产品通过这个桥梁变成了商品，一大批陇货精品脱颖而出，走向全国。而更多的企业则利用兰洽会这个平台和窗口，宣传和推销自我，实现了多赢。

困惑兰洽会

和全国其他城市的会展一样，举办了13年的兰洽会目前也面临着前所未有的困惑。

“经过计划经济和市场经济交替的洗礼，兰洽会的功能已经是‘灿烂之极归于平淡’”，甘肃行政学院高文权教授认为，近年来兰洽会的确存在着“老百姓烦了，政府累了”的实际情况，其主要原因是兰洽会在市场经济中没有找到真正的定位，缺少创新，服务太少，包办太多。

兰洽会出数字，数字出兰洽会。兰州市政府的王处长告诉记者，2003年，兰洽会的签约数字几乎是满天飞，兰州几大媒体每天报道的签约项目、金额等数字都有很大的差异，在社会上造成了不良影响。

记者了解到，13年来兰洽会至少引进项目1400个，总投资超过1100亿元。“1000多个亿的概念就是全省人民一年不吃不喝，把生产总值全部贡献出来搞经济建设。”多年参加兰州市兰洽会筹备工作的张处长认为，由于兰洽会是政府举办的，所以绝大部分领导自觉不自觉地把签约当作展示政绩的平台，数字大、空、假是迫不得已。

王处长说，还有一个原因使兰洽会的数字出现水分，那就是房地产投资。2003年前，好多房地产项目都在会上签约，然后统计在招商项目之列。但是房地产市场投资是个例外，因为其本身就存在泡沫，投资在某种程度上“空对空”，“这是兰洽会走不出数字困惑的主要原因”。

7月15日，著名经济学家、中国改革基金会国民经济研究所所长樊纲接受了记者的电话采访。他认为，目前各地的会展产业存在一个很大的错位，就是没有为客商服务，而是地方政府“自娱自乐”。特别是一些地方政府出面掏钱办的会展，对市场造成一定的冲击和扰乱，“会展不经济”的问题已经暴露无遗。樊纲说，一方面是政府管理无序或者关心过火，另一方面是企业眼睁睁看着是泡沫，为了争面子或者顺乎领导意思，还偏要往里面扔钱。而两厢情愿的结合正好是政府的好大喜功和商人的急功近利，这样往往会造成巨大的灾难。

虽然本届兰洽会组委会用心良苦，对签约项目作出了一定的限定，力求真实、准确，但还是有让人不愿见到的现象出现。某市一位领导告诉记者，今年兰洽会签约的个别项目，已经上马两年了，眼看着就要投产运行，但还是“无休止”地签，“香包节上签完天马节签，天马节上签完伏羲节签，今年签完明年签，兰洽会是总平台，有多大家底亮多大家底，没有家底也在亮家底,自己骗自己,掩耳盗铃"。"兰洽会确实存在着重签约、轻落实、少跟踪或不跟踪的问题。"记者粗略统计,仅今年以来,报社接到近几年兰洽会签约项目由于人为和非人为原因下马而诱发的投诉就达十多起。

河西某市在2001年的兰洽会上签约"扩建钒厂"项目后,4年来投资方东北客商受各种因素的干扰,至今没有投产,双方纠缠在没有头绪的纷争中;陇东某镇2000年在兰洽会上招商的"加油站扩建项目",由于地方政府没有很好地保护客商的利益,致使福建投资者不得不撤资;兰州市2001年兰洽会签约的一"煤矿开采项目",由于没有统筹规划,在小煤窑整治中煤矿被炸毁,200多万元投资"埋"在井下。

"招商不亲商、招商不安商是近年来兰洽会只重视形式不重视结果的具体表现。"西北师大教授刘天富认为,由于一些地方政府招商心切,出台了一些违背原则的优惠政策,甚至有的领导给客商承诺了不能实现的诺言。而这些政策一经政府换届,就出现危机,没人承认。这虽是个别现象,但无形中伤了投资方的心。

近年来兰洽会人气不旺还有一个重要原因,那就是许多市县已经意识到"走出去招商"的意义,西交会、广交会、银洽会都有甘肃市县的身影。自省委、省政府提出"发展抓项目"以来,甘南藏族自治州的项目建设取得了不凡的成绩,在今年全省评比中位居第一,用甘南藏族自治州陈建华书记的话讲,"走出去招商显得更有诚心"。庆阳市今年"上门招商"也取得了很好的效果,庆阳市的领导说:"上门招商,上门取经的确比守在家门口坐收渔利好得多。"

"重复办会是兰洽会的致命杀手。"据了解,目前甘肃省14个市州除兰州市外,其他13个几乎都办过或者有自己的节会,甚至个别县也独当一面办起了会展。上海发改委副主任姚文日前接受记者采访时指出,虽然近年来展览每年以大于20%的速度递增,但许多公司,甚至包括一些专业公司以盈利为目的的展览并不成功。北京世航会展经济研究中心对会展经济近4年的研究表明,会展行业繁荣的背后至少有30%的展会在赔钱。

樊纲说,发展会展经济是有严格条件的,并非每个城市都可行。在北京、上海这样的特大城市,发展会展经济有着得天独厚的优势。但是在一般性城市,要发展会展经济就得审时度势,很多地方把会展当成政绩工程来办,好大喜功、华而不实,有"扯虎皮作大旗"之嫌。当前会展跟风严重,急于靠办会发财致富,结果适得其反的地方不在少数。甘肃省委宣传部副部长张瑞民告诉记者,第三届文博会值得总结的是"庆阳现象"。他说,庆阳市政府在文博会上没有投一分钱,参加展览的民营企业自找市场、自找门路,仅"香包"一项就收入近300万元,效果非常好。

兰洽会是商业活动,既是商业活动,就必须由市场来决定,只有培育真正的市场主体,找准定位,才是唯一的出路。"兰洽会若能走出政府包办的圈子,有可能在目前取得巨大成就的基础上迎来更大的辉煌。"兰州大学刘天才认为,兰洽会是市场经济中信息交流和推广的平台,其中应该少一点政府行为,多一些市场运作。"政府参与的越多,好心办坏事的概率就越大。从概念上讲,把市县的钱拿到兰州来花,等于左口袋里的钱放在了右口袋里,没有带来增长点,其结果是赔钱赚吆喝。"

记者了解到，每年兰洽会全省各市县都要作充分的准备，投入大量的人力、物力和财力。某市代表团的工作人员告诉记者，文博会、兰洽会今年至少花去100多万元，这还不算代表团几十号人8天来的吃住。记者从另一个渠道得知，为了充分调动工作人员的积极性，不少市县对参会的工作人员还有特殊补贴。

多则上百万，少则几十万，这是各市县每年在兰洽会上少不了的花销。樊纲认为，成功的会展，应当是当地人文、历史、人才等综合资源的充分发挥。如果说假日经济是一个普遍的经济现象的话，那么会展经济就只能说是个别大都市的经济现象。由于不少地方的领导缺乏创新思维，误认为会展是“现代城市的面包”，在思考本地区经济发展问题的同时，往往“跟风”严重，这是一个可怕的现象，弄不好会展经济将被搞成泡沫经济或者“跟风经济”。要让会展成为本地经济亮点，必须挖掘特色、找准市场。展览会的成功，应该看它是否能激起市民的最大参与度，如果老百姓漠不关心，这样的会展只能是劳而少功或者是劳而无功。樊纲说，当然，兰州是西北重镇，发展会展经济的基础条件还是具备的。

市场兰洽会有多远?

通常来说，会展业自身获利和对地区相关经济的拉动系数比是1:9，而我国只有少数地区和少数行业的会展可以达到这个数字。每年两届的“广交会”除了自身成交总额超过200亿美元外，还给当地交通、通讯、酒店、旅游等相关产业带来20多亿元人民币的收入。然而，正是这些繁荣景象直接或间接地导致了其他省市对会展业认识上的巨大误区，进而影响到对“如何以城市为单位经营会展、实现资源有效配置”的思考和回答。

兰州大学教授房位业在接受记者采访时指出，虽然全国绝大部分城市有了会也有了展，但是尚未形成业态，称不上“经济”。会展的业态应该包括：在市场中激烈竞争的多个主体；齐全的门类；已经形成场馆、广告、运输、咨询等相关的综合服务体系；行业协会等联合组织等等。“从这个层面上讲，兰洽会离会展经济还有一定的距离。”房教授说，会展经济不是简单地签约、出租场馆，而是要集中优势力量打造名牌会展，以掌握在展会召集上的主控权。当城市会展经济没有自主知识产权时，一方面容易被竞争对手击垮；另一方面也容易导致当地会展业盲目乐观，出现繁荣的泡沫。

芸洁会展公司是兰州市唯一的一家民营会展公司，近年来由于缺乏政策支持，该公司在夹缝中求生，处境非常艰难。公司张晓洁经理认为，虽然甘肃省目前一些展会在市场化运作，但是因缺少政策支持，仍然面临着“一放则乱，一管就死”的难题，要发展会展业，必须走“第三条道路”，在政府通过制定规则进行宏观调控并提供市场法律法规环境的支持下，以行业协会协调行业自律，引导和推动会展业走上品牌化、专业化、国际化发展之路。规范会展经济的发展，应该是在政府支持与企业自愿合作的基础上，采取政府与行业协会携手共管的办法。但这并不意味着必然使用行政化手段，而应该更多地借助社会化的手段，形成社会中介监管体系。比如在会展知识产权保护、价格、质量评估体系、资格审查体系等环节上逐一研究，形成可操作的“游戏规则”。

缺乏专业人才不仅是全国会展业面临的问题，也是兰洽会最大的困惑。据了解，兰洽会近年来的设计都以广告公司为单位,没有专业的设计机构和专业人才。“统一的会展经济审批与管理部门缺位,令出多门,在整体上缺乏标准化的管理机制及相应配套的法制规章更是会展业发展的近忧。”甘肃省经委陈处长说,在我国会展业由政府行为向经济行为转换的过程中，力求市场主体具有扎实的经济实力与从业经验，是个较为漫长的积累过程。竞争者的质量往往很直接地决定着整个行业的质量，如果不尽快确立起行业准入标准,会展质量低下不只是普遍的问题,所以成立行业协会是目前的当务之急。

(原文刊载于2007年7月20日《甘肃经济日报》,作者贯治堂、房惠玲)

兰州治庸，为政新文化

3月17日，星期五，兰州市城关区人事局的工作人员忙得"焦头烂额"。从早晨到下午，人事局办公室的电话接连不断，电话内容大多是对当天报纸上公布的城关区清理出121名长期不在岗人员的做法予以称赞。3月16日，城关区人事局对全区清理出的121名长期不在岗位的人员发出最后通牒，要求他们在15天之内到岗说明情况或者办理手续，否则将采取辞退处理措施。据了解，这121名长期不在岗人员中，干部80名，工人41名。据人事局的工作人员介绍，城关区还将对此类人员进行清理，如果发现有瞒报行为，将追究相关单位主要负责人的责任。

从去年5月8日至今，兰州的治庸计划已经实施了近300天。在10个月的时间里，有120名干部成为治庸的对象。治庸计划成为兰州政界"铁腕治理"的整风行动。

"兰州市委将旗帜鲜明地站在'治庸'第一线，态度坚决地抓好'治庸'计划的落实，铁面无私地整治任何平庸行为，决不让'治庸'计划流于形式，成为一纸空文。"这是兰州市委书记陈宝生在全市第一批党员先进性教育活动整改提高阶段工作部署会议上做出的郑重承诺。2005年6月3日，在兰州市"治庸"座谈会上，兰州市委书记陈宝生指出，在实施"治庸"计划中，不能留任何空白点，不能遗漏任何一个机关工作人员，通过抓查纠、抓示范、抓督查等，落实"治庸"计划，创业实干打硬仗。

6月11日，甘肃省兰州市中级人民法院审判员梅某，因工作责任心不强、严重违反审判工作规定和纪律被罢免职务。这是"治庸计划"以来，第一个因"不作为"而被免去职务的国家机关工作人员。

告别无过便是功时代

治庸计划一出台，便引起强烈反响，群众积极拥护，该计划对18类"不作为、乱作为、不会作为"的平庸行为集中整治。其整治范围包括：兰州市各级党委、人大、政府、法院、检察院机关及其下属部门以及人民团体和事业单位中的工作人员。其中，各级领导班子组成人员、非领导职务县处级干部、单位内设机构中层干部、科级干部和重点岗位干部是重点。

兰州大学刘天星认为，长期以来，我们的干部管理工作形成了这样一个"潜规则"，即无过错者不会丢官。一个人一旦当上了干部，即使毫无领导能力、长期碌碌无为，但只要不犯大错、不因违纪违法受到追究，就可以官照做，"俸禄"照领。在这样一种大气候下，"作风病”、“机关病”、“衙门病”等与“庸”有关的疑难杂症频发，成了千夫所指的官场诟病。

值得肯定的是，兰州治庸计划是结合先进性教育来展开的。对此，陈宝生解释说，治庸要抓导向，坚持正确的用人导向，让能干事、会干事、能干成事的干部走上重要领导岗位和关键工作岗位，抓好舆论导向，充分发挥舆论监督的作用；要抓环境，抓住党员先进性教育活动的历史契机，清理原有的枪打出头鸟、嫉贤妒能不良氛围，加快形成“创业实干打硬仗”的机关文化氛围。

兰州市中级人民法院审判员梅某的免职决定是在6月11日召开的兰州市十三届人大常委会第二十二次会议上，以委员举手表决的方式通过的。此举受到兰州市民的称赞：“此后，无能官、混混官和太平官的日子不好过了。”据了解，梅某在主审一起死缓案件时，没按规定及时报请省高院复核，只把案件交给书记员，不久书记员辞职，案件一直没有上报，导致案件被告超期羁押，案件拖了4年没有办结。

“和以往运动不一样的是，治庸计划不只是说说而已，而是雷厉风行，雷声大，雨点更大。”兰州市政府王处长告诉记者，在落实“治庸”计划中，不仅抓了“示范典型”，而且靠先进分子的带动来促进落实，这是一举两得。

2005年7月，永登县针对群众反映“医生脸难看、医院门难进”的问题进行了整顿。永登县成立了“突击检查组”，对全县的20多所乡镇卫生所进行了拉网检查，对于不作为、乱作为的4名院长进行了免职和降职处理。永登县的一位干部说：“治庸比风暴还风暴。关键是形成了自查自纠气候，这是多年来都没有过的。”

3月27日，兰州市召开了声势浩大的2006年民主评议政风行风工作动员大会。据了解，本次民主评议将坚持公正、公平、公开的原则，同时依法由统计部门统计。2005年，兰州市开展了民主评议活动，民主评议机关对全市74个单位进行了1万余人的普遍评议，在全社会发放社会问卷评议表11428份，征求到550条建议，收到良好的社会效果。有专家认为，兰州市的民主评议，是一把双刃剑，既利于解决问题，又利于整顿政风。

在当天300多人的大会上，兰州市委副书记张建昌直言不讳地说，要充分相信和依靠群众，开门搞评议，虚心听民声，坚决克服听好不听坏、听表扬不听批评的现象。通过民主评议，摆正政府部门、行业部门与人民群众、与服务对象的位置，把评判的尺子交给群众，让政府部门和行业直接倾听群众的意见和呼声，在政府和群众之间架起一座“连心桥”。

“治庸计划的确是先进性教育深入的具体化、深入化。”有学者指出，今天的老百姓已不同于过去，他们的价值观已发生了本质上的变化：看过失，不看政绩，看领导，不看群众，比上而不比下。这些变化要求我们的干部必须以身作则，身先士卒，上级不能平庸，下级更不能平庸。

为政新文化

“治庸”这个词最早是由兰州市委书记陈宝生在一次工作会议上提出的。后来，兰州市委组织部在调研之后，形成《中共兰州市委关于整治干部平庸行为的计划》（简称“治庸计划”）草案。该计划几经讨论、完善，最后在2005年5月8日的中共兰州市十届十三次全委会议通过。

治庸计划把平庸行为“定义”为三种情况:不作为、乱作为和不会作为。“不作为”就是指有能力而没有履行自己职责的行为。计划把“不作为”细化为7种情况。其中3项和普通市民的生活息息相关,这3项分别是:由于工作不到位、不重视或措施不力导致发生重大案件和重大责任事故的行为;群众反映强烈却没有及时解决问题的行为;决策严重失误,造成重大影响或损失的行为。

“按照这样的定义,‘治庸计划’中所指的‘庸’已经不是简单的平庸了,而是一个泛概念了。它涵盖了违法、违规、违纪的行为,还包括了一些违反道德的行为,比方说在单位传闲话。”兰州大学的张教授说,“传统意义上的庸吏,是指人浮于事、办事拖拉、没有能力完成自己职责却又尸位素餐的官吏,‘治庸计划’中的‘不会作为’的官员与此最相近;而其他情况按照传统文化来理解,是属于‘坏’、‘劣’、‘懒’等范畴。因此,兰州市委是想借‘治庸’来全面整顿不合格的干部。”

经济学家温铁军是这样评价“治庸风暴”的,他说,同样的一方水土,同样的老百姓,甚至同样的一支干部队伍,有些领导搞得有声有色、欣欣向荣,但也有些领导搞得一筹莫展甚至一塌糊涂。历任领导及不同地区同级别领导的水平和成绩如何,干部群众都有自己的比较和评价。从这个意义上说,一个地方工作能否有效推动,干群关系和不和谐,群众能不能得到实惠,关键并不取决于执行者,而取决于基层干部。

兰州近年来是我省创新氛围浓厚的城市,但“治庸风暴”并非首创于兰州。在此之前,江苏省、浙江省温州市等地就掀起过行政机关的“效能革命”,四川省出台过整治公务人员“不在状态”的严厉措施。遍观各地“治庸风暴”,其流程可谓大同小异。其整治的都是机关工作人员信念淡漠、责任缺失、不思进取、作风涣散、办事效率低下、上班聊天、玩游戏、迟到早退等非常普遍的问题。为了彻底整顿“机关病”,兰州治庸计划的第一刀“砍”向了一把手。

2005年6月13日,32名一把手走上电视与兰州市民见面。用一位一把手的话讲,“此举把我们推到风口浪尖上了”。《光明日报》撰文认为,一把手上电视可谓是治庸的有益探索,开办这样的栏目主要是让这些一把手通过电视“现场办公”、“解决群众提出的问题”。

文章认为,让“一把手”登上屏幕与群众“零距离”,可以促使官员从政理念的转变。过去,我们的官员只习惯于对上级汇报,对下级指手画脚,现在官员们应该学会必须对老百姓负责,向老百姓汇报工作,这种变化难道不是我们所追求的吗?同时让“一把手”登上屏幕,不仅可改善政府与群众之间的关系,减少政府部门的推诿扯皮,更能促使官员的自我学习、勤政为民。治理庸官不是单纯的惩罚,不是要整干部,其内核更多的应是激励,激励干部必须去干事,本事不高的必须去学本事,干得不好的在以后的工作中自觉好好干。从这一点上说,“一把手”上电视,更像一面镜子,让每个官员照照自己,是不是真正勤政为民了。

事实上,治庸计划起到的作用远比想象的要好得多。自治庸计划实施以来,兰州的各行各业,都在细雨无声地发生着变化。

以前在兰州,行人和自行车过马路经常不遵守交通规则,想怎么走就怎么走。2005年6月,交警支队开始调集警力,集中整顿这类现象。凡是不遵守交通规则的行人都被教育、罚款,部分态度蛮横的行人还上了当地报纸的黑名单。这一举措使兰州市的交通秩序焕然一新。

兰州市某单位按人头收取了当地劳工市场一些工人每人30元的费用的“乱作为”现象也成为治庸的“墙头鸟”。该事件被曝光之后,立即引起了兰州市劳动和社会保障局“一把手”的重视,不合理的收费被紧急叫停。

“兰州道路年年开挖”是“一把手”上电视以来反映最强烈的问题。市民曾经质问一位“一把手”说,“挖来挖去挖什么,规划部门干什么去了”。结合治庸计划,相关部门对此并没有回避,他们回应,“兰州新城区50年不开挖”。

“这次兰州大举对无能官、混混官、太平官实行风暴式问责,是一种新的‘为官文化’。尤其是出了问题实施责任倒查制,轻责轻罚,重责重罚,不搞下不为例,更是让一些官员感到了一种从未有过的震撼。”有人说。

省委书记苏荣曾一针见血地指出,在“治庸风暴”面前“人人自危”并没什么坏处!如果人人都松松垮垮、讲话不算,出了事没人处理,大家都“不自危”,那么我们的事业如何保证?

“将集中整治全市党政机关和干部队伍中的无能官、混混官和太平官,凡不作为、乱作为、不会作为的干部,都将受到相应的处理,并将该计划作为全市开展保持共产党员先进性教育活动的一个重要载体。”CCTV曾在新闻报道中对兰州治庸计划作了这样的评价。

据不完全统计,兰州市目前已有120名干部因为不作为、乱作为、不会作为等行为,受到相应惩戒和组织处理。七里河区把“治庸”工作突破口放到整治“只拿薪、不到岗”的干部上,该区组织专门力量,经过调查摸底,集中对全区长期不上班的77名干部进行了彻底清理。同时,该区还撤并5个区属机构,铲除了滋生平庸行为的温床。永登县在推行“治庸”计划中,结合本县实际,细化、确定了三类37种平庸行为。

关键是持之以恒

兰州大学杜训教授认为,对庸官的整治,还要注重铲除滋生庸官的土壤,建立岗位之间、部门之间的无缝责任链条,同时优化竞争、监督等长效机制,完善选拔制度以及劝勉制度,使官场的“南郭先生”在任何时候都面临生存危机,不得有任何侥幸心理。只有靠制度搬掉庸官的“铁交椅”,让制度治庸成为官场常态,那些“太平官”、“霸道官”、“无能官”、“懒汉官”才可望绝迹。只有重点配套制度和措施办法的落实,才能形成长效机制。

“我们当然不需要平庸的官员。但是,在科层严明的行政体制内,希望每个干部都很出色,都很有创造性,事实上不可能。治庸是手段,而不是目的。”为了体现这个“以人为本”的治标谋略,陈宝生要求,治庸要三查,一查观念,摒弃与加快兰州的发展、扩大对外开放、优化发展环境不相适应的旧观念,树立每一个岗位都是环境的有机组成部分、每一个人都是环境代表的新观念;二查作风,解决部分办事人员责任感不强、对客商漫不经心甚至恶语相向等问题;三查效率,解决部分办事人员对客商推诿扯皮、不负责任和优惠措施不兑现以及效率低下的问题等。

“建设服务型的政府,干部主要是服务好,如果连这一点都做不到,这样的干部的确平庸。”杜训认为,“治庸”用经济学来还原实际上就是提高劳动生产率的问题,而从管理学的角度来看实际上就是激励机制。根据现代人力资源管理理论,一个人若是在工作中积极性很高,可以发挥其才能的80%~90%;若是没有积极性,最多只能发挥其20%~30%的才能。可见,庸官现象实际上是管理激励机制、绩效考核等存在缺陷的一种表现。而建立一个更科学的职位分类评价体系、一个更公平的绩效考核环境、一个更透明的选拔用人机制以及真正把人作为一种资源来开发运用等,才是治庸的根本所在。

(原文刊载于2006年3月5日《甘肃经济日报》,作者贾治堂)

78斧砍“伤”玩忽职守

——渭源县“4·11”事件再思考

2002年12月23日，陇西县法院宣判被告人杨海平犯玩忽职守罪判处拘役六个月，缓刑一年；被告人单会忠犯玩忽职守罪，判处拘役六个月，缓刑一年。

惨案在众目睽睽下发生

2002年4月11日上午8时20分许，患有癫痫性精神病的渭源县连峰粮管所下岗职工姜渭堂(后经两级医院鉴定患有严重精神病)手持无柄斧头将在渭源蒲川乡刘营小学任教的妻子孙祥玉劫持到蒲川小学对面的小卖铺内进行砍打。群众发现以后，赶紧向蒲川乡派出所报了案，接到报案后，蒲川乡派出所值班民警杨海平与该乡政府司机王亚博骑摩托车赶到现场。当时时间正好是上午8时50分，了解情况后杨海平和王亚博各持一木棒进入小卖部，看到姜持无柄斧头骑在孙身上。杨海平向姜告明自己是警察，要求姜从铺子里出来，姜听后不理睬，并辱骂杨海平，宣称：你过来我就砍死你。杨见解救不成，就退出小卖铺。

9时许，杨海平打电话将现场情况向渭源县公安局王伟作了汇报，王伟说他安排刑警队的人过来。随后，杨海平对在场的群众说：“公安局领导没有强行制止的指示，姜渭堂是个精神病，把姜治重了没人负，而姜把他治重了则白治了。”就在此时，杨听见孙祥玉“哎哟，哎哟”的喊声，又提棒两次进入小卖铺，但在遭到姜的辱骂和恐吓后又退了出来。此后杨又给县公安局王伟打电话，但未接到明确的指示，而这一切让在场的群众愤愤不平，刘营村党支部书记张诚让围观的几个年轻人帮助杨海平营救孙祥玉，还有人提出较为可行的营救办法，但杨海平不予理睬，在杨海平看来，只有刑警队的人到来，才能真正解救人质。

惨案就在众目睽睽下进行着，大约在9时30分，渭源县司法局长单会忠，渭源县司法局政治协理员郭映祥，蒲川乡乡长杨正兴同乘司法局警车到蒲河中学检查依法治校情况时途经现场，围观的群众好像遇到救星似的，好多热心人赶紧拦住车，告知这里正在发生惨案，单会忠、郭映祥、杨正兴得知情况后，却始终未到小卖铺查看事态发展的程度，后杨正兴便向公安局长王伟打电话催促。这时，杨海平和杨正兴让单会忠下令解救孙祥玉，单会忠说：“下令是公安局长的事，我不能下令。”杨正兴又问单会忠：“我下令，成不成？”单会忠说：“姜渭堂是个精神病人，在精神病发作期间犯罪不负有刑事责任，但别人对姜治重了责任没人负。”来了一拨又一拨人，希望却在一拨又一拨中散去。就这样，在长达1小时40分钟的时间内，解救工作无丝毫进展。

10时整，姜渭堂的父亲和姜的姐夫乘车赶到现场，在姜父的呵斥下，姜渭堂才停止行凶，拿着无柄斧头和一截电线从小卖铺里走出来。姜的姐夫趁机夺下斧头，杨海平在两名群众的帮助下才给姜渭堂戴上手铐。当孙祥玉被众人抬上出租车包扎时，渭源县刑警大队的人才赶到现场。

孙祥玉因颅内脑组织损伤，伤势过重，在送往医院的途中死亡。6月8日姜渭堂在天水精神病院接受治疗期间，因癫痫病持续并发呼吸循环衰竭而死亡。

迟来的忏悔

2002年8月8日，渭源县公安局长王伟向曾经关注“4·11”事件的社会各界公布了他的“真情告白”。王伟说：“我再也承受不起这种良心的谴责，我太后悔了，我有罪，我对不起党，对不起人民，对不起死去的孙祥玉老师。不管怎么说，作为公安局的负责人，我对这一惨案的发生负有不可推卸的责任，我无颜面对死去的家属，更无颜面对全县的父老乡亲，我应该受到全社会的谴责，应该受到应有的惩罚，我愿意接受组织上的任何处理。即使这样，我的悔恨和自责将使我的良心永世难安。”

8月9日，单会忠向全社会发出一份几百字的忏悔书，他在忏悔书中说道：“自从孙祥玉老师被杀害之后，作为途经现场而没有采取积极措施的我一直受到良心的谴责，我为孙老师的不幸而感到深深的内疚，我向孙老师的亲人和家属说一声，你们打我、骂我吧！我对不起你们。孙老师的死我是有责任的，我没有下令去营救孙老师，作为一名党员干部，在群众的生命财产受到不法侵害时，应当挺身而出，积极施救，而我当时因对这一事态的严重后果估计不足，加之对突发事件的处理缺乏经验，致使自己被动地等待公安干警的到来，使营救孙老师的宝贵时间匆匆而过，我没有尽到一个党员应尽的责任，我愿意接受组织给予我的严肃惩处，我要从这一事件中吸取教训，如果今后还有为群众服务的机会，我将勤勤恳恳地工作，真正为群众办一些自己力所能及的好事、实事，用自己的实际行动弥补以前的过失。”

渭源警示录

在整个惨案的发生过程中，近100人目睹了惨案的全过程，他们中有群众、学生、干部、党员。而孙祥玉死后经法医鉴定，她身受78处斧伤，属无柄斧击头部致死，行凶作案的时间正好是两个小时，在电信局的话单记录中，仅刘营小学办公室电话向渭源县公安局呼叫5次。

在道德伦理的审判中，在社会的谴责下，2002年8月14日，有关部门成立专案组对此案进行调查。渭源县委召开常委专题会议，对“4·11”事件中的干部党员作出处理。

司法局长单会忠、县公安局民警杨海平涉嫌玩忽职守，移交司法机关立案处理。

给予渭源县公安局长王伟留党察看一年处分，撤销局长职务。

给予司法局政治协理员郭映祥留党察看两年处分，撤销政治协理员职务。

给予杨正兴留党察看处分，撤销乡长职务。

给予蒲川学区校长陆世俊留党察看一年处分，撤销学区校长职务。

免去刘营小学校长职务。

对刘营村党支部书记给予党纪处分。

道德谴责引发公诉

2002年12月2日，陇西人民检察院对“4·11”事件中的原渭源县公安局民警杨海平、原渭源县司法局长提起公诉，指控二人涉嫌犯玩忽职守罪。

公诉人在公诉中指控，被告人杨海平、单会忠的行为严重失职，不积极营救人质，阻碍群众营救，致使受害人在近2小时的不法侵害中死亡。公诉人同时也列举了证据，由于该案当时有上百名围观群众、乡村干部、学校领导及教职工等，因此调查取证工作非常成功，与本案有关及围观人员薛某、张某等人的证词、证言，以及公安机关对作案现场刑事勘察笔录、照片、技术鉴定、电话通话详单等均已证明杨海平、单会忠二人已构成玩忽职守罪。

二被告辩称：情不可赦、法不应究

2002年12月16日，“4·11”杀人案在渭源县法院公开审理。为了减少不必要的阻碍，该案在陇西人民检察院提起公诉后，由陇西人民法院审理。被告人杨海平的律师在辩护中认为，作为人民警察，在执行公务时应该配备必要的警戒，而恰恰在杨出警时，除了一副手铐外，枪支、警棍都没有，所以执法困难程度相对加大。再者，杨海平救人的行动是主动和积极的，为了人质的安全采取的措施也是得当的。律师认为，警察也是血肉之躯，不能在没有配备的情况下白白送死。律师称，杨海平从接到报警后赶赴现场，4次进入小卖铺里进行劝阻，并给公安局多次打电话求援直到把凶手捆绑在树上，这些行为十分清楚地说明了他的行为是作为的，被告人在必须使用武器却没有给装备的情况下，追究其罪责有点强人所难，于理不通、于情不容。特别是法律并未规定在当事人应装备武器而未装备的情况下，未能制服凶手而应该负刑事责任。

被告人单会忠的辩护律师在辩护中称，就不作为的玩忽职守罪而言，国家机关人员是否具有特定职责即职守，是构成不作为玩忽职守罪的前提条件。而这种特定职责的产生根据有三：一是来源于法律、法规的明文规定；二是来源职务或者业务的特定要求；三是来源于行为人先行行为引起的作为义务。被告单会忠虽是司法局长，身兼依法治县办公室主任、县综治委委员等职务，但在我国现行的法律中，司法局或其局长的职务或业务要求，无一项负有面对凶杀案件，行使抓捕、拘留、对犯罪嫌疑人采取强制措施，使用警械和枪支从而解救受害人的特定职责。况且，事发当日，单会忠纯属借公车办私事(到朋友处打听字画)，故单会忠没有构成玩忽职守罪的主体资格，玩忽职守罪理应不成立。

二被告的律师最后申明，杨海平、单会忠见死不救或者没有及时组织营救工作应受到道理伦理的谴责、社会的唾骂，但不能构成犯罪。

12月16日上午，一审法庭进行了举证、质证、中午休庭。下午1时30分，再度开庭，法庭激烈的辩论一直持续到下午6时20分，经过合议庭10分钟休庭进行评议，6时30分，审判长当庭宣布，由于此案案情复杂，将提交法庭寄送委员会评议后，择期宣布。

2002年12月23日上午，渭源县法院审判庭内座无虚席，渭源县干部、群众60多人参加今年4月11日发生在本县凶杀案而引起的玩忽职守案宣判。上午11时，审判长当庭宣判：被告人杨海平在姜渭堂砍打孙祥玉时，接报案到达现场后，不积极履行职责，造成严重后果；被告人单会忠身为渭源县司法局长，路过现场，不仅自己没有营救行为，而且在他人准备营救时，有不当误导，造成严重后果。二被告的行为均已构成玩忽职守罪。

根据《中华人民共和国刑法》第397条第1款、第72条第1款之规定，判决如下：被告人杨海平犯玩忽职守罪，判处拘役六个月，缓刑一年；被告人单会忠犯玩忽职守罪，判处拘役六个月，缓刑一年。至此，法律终于对轰动全国的渭源"4·11"事件作出判决，然而，二被告在庄重的国徽下得到应有的制裁时，也受到了道德良心的审判，透过这起事件，它不仅给国家工作人员带来启示，同时也为推进法制建设带来思考。

各方不同反响

2002年12月23日，记者一行列席旁听了"4·11"事件的宣判，当审判员在庄重肃静的气氛中宣读宣判时，记者随即采访了几位旁听者，其贬褒不一。

在审判庭门外，记者见到骑着自行车赶了四十多里路来旁听宣判的农民张木，他愤怒无比，满肚子的气都发泄在用脚踢自行车的轮胎上，他怒气冲冲地冲着记者问，党培养了十几年的干部，在人质生命受到摧残之时，不挺身而出，的确愧对国家的俸禄，应该判6年，6个月太轻。

一位不愿透露身份的旁听者告诉记者，同是一个案子，渭源县检察院曾作出过不予起诉的决定，而陇西检察院作出起诉决定，在同等的法律天平上，人的因素、情的因素到底能左右多少？情和法摔跤，谁赢？

一位旁听的出租车司机说，作为司法局长，他的职责是宣传、普法工作，他有幸作为惨案的"看客"应该受到社会谴责、组织处理，应该由道德审判，取消人们赋予他的职业，而不应该承担罪责。

记者在县政府门口碰到一位刚下班的机关工作人员，他不愿表示自己的看法，只随口说了一句，公务员是个神圣的职业，只因大众寄予的希望太多太多。

"4·11"事件的思考

渭源县公安局一位姓王的同志与记者探讨时认为，"4·11" 事件给渭源县公安局民警上了一堂"应急"课，作为一个公安干警，在遇突发事件时，千万不能受外界因素干扰而丧失警察果断的本质,人们信任警察,当人们需要时,警察应该在尽可能减少牺牲的情况下,冲锋陷阵,保护一方平安和人民生命财产不受损失。

北京大学法学硕士、《中国人大》杂志社第一编辑部主任廖盛芳12月16日在网上发表自己的看法,他认为,单会忠和杨正兴的行为应受到国家公务员暂行条例约束,该条例并未赋予国家公务员制止犯罪义务,而未制止犯罪也不构成犯罪。而判决生效后,即12月23日,太平洋律师事务所张向东在接受记者采访时表示,身为一乡之长,当人民代表举手表决你时,就赋予你保护一方的责任,尤其在危难之时,你能挺身而出,组织群众,保护生命受到威胁的弱者。郭映祥作为司法局的党组成员, 和司法局长一样应负有不可推卸的责任。张律师认为,本案的被告人未穷尽,将有失法律尊严和其公正性。

北京大学法学院刑法学教授沈同认为, 玩忽职守罪的认定关键在于国家工作人员是否对某个事项有法定的管理职责,人们往往笼统地认为国家工作人员在道义上、在政治上应当为民负责, 而一概认为国家工作人员对任何事项有决定职责并由此构成认定玩忽职守罪的基础。海南大学刑法学硕士、著名法律网站"天涯法网"主编王琳12月16日在网上表示,法律未赋予司法局长制止犯罪的责任。然而,法律已经作出判决,而此判决已默认国家公职人员见死不救应追究法律责任,而现行法律却没有相关的规定。"4·11"事件的判决将推进法制健全的步伐。

作为党员干部,应该"全心全意为人民服务","鞠躬尽瘁,死而后已",这是党培育干部的准则,或者是干部的伦理典范,如果符合这个条件,是好干部,人民欢迎提倡,否则不是合格的干部,将受到伦理的惩罚和谴责、情感的唾骂。如果此说法成立,"4·11"案件是用法律的准绳惩办不道德。而在法律进步的今天,是法嫁于情,还是情嫁于法?

单会忠是否涉嫌玩忽职守这一焦点话题也上了中央电视台的《今日说法》。国家行政学院教授袁曙宏的观点是:一个司法局长和乡长他跟民警的责任还有所不同。因为法律没有赋予他必须制止犯罪的义务。他主要负的是一个领导干部的领导责任和一个党员的党纪责任。像这种情况,可以考虑或者是开除党籍或者留党察看,或者撤职或者降职这样一个处分。

本报记者采访中国政法大学行政法研究所副所长、法学博士何兵时,何教授表达了与袁曙宏教授相近的观点。他说,到目前,我尚未听到有司法局长因见死不救追究刑事责任的,单会忠可能是第一例。但我不赞同这第一例的判决。"4·11"凶杀案考验了对单会忠的审判,又从某种程度上考验了我们的法律。我认为,单会忠应该受到道德谴责,受到党纪、政纪处分,但并不构成玩忽职守罪。检察机关指控他玩忽职守,要看他是否具有相应的法定职权,或叫职权法定。制止犯罪并不是司法局长的职责。

他还说,我们总习惯于用道德办事,用感情办事,用政策办事,习惯于把道德和法律混在一起。要知道,道德义务和法律义务是不一样的。道德和法律二者不区分清楚,就会使法律消失在无形之中。这是很危险的。

在陇西县人民法院尚未判决前,媒体也有了不同的声音。11月18日的《南方都市报》发表中南财经政法大学法学院陈旺的署名文章《不能让违反伦理道德的官员承担法律责任》。在他看来,让违反伦理规范的公职人员承担刑事法律责任,就是对他们权利的漠视,就是对公众舆论毫无原则的讨好。

(原文刊载于2002年11月23日《甘肃经济日报》,后在《法制日报》删改刊登,作者贯治堂)

靖远国企改革遭遇拍卖风波

靖远县经贸局局长杨卫国见到记者时的第一句话是“最近比较烦”。他说，他几乎每天都要接待一拨记者，全都是“探讨”靖远国企如何改革的。

为何媒体记者如此热衷于靖远的国企改革?事情缘于该县乌兰宾馆的两次拍卖。第一次高价流产，第二次低价成交，同一标的国有资产两次拍卖结果却大相径庭。

3月23日，记者在靖远采访时观看了已在民间广为传看的第二次拍卖的实况录像，用乌兰宾馆职工的话讲，乌兰宾馆第二次拍卖是否违规操作从“实况光盘”中可见端倪。

首次拍卖：高价流产

靖远县乌兰宾馆是该县县政府的招待所，也是有着近20年历史的老字号国有企业。由于经营管理不善，近年来连续亏损，截至2004年6月底，拥有总资产1189万元的乌兰宾馆已负债972万元，企业累计亏损413万元，同时131名职工的“三金”10多年也未缴纳。为此，半年未拿到一分钱工资的100多名职工联名上书靖远县政府，要求罢免现任经理张行万，对企业进行改制。

2004年8月10日，靖远县按照有关文件精神，研究制定了乌兰宾馆改制实施方案，方案本着“三转一增”的改革思路，即转让公有产权，转变职工身份，转换经营机制，增加发展活力。经过多方论证，决定对乌兰宾馆实行整体转让，转让采取公开、公平、公正的拍卖方式进行，同时对和乌兰宾馆经营情况相似的会州宾馆也进行改制，两个宾馆实行捆绑拍卖。

靖远县经贸局接受这一工作后，委托甘肃正德艺术品拍卖公司(下称正德公司)主持拍卖。从2004年9月29日起，正德公司通过靖远县电视台和白银市的有关媒体向社会公告了有关拍卖的情况：两个宾馆共涉及国有土地17.94亩，建筑面积14845平方米，资产评估总值为1600万元，定于2004年10月9日在靖远公开拍卖，欢迎有识之士参加竞拍。

2004年10月8日下午，已得知此消息的靖远县乌兰供销公司经理曾明，从兰州筹措资金赶回靖远报名参加竞买。

也许，一开始的不顺就为曾明的“失败”埋下了伏笔。曾明告诉记者，公告上承诺保证金是200万元，但当他报名时，保证金却升至400万元，没办法，他又折回兰州寻找资金，最后“总算取得了竞买的资格”。

记者在靖远县采访时，一位姓王的老干部告诉记者，实际上当时报名的人很多，至少有7家，有白天明、李茂成，还有王家山煤矿的矿主等，但保证金突然翻番后只有曾明与乌兰宾馆时任经理张行万取得了最后的竞买资格。

10月9日上午，在乌兰宾馆会议室里，拍卖会如期举行。乌兰宾馆和会州宾馆的拍卖从1200万元起价，叫价增幅每次50万元，经过几个回合的叫价举牌，曾明最后以1850万元的价格竞得标的，并当场在《拍卖成交确认书》上签了字，但拍卖师说还需要盖章，当即又收走了文件。

拍卖成功后，曾明在一个月时间里分三次交纳了580万元，加上此前的400万元保证金，共交付了980万元。就在曾明踌躇满志、积极筹款时，事情突然发生了变故。11月19日，正德公司以书面形式向买受人曾明告知，称曾明在30日内没有交清成交款，已构成违约，按照"拍卖规定"扣除55.5万元佣金后，原缴的400万元定金还剩余344.5万元退还，违约人另外的580万元将用来弥补二次拍卖与原拍卖成交额的差价。

这一突然变故让曾明无论如何也不能接受，他认为是正德公司违约在先，按照《竞买须知》第七条规定，拍卖成交以后，买受人在3日内持《拍卖成交确认书》与靖远经贸局签署《靖远县改制企业资产出让合同书》，但由于正德公司未将文件交给他，致使他无法签署转让合同，办理移交手续。

根据国资委《关于规范国有企业改制工作的意见》和省政府《关于贯彻企业改制工作意见的通知》的规定，转让国有产权的价款原则上应当一次性结清，对一次性结清确有困难的竞买者，可采取分期付款的方式，首期付款不得低于总价款的30%，其余价款应当由受让方提供合法担保，并在首期付款之日起的一年内支付完毕。靖远县人民政府的规定是首期付款不得低于总价款的50%。曾明说，在他交付了980万元资金的情况下，却未得到任何手续，他曾请求政府与拍卖公司能够按照有关规定放宽交款期限，或将企业债务划归他偿还，但遭到了拒绝。

二次拍卖：低价成交

2004年12月2日，正德公司又在永靖县进行了乌兰宾馆和会州宾馆的第二次拍卖，由于正德公司和靖远县经贸局认定曾明违约，当天参加这一标的竞拍的只有张行万一人。

在当天举办的靖远县国有资产拍卖会现场，正德公司拍卖师宋涛首先宣读了《竞买须知》："本次拍卖严格遵守增价拍卖方式，起拍价和增加幅度由拍卖师当场宣布，口头价必须由拍卖师认可才有效……"就这样，乌兰和会州宾馆的拍卖以1850万元起价，但由于竞买人只有一家，拍卖师两次问竞买人张行万"能不能接受"，张答"不能"；拍卖师随即降价到1600万元，问张能不能接受，张还是没有接受；之后，拍卖标的又降价到1400万元，1300万元，当降到1280万元还无人问津时，拍卖师经过与现场的政府领导商议，启动了"第二方案"。

接下来拍卖师宣布起拍价1050万元，但受买人还是不能接受，在拍卖无法进行下去的情况下，拍卖师宣布暂时休会，并提出在场的政府领导和资产委托人可以离开现场商议"是否还可以降价"。5分钟休会后，拍卖师开始大幅降价，1000万元，950万元，900万元……

一直降到860万元，还是无人问津。之后，859万元，858万元，一次，两次，三次……最终竞买人张行万以858万元竞得标的，同时承担423万元的债务。

12月25日，张行万交付了858万元，接手了两家宾馆。与第一次拍卖成交额1850万元相比，第二次拍卖的直接后果是两家宾馆的国有资产“缩水”569万元。

拍卖合法性遭到质疑

乌兰宾馆以拍卖的方式进行，本应为靖远县的国企改革奠定一个良好的开局，却由于拍卖“高价流产、低价成交”而掀起了一场风波。

二次拍卖成交后，正德公司于12月9日发出“关于乌兰宾馆会州宾馆整体资产原买受人曾明违约处理的通知”，对其作出如下处理：在原买受人曾明违约处理的通知中，对其作出如下处理：在原买受人曾明缴纳的980万元价款中，扣除第二次拍卖成交价中原买受人及委托人应支付的佣金55.5万元，剩余价款355.5万元予以归还。这样，曾明就因为参加竞标而损失了624.5万元的资金。为此，曾明四处上访，诉说自己的遭遇。此事也受到了各媒体的广泛关注，社会各界也开始对乌兰宾馆的拍卖活动产生质疑。

在靖远县流传着这样一句顺口溜：“假拍卖，国有资产缩水；真竞标，套走600多万元。”一位姓李的退休干部告诉记者，具体操作拍卖的人只有把宾馆转让给现任经营者，没想到“半路杀出个曾明”，所以曾明只有成为这次交易的牺牲品。

参加了二次拍卖会的乌兰宾馆一位女职员告诉记者，当天拍卖结束后，现场的群众愤愤不平，认为县政府对于这次拍卖是走过场，是“买一赠一”的“大甩卖”。

按照国务院和省政府对国有企业改革中管理层收购企业的有关规定，为了防止国有资产流失，原企业管理者对企业经营业绩连续下降负有责任的，不得参与收购本企业的国有产权。而靖远这次拍卖的最终受买人却恰恰是经营乌兰宾馆多年、累计亏损400多万元、职工抵触情绪极大的张行万，这无疑是两次拍卖备受关注的焦点。

3月24日，记者就此事采访了白银市国资委办公室副主任李俊胜，他告诉记者，县区国有资产的监管，目前还属于探索阶段，如何完善还需要一个过程，但有一点可以肯定，拍卖国有资产时必须有三家以上的竞标人，这是法定的，否则属于非法拍卖。

甘肃玉成律师事务所王金生律师在接受记者采访时也认为，靖远乌兰宾馆拍卖后的付款方式表面上看是没有错，但是操作中有不规范之处，付款期限和竞买人法定人数的缺少在某种程度上属于“霸王条款”。

其实，乌兰宾馆拍卖不仅引起了社会的关注，而且也引起了政府部门的注意。正当乌兰宾馆的拍卖风波闹得沸沸扬扬时，2005年1月20日，省商务厅致函省工商局，称甘肃正德公司不具备公物拍卖资格，要求工商部门予以查处。记者了解到，省工商局近日已初步调查清楚，正德公司在靖远拍卖属于超范围经营。

记者在靖远县经贸局的有关资料中看到，正德公司营业资质书范围是工艺艺术品和法律允许范围内的拍卖，正德公司的宋经理在接受媒体记者采访时虽然承认公司不是政府指定的拍卖人，但他认为整个过程都是公开、公平、透明的。

就在记者采访结束时,有消息称,乌兰宾馆有可能要进行第三次拍卖。虽然靖远县国企的两次拍卖合法性还未做最后的定论,但值得肯定的是拍卖风波还没有平息,挽回国有资产的呼声还不会停止。

(原文刊载于2005年3月30日《甘肃经济日报》,作者贾治堂、陈彩虹)

兰州仲裁第一案引发争论

——是理性，还是和谐法制实践？

3月28日，兰州市中级人民法院驳回了省城建第三工程公司的请求，对"兰州房屋购销欺诈第一案"维持仲裁裁定，至此，这起僵持了长达10年时间的案子终于尘埃落定。然而，对于这起案子的仲裁裁定争议并没有停止，有人认为，该案适用的法律不准，没有起到保护双方当事人的意愿。但更多的人则认为"兰州房产购销第一案"的仲裁判决是和谐社会中应该倡导的，是理性保护受害人权利的明智裁决。

裁决：兰州仲裁委挑战极限

"10年间，她自杀了好几次，精神打击使家庭处在破灭的边缘，这个仲裁裁决终于让我们放下了心。"4月10日上午，当宋天明夫妇把一面锦旗送到兰州仲裁委员会副主任兼秘书长曹志兴的手里时，他们激动地说出了藏在心里已经10年的话。

1997年6月2日，兰州市民宋天明与省城建第三公司签订一份《商品房购销合同》，合同中约定乙方(宋天明)向甲方(省城建三公司)购买商品房，"商品房建筑面积为129平方米，每平方米4500元，计580500元"。合同同时还约定，"本合同根据兰州市房屋买卖规定，卖方向买方办理100%产权，商品房交工日期为11月份，交工3个月内，根据有关房屋买卖和规定，卖方向买方办理产权手续"。

合同签订完以后，宋天明按约定向建筑公司支付购房款38.8万元。但是令宋天明没有想到的是，早在1年前的8月12日，省城建建筑公司又将商品楼房所在的2号楼整体转让给兰州某房地产开发公司。

宋天明说，多次交涉没有结果，2001年3月31日，他再次和建筑公司签订了《补充协议》，建筑公司承诺："延期交房造成的损失，从1998年6月份算起甲方按乙方所交房款金额的10%(年利率)赔偿；甲方在2001年12月1日未能交给乙方房屋使用，按所交房款的二倍赔偿并一次付清款项；甲方为了保证自己的信誉，给乙方'土地使用证'、'房屋建筑许可证'、'房屋预售证'、'法人营业执照'等证件复印件各一份；甲方负责办妥乙方所购房屋的产权证明。"

"4年过去了，省城建建筑公司没有一点履行合同的诚意"，2005年10月30日，宋天明又与省城建公司签订第二份《商品房购销合同补充协议》，在该补充协议中，省城建三公司再次向宋天明补充了承诺。

然而，又是一年过去了，省城建公司还是没有兑现承诺。2006年11月，宋天明向兰州仲裁委提出申请仲裁。2007年1月，兰州仲裁委根据有关法律，裁决省建筑公司返还宋天明购房款38.8万元，并承担购房款1倍的赔偿38.8万元，合计77.6万元；同时建筑公司承担宋天明已付房款38.8万元的利息损失23.0282万元。

兰州仲裁委副秘书长杨金河把“赔付1倍和赔付利息”称为“既打又罚”，然而正是“既打又罚”把兰州仲裁委推到了“风口浪尖”上，争议一时弥漫兰州的司法界。

争议：既打又罚是否合乎法理？

省城建公司的代理律师雷海亮至今仍然坚持自己的观点，他认为，宋天明受到10年时间的经济损失，是值得同情的。虽然我方撤销该仲裁裁决的申请被兰州中院驳回，但是兰州仲裁委的裁定确实有使用法律不当的地方，既打又罚合乎情理，但不合法。

作为本案仲裁员，兰州天问律师事务所孟伯浩说，从第一次隐瞒事实到三番五次地欺骗宋天明，省城建公司已经严重损害了当事人的利益，而且省城建公司的法人代表和宋天明又是同学关系，其欺骗的性质已经极其恶劣。充分事实证明省城建三公司在没取得房屋预售许可证的情况下，对商品房进行“一房二卖”，这些行为违反了法律和行政法规中的强制性规定，其主观是恶意的，同时存在着恶意占有购房款的客观行为。

“《中华人民共和国消费者权益保护法》和《最高人民法院关于审理商品房买卖合同纠纷案件适用法律若干问题的解释》是这起案件仲裁的主要根据。”原省人民检察院研究室主任、本案的首席仲裁员王习让对裁决的公正性非常满意。

而兰州市民王援愈则认为，仲裁是新生事物，调解和仲裁是仲裁机构的职能，但是调解员的职能和仲裁员的职能有着本质的不同。调解员的职能是帮助他人作出决定，而仲裁员的职能是由第三人独立作出有约束力的决定，如果仲裁员调解失败转而充任仲裁员，难免有失公平。“既打又罚”的裁决似乎比以往的经济案件重了一些。

本案的另一仲裁员，兰州商学院教授包哲钰认为，根据《中华人民共和国合同法》第52条的规定，双方于1997年6月2日签订的《商品房购销合同》属无效合同，而合同无效的过错责任在于省城建三公司一方。省城建公司严重的欺诈行为，对当事人造成了经济损失和精神损失，裁定“1倍付房款和付利息”的“既打又罚”是理性的裁决，也是和谐社会建设中和谐法制的实践。

2007年1月28日，省城建公司不服裁决，向兰州市中级人民法院申请撤销仲裁裁决，法院认为，城建公司收到宋天明购房款的事实准确，宋天明向城建公司主张权利并无不当，作为合作一方的兰州双剪矿机公司虽然并未参加仲裁审理，但是并不影响宋天明返还房款的请求，依据《中华人民共和国仲裁法》第60条和《民事诉讼法》第140条的规定，驳回申请，认定原仲裁裁定合法有效。

仲裁:和谐社会发展的依赖

对于“既打又罚”的裁决,大多数兰州司法界专家表示认同。西北政法学院的刘醒阳教授认为,这一案子是给《物权法》最好的献礼,是和谐社会发展、和谐法制建设的样板。

在2006年兰州仲裁工作会议上,兰州市副市长、兰州仲裁委员会主任王冰说,“随着商品经济的发展,仲裁是解决争议的一种方式。兰州仲裁制度的确立,为当事人解决民事争议提供了选择权,在市场经济的条件下,这不仅是民主法制不断完善的体现,而且也是尊重和保护人权、尊重和保护企业权利的重要要求”。

兰州市政府法制办党组书记、主任、兰州仲裁委员会副主任兼秘书长曹志兴博士说,过去发生争议基本上都是到法院打官司,使法院积案大增,结案时间加长,“难方便、难快捷、难公正”成了司法的“老大难”。而仲裁在程序上实行一裁终局,在管辖上不受地域和争议额的限制,在仲裁庭的组成上允许当事人选择仲裁员,在审理上开庭但不公开,在时间上限定短期内结案,在仲裁员结构上既有律师、法官,又有学者,这些要求充分体现了仲裁的公平和公正。

兰州市仲裁委副秘书长杨金河对仲裁过程有三个人性化的比喻:“消除对立, 握手言欢,和谐发展。”杨金河说,仲裁对于调处民商事纠纷,构建和谐社会,稳定社会秩序,促进经济发展有着重大而深远的现实意义。

曾在省高级检察院工作了27年的王习让检察官退休后, 被兰州市仲裁委员会聘请为仲裁员。他对自己有这样一个概括:“从检察官到仲裁员, 自己经历了一个角色转换的过程,以前在法院开庭审理案件时,身为法官(代表国家形象的威严),身穿制服,举止严肃。而做了仲裁员以后,强调的是亲和性,着便装开庭,与当事人的接触也要变得更亲近。”

“即打又罚”使兰州仲裁委第一次吃了一个大螃蟹,因此“兰州第一仲裁案”也响彻全国。记者了解到,截至2006年底,兰州仲裁委员会在各行业设立12个兰州仲裁分支机构,仲裁员达260余人。3年来共办理民商事案件366件,争议额1.25亿元,2007年前4个月受案争议额已突破1亿元,创历史同期最高水平,与此同时,兰州市仲裁委从刚成立时的西北排名第13名跃升到2006年的第3名。对于兰州市仲裁委发展的“秘诀”,兰州市政府法制办党组书记、主任、兰州仲裁委员会副主任兼秘书长曹志兴总结为四点:一是仲裁一般是不公开的,符合了当事人不愿因对簿公堂而泄露商业秘密的心理;二是仲裁的程序比较灵活,双方当事人既能解决纠纷又能保住面子,不失和气;三是仲裁员来自社会方方面面的专家,广泛性和专业性结合,有利于提高仲裁办案质量,保证仲裁的公正性;四是简捷、快速,“说人民话,办人民事”。

(原文刊载于2007年4月21日《甘肃经济日报》,作者贾治堂、房惠玲)

境外打工欠薪41万，
10名工人怒告中介公司

2007年6月15日，兰州市中级人民法院对杨金柱、杨东等10名技术工人状告甘肃国际经济技术合作公司(下称国际公司)一案进行了公开审理，在当天的法庭上，双方当事人和代理律师辩论不休，甚至达到白热化的状态。法庭最后决定定期开庭。

2003年年初，杨金柱、杨东、李敬春、黄光洲、孙伟、崔玉明、肖瑞生、王建民、张建良、吴学诚(在阿联酋打工期间遇难)在国际公司的介绍下，前往阿拉伯联合酋长国打工。2年来，他们只拿到1到2个月不等的工资，在无助的情况下，他们有的是家里寄钱，有的借亲戚朋友的钱，于2005年陆续回国。

2006年8月，杨金柱、杨东等10名技术工人一纸诉状将国际公司告上法庭，要求法院判定劳务合同具有欺诈性质，同时返还中介费和所拖欠的工资，并赔偿经济损失。

"在北京机场里，我痛哭了一场"

"第一次，也是最后一次。"44岁的杨金柱对于阿联酋的打工经历终生难忘。"我们一个个就是《危险旅途》中的主人公，走出北京机场做的第一件事就是痛哭了一场，心里才好受些；回到崇尚文明、法制、和谐的祖国，想说的第一句话就是回家的感觉真好。"

2003年2月18日，《兰州晨报》刊登的一则广告引起了兰州市下岗职工杨金柱和孙伟的注意。广告的内容是"赴阿联酋工作启事"，启事招聘电焊工和铆工，"要求年龄在30岁到48岁之间，工资和待遇见合同，电焊工和铆工外方要求2003年3月20日—28日出国"。看到广告后，杨金柱和孙伟就开始动心，"我们以前都是单位上的技术骨干，下岗后一直找不上很好的工作，这是一个很好的机会"。按照广告上的地址，他们找到了甘肃国际公司中东部的办公地点，"兰州市阿波罗酒店"。

"两个门牌让我吃了定心丸"，杨金柱说，在阿波罗酒店的门前，他看到两个牌子，"中国兰州国际经济贸易公司中东部"和"沙特舍姆拉里工业集团驻兰办事处"。接待他们的是国际公司中东部负责人金耀宗。

"更大的诱惑是月薪400美金，2年期满以后，多发一个月的工资，还报销往返的机票，但是必须缴1.5万元中介费和5000元的押金。"虽然条件有点苛刻，但是报酬是非常可观的，所以，杨金柱一咬牙，东拼西凑，借来了2万元，缴了押金，和国际公司签订了合同。

6天以后，杨金柱和孙伟的签证、护照办好了。3月29日，他们坐上去乌鲁木齐的火车，“在乌鲁木齐，有一个姓齐的人接我们，把我们送上了去阿联酋的飞机”。

2天后，杨金柱和孙伟来了阿联酋。“当时安排到好来森公司的宿舍，31日就开始干活，到了国外，第一件事就是给家里打了一个电话，报了平安。”

“刚到异国，什么都好奇，但是我们工作态度还是积极的，语言不懂，就是比画，竖大拇指和摇头的两个动作是我们和当地人交流的基本方式。”

阿联酋的夏天特别热，高温都在37度以上，干5分钟活就是汗流浃背，没有办法，杨金柱把一件背心裹在头上，用带子系上，工友们开玩笑说“很像阿拉伯人”。

“13天以后，当地的劳动部门来检查，好来森公司负责人李丽就让他们赶快藏起来，这时我就纳闷，好端端的为什么要躲避？”

3个月过去了，杨金柱没有拿到工资，以后也没有发工资。妻子打来电话说孩子要缴1500元的借读费，但是杨金柱着急，没有任何办法。

2003年6月份，见还没有发工资的迹象，杨金柱和他的工友们来了一次集体罢工，但还是无济于事。杨金柱说，有时也想通了，在国内，年底一次性发工资也是正常的。

但是有一次，杨金柱上街，受到警察的盘问，才知道自己办的是旅游签证，不能打工，要打工就得办工作准证。“后来从《华人日报》上了解到，没有工作准证，属于非法工作，是要坐牢的，所以以后吓得都不敢出门。”

“2003年8月，我们找过中国大使馆，答复是旅游签证是不能打工的。”2003年9月，杨金柱终于领到第一个月工资2100迪拉姆(DHS)(1迪拉姆合人民币2.5元左右)。

2004年初，船上的活基本上干完了，但还是不发工资，好来森公司经理李丽以各种理由说工资随后就发。“所以在以后的日子里，为了生活，我们经常被人家‘借’出去干活，而干完活后，工资只能由李丽去领。”

杨金柱回忆2年前的处境时说，在“叫天天不应，哭地地不灵”的日子里，每天只能借酒消愁，喝的是中国偷运过去的“北京二锅头”，一瓶20元，“喝醉了工友们抱头痛哭而睡，有的人在睡梦中还喊着亲人的名字”。

即使这样，还不能给家里打电话，要让家里放心。“为了延长签证，我们几乎是一个月一飞签，从这个国家飞到那个国家，然后又飞回来，最远到过伊朗、约旦、沙特、印度。”

2005年3月，杨金柱的签证已经到期，成了彻底的黑人，“黑了7个月后，我编了很多违心的谎话，最后缴了1.5万迪拉姆的罚金(好来森公司李丽缴的)，我才回家”。

2005年10月1日，国庆节，北京机场小雨绵绵，当杨金柱走出机场，他号啕大哭，“我终于回家了”。

“5个月的黑人日子度日如年”

和杨金柱、孙伟一样，李静春也是2003年3月到阿联酋的，只是比杨早去了一个星期。“但是幸运的是我干了45天以后，拿到了4500迪拉姆，因为我是铆工。”

李静春说，2个月后，看到很多人很长时间没有拿到工资，就多留了心眼，把钱一直留在身上,没有寄回家,以备后用。

2003年8月,已经连续5个月没有领到工资了,李静春提出回家,当时李丽他们不同意,所以他就没有再上班。"在这期间,由于签证到期,所以我们必须每个月飞签一次,从这个国家飞到另一个国家,做短暂的停留后,又飞回来,而每次的飞机票都是好来森公司掏的。"

记者翻阅了李静春的护照,发现32页的护照上已经盖满了阿拉伯国家的海关印章。

"2005年2月,直接就成了黑人,在以后的3个月时间里,几乎每天是以泪洗面,一个大老爷们,成天掉眼泪,是可想而知的。"

2005年7月,李静春狠下决心,"死也死到自己的国家",他天天跟着好来森公司经理李丽,"死缠硬磨,好话说尽,编了很多的谎言"。

最后,经过拉丝海马(音译)法庭的宣判,李丽给他缴清了500多迪拉姆的罚金,他才回国。李静春说:"在外国,当你是一个非法居民的时候,有理无处诉,有话无处说,那种日子真是度日如年。"

"遇难他国,险些连骨灰都捡不回来"

吴学诚怎么也不会想到,这次阿联酋打工是他和亲人的一次永别。

2003年5月8日,吴学诚从兰州出发,去阿联酋打工。下岗前,吴学诚是兰州钢厂的一名优秀的电焊师,由于他已经是第二次去阿联酋打工,所以这次他还是单枪匹马,只身一人来到阿联酋。

吴学诚的妻子於琼说,夫妻下岗已经快10年了,自己当时也没有正式的工作,没有办法,2万元的中介费是四处借贷来的。

"前一次去,的确挣了一些钱,但是这次没有以前那么好的机遇",2004年6月,1年没有拿到多少工资的吴学诚决定到外面打工,在韩国禾木(HORMUZ)公司打工。

2005年1月28日,农历腊月20日,噩耗从阿联酋传来,"吴学诚在工地触电身亡"。於琼说,全家人万分悲痛,但是不管怎么说,按照我们中国人的习俗,应该让死者入土为安,他们多次找国际公司,但都是商量未果,最后,在网上找到中国驻阿联酋大使馆的电话,但是大使馆的回答非常明确,这起劳务输出没有在大使馆备案,他们也无从查起。

在没有办法的情况下,他们给当时的省委书记苏荣和省政府办公厅的领导写信,最后在商务厅的黄处长和杨处长的过问下,双方才达成协议。

90天后的4月8日,国际公司的2名工作人员和吴学义(吴学诚的弟弟)、於琼从兰州出发,前往阿联酋处理后事。

但是不巧的事情发生了,因阿联酋国家信奉伊斯兰教,非穆斯林人不能在当地土葬、火葬,"最后在国际公司四处求助和多次交涉下,5月3日,该国特批将吴学诚尸体就地在印度人开设的火化厂及时火化"。

於琼说,虽然火葬了,但是事情还没有一个统一的处理意见,眼看着签证的日子到了,没有办法,5月8日,又进行了飞签(坐飞机出境又回来)。

"虽然说当地的法院已经对死亡案判决了,但是我们人生地不熟,又不懂当地语言,至今没有拿到抚恤金。”於琼说,2005年12月,吴学诚的父亲得知吴学诚死亡的消息后,气决身亡,这对他们的家庭又是一次沉重的打击。

2006年,於琼向兰州市中级人民法院提起诉讼,要求国际公司赔偿经济损失、劳务工资16万元。

“胜诉就等于败诉”

事实上,国际公司这一批阿联酋劳务输出共有42人,都是兰州的技术工人,兰州市西固区的王金山也是其中的一位。

2003年3月6日,王金山和国际公司签订了赴阿联酋国劳务的个人合同,王金山向国际公司交纳履行保证金1万元,中介服务费1万元,于2003年3月13日赴阿联酋国,到达目的地后发现自己办理的是旅游签证,并非工作签证,熟悉法律的王金山认为事情不稳妥,于2003年9月3日回国。

2004年,王金山向兰州市城关区提出诉讼,要求国际公司返还中介费并赔偿经济损失。

兰州市城关区法院一审认为,合同签订以后,应由阿联酋阿方面承担劳务人员的工作签证,王金山在赴阿联酋执行劳务合作项目在工作期间(6个月)已领取劳务费,后以家中有事须回国办理为由,请假离开阿联酋国,回国后未赴阿联酋国执行劳务合作项目,国际公司并未违反双方合同所约定的内容。据此,依据《中华人民共和国民法通则》第111条之规定,城关区法院驳回原告王金山对被告中国甘肃国际经济技术合作公司的诉讼请求。案件受理费1288元由原告王金山承担。

2005年6月,王金山不服判决,向兰州市中级人民法院提起上诉,兰州中院的合议厅公开审理认为,一审判决事实不清,证据不足,撤销城关区法院一审判决,发回重审。

“在城关区的庭外调解下,国际公司向我赔偿了1万元的经济损失。”王金山说,案件几经周折,虽然最终赢了官司,但是已经花销了电话费、律师代理费、诉讼费达7000多元。

“多亏妻子及时寄来的3700元”

兰飞厂下岗工人肖瑞生是一名电焊师,赴阿联酋打工的消息也是从2003年2月18日的《兰州晨报》得知。2003年4月1日,缴完中介费和签完合同后,在他带动下,有6人跟着去阿联酋打工。“由于带的人多,到了阿联酋以后,好多森公司李丽就任命我为工长。”

“3个月过去,他们还不发工资,而且还拖欠了前面去的工友很多工资,当时我的反应是这其中有问题。因为是工长,我就向李丽提出了两个条件,一是不发工资只能承受3个月;二是必须和工人签订用工合同。”肖瑞生说,直到7月份,还没有发工资的迹象。

2003年8月2日,他和王金山、郭杰起草了一个书面的东西,交到中国驻迪拜领事馆,“当时好多工友都抱怨我们,说什么的都有,认为我们破坏双方关系”。

“接下来发生的一件事让我下定了回家的决心。”2003年8月底,河南省某县的劳动局副局长在阿联酋联系劳务输出了30多人,但是和肖瑞生他们一样,也是1年多没有拿到工资，在一次施工中，1名工人意外死亡，该县的劳动局副局长在阿联酋处理后事的时候被工人们扣留了，事情惊动了河南省政府，最后，30多名工人被解救回国，而且由政府补发了工资，劳动局的副局长也被查办。

“这件事情对我的触动很大，我们是彻底看清了形势，”肖瑞生说，“没有办法，我就让妻子寄来了3700元，回到兰州后，身上只剩下18元。”

记者了解到，在2003年期间，通过国际公司介绍到阿联酋工作的兰州技术工人共42名，目前大部分都已经回国，但是还剩多少人没有回来，说法不一，有的说是5人，有的说是3人。几经周折，记者联系到一位4年没有回家的务工人员的家属，但是她拒绝了记者的采访，她说：“我相信自己丈夫的能力，能要回40多万元的工资，他绝对有办法能回来，至于成为‘黑人’，在那个地方，黑的人成千上万，没有什么好奇怪的。”

杨金柱告诉记者，她目前可能处在各种压力下，害怕丈夫万一在那里出个什么问题，这种情况不是没有可能。“如果要回来，只能等6年一大赦，这是阿拉伯国家最仁慈的对外政策。”杨金柱说。

（原文刊载于2007年6月24日《甘肃经济日报》，作者贾治堂、吕霞、苏叶）

<<<

文化教育篇

永登移民区教育配套严重滞后

——初中超载，千名学生面临入校难

身高只有1.45米的魏秀娟同学坐在初一(4)班最后一排靠墙的位置。上课铃声响起前5分钟，她必须第一个冲进教室。否则，回到自己的座位将是异常艰难的事情。下课后，她只好最后一个走出教室。

因为初一(4)班49平方米的教室里，摆放着9排12列共96张课桌。12列课桌间只有一条不足20公分的通道。排与排之间不足一尺。而第一排的吴正明同学也有自己的烦恼：由于离黑板太近，上课时他必须"仰望"黑板，却无法看见老师写在黑板左边的字。

有位坐在后面的同学很无奈："都怨我长了个高个子，要不我就可以坐在前几排了。"

教代数的阎老师沙哑着声音告诉记者，每天要用高八度的声音讲课，否则后面的同学听不见。实在是太挤了，冬季连个放炉子的地儿都没有。

这不是电影镜头，是前不久记者赴甘肃永登县秦王川移民区采访时的所见所闻。

魏秀娟所在永登县秦川镇初级中学，建校之初只有200多名学生。近年来由于引大通河入秦王川地区的"引大入秦"工程的实施，当地接受数万移民而使在校生剧增，现有16个班1312名学生，平均班额高达82人。在校生中，32%是移民子弟。

在秦王川，与秦川镇初级中学情形相似的还有中川镇、上川镇的其他几所中学。

有数据显示，整个引大入秦灌区三镇现共有中小学生18421人。而三镇目前中小学总共只有86所，其中初级中学7所，完全中学1所。

有限的校舍，过多的生源，使得灌区所有学校不堪重负，教学资源捉襟见肘，师资力量严重不足。

"这是'移民综合征'。"有人一言以蔽之。

永登县教育局副局长陈学仁告诉记者：有"甘肃都江堰"之称的引大入秦工程建成通水后，省市按计划在秦王川三镇建成移民点66个，安置移民万余户4万多人，其中有移民学生6652名。针对灌区移民子女就学难的问题，永登县多种渠道筹资金，新建、扩建学校44所，基本解决了移民子女上小学的问题。但由于移民过程中没有规划中学建设，更没有专项的资金投入，随着移民学生陆续升入初中，再加上永登县初中入学高峰期的到来，灌区移民子女上初中难的问题凸现出来。

去年，三镇共有小学毕业生2864人，而初中毕业生只有1449人，为解决1415名学生就学问题，在县政府的协调下，通过小学5年制改6年制，中学占实验室、活动室和增加班额，使这一问题暂时得到缓解。

可问题没能得到根本解决。教育局依然犯愁:再过几个月又要秋季招生,如不尽快扩大初中办学规模,即便按每班80人算,三镇也有1400多名学生无法升入初中。照此速度,3年后将有4000多名学生徘徊校门外。

永登县于今年初拿出的灌区移民学校建设规划显示,只有新增80个教学班,方能从根本上解决移民学生就学难题。经测算,与80个教学班配套的资金是5620万元,而教育局目前到位的资金尚不足200万元。

据了解,自1998年起,永登县先后有20多名人大代表就灌区移民学生就学难的问题,多次呼请社会关注。去年6月,兰州市几位政协副主席和政协委员又到灌区作过调查,并提交了政协议案,但问题至今没有得到解决。

有关人士认为,这些问题如果不妥善解决,将会影响永登县九年义务教育的实施。

(原文刊载于2003年4月14日《中国青年报》,作者狄多华、贯治堂)

不堪重负，甘肃一高校欠债“关门”

3月15日，随着最后一批学生的正式移交，甘肃外语外贸专修学院正式“关门歇业”，这是我省第一所因不堪重负而“趴下”的高校。而在1月26日举行的政协甘肃省九届五次会议上，政协委员刘基关于“巨额债务困扰甘肃高校正常发展”的提案，就已指出“甘肃高校总负债高达49亿元，个别学校已经凸显‘破产’隐患”。高校“破产”并非危言耸听，如何疗治“债务硬伤”，成为我省高校发展面临的一大难题。

债务拖垮一所民办高校

从3月7日开始，兰州市安宁区“长征”网吧的生意好了许多，每到晚上，马小波和他的20多名同学就来此通宵上网。一连4天，马小波他们都在网吧过夜，“不为别的，只为网吧里有电有暖气”。

3月11日，已经是学校开学的第4天，但甘肃外语外贸学院还没有开学上课，校园里到处堆放着垃圾，水、电、暖气停供，整个学校显得荒凉不堪，而学校校长和老师“集体失踪”，所有的手机都处于关机状态。

3月12日，当大二的学生被一个“神秘小车”接走以后，马小波才意识到，“甘肃外语外贸学院要倒闭了，我们被抛弃了，我们失学了”。

马小波开始担心起来。同样担心的还有他的班主任张弘(化名)老师。“这几天心情一直不好，我倒不是担心学校欠我的4个月工资能不能要回来，而是这些学生不尽快安置，可能要出大乱子。”

甘肃外语外贸学院的前身是兰州日语学校，1998年经省教育厅批准，与西北师范大学、甘肃农业大学、西北民族大学联合办学，属于成人教育学院。2000年学院为了扩大招生，斥资1000多万在兰州市安宁区修建了新校区。学校目前只有大一和大二两个年级，在校学生不足200人。

据甘肃外语外贸学院的刘老师介绍，甘肃外语外贸学院“关门歇业”的直接原因有两个，一是学生欠费严重，目前学生所欠学费达30多万；二是学校欠水电暖费1万多元和近10万元的老师工资。张弘告诉记者，甘肃外语外贸学院2005年招收的学生是和西北民族大学成人教育学院联合办学的，2006年招收的学生是和甘肃农业大学联合办学的，目前，两批学生正陆续向两个学校移交。

3月12日，甘肃农业大学成人教育学院的韩院长在接受记者采访时表示，学生农大是可以接收的，但必须从甘肃外语外贸学院把学费退出来，补缴上农大的学费。而马小波告诉记者，目前大一30多名同学的处境都很困难，甘肃外语外贸学院不给他们退学费。

2008年：高校债殇爆发周期

甘肃外语外贸学院的穷愁潦倒可以说牵动着所有关心高校教育的人。3月14日，长期关注我省"高校负债问题"的西北师范大学知行学院梁君告诉记者，"甘肃外语外贸学院今天的结局，不是偶然，而是一个必然，虽然它是民办学校，但是它和公办学校都有同样的处境，就是负债太多，高校资不抵债在我省已经属于普遍现象"。

据了解，1999年全国普通高校实行扩招以来，我省的大部分高校便大跃进式地扩建学校，很多学校掀起了贷款风潮。记者从中国人民银行兰州支行了解到，仅1999年当年，全省高校贷款就高达6亿元。目前全省33所普通高校，贷款余额高达49亿元，每年支付利息近4亿元。

"而根据金融政策，2008年前后将陆续迎来还款高峰，进入还款期的高校将可能出现到期不能还本付息的局面。"省政协委员刘基在多个场合表示，当前，有的大学已亏损运行，连债务的利息都无法偿还，事实上已经游走在"财务破产"的边缘。记者从省教育协会了解到，我省某大学在扩建中为了"以势压人"，校门造价竟高达500万元，尽管学校对"天价"予以否认，承认"校门真正造价是300万元"，但从校门的造价可以看出，大学扩建已经远远超出了它的本来目的；坐落在兰州市安宁区的一所大学，总资产不到3.5亿元，而目前的贷款已经高达6亿元，一年的利息就得5000多万元。2006年，我省某高校因扩建占用校园，校园和操场使用面积过小，被教育部亮了黄牌。

"债的硬伤"在今年我省"两会"的提案中都得到了印证：1999年至2004年，甘肃普通高校通过各种渠道共投入60.75亿元用于改善办学条件，但中央和省财政投入只占投入总额的11.24%，学校贷款所占比例高达61%。而在这6年中，全省高等教育招收各类大学生30.34万人，比前47年的总和还多4万人，扩招不仅使高校"人满为患"，而且"负债累累"。

据省教育厅提供的数据表明，学生增加了，但是政府的投入却在减少。"政府投入从1998年的生均财政事业费5031元降到2005年的3384元，7年间减少了32.5%。'八五'期间，甘肃省财政预算内高校基建投入每年有近2000万元的'基数'，近年不但没有增加，相反有所减少，2005年仅有1000万元的投入。"甘肃农业大学刘志颖处长对高校负债的事实持不同意见，他告诉记者，2004年，甘肃农业大学学生学费欠款高达3300万元左右，影响了学校的正常教学，本科生的收费率仅为40%，学校的经济压力很大。有的贫困生毕业几年了都没有还贷款，学校作为贷款的担保人自然又变成了债务人。记者了解到，我省现有高校在校生17.3万人，其中贫困生约占33.2%，毕业生欠费是高校负债的另一个原因。

高校重蹈"滚倒国企"之路

"甘肃外语外贸学院是我省第一家关门的高校,但绝不是最后一家。"西北师范大学一位不愿透露姓名的专家坦言,面对财政危机,大部分高校已经压缩了正常的教学及科研经费,减少或取消正常的科研项目经费支出,缩减学术交流活动的开支。有的学校甚至降低教职工的待遇,连续数月冻结财务报销。

高校贷款扩建热,与当初的国企贷款热如出一辙,这条盲目贷款→财务危机→不良贷款→财政负担的国企老路,甚至会引发金融风险。在今年全国的"两会"上,全国政协委员曝出了导致高校巨额负债的三原因:一是政府默许、鼓励甚至强制高校向国有商业银行贷款;二是国家以发放教育国债资金并要求高校提供配套经费的方式带动高校向国有商业银行贷款;三是政府以发放补助金帮助高校偿还贷款的方式刺激高校向国有商业银行贷款。

省政协委员刘基建议政府设立甘肃省高等院校基本建设专项资金,每年拨款5000万元至1亿元,用于甘肃高校急需的基础设施建设。提高生均拨款标准,为高校减轻财政负担。据测算,如果恢复到1998年的标准,以目前在校生人数计算,政府平均每年要增加约5亿元财政拨款,需要10年时间才能填满高校负债的"黑洞"。

省行政学院刘辛江却认为,高校贷款是政府经济政策的产物,政府为高校债殇买单的现象,虽说可缓解金融机构与公办高校之间的信任危机,但政府买单实际上就是民众买单,因为,财政的钱就是百姓的钱。换言之,高校债殇政府买单的后果,势必要降低财政资金用于公共服务的投入,也就影响了民众对于财政提供的公共产品的享用,而对于一些没有外债的高校来说,又显失公平。

(原文刊载于2007年3月17日《甘肃经济日报》、中国新闻网,作者贯治堂)

义教免费，希望工程还是“期望”？

——关注希望工程甘肃17年(上)

1991年4月16日，甘肃希望工程正式启动。17年来，希望工程在促进我省基础教育发展中功不可没，但是从今年秋季开始，全省城市学校将实行“两免一补”政策，这无疑是国家在义务教育领域的最大善政之一。也就是说，无论是农村孩子还是城市学生接受义务教育，都将逐渐由国家买单。在这种情况下，以资助农村孩子读书为主，已经走过17年辉煌历程的品牌助学工程——希望工程面临着新的转型。免费教育以后，甘肃还需要希望工程吗？希望工程将如何发展？义教免费，希望工程仍有“希望”。

“从秋季开学起，免除城市义务教育阶段学生学杂费，省级财政增加补助13亿元集中力量办好省上确定的今年为民兴办的14件实事。”今年3月份省财政工作会议上，义务教育免费的消息一经公布就成为人们关注的新热点。

之后，热点很快成为焦点，很多网友都在讨论一个话题：旨在“改善办学条件、消除失学现象、配合政府完成普及九年制义务教育”的希望工程，在走过17年后，在“它的大部分任务被政府免学杂费政策代替”的情况下，它的存在和发展还有没有必要？

甘肃希望工程办公室副主任张宏伟认为，甘肃是一个贫困省份，尤其是教育欠账非常大，实施免费教育以后，希望工程资助服务的重点会向非义务教育阶段转移，但不会停止在农村义务教育阶段的助学活动，因为在我省一些贫困地区，农村孩子仍然需要希望工程的帮助，免费教育以后，全省教育事业还面临相当大的困境，化解这些困境成为希望工程新的使命。

困境一：普九欠账影响育人效果

4月3日，在全省“两基”攻坚暨捐资助学总结表彰会议上，副省长郝远提出，“要全面实现普九目标，根本的办法是公益捐助性质的‘包县帮扶’”。在当天的会议上，酒钢公司、华龙证券等企业当场明确表示，将积极参与全省的“两基”攻坚战。

据记者了解，截至2007年年底，全省还有8个县尚未完成“两基”达标。未达标县的情况不容乐观，有的县小学入学率不到60%，初中毛入学率只有50%左右，纯入学率不到20%，有的县小学辍学率高达20%，义务教育质量偏低、文盲率较高的问题非常突出。为此，省政府提出，“动员全社会力量，到2010年全省实现全面普九的任务”。

在这次会议上,有关方面也直言不讳:目前"两基"达标的县普遍存在欠账多,基础较为薄弱等问题,有的县硬件达标和普及程度不稳定,有下降趋势,同时还存在着管理松散、质量偏低等问题。

靖远县早在1997年就实现了两基"达标",来自该县教育局的数据显示,2005年底,全县中小学危房面积达5.7万平方米,非常危险的濒临倒塌的有63所,分布于20个乡镇。

目前,我省已经实现"两基"目标的79个县,大多数是在"八五"和"九五"期间实施和实现"两基"的,随着岁月的稀释,一些学校"达标"饱和度在慢慢下降,同时,随同"两基"达标率增长的,还有地方的债务。化解普九欠账及其不良影响成了我省基础教育亟待跨过的一道门槛。

在今年1月份的全省"两会"上,政协委员将这一难题具体化:"平凉市教育经费累计欠账2.9亿元,其中普九欠账4193万元,排危建校欠账1.4亿元,初中短缺校舍47800平方米,农村中小学教学实验设备短缺;定西教育经费欠账1.4亿元,其中普九欠账10465.5万元,排危建校欠账3644.4万元;兰州市榆中县教育经费欠账7550万元,其中普九欠账1310万元,排危建校欠账2460万元……"

甘肃联合大学的王云基认为,普九教育的历史欠账是我省教育事业目前发展的瓶颈,也影响着农村学校的育人效果,化解债务仅靠政府的力量是难以扭转的,动员全社会力量,用希望工程逐渐引导消化不失为一个方向。

困境二:农村育人环境亟待改善

2005年,全省43个国贫县的贫困家庭学生享受了"两免一补",会宁县也在其中,当年11月14日,该县新添堡乡沙家湾小学20名品学兼优的贫困学生每人收到清华大学2005级MBA班学生捐赠的160元钱,而钱还没在这些孩子手里捂热就被学校抽去30元,理由是用作捐赠者的接待费。

当这一情况在新闻媒体上曝光后,该校的老师连连喊冤:"每个学生不到50元的学杂费和每年只有700元的办公经费"根本就不够用。

公用经费不足,学校运转困难,200人以下的农村小学校,财政拨付的公用经费不够支出,尤其是高寒阴湿地区,采暖和供水经费更是捉襟见肘。这是2007年4月省人大常委会在其开展的我省《义务教育法》执法检查中发现的突出问题。

"免费教育以后,农村留守儿童不仅要受到教育,更重要的是要在良好的环境中成长。"省政协的调研报告认为,全省近70万留守儿童,20%的监护人反映留守子女有吸烟、喝酒、上网吧现象,80%以上的监护人希望学校加强对寄宿生的管理。但是,这是一个系统的工程,农村育人环境的改善需要各个方面的努力。

记者了解到,在"两免一补"政策中有一项重要政策,就是补助寄宿生生活费,这是解决农村留守儿童缺少监管的一个有效途径,由于资金困难,在教学基础设施都难保障的情况下,一些后勤建设更是一片空白,补给也无从谈起。

静宁县教育局郭三省向记者粗略算过一笔账:拥有47万人的静宁县目前在外地上学

的本、专科生约1万人,按照保守数字计算,每名学生1学年的学费、生活费、交通费等各项费用为1万元,这些学生每年从当地农村带走的资金就高达1亿元。最近的一项调查显示,当地高中生中,约有60%的学生家庭因为孩子上高中而陷入贫困状态。

虽然义务教育免费,但是高中教育和高等教育的贫困面在逐年增大,绝大多数家庭和学生仍然要担负高昂的学费。为此,“希望工程”配合政府教育优惠政策的责任并没有丝毫减少。“配合就是要和政府一起让每个学生都要有书读,要积极发挥政府教育优惠政策的补充作用。”省青少年基金会的一位负责人说。

困境三:农村教师需要扶持和培训

全国人大代表、北师大教授庞丽娟在今年“两会”前对甘肃、贵州、安徽等地农村教师调研时发现,小学教师的工资一般为600~700元,初中教师平均工资为700~800元。由于基本上只有国拨工资,被戏称为“裸体工资”。

2004年—2005年,我省教育开始“一费制”和“两免一补”,教育费附加、农村教育集资和学校学杂费收入均已切断,之后,在教师的工资结构中,除了国家标准工资外,各种地方性补贴约占工资总额的30%或更高一些。但由于地方财政困难,全省大多数市、州农村教师工资中的地方性补贴和各种福利未能落实。此外,甘肃省2003年县财政统一发放教师工资,以前历年拖欠的农村教师工资多数还没有补发,有些县区中小学教师基本工资最多的拖欠高达20个月。

工资低、不稳定,学校之间无序竞争,互相“挖墙脚”成为贫困地区中小学校教师流失的主要原因。据统计,环县三中10年间共调进教师120名,而流失和改行的有80名,其中流动到县一中的就有50多名。学校成了老师进城的“跳板”,留下来长期任教的大多是大专以下学历的老师,或家在附近的本土本乡人。

记者了解到,全省有2.8万个农村小学或教学点,只有8765名英语老师,平均3所学校还不到1名英语老师。就是这每3所学校才有1个的老师的教课水平也不能保证,很多老师都不是英语专业出身,教课全靠自学摸索。

“问题不止于此,这些教师还面临着培训难”,西北师范大学教师培训学院副院长石义堂主持的一项调查表明,在西部农村地区,不同学校的教师获得的培训机会很不均衡。“由政府主导组织的培训,主要是面向乡镇中心小学和乡镇农村小学的教师,一些村校、非完全小学和教学点的小学教师实际上基本没有多少培训机会, 特别是很难获得高层次培训的机会。”

石义堂调查发现,这些教师有90%以上从来没有参加过县级以上的培训,少量教师参加过乡教研中心举办的培训,而校级培训在农村西部地区则基本上只是一个形式。

省希望工程办公室副主任张宏伟说,面对新情况,甘肃希望工程也转变了自己的救助思路,在坚持“改善办学条件、消除失学现象、配合政府完成普及九年制义务教育”目标不变的前提下,培训老师,扶持有潜力的老师继续深造将是希望工程下一步的工作重点。

(原文刊载于2008年4月16日《甘肃经济日报》,作者贯治堂、田春晖)

希望工程转型急待“外援”

——关注希望工程甘肃17年(下)

1991年，兰州石化公司团委捐赠6万元，在渭源县建成我省第一所希望小学。兰渭希望小学的建成，为我省希望工程提供了可操作性的“兰渭模式”。同年，甘肃成立希望工程工作指导委员会，1992年，甘肃青少年发展基金会成立。希望工程最初的目标是，改善办学条件、消除失学现象、配合政府完成普及九年制义务教育，其方式主要是，救助贫困地区失学儿童、建设希望小学、培训希望小学老师、发展贫困乡村基础教育。

17年来，“希望工程”这个爱心品牌，凝聚着海内外社会各界的关注和心血，在陇原大地上遍地开花，取得了显著成效。但是在新的政策背景下，如何继续发挥促进教育事业发展的公益能力及其特殊的社会价值，成了我省希望工程不得不思考的一个课题。甘肃希望工程管理办公室和青少年基金会根据中国青少年基金会的调研结果，结合我省实际，提出了重点资助对象和相关救助形式的转型，成为希望工程再次反哺教育的方向和方针。

义务教育与非义务教育两兼顾

据省希望工程办公室统计，截至2007年底，省希望工程共募集资金10544万元，修建了416所希望学校，改变了103278名贫困学子的命运。

2006年，我省实施农村义务教育免学杂费政策，且农村特困生还可继续享受“两免一补”中的免教科书费及补助寄宿生生活费，因此，希望工程的大部分任务被政府的免学杂费政策代替。为此有人开始怀疑旨在“助农民的后代人人有书读”的希望工程作用缩水。

带着这个问题，甘肃希望工程办公室会同中国青少年基金会就“两免一补”政策实施后，农村家庭学生是否还需要希望工程进行了专题调研。结果表明，由于“两免一补”不是全免费的教育，在脱贫致富问题还没有根本解决的情况下，广大贫困农民要承担了女“两免一补”以外的学习生活费用，仍然面临相当大的经济压力。“两免一补”政策在实施过程中仍然需要希望工程等社会捐助做补充；贫困农户在接受义务教育、高中、大学教育的过程中需要希望工程等社会捐助的继续跟进和多元的捐助服务。

省希望工程办公室副主任张宏伟说：“‘两免一补’后，孩子们上学是没问题了，但在很多农村贫困地区，整个学校仅几间破旧教室，没有图书室、音体美教室、宿舍和食堂等附属设施，老师编制少、缺少培训，这是希望工程今后需要加强的方向。”

记者了解到，希望工程“助农民的后代人人有书读”的目标没有变，但是对希望工程的资助重点和布局做了调整：配合“两免一补”，将“助学金”更名为“奖学金”，受助人条件由“家庭贫困、品学兼优”相应调整为“品学兼优、家庭贫困”，“虽只是次序不同，却传达出助学理念和目标模式的调整”。

“希望工程不会停止对农村义务教育阶段困难学生的资助，希望小学还会建，同时资助服务的重点将转向高中、大学生和进城务工的农民工子女。”这个新的调整和布局被张宏伟形象地表述为：“义务教育阶段不关门，非义务教育阶段开大门。”

圆梦行动让人人有学上

2006年11月2日，甘肃省希望工程职业教育助学计划在高台县职业中专启动，首批30位学生学习期间每年可享受希望工程2000元资助。

2006年7月，甘肃省青少年发展基金会、甘肃省希望工程办公室配合中国青少年发展基金会、中央电视台在甘肃省开展了“希望工程圆梦大学”活动，每位贫困大学生的资助标准为4400元。

2007年6月，希望工程“圆梦行动”助学行动再掀高潮，共筹集爱心款62.4万元，156名优秀贫困大学新生得到资助，顺利跨进高校大门。

希望工程全面转型之一的“圆梦行动”具体措施是，在继续资助贫困家庭的学生完成学业、继续资助贫困乡村的学校改善办学条件的前提下，资助服务的重点转向特困农户家庭学生、进城务工农民工子女的救助工作、贫困学生的职业教育，从义务教育向非义务教育的高中和大学拓展。

2007年，我省希望工程共筹资建校捐款1275.7万元，建成希望小学48所，创造了年建校记录，资助贫困学生2373名，比2006年增长30.6%。至此，我省希望工程实际上建立起了覆盖农村和城市，小学、中学、职教、大学到进城务工农民工子女等贫困学生的完整救助网络。

“让农民的孩子有书读，还要帮他们找到工作，这可能是希望工程发展的新模式。”省政协委员赵俊对当前的助学新模式深有感触，“我们资助孩子上小学、中学，直到考上大学，但是如果孩子大学毕业找不到工作，还是没有达到帮助农村家庭脱困的目的，甚至会让农村家长觉得读书无用、希望工程没有希望，这的确是一件尴尬的事。”

“从省内企业身上掏出更多的钱”

2007年6月20日，金川集团向省希望工程捐资350万元，援建10所金川希望小学。这是我省实施希望工程以来，省内企业捐资数额最大的一笔。

“大多数的省内企业面对希望工程的募捐却紧捂口袋。”来自省青少年基金会的统计表明，全省80%以上的希望小学、贫困生资助、教师培训等项目是由中国青少年基金会、上海青少年基金会、浙江青少年基金会、港澳地区以及一大批跨国公司和外省市热心公益的企业和大批海内外爱心人士捐资完成的。

其中典型的组织是香港“苗圃”，17年来，该组织累计给甘肃希望工程捐款300多万元。记者在统计表中看到，2004年由该组织在甘肃捐建的希望小学占到了当年建校数的34%，而这一年，在捐资建校的企业中省内没有一家。

“可以毫不夸张地说，如果没有外援，就没有甘肃的希望工程。”省青少年基金会张宏伟说。这让一直追求两条腿走路(对内挖掘和对外争取)的甘肃希望工程不免有些尴尬，“当然，省内社会各界对希望工程的支持是我们争取外援的基础”。

其实，依靠省内支持，我省希望工程也创造过辉煌，17年中我省希望工程经历了两个辉煌，即1992年—1994年和2002年—2006年的两个发展高峰。第一个高峰期以“1+1”结对帮扶为标志，当时随着“兰渭模式”在全省的推广，省上领导带头、各级党政领导结对资助，“1+1”等独具甘肃特色的希望工程救助形式得到了中国青基会的肯定并推向全国。这一时期被省委、省政府称为我省希望工程工作的黄金期。

没有充足的源源不断的基金，希望工程就成了无源之水、无本之木。因此，筹资仍是今后希望工程的重中之重，同时，省内企业承担社会责任，为社会分忧，为政府解难，成为希望工程转型以后必须面对的新课题。

(原文刊载于2008年4月16日《甘肃经济日报》，作者贾治堂、田春晖)

在计划经济时代，企业办学起到了排忧解难和动力保障的双重作用。进入市场经济后，在竞争浪潮中求生存的企业已被办学耗得筋疲力尽。企业学校不再是动力，而成为撇不下的负担和牵挂。

企业办学何日是尽头?

2002年8月28日，新学期开学的第一天。兰州某企业子弟中学一如既往地开了本学年第一次教职工例会。然而，当校长语重心长地宣布今年又有6位老师离开学校时，会议室内一阵沉默，好多人摇头叹息……

这只是近年来企业学校发展的一个片断，师资流失，教学质量下降，教育经费短缺，一系列问题使企办学校"哮喘"不止。

为了孩子苦了"娘"

在今年兰州市"发展环境年"的督查会议上，兰石厂党委书记的一番话让与会者的心情沉重了起来。他说，兰石厂现在正处于极其困难的时刻，上万号工人等着要饭吃，几百台机器要转动。企业为了发展，选择了切块承包、主辅分离的发展模式。在此情况下，几所子弟学校企业已没有精力和财力再办下去。据他讲，兰石厂每支出100元费用，其中30%就用于教育，学校已成了企业的一个负担。减员增效，下岗分流，兰石厂经过几年的努力，全都做到了，唯独学校，是一块切不掉的"心病"。

兰石厂的负责人向兰州市领导提出这样一个问题，企业作为国家合法纳税的法人，有义务纳税，但似乎没有办学的义务。在企业向国家纳了税后，还要让企业负担办学经费，岂不是白白给企业增添了负担?

兰州市教育局张局长告诉记者，这是一个双重迷失的社会问题，企业只顾学校发展，就会倒闭；企业只顾自身发展，无力或不顾学校发展，那将毁掉下一代人的前程。

发展在恶性中循环

日本教育家曾说过，现在的教育，就是10年后的工业。兰州是一个老工业城市，浓厚的企业文化造就了一批批子弟学校。据不完全统计，兰州市现有企业学校120余所，这些学校支撑着兰州教育的"半壁江山"。进一步延伸，这种现象在省内主要工业城市普遍存在。

由于企业在计划经济时代有足够的财力和物力，所以其学校培养了一批优秀的师资力量，这些资源成长到今天，其教学水平、先进经验已跻身一流。而恰恰是他们，却已悄悄地开始流失。原兰石中学的李老师告诉记者，企业学校的待遇，还停留在90年代，老师的月工资平均在400元左右。加上企业的效益又不景气，工资有时还不能按时发到手，教师的流失就在所难免。记者了解到，兰州某大型企业学校从1999年至今，已有32名老师先后辞职，该校被迫停办了一些课外科目。教师的流失，已导致学校教学质量严重下滑。

兰州教育界权威李明老师说，80年代、90年代，兰州年年的高考状元非企业学校学生莫属，企业学校无论高考、中考还是全国比赛，成绩都名列前茅，掀起了社会学生就读企业学校的“学潮”。可是好景不长，如今企业学校大多已不再有往日风采，这主要是教学质量的下滑引起的。

企业子弟学校的教学经费更是少得可怜。某学校的郭燕老师说，80年代办公经费为30%，90年代为20%，现如今已低到可怜的5%。某企业的幼儿园，一年经费仅为98元。教育经费严重不足，导致学校为了生存开始自筹经费，而自筹经费的手段往往依赖于乱收费和不规范收费。资料显示，兰州市企业学校收费普遍高于社会学校，最高达20%。

正如一位不愿透露姓名的某企业学校老师所讲，我们为什么要乱收费？上面要求建标准化学校、示范学校，可只有一点点经费，杯水车薪，为了孩子的成长和发展，我们的教育又不能停下来，所以只能选择这条路。他说，乱收费也好，不规范收费也罢，都是没有办法的办法。

何日闯过经济关

兰州市教育局栾局长在“发展环境年”汇报会上表示，兰州市目前有企业中小学120余所，学生近20万人。这么多的学校和学生，支出自是不菲，给企业特别是如兰州一毛、阿干煤矿、兰钢、兰石等困难企业带来的压力可想而知。当前，很多企业正处在改革、重组的紧要关头，因此，解决企业学校出路，减轻企业负担，已是刻不容缓的社会问题。据栾局长介绍，如果要社会一次性接管企业学校，政府至少要投入3亿元经费。否则，企业学校的发展将成为一潭死水，一大批人才将流失，学校师资力量将形成断层。

兰州教育学院张尔进教授就此认为，兰州市作为一个大型的发展中城市，教育问题是一个大于一切的问题，特别对企业职工子弟这个强大的学子群体来说，更是如此。如今一大批国有企业面临新的挑战和机遇，给企业减取不合理的负担，是全社会的义务，不能让企业一肩挑两担，否则，企业的效益再好，经济也会“荡秋千”。他指出，企业学校的恶性循环是对教育的摧残，再穷也不能穷教育。从长远来看，宁可少建一幢大楼，宁可牺牲成年人一点利益，也要让企业办学校的职能从企业本身分解出来。

（原文刊载于2002年10月15日《甘肃经济日报》，作者贾治堂）

在今年的兰洽会期间，来自全国知识产权保护界的专家和国家知识产权局的领导针对知识产权保护提出了很好的建议，为我省今后的知识产权保护和知识产权事业发展指出了一条明确的思路。

就在兰洽会刚刚落下帷幕的7月11日，已经僵持了5年时间的《大梦敦煌》涉嫌抄袭官司出现了新的转机，我省69名知名学者、作家第四次联名致信兰州市中级人民法院，恳切希望法院在处理舞剧《大梦敦煌》涉嫌抄袭甘肃日报高级编辑许维作品《沙月恨》一案时，能切实以法律为重，以事实为准，主持正义和公正。

69名学者第4次声援《沙月恨》

——《大梦敦煌》涉嫌抄袭官司再度出现转机

2006年，央视国际网评出了“新世纪四大版权官司”，《大梦敦煌》涉嫌抄袭小说《沙月恨》名列榜首。与此同时，还有国家华表奖电影《我们手拉手》涉嫌抄袭电影剧本《大雪小雪》，台湾金马奖电影《可可西里》涉嫌抄袭电影纪录片《我和藏羚羊——冰河从这里流过》，中国宪法研究会副会长、武大研究生院常务副院长、博士生导师周叶中《共和主义之宪政解读》涉嫌抄袭论文《论共和国》和《再论共和国》，这四大抄袭案例的社会影响波及方方面面，被法学界并称为“新世纪四大版权官司”，2006年11月18日，央视论坛“现身说法”对四起案列进行了分析，知识产权保护再度成为社会关注的焦点。

不道德背弃涉嫌抄袭？

7月11日，原全国政协委员、省文联副主席、作家赵燕翼，省作协常务副主席、作家柏原，中国作协名誉委员、省作协名誉主席、作家高平，原全国人大代表、中国作协全国委员会委员、省作协主席、作家王家达，省人大常委会委员、省文联副主席、原西北师大文学院院长、博导赵逵夫，省人大常委会委员、省文联副主席、原兰州大学中文系主任、教授张文轩，原省政协常委、省文联党组书记、作家谢富饶，原全国政协委员、省政府参事室参事、省文史馆副馆长、教授水天长等在甘的69位学者和作家第4次向法院声援，要求法院不要受任何因素影响判决《大梦敦煌》涉嫌抄袭案。

学者和作家们认为，这是一个早先为被告矢口否认，而后其在法庭上亦不得不承认的事实，即在舞剧《大梦敦煌》创作之先，被告先已邀请原告许维为其创作舞剧剧本。当许维将小说《沙月恨》的情节梗概、人物关系及故事内容告知对方之后，被告“另起炉灶”，开始独自的所谓“创作”。这是一种不道德的“背弃”,同时这也正是被告得以抄袭的客观条件和依据。中国版权保护中心所作的有关该案两作品比对的鉴定结论,由于缺乏对文艺规律的正确认识,以局部区别代替整体把握,是严重歪曲事实的,不合法的。该“鉴定报告”不能作为证据被采信,更不能作为当然的判案依据。

他们认为,舞剧是综合艺术,并丝毫无意诋毁该舞剧《大梦敦煌》之综合性的创作成就,但它也丝毫不能掩盖该舞剧文学剧本的抄袭剽窃行为,应该说这是两回事。前者是甘肃文艺工作者之集体的创作,打造出我省这一优秀的艺术剧目,而后者即所谓“编剧”则是在许维作品之上的剽窃式“打造”,二者应分开来看。必须承认后者是污点,揩去这一污点,决不会影响前者的光辉。

该案件从起诉审理至目前,甘肃省知名学者、作家曾三次联名声援许维,强烈呼吁社会各界关注作家的正当权益不受侵犯,谴责抄袭和剽窃别人作品的侵权行为,以维护法律的尊严。他们认为,原创小说《沙月恨》之情节、细节、时代背景和典型环境、主要人物设置及其关系,以及所展示的完整故事,在现当代文学艺术画廊中是独特的、独创的、只此一个的、任何文学作品的共性所不能替代的,它是艺术以独特的个性反映普遍共性的创作规律之体现。敬请法院严肃关注审查《大梦敦煌》对原作《沙月恨》情节、细节、人物关系等等之“改头换面”的抄袭轨迹。

5年之争:是抄袭,还是参考?

此案原告许维,是甘肃日报社高级编辑。2002年5月9日,许维一纸诉状,将兰州市歌舞剧院和《大梦敦煌》两名编剧苏孝林、赵大鸣以侵犯其著作权为由,向兰州市中级人民法院提起诉讼。法院审理后以证据不足等为由,驳回了许维的诉讼请求。宣判后,许维以一审判决结果不公正、不客观等为由提起上诉。

在上诉中,许维向二审法院提出了撤销一审判决;依法改判被告侵权事实成立;判令被告兰州歌舞剧院立即停止对原告著作权的侵害,根据小说《沙月恨》改编的舞剧《大梦敦煌》未经原告许可不得再演出;判令被告必须在曾经报道过《大梦敦煌》演出消息的所有媒体上,公开向原告赔礼道歉的上诉请求,并请求二审法院判令被告赔偿其直接经济损失50万元,并支付其精神损失费10万元和承担一、二审诉讼费用。

许维是否曾与苏孝林协商创作剧本;《大梦敦煌》的创作动机、过程以及创作内容的真实性;两部作品的故事情节、时代背景以及发展线索等是否相同;三被告(兰州歌舞剧院和《大梦敦煌》两编剧苏孝林、赵大鸣)侵权的事实是否存在,成为5年来案件的焦点。

许维及其代理律师认为,许维早在20世纪80年代创作完成了小说《沙月恨》并公开出版,随后,苏孝林与许维就创作舞剧剧本进行接触。舞剧《大梦敦煌》与小说《沙月恨》虽然题材不同,存在一定的差异,但故事主线、情节、背景、人物等主要要素相同,其实质性内容相同,三名被告的侵权是显而易见的,并坚持诉讼请求。

三被告则提出,舞剧《大梦敦煌》和小说《沙月恨》相似之处纯属巧合,并且认为有2004年中国版权保护中心版权鉴定委员会对两部作品的鉴定结论佐证,故请求法院驳回许维的诉讼请求。

2004年中国版权保护中心版权鉴定委员会对两部作品的鉴定结论及其补充鉴定结论成为双方争议的又一焦点。许维认为，在他对中国版权鉴定委员会鉴定人员的资格提出异议后，向法院申请重新鉴定。但该版权鉴定中心鉴定委员会重新作出的鉴定结论，在内容上只是对原鉴定人员的说明和补充，且没有遵循司法鉴定程序的回避制度，鉴定人员虚假签名。为此，许维向法庭提交了甘肃政法学院司法鉴定中心出具的笔迹鉴定书，证明该补充鉴定报告上的两个签名出自一人之手。

学术抄袭，“非典”还是“流感”？

2005年，《千手观音》燃起版权大战，一石激起千层浪！央视春晚版的《千手观音》和甘肃艺术学校为《千手观音》的原创争执不下。原甘肃省艺术学校校长、现任北京师范大学艺术系兼职教授、国家一级编导高金荣则声明自己应该是《千手观音》的原创人，而不是央视春晚版的编导张继钢。甘肃艺术学校同时也声明舞蹈《千手观音》是该校的保留节目，是由原省艺校校长高金荣根据敦煌莫高窟3窟的“千手千眼观音”创作的。但是争执毕竟还是争执，“口水战”并没有实质性的进展。

早在几年前，我省知名大学历史系某教授撰写《竹木春秋》一书。出版后数位专家公开撰文七八篇，批评其存在大量的硬伤和大面积抄袭现象，揭露了该书大肆抄袭未发表的有关研究生毕业论文的事实，而就是有如此严重问题的图书竟与《陇文化丛书》一起获得中国最高规格的图书国家大奖——2000年‘中国图书奖’，成为全国学术界的笑料。

“学术浮躁、涉嫌抄袭绝不是看似孤立的‘非典型性’个体事件，其后的大背景是学术界、艺术界抄袭成风的‘流行性感冒’。”事实上，不论是学界还是坊间，存在一个相当普遍性的认识：“学术抄袭”只是一个道德问题。甘肃政法学院王先柱教授认为，把“学术抄袭”视为一个简单的道德问题，是认识上的误区。

王先柱教授说，剽窃和抄袭他人研究成果、伪造或者虚报相关数据、通过关系发表劣质论文、进行幕后论文买卖交易……这些“学术造假”行为，在日益泛滥的背后，有各种各样的利益纠缠其中，有形形色色的暗箱操作，绝不是一个简单的道德缺失问题，将“学术造假”泛道德化，一味进行道德的口诛笔伐，不但不能令人信服，也无助于问题的解决。

马克思的《资本论》每一条材料的运用、每一个概念的使用、每一个观点的学术演变都做得无懈可击，就是因为他对自己使用的概念、所受启发的观点都用注释等方式说明来源，从不抹杀前人的劳动成果。王先柱说，在国外，运用一个新术语、新概念、新名词，都要注明首次使用为谁，出处在哪里，这是一个基本的常识。

王先柱教授认为，在提倡科学发展观、构建和谐社会的国度里，知识产权保护已经显得尤为紧迫、更加重要，保护群众首创精神，保护敬业学者的研究成果，是和谐发展的关键，也是学术界和整个社会的责任。

（原文刊载于2008年2月28日《甘肃经济日报》，作者贾治堂）

教育改变了会宁穷县命运

——30年培养5万多名大学生,教育移民人数超过10万人

2006年,国务院总理温家宝作出批示:“会宁是闻名的‘状元之乡’,为国家输送了大批优秀人才。我们有责任、有义务,帮助孩子实现求学愿望。”

会宁是一个穷县,2007年,全县财政收入不足2000万元。但是会宁不是因为穷而引起关注,而是因为教育返贫引起关注。因为贫穷,孩子们选择求学,梦想走出穷困;因为求学,家长们倾注心血,希望功成名就。正因为这种关联,才创造了世人瞩目的“教育神话”和“会宁现象”。

会宁教育之所以能取得这样的成绩,形成经济穷县与教育强县之间存在巨大反差的会宁教育现象,是崇文重教的优良传统使然,是深厚的文化底蕴使然,也是“三苦两乐”精神使然。“三苦两乐”精神是“甘肃精神”的支流,它是会宁人民在改革开放中积累的宝贵精神财富,也是会宁教育振兴的根本原因和会宁经济发展、社会全面进步的“无形资产”。

从穷县到教育大县

1979年,会宁县农村集体经济人均分配收入只有37.05元,人均分配现金6.16元。虽然十一届三中全会以来,农村经济政策的放宽为家庭经济带来了很大的变化,但是对会宁的大多数群众来说,由于自然条件艰苦,干旱少雨,靠天吃饭,生活上并没有大的改观,群众生活十分贫困。

也许因为贫穷,从改革开放初期开始,发展教育就被认定是会宁唯一的出路。

1984年,会宁县作出了“正本清源,拨乱反正”的重大决定:实施“教师优惠十条”。“优惠政策”被《甘肃日报》全文刊登以后,在全省引起了强烈的反响。而正是因为这个英明的决策,会宁教育从那时开始走上了良性的发展之路。

“教师优惠十条”的最大好处就是对教师工资“向上浮动一级”,解决了聘请教师的粮户关系和家属住房等一系列扶植教育发展的问题。

“这在当时被称为1号文件,具有非常大的诱惑力。”今年48岁的会宁县中川乡教管中心主任邵建军仍然记忆犹新。1977年,高考恢复的第一年,邵建军以5分之差落榜,回乡以后当起了民办教师。6年后,他正式转为公办教师。“而当时转正的这批老师,目前有80%都在工作岗位上,成为会宁教育事业的中流砥柱、中坚力量。”

据《会宁教育600年》记载,"教师优惠十条"对会宁教育起到了关键的作用,激励政策使会宁的教师不但请进来,而且走了出去。1985年,会宁小学教师的合格率由1980年的13%上升到92.2%,初中教师的合格率由14%上升到88.1%,高中教师合格率43.5%。

"再穷不能穷教育,再苦不能苦孩子",这是会宁教育的传统。在会宁,教育局真正成了最优先排序的部门。

从会宁教育局提供的资料里记者注意到,2002年到2004年,全县其他行政事业单位一个人员都没有增加,而在教育上却增加了1769人,全部为一线的教师。2005年,全县财政收入仅1300万元,却拿出260多万给学校作公用经费。

"会宁的教育不仅体现在高考上,农村普及教育也是超前的。"中川乡初级中学校长万德寿告诉记者,从1986年开始,会宁县在中川中学实施"燎原计划",对初中毕业的学生免费进行一年农业技术培训,4年时间,大量的农民和准农民掌握了农业知识,现在会宁县40岁左右的知识型农民都是从这里受益的。这种"3+1"模式被当时国家教委评为"全国先进",会宁的农村教育成为当时全国的一面红旗。

数字能说明一切:恢复高考30年来,会宁累计输送大中专学生5万人,其中获得博士学位的500多人,硕士学位的近3000人,学士学位近2万人。也就是说,全县58万人口,平均每10户农家就有4个大学生。2007年,全县考生中三本上线的有5151人,而全省理科状元也出自会宁。

为了反映会宁人民竭尽全力兴办教育的感人事迹,2007年12月19日,由省委宣传部组织拍摄的电影《血脉》在兰州首映。省委常委、宣传部长励小捷观看完影片后表示,《血脉》通过典型人物事件的艺术再现,既是对会宁教育现象的深刻解读,更是对当年红军长征精神的深情追忆。他希望通过《血脉》的播映,使更多的观众从中受到启迪和教育,让长征精神在新的时代传播得更为久远。

"三苦精神"缔造了"高考神话"

2006年,外省的媒体对会宁教育采访后得出的结论是,会宁之所以有"高考神话",原因是"会宁人长期食用亚麻油,而亚麻食用油对增加人的记忆力有特别功效"。对此,会宁人不以为然,嗤之一笑。

凡是了解会宁和亲身体验过会宁生活的人都知道,"三苦精神" 才是会宁教育的真正精神支柱。

会宁教育局副局长蔺国臣说:"在会宁,辍学率可以说几乎为零,但是重读率非常高,会宁学生的学习精神成就了会宁教育。学生那种坚韧不拔的吃苦精神从小养成,长大后是很了不起的精神财富。"

供孩子上学,家长们也愿苦中作乐。当地有这样一个故事百听不厌:郭城乡一位农民家有一件军大衣,原是政府救济的,这个农民的几个儿子轮番穿过,最后只好他穿,等实在没法穿了,才扔进破布堆里,就是这样的家庭出了四个大学生。

中川九年制学校朱克福说,过去,会宁人把高考称为"黑色六月",更可怕的是"黑色八月”。八月正是发放录取通知书的时候，而这时会宁的好多家长却高兴不起来，不是学生们考得不好，而是高额的学费使他们开始四处告借。于是，亲戚托亲戚，朋友托朋友，有的人甚至没有办法，不惜借高利贷。

新庄塬是会宁有名的“状元乡”，也是会宁大学生密度最大的乡镇。全乡3326户人家，恢复高考以来，考出大中专学生2000人。今年73岁的刘成效是新庄有名的“状元户”，“两代人有10个是大学生”。

“领导苦抓是会宁教育的特色，”万德寿说，“每当开学的时候，会宁的重点学校校长都会收到领导保送学生的批条，但是，会宁的校长都是很牛的，从来没有因为领导而放弃招好学生的机会。”2005年，会宁首届宏志班的50名考生，41人考上全国重点院校。其中3人考上清华，1人考上北大，1人考上中国人民大学。这也是全国42个“宏志班”的高考成绩最好的一个班级。2007年，会宁“宏志班”60名学生，本科上线率为100%。

万德寿说，早在10年前，会宁县邮电局有意识地做过一个统计，会宁在外地工作的毕业生每年寄回家的钱达到1430万元，近乎当时会宁县财政收入的两倍，是会宁学生每年带出去的钱的三倍。

“而最近每年的数字已经达到了一个多亿”，对此，会宁很多人认为，“不足为奇，200多位博士、1000多位硕士，还有数不清的大中专毕业生，这个数字也许还是保守的”。

“钱只是一个方面，会宁通过教育移民，‘走出去和带进来’才是会宁一笔取之不尽、用之不竭的资源。”会宁教育局副局长蔺国臣说。

教育改变了会宁，会宁也在改变着教育

教育改变了会宁，会宁也在改变着教育。

2007年，白银市政协委员们对会宁教育进行了“诊断”，会宁农村教育与城区教育发展相比，还存在不少困难和问题。为了进一步加强全县农村基础教育，政协委员们建议，既要积极为名师、名校长的成长搭建平台，又要发挥传帮带的作用，进一步提高农村教师的整体素质。同时要将农村教育经费全部纳入预算，新增教育经费主要用于农村教育，确保落实教育“重中之重”的战略地位。

事实上，会宁已经认识到“高考神话”为教育带来的困境：教育资源不均衡，优势资源几乎全部集中在县城，过分地迷信“一中模式”、“二中模式”，大量的学生涌向县城，给学校和社会造成了很大的压力。

蔺国臣副局长说，会宁全县目前有各类学校575所，是全省学校最多的县。而高中只有6所，每年只能招1万多名高中生，每年初中毕业生却多达18000多人，这就意味着有三分之二的初中毕业生无法按时升入高中就读。“同时有近3000名外地的学生要在会宁借读，所以初中升高中的竞争压力就非常大。”

学校不仅无法容纳，还有相当多的学校基础设施非常落后。邵建军说，“由于缺乏教学仪器，好多农村学校的化学课不是做实验，而是说实验。中小学仍有近6.6万平方米的危房需要改造，其中D级危房5.8万平方米，全县尚缺编教师1000多名”。

“举债办学的局面还一时难以扭转”。目前,全县义务教育阶段负债8000多万元,高中阶段负债2000多万元,加起来就是一个亿,相当于会宁县5年的财政收入。

在鲜花和荣誉面前,会宁人没有迷失,会宁教育也在痛思改进。2006年是会宁教育发展的拐点,从这一年开始,会宁县和江苏如东县进行了教育经验交流,每年派几批老师进行交流,他们用东部发达地区和中部发展中地区的经验来扬长避短,这已经是一个很好的开始。

而在这一年,温家宝总理批示,要求有关部门帮助会宁解决大学生助学贷款问题。7月9日,带着总理的嘱托,中国银行业监督管理委员会主席刘明康前往会宁县就穷困学生助学贷款问题进行了调研,并同意会宁在教育与金融合作方面进行试点。

对于会宁来说,这是一个振奋人心的好消息。“助学工程”解决了会宁人的后顾之忧,圆了贫困学子的大学梦。但是,走进会宁县的砚台坪“陪读村”,丝毫没有轻松感。一位陪两个孙子读书的73岁老奶奶告诉记者,陪读的家长至少有5000多人,加上学生,可能超过2万人,每当吃饭的时候,人山人海,到处是密密麻麻的人群。而据官方统计,仅外地学生在会宁借读的人数已经超过1000人,有的外地人不惜代价送孩子到会宁读书,每月花2000元,在会宁租房,顾保姆来陪孩子读书。或许,在这条通往高校的流水线上,我们只是看到辛酸,还没有看到盲从和盲目的侧面,也许,这才是会宁教育今后需要改变的方向。

(原文刊载于2008年6月18日《甘肃经济日报》,作者贾治堂)

评 论

“三苦精神”造就高考状元县

30年的改革开放改变了一切,一切都发生了巨大的变化。但是,对于会宁人来说,唯独没有改变的是对教育的信念和执著。提起高考,人们就会不由自主地想到会宁,这似乎成为一种思维惯性。而对于更多的会宁人来说,他们的思维惯性并不是因为生活富裕了,才将更多的钱投向教育,恰恰相反,因为穷,所以才肯在教育上花更多的钱。

30年来,会宁为国家输送人才5万多人,“状元村”、“状元县”、“博士县”使会宁教育蒙上了“神话色彩”。但会宁人绝对没有把教育神话,无论走在会宁县城的街道上,还是乡间小路上,无论是机关干部还是普通群众,茶余饭后的话题总是离不开教育。

贫困几乎成为让孩子念书的唯一理由。从1977年恢复高考制度后的20年时间里,所有的会宁人都有两愁，一愁孩子考上大学，二愁考不上大学，因为高额的学费可以使几个家庭开始返贫；如今，他们也有两愁，一愁考不上，二愁考不好，因为好学校将有好的就业，能带动一个家庭脱贫。如果有人要问，到底是什么支撑着会宁教育，会有很多人把“三苦精神”倒背如流：“家长苦供、领导苦抓、社会苦帮。”在此基础上，又有人总结出了“教师乐教、学生乐学”的“两乐精神”。

如今，会宁的教育不单单是一项社会事业，它已经形成了庞大的教育产业，在会宁上学的外地学生和陪读家长的人数已经超过2万人；很多地方也在复制会宁教育模式；甚至有的人不远万里，举家移民到会宁，接受会宁教育环境的熏陶。教育成为带动会宁发展的一支不可估量的力量。

改革开放在会宁最大的变化就是每年上重点大学的学生越来越多，有人计算过，30年来会宁通过高考移民超过10万人。“衡量会宁教育并不是有多少状元，而是会宁每年都有近50%的学生能上国家重点大学，整体教育的水准变化最大”，这个数字对于我省大多数地方来说，是敢想而不能及的。如果说会宁教育有什么模式的话，那最大的模式就是“教育也与时俱进”，正当我们在一味地追求高考上线率的时候，会宁又开始注重素质教育和感恩教育：“因为穷，会宁学生接受救助捐赠的机会一年比一年多，一年比一年大，”正如会宁教育局副局长蔺国臣说，“没有无缘无故的爱心，也没有无缘无故的救助，感恩教育要让学生知道回报社会，教育学生要用感恩的心面对今后的生活”。

（原文刊载于2008年6月18日《甘肃经济日报》，作者贾治堂）

兰州文庙:保护和利用难两全

兰州皋兰文庙经历了260年来的首次搬家。

从繁华的闹市到寂静的深山,从搬迁为了保护到搬迁后为保护发愁,搬迁后的兰州文庙成为被经济社会所淹没的残羹剩饭,文物复制漏洞百出,资源闲置无法利用,山体滑坡危及新文庙,300万人的城市仅有的文庙在保护和利用中徘徊。

2007年10月30日,在兰州市第十四届人大常委会第五次会议上,兰州市人大代表直言不讳,“过去在兰州市张掖路上人流如织的皋兰文庙,现在孤零零地坐落在九州台上,成了闲置的文化资源”。对于人大代表敢于“揭短”的勇气,文物专家回应:文化遗产原则上应该在原地保护,保护和开发利用才能双赢。

“富在深山无人问”的文庙

11月1日,记者欲踏访兰州文庙,采访车沿兰州市北滨河路行驶,在庙滩子的山后,好不容易才找到了一条坑坑洼洼的山路,但是没有明确的路牌,司机师傅摸猜着在蜿蜒的山路上盘旋几个来回后,半个小时后,终于来到了位于九州台的兰州皋兰文庙的后门。

孤单的文庙门前坐着一位孤单的老人,他就是兰州文庙的守护者李世卓。对于记者的来访,老人显得有些激动,他说记者一行是这个月里第一次来的客人。

为了消除我们的“抱怨”,多一次回头率,李世卓老人告诉了记者下次来的路线:乘坐131路公交车到九州台下车,沿着山路上来是比较捷的。“不过要小心,山路陡险,前两天一个小孩不小心从山路上摔下去,把胳臂摔断了。”

新文庙,红墙碧瓦、雕梁画栋、气势雄伟,然而走在已经长出苔藓的青砖地上,没有人气的文庙让人多了一份冷清和孤寂。所有门都是用一把铁锁锁着,李世卓打开孔子雕像所在的“大成殿”,栩栩如生的孔圣人和其弟子的雕像上蛛网如织。“就是今年的9月28日(孔子的诞辰日),来了10多个人,平时文庙非常冷清,祭拜的人也寥寥无几。”

最早位于兰州市张掖路中段南侧延寿巷的文庙,始建于清初,系靖远侯张勇故居,清乾隆五年改为皋兰县文庙,后改为兴文社,残存有过厅、尊经阁、大成殿和崇圣祠等建筑,总建筑面积约950平方米,具有较高的历史、艺术和科研价值,是兰州市级文物保护单位,也是目前兰州市现存为数不多的古建筑之一。

2000年,兰州市张掖路道路拓建,文庙原址要开发利用。尽管当时反对文庙搬迁的声音一浪高过一浪,但是最终文庙还是被搬迁到位于北塔山上的九州台。2003年9月28日,投资500万元的兰州文庙易地保护工程正式竣工,重建的新文庙占地10余亩,建筑面积1500余平方米。

但是新文庙建成后不久,主殿西侧山体滑坡下陷,文庙南北方向出现一条长长的裂缝。

经专家现场分析,文庙西侧正处于两种山基(黄土层和岩石层)的交界处,由于春季两山绿化灌溉频繁,致使黄土层山体出现下沉,导致文庙西侧出现裂缝、地基下陷、房屋倾斜变形。

在此后相当长的时间里,兰州市民关心的焦点从搬迁与不搬迁转移到如何才能保护好已经受到创伤的文庙。但是和搬迁文庙一样,当时存在着两种声音,一种认为是“大惊小怪”;另一种人认为治理地基不能从根本上起到保护文庙的作用。

“投资数百万元修建的兰州文庙绝不能废弃。”在舆论质疑的同时,兰州市的有关部门出面澄清,并在当年拆掉了文庙西面的6间平房,对地面和山体进行了加固。

“采取这些措施,只是减轻了沉陷的压力,但不能从根本上解决文庙的‘病害’,山体上面是黄土层,下面是碎石层,山体滑坡时有发生。”李世卓说,今年国庆节下了5天的雨,他一直很担心,夜里起来好几回查看。

文化沉淀砸在城市拆迁中

记者试图在兰州文庙的旧址上采访,但是失望而归,张掖路的延寿巷也已经不存在了,旧址如今是马路纵横、高楼林立。67岁的老居民张大爷告诉记者,当年的文庙就好像一所大学校,学琴的,练书法的,绘画的,每天人出人进,热闹非凡。“离开张掖路,文庙失去的不仅仅是人气,还失去它的利用价值。”

回忆起当年文庙搬迁的前后,兰州市文物局一位退休老干部很气愤,他说,2000年11月21日兰州市有关部门向省文物局打了请示报告,然而未等省文物局批复,也未经兰州市政府同意,便在7天后强行对文庙进行了拆迁,等到29日省文物局得知后出面制止时,文庙已被拆除彻底。

生米已作成熟饭,无奈在2000年12月2日,省文物局专门做出了批复,批复称,“若文庙确实在道路拓建范围内,按‘两利’原则,在做好全面测绘、选定新址、落实经费等前期工作后,方可考虑易地保护”。

2001年12月6日,兰州大学历史系研究生武天成和他导师联名在《中国文化报》上发表署名文章,文章对兰州市草率拆迁文庙之事进行了抨击,文章指出,一座古建筑反映了一个时代的历史、文化及工艺水平,搬迁后必将使其所记载的历史信息有所损失,修旧不如旧,“异地保护”在一定程度上破坏了文物保护单位的原始性。

不仅如此,兰州文庙搬迁以后,文物复制差错成为兰州当地媒体几年来“紧追不舍”的新闻,被誉为“兰州文庙三绝”之一的《孔子圣迹图》碑廊,不但篆刻粗糙,而且有几处明显的错别字,比如“莫能”的“能”字中的“月”旁中间少刻了两横,把“易”字多刻了一横,把“己”刻成了“已”。

对儒家思想有所研究的杨先生感慨地说："在描述孔子这样一位文化圣人事迹的碑刻中出现错字、别字，这是对丢弃传统文化最大的嘲讽。"

据记者了解，与兰州文庙相邻近的兰州碑林也存在塌陷、裂缝等情况，都属于地质自然灾害。对此，有关人士建议，以后在南北两山的黄土坡上修建文化性工程，一定要慎之又慎。

"文化沉淀砸在城市拆迁中"，杨先生说，假如文庙今天还在张掖路，而且在原来的基础上重修，不仅投资花费少，而且与隍庙相映生辉，将是兰州城区的一大文化胜景，也必定吸引来无数游客。

利用和保护，文庙新的选择

兰州文庙的确是"迁动人心"，很多市民表示，现在的文庙属于地质灾害频发地带，加固只是权宜之计，不是长久之计，长此以往，成本太大，真是"汤比面贵"。市民建议，直接将文庙搬迁到兰州黄河风情线，既可以保护，又便于利用和开发。也有人建议在兰州市某一个地区开辟一个大的场所，把需要搬迁的历代建筑物和文化遗产搬迁到一处，周围可以开发一些大的文化配套设施，这样可以更好地发挥文化遗产的经济效益。

在2007年10月30日的兰州市第十四届人大常委会第五次会议上，有关方面以检讨的态度对文庙的搬迁表示"遗憾"，失去的已经不可能找回，好在兰州市已经有"下不为例"的勇气，将于12月1日起实施的《兰州市历史文化遗产保护办法》已经证明了这一点。

《兰州市历史文化遗产保护办法》明确了对于具有历史、艺术和科学价值的古遗址、古墓葬、古建筑、石窟寺、摩崖石刻、壁画、古树名木、古井名泉、古近代名园、近代和现代重要史迹及代表性建筑物、构筑物等不可移动文物应予以保护，同时鼓励公民、法人和其他组织创办具有行业特征和地方特色的民间博物馆。

一个城市综合实力由城市"硬实力"和城市"软实力"共同构成，两者的关系不是简单相加，而是相乘，甚至是几何形式。城市"硬实力"是一个城市发展的支撑，而"软实力"是城市发展的基础，是城市"硬实力"的无形延伸。

一个民族乃至一座城市，它的文化靠慢慢累计和沉淀，一栋老宅，一棵古树，一座文庙，都是城市的"软实力"。如今中国文化已经风靡世界，以儒学为核心的儒家文化是中国文化的杰出代表，日前，我国已经在54个国家和地区创办了156所孔子学院，孔子学院在海外的发展成为中国和平崛起的一个重大信号。

兰州的历史悠久，是丝路文化、黄河文化、移民文化的融合地，几百年文化沉淀使这座城市的文化有着鲜明的包容性和多样性。城市建设固然重要，但以失去文物和文物得不到保护为代价，代价是很沉重的，文庙搬迁就是这样一个沉痛的教训。

城市品位的高下，取决于其综合竞争力的强弱，其中"软实力"是不可或缺的重要组成部分，它与经济"硬实力"如同鸟之双翼、车之双轮。兰州作为我省的省会城市，其发展的过程，既是经济、科技等"硬实力"不断提升的过程，更是文化、意识形态等"软实力"的吸引力、亲和力、影响力、凝聚力不断增强和累积的过程。如何认识"软实力"，进而依托历史传承久远、文化底蕴丰厚等优势，增强“软实力”，推进“硬实力”，打造文化兰州，保护、利用文物，是全社会义不容辞的责任。

（原文刊载于2007年11月7日《甘肃经济日报》，作者贯治堂）

“不在高考中爆发,就在高考中灭亡。”每年各种各样高考状元商业秀的火爆上演,不仅强化了人们的“状元情结”和对"状元"的崇拜,而且助长了学生、学校和老师争当状元的不良教学风气,从而使国家大力提倡的素质教育在片面追求分数的应试教育的歧路上越走越远。在大力提倡和谐发展的今天,全社会一致呼吁:媒体和商家高抬贵手,放过状元,还他们一个清净的环境,给更多的"非状元"净土,达到社会和谐发展。

拒绝高考状元商业秀

“高考状元”当然值得庆贺,可“状元”也是今非昔比的。旧时状元一朝金榜题名,便可获得一官半职,从此鸡犬升天、光宗耀祖。而我们今天所谓的“状元”,充其量只是人生一个新的起点,只能证明你曾经的一段学生生涯是成功的。然而,一年一度的“高考状元神话”的炒作,把“状元情结”一次又一次地无限放大。而人才评价的标准却被模糊了,素质教育的呼声被淹没了,“状元万能”也在这炒作中根深蒂固。

状元成为商界的“靶子”

6月22日下午18时30分,平凉市的高考状元樊某家中的电话不断,除了个别亲戚朋友的祝贺外,大多数是一些商家的邀请电话。晚上8时半,樊某家中来了几位不速之客,他们自称是某某企业委托的某某媒体,特地邀请樊某到兰州参加一系列的活动。樊某的家人告诉记者,小樊同学从来没有到过兰州,她有些担心,后来看到来者者“信誓旦旦”的诚意,她也就放心了。

同样,河西某市的高考状元张某,在6月23日早晨就被人“绑架”,而另一家媒体也要接张某到兰州。“在两帮人的大出手和争执后”,张某只好应了“一个地方呆两个小时”的要求。

6月23日,“高考状元面对面”活动在兰州市轰轰烈烈地展开了,据媒体报道,通过拨打96555热线可以约会“状元团”。兰州市七里河的廖女士为了让儿子能够进入拨打热线的前300名,在电话机前守候了整整4个小时。

据一位媒体的朋友讲,从高考开始前,报社就抽调了精干的骨干力量,组织班子来报道高考,而在第一时间得到高考状元的信息后,报社不惜余力,以最快的时间接到高考状元。“这一个月来我们的神经时刻都在紧张着,每天休息超不过7个小时。”

事实上房地产业和高考,地产商和状元之间本来没有直接的关系,但是从高考一开始,地产商关注高考和高考状元的程度高于社会上任何一个行业。某房地产公司的张某告诉记者，“无论从社会角度或经济角度，关注和资助高考状元远远超过其本身的意义”。6月26日，兰州市某房地产商给6名高考状元和老师奖励。而为了见到高考状元，守候在该小区门前的学生和家长达100多人。记者看到保安一大早就在维持秩序。

高考分数刚一出来，兰州市的各大学校也不甘落后，“热烈祝贺某某同学成为全省高考状元”的横幅在随处漂浮。记者在兰州科技街和兰大科技广场看到，“高考状元”购物打折，为“高考状元”提供5折电脑的广告随处可见。更热闹的是，某地方政府亲自披挂上阵，准备奖励状元120平方米住房一套，还将请高考状元及其老师免费旅游。

6月27日，兰州市一经营太阳能热水器的公司负责人向本报记者打来电话，声称要请高考状元吃饭，希望报社能给予支持，更让记者哭笑不得的是，他们言称给高考状元每人发一台太阳能热水器。

记者在兰州一中登记处碰到一个旅行社的负责人，他对此次登门拜访的目的毫不避讳，“我是前来寻找文科‘状元’救急的，诚邀她到我们的旅行社为导游们上一堂导游英语指导课”，从他的言谈中记者得知，用高考状元作秀才是真正目的。

从电台、电视台到报纸、网站，几乎所有的媒体都以空前的热情投入到了这场“高考状元”的炒作中去了。不仅是全省高考状元在忙碌着，就连各县、各市的所谓状元们也在此时忙得不亦乐乎。6月24日，武威市某县的高考状元要参加一个活动，不料被学生和家长围堵，最终，县上出动了2台警车开路，才解决了麻烦。

在全国，高考状元的炒作也是一浪高过一浪。6月24日，陕西高考文科状元和理科状元，身着古代状元的锦袍，在仿古乐队的鼓乐声中，由“宫廷侍女”陪同，仿照古代状元的礼仪，上五子登科坛、祭拜孔圣人、给文曲星上香，过了一把古代状元的瘾。

“在轰轰烈烈的‘状元秀’中，商家、学校、政府官员各有自己的算盘，而善良的家长和还不成熟的孩子被这种阵势所蛊惑，更主要的是价值观发生扭曲，把追求高考状元而不是成为优秀人才当作奋斗目标。”兰州市民王先生认为，作为政府来说，如果真心为老百姓办教育的话，与其凑“高考状元秀”热闹，不如实实在在地给农村贫困生送点温暖，修修危旧校舍，改善教育环境，教育是百年工程，需要做的事太多了，办教育的政绩不在于风光一时，而在于能否在百姓心中树碑立传，为社会加固基石。

兰州大学刘小洋认为，沉淀了千年的科举意识和状元情结是“状元秀”的心理土壤，精明的商家从中发现商机，利用人们的“状元情结”推销自己的商品，甚至有些急功近利的政府官员发现“状元”的政治价值，可以马上为自己的政绩“贴金”，比普九、解决拖欠教师工资见效快得多，于是也挤进去推波助澜。

状元炒作有悖教育伦理

今年3月，杨振宁教授率一批诺贝尔科学奖获得者到北京大学讲学，有记者问到他们当中有没有高考状元时，杨振宁很认真地说：“按照中国的高考标准，我们都是差生，在中学里，都排在十名以后。”杨振宁认为，对高考状元的炒作和追捧，应该适度，千万不要把状元们给捧歪了，于他们今后的成长不利，更不能为了追逐商业利益，拿状元们的“必读书”

当卖点，这样对学生和社会产生误导。

从6月22日开始，静宁县教育局长郭三省就开始“喜忧交加”，喜的是静宁县今年参加高考的6000名考生中，有2500名上了本科线，忧的是高考状元的宣传让他担心教育体制改革已经刻不容缓。郭三省告诉记者，关注高考“状元”本身并不错，但我们不能无形中把高考“状元”和普通考生划为两个等级，这样做，既与国家大力推行素质教育的方针不吻合，同时对高考“状元”的成长发展也不利。随着高考门槛的不断放低，上大学已不再是“千军万马过独木桥”，当初套在大学生身上的诱人光环也逐渐褪去。因此，对待高考学子特别是“状元”，包括媒体在内的社会各界不应把他们看作特殊人物，这不仅能帮助高考“状元”卸下包袱，还能在社会上营造一个平等、和谐的求学环境。

事实上，从某种程度上讲，高考状元“走穴”，不过是商家们精心策划的商业促销活动，其真正目的恐怕并不是“让学生们树立高质量的教辅用书理念”，而是利用人们的“状元情结”大把大把地赚眼球。按理说，这类促销活动并不违法，大把捞钱也无可厚非，愿打愿挨都是别人的事。然而问题在于，高考状元只是万分之一，社会需要关注最多的不是状元，而是“非状元”。

据了解，今年我省参加普通高校招生考试的考生为248566人，而今年的招生规模为96712人，考生的平均上线比例为38.9%，也就是说，高考状元是总人数的四万分之一。据省招办发布的信息表明，考生中有60%来自农村，这些考生一旦考上大学，学费将是他们最大的消费，调查显示，农村大学生一年的学费是一个农民家庭10年的纯收入。农业部门2004年对我省农村抽样调查显示，在全省重新返贫的农民中，有50%是因教育支出返贫造成的。

“关注农村贫困大学生才是社会的焦点”，郭三省认为，高考状元只是应试教育的“优胜者”，处于暂时的领先地位，假如有机会再考一次，可以肯定地说，有大半“高考状元”的称号将会易主。况且，高考的成功并不意味着人生的成功，高分并不等于高能，相对于整个人生旅程，高考状元还只是迈开了成功的第一步。

而西北师大教授王群一语点破玄机，他说今年的六月如火，社会上关注的事有两件，一是德国世界杯，二是高考。20多年前，小平同志就提出“足球从娃娃抓起”，20年后的今天，中国还没有进入世界杯，原因只有一个，小平同志的愿望没有实现，足球没办法从娃娃抓起，因为他们从小学就开始准备参加高考。

省委宣传部的一位处长告诉记者，每年一到高考前后，各种媒体必来一阵高考和“状元”宣传高潮，如今这种宣传报道已经完全变味，不是在做正常的新闻报道，而已经变成了高考经济、“状元”经济。

距“高考无状元”还有多远

在兰州，有不少家长对炒作状元极为反感，他们认为，这会在学生和家长中产生考上大学“登天”、落榜则很丢人的感觉，也对正在推广的素质教育产生负面影响。记者留心收看电视台和报纸的广告，发现不少宣传高考“上榜生”的广告。而一些学校表示“很冤”，他们认为，别人宣传，如果自己低调，人们就会怀疑他们的教学质量，参与宣传是形势所迫。

一名张姓家长的意见非常具有代表性，他说："高考期间，孩子本来就紧张，在学校想的、高考做的，都是与高考有关的事；回到家，报纸上、电视上还是高考，想轻松一下都难！"他非常理解地说，媒体关注高考也是从服务考生的角度出发，但"好心有时候也会办坏事"，过多地渲染反而添乱。此时，如果社会对"高考状元"进行过多的宣扬，不但会直接让"高考状元"心理上不堪重负，也会间接地给其他的高考学生带来不应有的精神压力。所以，炒作也好、崇智也好，要以更多的平常心态来看待和爱护"高考状元"。

静宁县教育局长郭三省用"社会病了"来形容炒作高考状元，他说，目前的高考制度需要改革的地方很多，就外部来说，炒作高考状元是不正常的，这是"媒体禁噪"，是社会大病。他说，炒作高考状元已经让社会急功近利、拔苗助长的心理日见增长。连竞争也是病态的竞争，太不理智。有些媒体把炒高考当成自己的商业行为，或者和教育部门联合起来垄断高考信息，极其过分，丧失媒体最基本的公信力，这样的媒体最没文化，最没公信力可言。

郭三省认为，从某种程度上讲，教育是目的，不是手段，教育是培养有责任、有才能、有知识、有道德的四有新人，教育是面对大众，而不是个别的尖子生，而高考状元并不是教育的终端产品，而是中间成效。只有以平常心来对待高考状元，才能彰显教育的本色，才能回归教育本质。

早在 2001 年，北京市政协委员方廷钰在北京市政协九届四次会议上以《拜托，媒体，别炒作高考了》为题的议案引起了社会的极大关注。为此在 2001 年，教育部对高考炒作下了禁令：淡化高考宣传，特别是不要作各种考前的跟踪报道、考试的气氛渲染和炒作高考状元。

6 月 22 日，北京市公布高考分数，一些名校校长联合发出倡议，"今年高考没有状元"。校长们呼吁，媒体今年别再像往年那样搞"高考状元"报道。北京市教委副主任、新闻发言人线联平对外宣布，今年高考不搞状元报道，而且要求各区县不向媒体提供状元分数和名单。线联平说，"对考生的过分宣传，对考生的将来学习、社会导向等都没有好处"。

(原文刊载于2006年7月25日《甘肃经济日报》，作者贯治堂)

明年上哪找课桌?

1000多万元资金对于投资几十个亿的引大入秦工程来说,是一个小数,但对于永登引大灌区的移民来说,就可以解决几千名学生的上学问题。如果不是亲眼目睹,谁也不会相信距兰州百十里的引大灌区教育陷入如此艰难的困境,不会相信96名学生挤在一间不足50平方米的教室里学习。

引大救活秦王川

翻开《中华人民共和国发展成就概览》,一行行振奋人心的文字让人激动,引大入秦工程以甘肃省改革开放以来水利建设方面成就最辉煌的工程的"身份",载入史册。

昔日的秦王川,是一个荒漠空旷无人的不毛之地,干旱少雨,农民只能靠天吃饭。1987年,世界银行正式批准甘肃引大工程建设的贷款申请。秦王川传来欢呼,生活在这片土地上的人们要告别祖辈们"但求苍生俱饱暖"的生活而奔走相告。

1996年,百年梦想终于实现。山穿石破,投资近20亿的引大入秦工程全线通水。"涓涓大通水,润泽秦王川。"号称"甘肃都江堰"的引大灌区每年可以引水4.4亿立方米,使秦王川86万亩荒原变成良田,可使8万移民安居乐业。

从"九五"开始,秦王川先后有从定西、宕昌、东乡等省内18个县迁来的1万多户移民定居。一方水土养育了一方人。移民的吃饭问题解决了,一个新型小城镇也从此崛起,并以迅猛的速度在发展。然而,始料不及的是,因教育资金缺口大,成为移民区一个新生的问题。

苦了上学的孩子

9月5日,记者一行驱车来到秦川镇秦川中学,在老师的带领下,我们来到初一四班。这是一间仅49平方米的教室,却坐了96名学子,课桌间距与行距不过一尺,要通过走道,必须侧着身子。此时老师正在上数学课,记者看到,后几排的同学都侧着身子,聚精会神听老师讲课。

小周同学告诉记者,上课不但听不清楚,也看不清楚,黑板经常反光,坐在后边听课实在太费劲。代课的闫老师告诉记者,这个教室最早是用来放实验器材的实验室,后因教学班紧张改为教室。每天上课时,她必须用高八度的声音讲课,否则后边的同学听不清楚。给后几排同学补课，那是常有的事，现在马上进入冬季，取暖的火炉想找一个安放的地方都没有。

一位男同学说："都怨我的个子大，要不我也可以坐到前面，每次考试也一定能及格。"老师告诉记者，每个班的座位分配按照个子大小安排，小个子坐前边，高个子坐后边，为此好多大个子同学不高兴。

秦川中学校长陈道中告诉记者，秦川中学是秦王川最大的中学，也是班额最大的学校。平均每个班都在80人以上，最多的为96人。全校现在有16个教学班，分初一到初三3个年级。由于近年来移民大增，学生成倍增加，而移民区的学校没有增加，也没有列入规划，所以学校不得不超负荷运行。通过挤占实验室、会议室、教师办公室，增加班额，总算安排下小学毕业生。今年秦川镇小学毕业生2800多名，而初中毕业生1449人。就在1400多名学生上不了学的情况下，永登县将全县五年制改为六年制，然而这只是"缓兵之计"。明年秦川将有小学毕业生近3000名，如果学校情况还不改善，小学毕业生只有辍学，因为学校连加大班额的地方都没有了。

千名学子面临辍学

秦川镇政府工作人员告诉记者，近年来，虽然财政紧张，但镇上也做了大量的工作，先后筹资247万元，投入校区改造，聘请代课老师，但这只能是"杯水车薪"，从根本上解决不了问题。

那么究竟是什么原因使学校人满为患？教育投资需要多大呢？永登县教育局陈副局长告诉记者，像这样的情况，引大灌区普遍存在。秦川镇、上川镇、中川镇是引大入秦的主要灌区，现在移迁到的移民近5万多人，而移民学生就有8000多人。三镇现有初中三所，共有80个教学班，平均每个班都在70人以上。明年将是小学升初中的高峰期，如果每班按70人计算，起码有1000名左右的学生无处上学。

永登县教育局王生云局长在接受记者采访时说："针对引大灌区移民学校规划少、人数多的情况，我们做过详细的测算。引大灌区需要增加80个教学班，需资金1224万元，加上配套课桌、办公用品、宿舍、建设经费83万元，共需1300万元左右的教育资金，同时必须配备教师274名，每年需要增加经费开支274万元。"

王生云最后告诉记者，自1998年以来，永登县先后有20多名人大代表将此事提交到人代会上。今年6月，兰州市几位政协副主席和政协委员也到灌区作过调查，引大灌区移民子女问题也被列为政协议案，但事情至今没有任何解决方案。

（原文刊载于2002年9月10《甘肃经济日报》，本文获甘肃新闻奖二等奖，作者贯治堂）

一方面，甘肃农业大学每年有70%的学生来自农村，对农村的情况十分熟悉；另一方面，农村亟须专业人才，但许多来自农村"学农"的学子却一直希望毕业后能跳出"农门"，哪怕忍痛割爱去"改行"，也要找一份能实现自我"价值"的工作，而毕业后去农村就业的只有8%左右。那么——农大学子为何弃专业改行？

农大学子为何弃专业改行？

2000年6月18日，临洮县农民张书平一家人急得团团转，原来他们家三亩果园里的果树一夜间叶子全变成了金黄色，眼看着即将成熟的果子马上就要脱落，张书平心似火焚，到处求医问药。可是，偌大的临洮县就是没有人知道果树得的什么病。没办法，张书平连夜赶到兰州，从甘肃农业大学请了两位专家。

去年8月，记者在临洮采访时偶然碰到张书平，他激动地拉着记者的手说："咱们农村太需要技术人才了，希望你们帮农民们呼吁呼吁。"像张书平这样的情况，在我省农村普遍存在。

农大学子：其实也想留

来自武都县的刘小霞是2000年的毕业生，现在在兰州电信部门工作。她告诉记者，她是学环境学的，为了能实现在城里就业的愿望，她改了行。她表示，其实自己也很无奈，先就业、再择业、后创业，是当今时代的现状，她自己没办法去选择。另外，农村实在太苦，即使她想回去，家里人也不会答应。

记者调查了解到，农村乡镇的工作待遇比起城里低得多，每月工资仅400~600元，而一个从农村来的大学生，四年时间至少要花去学费25000元。对一个农村普通家庭来说，家里每年扣除正常开支外，节余还不到2000元。也就是说，供一个大学生，将花去一个普通农村家庭10余年的辛苦积累。受过高等教育的大学生，毕业后最大的愿望是能够找到一份待遇丰厚的工作，以减轻父母的负担，早日还清家庭"垒债"。

正在读大三的农大学生孙丽告诉记者，将来自己毕业了，要到最能实现自己价值的地方去工作。她认为，上了四年大学，一些基本的素质有了，接受能力也强了，不一定要从事农业，也不一定要专业对口。可以从事任何职业，只要回报率高，她自己就要改行。她相信自己会适应社会。

农村：想说爱你不容易

记者了解到，机构改革后，农村乡村科技站要么精简，要么取消，编制少成为大学生到农村就业的一个重要障碍。一位乡长曾告诉记者，现在编制少，即使有的毕业生想到农村就业也是难进门，只有县、乡级采取招聘的办法。可是，时下堂堂一个大学生会到农村来应聘吗？

在平凉工作了20多年的农村技术员杨尚武告诉记者，农村根本没有条件让学农的技术人员发挥所学知识。有的农民认为，农大的学生，无非就是教人种树、种地。他们种了几辈子，还用你们来教？

近年来，随着经济的发展，农村大举招聘人才的旗帜，省人才厅、省教育厅先后制定多项优惠政策，吸引大学生到农村就业。一些县区也出台了相关的配套政策，但这些都没有让学子们心动。“学农”的学子宁可挤城市就业这座独木桥，也不愿回到农村。

据不完全统计，平凉某县1999年至2001年共输送农大学生85人，而回本地就业的只有20人，且其中的14人都已改行做其他工作。

“鲤鱼”何日不再跳“农门”

农大学子不愿意到农村去，但又找不到合适的工作；农村不愿意接受大学生，但又为人才缺乏而痛苦。农大学子到底该何去何从？

兰州大学杨红伟教授认为，近几年，学农的学生不愿去农村基层就业，的确是一个现实问题，主要是在人们心中烙印很深的城乡经济、城乡文化两种观念和城乡二元结构还没有消除。在国人眼里，农村就是农村，城市就是城市，城市生活“九天”，农村生活“九地”的观念还未改变。杨教授说其实不然，现在一些农村小镇倒不比城里差，出现上述情况，主要是农村基层招贤纳士的政策面太窄，待遇低，给大学生发挥才干的余地比较小，加上我们一些地方城镇化水平还待提高，这一系列问题，都成为制约学子“还乡”的障碍。

兰州教育学院张尔进教授认为，目前农村的运行机制不太适应大学生发展，即使他们回到了家乡，又能做什么呢？作为一个高等院校的毕业生，学到的理论要与当地民情相适应，这不仅仅是观念和时间的问题，而且还是一本恶性循环的“账”，难以清算。

有关人士曾呼吁，选派学农的学生到乡村基层任职，让大学生去做乡官是弥补农民与“跳农门”学子之间矛盾的有利手段；同时，设立一些乡镇企业，让“学农”、“姓农”的大学生在企业中发挥所长，才能真正帮助农民更快地致富。

（原文刊载于2002年11月12日《甘肃经济日报》，作者贾治堂）

古石刻之乡的"美丽包袱"

石刻，顾名思义是在石头上刻字、造像、绘画。石刻艺术的最高境界是石刻佛像和石刻绘画。据史诗记载，我国佛教造像艺术南北朝时兴起，北魏时期上效下应，窟造像之风盛行，因而诞生了敦煌莫高窟、云冈石窟、龙门石窟、北石窟等许多大型的石窟群。与此同时，圆雕单体石造像也在当时兴盛不衰，合水县出土的大批古石刻艺术品足以证明这一点。

据专家论证，合水古石刻的价值和分布的时期在全国仅存的古石刻中独一无二。然而就在合水县为拥有2000多年来没有断代的石刻"宝贝"倍感骄傲的时候，如何"侍奉"这些"宝贝"也让他们伤透脑筋，研究开发、挖掘潜力、利用资源成为合水县当前面临的最大挑战。

庆阳合水县的文化底蕴厚重博深，既有第四世纪黄河古象，新、旧石器时期的文化，也有农耕文化、黄土高原风情文化以及红色革命文化，而近年来相继出土的古石刻，为合水文化内涵又涂添了浓墨重彩的一笔。合水县博物馆现收藏各类石刻文物3000多件，其中从南北朝至今的古石刻造像达436件，属于国家二级以上的文物有46件，其造像工艺可与敦煌莫高窟和北石窟寺相媲美。

正在修建的合水县博物馆目前看不出什么特别，博物馆还未成型，施工现场热火朝天，工人们在院子里来往穿梭。贾延廉，合水县博物馆馆长，如果不是陪同的引见，记者还误认为他是民工头，全身泥土，胡楂满腮，蓬乱的头发遮面。在贾延廉的眼里，这些残缺不全、千姿百态的佛像是合水县的无形资源。为了办好今年6月份的合水古石刻研讨会，他不得不加入民工的行列赶工程进度。"为古石刻消得人憔悴，值得"，贾馆长告诉记者，白天他要监工，晚上还要加班写解说词，做记忆管理笔记，"自去年工程开工以来已经连续7个月没有休息过了"。

和贾延廉一样，政府的各个部门为研讨会也忙得不亦乐乎，邀请宾客，筹划仪式，修改方案。为了确保在研讨会前博物馆的各项工程顺利完工，合水县主要领导亲自挂帅，坐镇指挥，就在记者采访的当天，县委书记黄占俊连续召开了3次会议，协调各方面的工作。用他们的话讲，"所有的希望全寄托在这次峰会上"。

“牵动人心”的古石刻

4月21日，记者参观了合水县博物馆，展览室中的展品引起了记者极大的兴趣。其中出土于合水老城镇的南北朝时期的一尊莲花造型像碑，龛楣上雕造了7个拱形小龛，龛内各造坐佛1尊；莲形大龛内造交脚菩萨、二胁侍和二卧狮栩栩如生，主尊弥勒菩萨像头戴低蔓冠，面相方圆，锦帛绕肩过臂下垂，二胁侍分立两侧，披天衣，佩璎珞，下穿裙，跣足并立。雕刻工艺细腻精致，形象生动逼真。

出土于合水太白镇张家沟门的石刻石窟是陇东地区最早的石窟，石窟岩体高6米，长11米，建造于太和十五年(公元491年)，比北石窟早18年，现残存窟龛8个，共有造像38身。贾延廉馆长告诉记者，目前合水已发掘古石刻遗址43处，发现各类文物668处，其中列入重点保护的有41处，同时合水境内现有大小寺庙近百座，寺庙里还有零星的石刻佛像，加上合水背靠子午岭原始森林，还有大量的岩石壁画、雕像至今仍深藏闺中。合水县古石刻到底有多少，目前还没有一个准确的数字。但根据目前发现的情况来看，合水古石刻具有数量多、种类全、时代延续性强和品位高等特点，“而这些特点在全国出土的古石刻中是不常见的”。

2001年，时任合水县县长的赵明，开始酝酿筹建古石刻博物馆，在当年合水县第十五届人代会上，合水县政府向全县人民承诺，将合水古石刻博物馆的建设纳入当年的十大项目之一。2002年，合水县古石刻博物馆建设项目引来了资金，庆阳市美心公司董事长侯斌博决定为合水古石刻博物馆的修建投资300万元，美心公司和合水县政府签订了协议，协议约定，博物馆建成运营以后，赢利由投资方与政府按照6:4分成。此举在庆阳引起了轰动，各界人士认为这不但解决了文化遗产的保护问题，而且为繁荣公共事业探索了一条可行的路子。2004年9月，合水古石刻艺术博物馆正式开馆，省委副书记马西林观看展馆后，对合水古石刻艺术给予了很高的评价，称赞其为“陇东魂”。

“古县东边百里程，面山临水驿楼明，群山合处白云起，乱瀑飞时丹壁清。愁见民兵填北戍，喜看禾黎兆西成，幽情欲拂悬崖石，紫笔玄书玉字楼。”这是1991年出土于合水何家畔的明代嘉庆年间的古石刻上题为《邵庄晓行》的诗，根据诗中记载，当年宁夏知府路过合水时，目睹景美人凉的荒凉，有感而发题写此诗，后由时任合水县知县车阳舒谨刻。

贾馆长对这块明代石刻文兴趣颇大，他兴奋地说，这至少说明当时北方的社会不安定，连年征战，烽火连天，而且可以研究出当时合水的气候、人文、民俗、民风以及经济发展状况。记者注意到，展览馆中的金代功德幢上依稀书写着“大金国庆阳府合水县合水乡”，这足以证明合水县在1000年前就得名存在。

2002年，合水塔儿湾的8层石塔被盗，后经政府和当地群众追讨，最终追回了石塔，同时在塔的底座发现了石函(装佛骨、舍利子的石器)，这在全国引起了极大轰动。合水县委副书记葛宏说，“千年佛骨贵在石函”，合水发现的石函至少可以说明，在2000多年前，陇东地区是一个民族交融的繁华地方，也是佛教盛传的集中地，而合水有可能是一个文化、政治中心。

合水现出土的石刻，不仅数量多，而且从北魏开始至民国没有断档和断代。有北魏的交脚佛，有古印度犍陀罗艺术风格的佛像，也有《天龙八部》中护法神阿修罗的造像。板桥乡出土的《孟逸墓碑》详细记载了元代合水籍将军孟逸，石刻记载与史书相同，孟逸一生功勋卓越，征讨泸州，远征缅甸，为安定中原立下了汗马功劳。但石刻上是孟逸而不是孟懿，正好纠正了史书中的错误。据统计，合水出土的古石刻有相当一部分对补史之缺、校史之误起到了很大的作用。

美丽的包袱

为了让社会各界参与合水古石刻文化研究，合水县政府花费大量的精力和物力，定于6月4日举办“庆阳石造像与古石刻艺术研讨会”，届时包括4名日本佛学界教授在内的国内外石刻研究专家、学者和考古者50多人将参加研讨会，主要议题是合水古石刻在全民族文化和陇东文化中的地位以及古石刻的发展和开发。

合水县委书记黄占俊在接受记者采访时表示，古石刻为合水带来了前所未有的机遇，今后合水的发展将围绕文化产业大做文章，同时还要挖掘古石刻的文化内涵，利用好一切有利的资源，必要时合水也要申请注册“中国古石刻之乡”，进行古石刻原地保护。利用好古石刻品牌，加上黄河古象、子午岭原始森林这两张名片，大做旅游产业，使合水成为庆阳的后花园。

然而这一切都需要资金，据记者了解，合水县总人口14万，财政年收入不足1500万元，而每年的支出至少需要1.5亿元，对于古石刻的长远开发利用，的确成了合水“美丽的包袱”。合水县副县长阎莲莲告诉记者，目前工程投资800多万元，虽然一期工程接近尾声，但是二期工程和修复、保护以及文物普查，都需要大量的人力和物力。记者了解到，要完成后续工作，至少还需要几百万元的资金。

敦煌学的研究提到“二重证据法”，指的是在研究时把两个东西结合起来，即地下文物与地上文物相结合，出土文物和传统文物相结合。合水出土的古石刻足以证明陇东地区曾经的繁荣，但是合水古石刻背后还有没有更为宝贵的文化遗产，以及石刻群的价值到底有多大，还需要更进一步的研究和科学探索。

开发和管理都需要人才，然而就合水目前的人才现状，是难以实现和揭穿古石刻谜底的。古石刻的研究和记忆性管理人才贫乏是合水博物馆的燃眉之急。记者了解到，合水博物馆现有20多名工作人员，其中最高文化程度是大专学历，且只有2人。贾延廉说，没有办法，“赶鸭子上架”，目前石刻的解说词只能靠他来撰写。

宣传能出生产力，宣传也能解放生产力，这是市场经济中经营资源的真谛。在市场经济中，“好酒不怕巷子深”已成为昨天，再大的资源，再大的优势，也要依托宣传。合水县的一位干部告诉记者，合水是黄河古象的出土地，1973年，合水板桥出土的黄河古象被运到了北京博物馆进行展览。改革开放以后，合水县多次与有关方面商议，最后以1:1的比例复制了古象的全貌，2000年，古象终于回归故里，但是当时谁也没有向外界透露该消息，也没有宣传，所以至今就连合水人也很少知道合水有没有复制品，甚至在全省范围内没有人知道黄河古象的出土原地是合水。这位干部认为,合水古石刻的出土问世,是展现合水文化资源的一次大好机遇,要大力宣传“保护为主,抢救第一,加强管理,合理利用”的文物工作方针,让社会公众和民间力量参与文化遗产抢救,加强监管和立法保护意识。这位干部建议政府应该在适当的时候打出“东有合水古石刻,西有敦煌莫高窟”开发利用品牌,使合水的经济得到快速发展。

西北师范大学历史系教授蒲训在接受记者电话采访时说,敦煌1987年被联合国教科文卫组织命名为“世界文化遗产”,莫高窟始建于前秦建元二年,现存的16国壁画,是研究4世纪到14世纪中国古代文化、社会的宝贵材料。如果合水古石刻真正是南北朝时期的,其艺术造诣应该和敦煌石窟属于同一时期或者同一类别,其艺术价值也是相同的。果真如此,合水社会各界要以负总责的态度,正确对待发展与文物保护、抢救文化遗产与开发利用问题,达到资源最佳利用化和效益最大化,同时也要做好长远规划和近期目标,有的放矢,精心打造包装,否则“灿烂之极有可能归于平淡”。

(原文刊载于2005年4月27日《甘肃经济日报》,作者贯治堂)

一方面，我们在舆论上用“高校录取的比例逐年在增大，而且社会在进步，成才的路子很多，可供选择的人生方式也很多，高考只是其中的一种方式”的观念来引导大众；而另一方面，我们提倡接受和普及高等教育，在现实中“知识改变命运”仍为人们所信奉，学习更多的知识依然是一种向往。虽然这是一对矛盾体，但正因为有这样的矛盾体，高考的生命链才如此经久不息。

高考的力量与敏感

——关注高中、初中教育（上）

当前，从中学、小学，甚至是幼儿园的教育，都在自觉不自觉地围着高考的“指挥棒”转。不难看出，高考不仅是高中毕业生的一次考试，也是对十年教育的一次检阅，其意义决非寻常。

1977年全国恢复高考制度，当年共有570万人报考，而录取人数仅为21万，录取比例仅4%。而今年是恢复高考以来的第30次高考，全国有950万考生报考了全国普通高校，比去年增加10%，计划招生530万人，两组数字均创下了新的历史纪录。尽管如此，按照国家的有关精神，“今年还是扩招后首次压缩招生规模”。

“虽然和扩招前相比，这几年考大学的压力相对减轻，但是考生和家长依然紧张，因为考好大学不易，考名牌大学不易，考北大、清华更不易。”现年50岁的王凤育是恢复高考第四年的大学生，他认为，以前人们的观念是“考上大学就抱上了金饭碗”，而现在的观念则是考上名牌大学才有就业的机会。

见证第30次高考

6月8日是高考的最后一天，记者在兰州市二十七中门口碰到刘巧玲女士，她正在等待高考的儿子。记者注意到，刘女士手里拿着一块还未开封的奶油雪糕，雪糕已经开始融化，化水从纸袋的边沿一滴一滴掉在地上。在记者的提醒下，她才意识到。刘巧玲告诉记者，儿子马钊最爱吃这种雪糕，还有10分钟时间儿子就要结束考试了，没想到这么快就化了。刘巧玲说：“儿子压力大，我们比他的压力更大。两天来我一直送他进考场，接他出考场，这也算是一种精神鼓舞吧！”

离解除警戒线的时间还有5分钟，早交卷的考生只能在铁门里面等待。刘巧玲一眼就看到了儿子，她冲进人群，隔着铁门递给儿子融化还剩一半的雪糕。记者这时才注意到，和刘巧玲一块来的还有马钊的姑姑和舅舅。

二十七中的校门终于打开了，等待在门口的人群和出考场的考生正好相撞，在熙熙攘攘的人群中，只听到互相呼喊名字的吵声。记者发现，和马钊一样，绝大部分的考生都有家长迎接，而且不止一个人，有的甚至是“全家出动”。

考生张虎盛告诉记者，他今年是第一次重读，去年考了498分，被潍坊学院录取，但是没有去。可是在今年高考的前几天，他从报纸上才得知，今年全省有24万多人报名参加高考，报考人数增加了4万多人，但是计划招生只有9万多人，最重要的是今年重读生是历年之最，有近9万人。他感觉自己的压力要比去年大得多，“就在高考前的一天，我还在后悔去年没有走”。

张虎盛说：“现在什么也不想，就想好好地睡上一大觉。”事实上，每年数百万考生家庭因此承受极大心理压力，“全民皆考”年年上演。有资料显示，面对高考，感到“压力较大或很大”的考生有六成八，而高三家长却超过八成。

事实上，压力大的不止张虎盛一人，对于今年的考生来说，2006年高考的竞争激烈要比2005年大得多。与往年不同的是，今年高考全省招生规模为96712人，比去年减少了4743人；而今年我省参加普通高校招生考试的考生为248566人，报考人数比去年增加了41566人，增加比例为20%。考生的平均上线比例为38.9%，比去年降低了10%。毋庸置疑，今年的竞争是2000年以来最激烈的一次。

往届生给今年的应届生带来了前所未有的压力。高考的竞争主要集中在重点院校与本科院校中，而往届生中，有不少学生都是去年进入了重点线，而由于各种原因没有被心仪的高校录取，于是他们选择复读也不肯屈就去普通本科学校。记者了解到，去年重点批次录取中，文理科考生中，有800多名高分考生因为不服从调剂而落榜，这部分往届生对要冲刺重点高校的应届生形成了最大的威胁。

6月6日，兰州市公交总公司决定，凡是有高考学生的家庭，家长放假2天。据了解，为了保证高考期间的交通畅通，高考期间，兰州市公安局抽调了185名民警，在全市31个考点周围严格控制交通噪声，对8条路段实施交通管制，各考点周边秩序井然。交警部门出动了40辆“高考直通车”，全力为广大考生服务。不仅如此，从5月30日开始，兰州市城市执法和文化稽查大队严查夜间施工、歌厅噪音，勒令晚间10时所有的噪音一律停止。

与此同时，兰州市工商局对高考资料市场进行了整顿，查获了400支假2B铅笔和隐形笔。“高考期间，学校门口可以停放车辆，这是为高考破例。”记者6月8日在兰州一中门口看到，街道两旁停放车辆的长队一直排到五泉山路口。一位忙着指挥交通的交警告诉记者，高考是全社会的大事，所以今天就破例容许在街道停车，“要不然，这么多接送学生的车没有地方停放，会堵塞交通的”。

据新华社6月4日的报道，一位署名“蓝水怡”的普通母亲，在网络上开办了“儿在高三”的个人博客，竟从众多博客中脱颖而出。从3月20日开始，由她发起建立的“高三家长博客圈”，访问量在短短两个月中一路飙升，超过了150万次。

高考就像一场战斗，不仅绷紧了莘莘学子的神经，牵扯着无数家长的挂念，而且还倾注着全社会各界的关注。兰州大学刘天星教授认为，百万次的点击量说明的不是“博客热”，而是“高考热”。无论社会、学校还是家庭，人们对高考的关注更为人性化、个性化。

依然火爆的“高考经济”

为了孩子的前途，家长往往不惜一掷千金，这种消费心理在一定程度上助纣为虐，使日益升温的“高考经济”一年比一年火爆。

记者从兰州市西北书城了解到，临考前一个月，各类“押题卷”、“关门卷”、“考前最后一卷”等押宝试题集销量很好，考纲分析材料也很受欢迎。张掖路新华书店的姚琳说：“‘五一’过后，到书店为孩子买书的家长络绎不绝。尽管参考书价格相对便宜，大多在10元左右，但家长一次掏100多块钱也是常有的事，多的能达到二三百。”

考生张虎盛告诉记者，在重读的一年中，学习资料就花了1000多元。记者为此算了一笔账，如果按照每位考生平均500元，全省24万考生计算，一年的销售额就达1亿多元，而此商机对于图书销售商来说，是一个可观的数字。

不仅学习资料火爆，就连药店也跟着红火。兰州市万民药店的收银员关丽告诉记者，高考前两三个月，提高记忆力和改善睡眠的营养品销路特别好，药店连促销活动都不用组织，“没有促销，家长照样会心甘情愿地掏钱”。

面对高考过后不少家长想方设法为孩子减压，旅行社借此举起“高考生放松游”的大旗，吸引考生和家长的注意。长青旅行社梁经理告诉记者，他们正在策划“影视夏令营”和“青藏大篷车”的活动，面向需要考后放松的学子们。梁经理说：“按照往年惯例，高考过后家庭游的预订数量也会增加，旅游会让‘高考经济’持续高温。”

房地产商、形象广告商、餐饮业也在蠢蠢欲动，紧盯着“高考状元”的商机。6月12日，距离高考成绩公布还有一段时间，兰州的酒店、饭店就已经蓄势待发，开始推出了所谓“谢师宴”、“感恩宴”，这也成为餐饮业新的增长点。

有人给“高考经济”算了一笔账：从考前购买资料、吸氧，到考中住宾馆、吃套餐，再到考后的谢师宴、出门旅游等等，少说也要四五千元。对普通工薪家庭来说，这哪里是什么“经济”，只能是一种额外的负担，特别是对一些家庭经济困难的考生来说，“高考经济”只会让他们原本备受煎熬的身心再多些沉重。

高考就像“魅力十足”的指挥棒，不仅指挥着各行各业，就连政府也为它所用。近年来高考成效成为树立“县域经济”的一面旗帜，部分县市政府用抓GDP的方法来抓高考升学率，不仅为高考加载难以承受的重负，也误导老师、学生把高考当做一个决定生死的战场。

“缺乏社会责任感的‘高考经济’，是在为当前过度关注高考的不正常社会心理推波助澜。”兰州大学刘天星教授认为，每年一度的炒作高考状元的现象就是集中体现。尽管国家有关部门明确表示反对炒作所谓的高考状元，但某些商家出于商业目的，依然在媒体上大肆炒作。刘天星说，社会上流行的这种“高考情结”，一旦与封建社会科举制度形成的文化潜意识达成共谋，可能对整个社会特别是下一代造成巨大伤害。“这种现象不仅是对高考制度的误读，而且还扭曲了教育的本质，对人才也是一种极大的抹杀。”

改革，路漫漫而其修远

5月25日，教育部有关人士就近期教育改革与发展情况召开新闻发布会时表示，推进素质教育，深化高考改革，这是高考改革的方向。“小步走，不停步，高考制度改革一定会有一个更多人认同的前景。”

高考结束了，但是改革高考制度的呼声还没有停止。无论对于目前实施的措施赞成与否，“现行高考制度必须改革”已经成为共识。然而，正因为高考制度能够影响和改变很多人的命运，因此，每一次高考制度的变革都成为社会热点。从高考科目设置的革新，到春、夏两季高考招生的试点；从自主命题、夏季高考日期的提前，到复旦、清华通过面试自主选拔录取大学生……每一项改革，都牵动社会的神经；每一次“破冰”之举，都书写着高考改革的足迹。

而很多学者以及社会对高考制度的改革也越来越关心，特别是社会舆论所称的“一考定终身”、“高分低能”和“高考指挥棒”及“高投资”现象，越来越强烈地引起社会各界的质疑，甚至有人在今年的全国“两会”上就提出，高考这一“利国利民的好制度”是“制约人才培养的最大障碍”。

冷静面对“高考热”，我们不难发现，高考的确已经形成种种不理性的社会行为，甚至形成各种异常心理。为了一场举国关注的考试，全社会都付出了昂贵的“社会成本”，从有形的家庭支出、学校支出、行政支出、社会支出，到无形的社会心理、教育观念扭曲，都是沉甸甸的成本，高考经济就是鲜活的例子。

“地方财政投入减少，家庭承担的比例在不断地增加”是高等教育的不良倾向，据统计，目前全国家庭承担的教育比例在33%左右，而甘肃的比例则更大，在47%左右。2004年，我省高等教育公共人均经费只有1224元，比全国平均水平低1074元，是北京的1/10。农业部门2004年对我省农村抽样调查显示，在全省重新返贫的农民中，有50%是因教育支出返贫的。

“出生在北京、上海、天津和出生在甘肃、山东这样的偏远省份相比，考上重点大学的机会要相差几十倍，尤其是名牌大学，在偏远省份不是以分取人，而是以地域取人。”西北师范大学教授王群认为，目前高校招生指标的分配办法带有明显的计划色彩，随着“以人为本”、“和谐社会”理念的确立，公平优先是科学发展的前提，高考招生制度改革应该从此入手。

就在高考前的6月3日，由中组部、教育部、劳动和社会保障部等14部门日前联合下发的《关于切实做好2006年普通高等学校毕业生就业工作的通知》，要求把大学生就业真正纳入劳动力市场体系的宏观调控中，使目前正在推行的积极的就业政策进一步得到完善。

而据同一天的《中国青年报》报道，5月29日下午，阜阳师范学院体育系四年级学生李静，因就业竞争的原因，被同班同学用刀砍伤，双腿缝了41针。

同一天的两件事情说明了同一个问题：大学生过剩，就业困难，竞争激烈是当前社会的主要矛盾和问题。近年来，高校毕业生的求职困境一直没能得到缓解。数据显示，2001年全国高校毕业生只有114万。2003年，第一批扩招本科生进入就业市场后，毕业生数量接近翻番，达到212万。2005年和2006年的高校毕业生分别增长到330万和413万，是2001年的近3倍和近4倍。

"现在是'全球化'时代，而中国在全球化的产业分工中被锁定在了一个低端加工业的位置，需要的是大批受过中等教育的技术工人，根本就没有那么多的白领工作岗位提供给大学生，这是就业难的主要症结。"经济评论家谢芳却认为，不能把一切归祸于高考制度，目前就业难的最大问题不是在于高考制度，而是在中等教育和职业教育上的重大缺失，职业教育失衡，从而导致"千军万马只能过独木桥"。

现年53岁的兰州教育学院讲师吴天贵是恢复高考的第一批大学生，他也认为，恢复高考以来，高考制度改革在逐年进行，而且也很有成效。他说，1977年的冬天，当570万考生即将走进尘封十年的考场时，国家竟然没有足够的纸张印制试卷。中央决定紧急调用印刷《毛泽东选集》第五卷的纸张，才解了燃眉之急。而今天用充足的物资、高超的科技来保证高考，社会各界对高考又如此关注和支持，这本身就是改革的成果。

针对有人提出"扩招使高等教育水平下降"的说法，在今年的"两会"上，教育部部长周济表示，扩招没有导致高等教育质量滑坡。周济说，近几年，高等教育发展中存在一些问题，但"方向是正确的，成绩是巨大的，质量也是有基本保证的"。针对疑问，周济反问："如果高校不扩招，老百姓是不是对教育就更满意?"他表示，今后"只要需要，高等教育还会继续规模发展"。对于近期舆论普遍关心的"教育公平"问题，周济认为："公平是相对的。几千年来，我国农村教育都是由农民办，现在改为政府办了，这就是最大的公平。我们扫除了几亿文盲，教育的最大成就在农村。"

(原文刊载于2006年6月13日《甘肃经济日报》，作者贾治堂)

中考:难过的独木桥

——关注高中、初中教育(下)

上高中比上大学难！上重点高中更是难上加难！

目前全国初中毕业生升学率仅有50.7%,而我省则更低,只有43%左右。一半以上的初中毕业生毕业以后,高中不录取,职业学校没有就业出路,没有别的选择,只有终止接受教育,这些孩子在没有达到法定就业年龄的时候就流向社会。由于城市用工条件提高到高中以上文凭,他们只能再回到农村,甚至退化为新的文盲,这不仅不利于社会的发展,也给社会发展带来很大的阻力。

有多少初中生无书读

2005年8月16日,永登县河桥镇发生了一起特大盗窃案,一夜间20多家门市部的8万多元现金和货物被盗。18天后,案件终于破获,但犯罪嫌疑事实让人吃惊。这是团伙作案,10人中年龄最大的只有16岁,最小的只有14岁,他们都是当年的初中毕业生。在警方的笔录中,他们的谈话不得不引起我们深思,“上学(高中)无门,就业无路,父母嫌弃,人人都看不起,我们被抛弃了”。

一份来自中国青少年犯罪研究会的统计资料表明,近年内,青少年犯罪总数已经占到了全国刑事犯罪总数的70%以上，其中十五六岁少年犯罪案件又占到了青少年犯罪案件总数的70%以上。可以说,青少年犯罪率居高不下,已直接威胁到了社会稳定,成为建设和谐社会的隐患。

国务院发展研究中心的数据显示，全国每年新进入劳动力市场的高中以下毕业生主要集中在农村地区。高中以下毕业生每年保持在1000万人左右的规模,其中2004年至2007年的各年超过1100万人，每年进入新失业群体的高中以下毕业生失业数量10年间基本上维持在200万人左右的规模。研究报告同时还指出,农村新增劳动力主要是高中以下和初中毕业生,尤其是初中毕业生占到66%,如果这个群体在三四年内都无法真正就业,则这个数字将累计高达800万人以上。

记者从省教育厅了解到,目前我省高中毛入学率只有43%,2005年,全省应届初中毕业生42万人,而升入高中的只有29万人,13万初中毕业生无学可上。据介绍,全省目前有310万富余劳动力,但每年以40万的速度在递增,其中初中毕业生占到60%以上。

“主要是九年义务教育和高中教育脱节”,兰州市市委党校聂图宏认为,这样的格局,暴露了当前社会上的一个主要问题:对不能升入高中的这一庞大群体的人生空白,社会当用什么进行填补? 聂图宏说,最坏的学校也胜过最好的监狱,在青少年人生观形成最关键的时期,我们只有通过教育才能为他们奠定思想基础,而我们的教育在九年后却多了一道门槛,这是问题的核心。

记者了解到,目前我省有高级中学700多所,而初级中学就达1600多所,高中办学规模小、学校少,远远不能满足初中毕业生的升学需求,而且高中阶段每学年的学费、杂费在2000元左右,尤其是对农村家庭来说,上高中的费用是农村家庭一年的纯收入,学费比上大学的费用少不了多少。

为了让初中毕业生有所为,有人提出实施12年义务教育。中国工商银行安徽分行行长刘卫星列举了实行12年义务教育的四大理由。他认为,第一,避免中国经济陷入"低技术陷阱"。第二,可缓解未来就业压力。第三,为贫困家庭送去"知识资产"。第四,有利于解决"三农"问题。但是,此建议遭到了强烈反对,全国人大教科文卫委员柳斌在2005年8月19日的全国人大《义务教育法》修订座谈会上说:"目前九年制义务教育的问题还没有解决好,要推行12年义务教育,只是纸上谈兵。"

然而,2005年,北京市已经宣布将逐步实施12年义务教育,上海甚至说早已实现12年义务教育,正在朝14年义务教育的目标迈进。

市场大浪淘失了小中专

初中升学难还有一个主要原因就是小中专学校和职业高中在减少。一方面,"僧多粥少",高中少,初中毕业生多,独木桥中容纳不了那么多人,大量的初中毕业生无学可上;而另一方面,众多的小中专学校"门庭冷清",没有生源。这似乎是矛盾的,其实不然。

事实上,小中专学校生源紧张不是一两年的事了,早在10年前,国家调配中专生分配名额时,小中专学校生源就开始下滑。2003年,我省普通中专计划招生40953名,实际上只完成了30386名,缺口超过1万人。在此后的几年中,普通中专的招生连年下降,个别"冷门"专业的中专连续几年招生只有几十人。江河日下的招生拖垮了中专学校。据不完全统计,截至2005年底,全省有24所中专转行或者停办。记者了解到,2000年以前,兰州市共有80多所中专学校,但现在不到40所,其中有些被吞并,如甘肃纺织学校并入兰州理工大学,兰州石油化工学校并入兰州交通大学。

回想起师范学校的辉煌,1990届庆阳师范学校毕业生王大勇感慨万千,他告诉记者,当年师范学校在某种程度上可以用"霸道"二字来形容,由于就业好,每年招生都是在初中优先招拔尖学生,有的学生为了考师范学校,连续重读,直到考上为止。

庆阳师范学校是我省成立最早的师范学校,1986年,由原来的镇原师范、宁县师范和庆阳师范学校合并而成,学校最鼎盛的时期在校学生达到5000多人,为甘肃培养了大量的中小学教师和科技人才。自2000年国家取消中专生分配制度以后,生源锐减,目前在校人数不足2000人,为了维持生计,庆阳师范学校从2001年开始用大量的力量来办高中和初中。记者从庆阳师范学校了解到,今年计划招生名额200名,由于是自主招生,目前计划还没有全部兑现。

由于受高校扩招的影响，庆阳林校、庆阳财校、庆阳卫生学校等8所师范学校目前的发展都比较困难，庆阳一位不愿透露姓名的业内人士告诉记者："目前本科生都找不到工作，谁还愿意上小中专，我们只能改行来维持生计。"

2002年，陇东某县的100名中专生因没有被分配，连续多次围攻政府机关，造成极大的社会影响；2003年，我省一所中专学校二年级的14名学生"集体出逃"，去南方打工，在给学校的留言条上，他们写道，"与其以后没有工作，不如现在动手，我们要提前下海"。来自相关部门的信息证明，自2002年以来，我省毕业的各类中专生，目前就业率不到40%，大部分学生选择打工。目前，甘肃中专生的学杂费、住宿费平均每年约在3400元左右；生活费约为200~300元/月，中专生一年总支出约为5500~6400元，和大学的成本一样。崆峒区的刘长云老人告诉记者，儿子三年卫校毕业以后，两年内没有找到工作，没办法，只能再继续深造，几年下来，全家已经欠下5万多元的债务。

在市场经济的大浪中，不仅中小中专被淘汰了，就连职业高中也面临倒闭，记者了解到，我省有职业高中147所，截至目前，平均在校学生不足600人，大多数学校举步维艰，有的直接改办高中，而有的只能举办汽车修理、摩托车修理之类的短期班来维持生计。

扩大职业教育是关键

兰州大学经济管理学院副教授张恩第在2003年就提出，大多数初中毕业生毕业以后无学可上，滞留在校园之外，除了和我们现行的高考制度、义务教育制度有关以外，还和中等职业学校建设缓慢、农村职业教育发展不均衡有相当大的关系。他认为，目前职业教育不适应社会需求，规模太小，同时中职学校毕业生就业率较低也在较大程度上影响了省中等职业教育的持续发展。所以，只有建设高标准的中等职业技术学校，从用工单位入手，推广"订单式"培养等多种办学形式，解决中职毕业生就业问题，初中毕业生才有学可上。

据了解，我省现有各类中等职业学校314所，其中普通中专87所，成人中专50所，职业高中147所，技工学校57所。2002年，我省中等职业学校在校学生不足18万人，而高等职业教育在校学生不超过2万人，经过4年的努力，我省中等职业学校在校学生目前已超过20万人，高、中等职业学校在校生已经达到9万人。

"这还不够，每年还有近20万的初中毕业生和高中毕业生无书可读。"教育部部长周济在考察完我省职业教育时强调，职业学校要坚持以服务为宗旨，以就业为导向，面向社会，面向市场办学，在研究市场中寻找适合自身发展的着力点。要探索职业学校与人才交流中心等中介组织的联系、交流、合作制度，充分发挥中介组织人才需求信息量集中的优势。

"现在要新办一所规模在3000人的高中，软件和硬件建设需要1个亿的资金，而且困难大，时间长，但如果将现有的优质高中做大，扩大其现有的优质教育资源则更容易，这样才能满足群众的需要。"兰州大学教授刘天星认为，在职业教育供给严重不足的同时，企业和社会对职业教育的需求不断增长，这导致我国技术工人特别是高级技术工人的短缺。现在高级技术工人的缺乏不仅集中在传统的建筑、机械制造和印刷等行业，而且也体现在新兴产业中。

2005年10月，省委书记苏荣致信省委常委，提出要下大力气抓好职业教育，进一步整合教育资源，加大工作力度，推动职业教育的快速发展。今年3月，省委、省政府召开了全省职业教育工作会议，制定出台了《关于大力发展职业教育的意见》，会议提出，“十一五”期间每年为社会输送10万名中等职业学校毕业生和6万名高等职业院校毕业生，到2010年，中等职业教育招生规模达到18万人，与普通高中的招生规模相当。会议要求各有关部门加大投入，强化统筹，采取有力的措施，努力推动职业教育在今后几年有一个大的发展。

（原文刊载于2006年6月13日《甘肃经济日报》，作者贯治堂）

骊靬文化：甘肃文化再次发热的索引

3亿欧元意味着什么？

5月18日，从第三届深圳文博会上传来消息，中国与意大利联合摄制38集电视连续剧《骊靬传奇》的项目正式签约，签约总金额达3亿欧元。

消息一经证实后，网上一片热议，网民“笑笑生”说，“甘肃又迎来了一次文化热”。

1989年，澳大利亚学者戴维·哈里斯首次将中国汉代骊靬古县(今永昌县)与古罗马一支战俘联系在一起。两年后，当永昌县者来寨村村民罗英的大幅照片被刊登在国外杂志的封面上时，这个偏僻的村庄连同有关中国骊靬古县与古罗马战俘的新闻报道层出不穷。

2001年7月15日，中央电视台《东方时空》节目组在永昌骊靬村将这一事件向世界作了现场直播，更在中外引起了轰动。2004年，村民罗英在北京中科院接受了血液化验，结果是具有46%的阿富汗血统。

随着骊靬文化在海内外的广泛传播，来这里的旅游观光者日益增多。中国广东电视台、浙江电视台、甘肃电视台、香港特区的影视公司以及加拿大、英国、日本等国的影视公司，都来这里制作过节目，骊靬古城已经成为丝绸之路上的旅游新亮点，是一条很具旅游潜力的旅游黄金线。

记者连线永昌县文化局干部孙世杰，他告诉记者，3亿欧元大约相当于30亿元左右的人民币，对于永昌的经济带动是不可估量的，尤其是对于第三产业的发展，有相当大的推动作用。

甘肃文化再次发热

从《英雄》、《天下无贼》、《大敦煌》、《神话》到《老柿子树》、《三国之见龙卸甲》、《狄仁杰3》，甘肃这个重要的影视拍摄基地越来越多地受到各路明星、大腕的青睐，而与此同时，各剧组在甘肃的拍摄也无形中带动了当地的经济收入，很多村民通过当群众演员等方式获得不菲的收入。

2004年在黄河石林旅游的人大约在4万人次，收入200多万；2005年旅游人数达到8万人次，收入1700多万；2006年的旅游人数则达到12.5万人次，收入2800多万。从这组数据可以看出，近年来黄河石林当地的经济生活正在发生着翻天覆地的变化。

一部《神话》带动了黄河石林的旅游业发展。记者从黄河石林管理委员会了解到，在2002年前，龙湾村村民的年均收入才600元，到2006年，村民的年均纯收入达到4800元，其中旅游收入占到60%，而旅游收入中很大一部分则是来自参与影视剧的拍摄及影视剧拍摄所带来的连动效应。据了解，目前黄河石林龙湾村的劳动力有1100多人，而从事旅游经营活动的达到823人。

去年年底，景泰黄河石林龙湾村村民朱生栋家的一院六间大瓦房拔地而起，全家人乐呵呵地住进了崭新的房子。在与记者谈到家里全新的变化时，朱生栋高兴地说："盖房的大部分钱都是这些年参加各剧组拍戏时挣的。"最让朱生栋记忆犹新的是，在2004年参与《神话》拍摄时，他不仅担任群众演员，还为剧组做一些体力活，在前后两个月时间里，他就赚到4000元，这是他以往四年的总收入。

由于《神话》上映后在国内外的影响力，为景泰石林龙湾的当地百姓带来了很大的经济效益，当年都是赶着驴车出入的老百姓如今几乎每家都开上了摩托车，龙湾还办起了很多设施齐全的农家乐，渐渐形成了可以接待2600多人的旅游、拍戏的影视基地。但做一个好的影视基地，只做好住宿餐饮是不够的，还需要提高从业服务人员的自身素质和语言表达能力，记者了解到，龙湾的很多老乡还学习了简单的英语。龙湾人已经不是从前那种"面朝黄土背朝天"靠天吃饭的农民了，他们已经演变为充满经济头脑、注重服务意识的生意人了。

近年来，各类影视剧来甘肃拍摄，不但给当地的餐饮业、服务业、旅游业带来很大商机，还让当地人通过参与剧组的拍摄和对明星的近距离接触，学习到了更多新鲜东西。在敦煌有个出名的"演员村"，这就是位于七里镇的李家墩村，该村的村民基本上都参加各类影视剧的拍摄。"靠山吃山、靠水吃水"。位于鸣沙山脚下、党河岸边的七里镇李家墩村因靠近大漠影视城，当地农民当群众演员发起了"影视财"。

十多年来，影视城从拍摄《敦煌》开始，还拍摄过《新龙门客栈》、《封神榜》等40余部电视剧，李家墩村成了剧组摄制组制作道具、搭建外景、聘用群众演员的首选之地。群众参与人数最多的是电视连续剧《封神榜》，《封神榜》聘用群众演员200余人，该村农民不仅为剧组搞后勤服务，还曾扮演过剧中店小二等一些角色。这些农民每天可挣到四五十元，一部戏演下来，每人挣三千元是很平常的事，最多时可挣八千多元。而且，有几位农民还随着《大清徽商》剧组去了安徽黄山等地制作道具，搞后勤服务，一场戏拍下来收入近万元。

本土文化潜力很大

电影电视在四川的拍摄对四川旅游发挥的重要作用，有以下几点：一是对景区作了重要的宣传，也为四川旅游作了不可或缺的宣传，使已经知名的景区锦上添花，使默默无闻的景区横空出世；二是对电影电视的拍摄地的历史、宗教、民族、民俗以及自然旅游资源作了重要的宣传；三是通过电影电视的拍摄，激起了当地旅游的热潮，吸引了大批旅游者前往观光旅游，为当地旅游经济的发展作了重要贡献，直接对四川旅游产业经济产生了重要的影响，并带动了其他产业的发展；四是对四川文化产业的发展作了很好的宣传，发展了当地的文化产业，丰富了当地文化产业的内涵，从而促进了当地文化产业的发展；五是通过电影电视的拍摄过程和影视题材本身对拍摄地的宣传，树立了当地良好的对外形象，特别是良好的对外经济形象，对当地招商引资起到了重要的宣传作用，促进了当地经济的全面发展。

电影电视也给甘肃经济带来了积极影响，对于近年来各大影视剧组将目光纷纷投向甘肃的情况，兰州商学院副教授裘红霞在接受记者采访时说："近年来很多大片在甘肃拍摄，给甘肃的经济带来了很多积极的影响，特别是对影片拍摄当地的旅游、交通、餐饮等相关产业链的发展有很大的促进作用。电影电视在全国放映使外面的人更加了解甘肃这个地方，这些片子更像是把甘肃展现在世界面前的宣传片。"

敦煌影视中心总经理告诉记者："近年来，各影视剧组在敦煌拍摄影片，给我们当地带来了巨大的经济效益，宾馆、餐饮、交通以及群众演员都得到很大的实惠。尤其是在冬季和春季这两个旅游的淡季，宾馆、车辆、人员大多都闲置，但在有影视剧剧组前来拍摄时，这一切都被带活了。以往忙完农活的农民在这个时候都闲着，现在要是参加影视剧的拍摄，不仅管吃管住，而且每天还有30元。举个例子，去年《白银帝国》在敦煌拍摄期间，仅住宿、车辆、群众演员的费用就达到30万元，要是没有剧组，也就没有了这30万。"

文化是地区发展的"软实力"，是推动经济发展的重要支撑，是综合经济的重要组成部分，同时也代表着一个国家和民族的文明程度、发展水平与高度。在当今世界，文化与经济、政治相互交融，在综合国力竞争中的地位和作用越来越突出。在全面建设小康社会、实现中华民族伟大复兴的历史进程中，繁荣和发展社会主义先进文化具有全局性、战略性的地位和作用。把文化建设好、发展好，这是历史赋予我们的重要使命。改革开放以来，文化建设取得巨大成就。但也要看到，随着社会主义市场经济的深入发展和对外开放的不断扩大，文化赖以生存和发展的经济基础、体制环境和社会条件发生了深刻变化。文化体制与人民群众日益增长的精神文化需求、全面建设小康社会的目标任务不相适应，与完善社会主义市场经济体制、进一步扩大对外开放的新形势不相适应，与依法治国、加快社会主义法制建设的环境不相适应，与高新技术在文化领域迅猛发展和广泛应用的趋势不相适应。这些足以说明，文化建设的任务极其繁重、艰巨，只有不断深化文化体制改革，推动文化创新，加快文化事业和文化产业发展，才能繁荣和发展好社会主义先进文化。近几年来，我省文化体制改革的步伐明显加快，为进一步改革积累了丰富的经验。同时，我们也应该看到，与建立社会主义市场经济体制的要求相比，我省文化体制改革还存在着很大差距。一些干部职工的观念滞后，改革意识不强；改革的步伐还比较缓慢，改革仍然处于局部试点、单向推进的探索阶段；体制不顺、机制不活、政策法规不配套、发展不平衡的问题还比较突出，深化改革的任务仍然十分艰巨。

在机遇和挑战并存的历史条件下，不断提高建设社会主义先进文化的能力，是摆在各级政府面前的重大战略课题。文化体制改革事关社会主义先进文化的发展，全社会都应关心文化体制改革、支持文化体制改革，为文化体制改革创造更加宽松适宜的环境。主管部门更应该从政策上扶持文化体制改革，在转变政府职能、加强知识产权保护、规范演出市场等方面，把工作做细、做深入、做到位，从而构建统一、开放、竞争、有序的现代文化市场体系，让社会主义先进文化产品最大限度地占领市场，最广泛地赢得人民群众，从而把我省的文化资源优势转化成文化产业优势，早日成为文化经济大省。

（原文刊载于2007年5月19日《甘肃经济日报》，作者贾治堂）

<<<

精神文明篇

四天五夜，受灾群众“孤岛”中自救

此次汶川大地震，甘肃省是四川省之外受灾最为严重的地区。在5月18日由甘肃省政府新闻办举行的新闻发布会上，甘肃省民政厅副厅长沙仲才表示，甘肃此次遭受了近30年来破坏最严重、范围最广、影响最大的自然灾害。

据甘肃省民政厅公布的数据，截至5月19日上午11时，全省有10个市州58个县市区受灾，因地震灾害受灾109.29万户490.99万人，因灾遇难人员365人，受伤7753人，房屋倒塌518179间，房屋损坏1441345间，失踪7人，紧急转移安置179.7万人。

紧邻四川的甘肃省陇南市，是此次大地震中甘肃受灾最为集中的地区。据陇南市政府对外通报，这次地震涉及陇南市195个乡镇、2343个村、42.58万户174.76万人口，全市需转移安置人口89万人。截至5月17日20时，全市死亡人数275人，受伤人数6073人。各县区受伤人员已被就近迅速送往附近医疗机构接受治疗。初步估计，地震造成陇南直接经济损失19.57亿元。根据这次地震灾害的破坏程度，伤亡人数和灾情有可能进一步扩大。

5月12日地震发生后，陇南市九个县区城乡通讯、通电、通水中断，各县县城与外界交通、通信全部中断。距汶川直线距离仅200公里，与四川、陕西接壤的甘肃省陇南市文县——这个“鸡鸣三省”、陇原最南端的农业大县遭受了灭顶之灾，15000多间民房瞬间夷为平地，90多个鲜活的生命葬身瓦砾之中，全县20个乡镇停水停电，通往外界的所有公路在山崩地裂中阻断，被称为西北“山清水秀第一镇”的碧口镇半数以上房屋倒塌……灾情报告显示：截至目前，文县已有24.6万间民房严重受损，115座桥梁断裂，4万多人无家可归，50多家企业因灾被迫停产或半停产，2.1万头(只)猪羊死亡……全县直接经济损失高达8亿多元。

记者在采访中了解到，地震发生后，由于公路大面积塌方，文县的范坝乡成为一个“孤岛”，与外界完全隔绝。经过解放军救援先遣部队108小时的昼夜奋战，直至17日上午8时，通往范坝乡的道路终于被打开，被围困了4天5夜的范坝乡终于直接得到了外界救援。

对于范坝乡12000名受灾群众来说，漫长的4天5夜让他们经历了一场生与死的较量。5月17日，记者跟随救援部队进入范坝乡，在采访中了解到，在道路开通前的一百多个小时中，当地政府和群众在得不到外界直接支援的条件下，在震灾发生的第一时间就开展了迅速有效的自救行动。

乡政府：抢救人、药、粮

5月12日午后，范坝乡政府的干部正在准备下村镇宣传不久前文县“三干会”上“思想大解放”的会议精神。范坝乡党委书记叶柏林告诉记者，14时28分地震来临时，他还在办公室准备材料。“感觉不对，我连忙从办公室里冲了出来，大喊‘地震了，地震了’。”

由于5月12日是范坝乡的双日集，政府院里有好多来办事的群众，一时间“尖叫声、哭喊声响成一片，房上瓦片飞溅，街上乱成一团”。

14时35分，叶柏林把能找到的41名乡政府干部召集起来，分成四个组：一组到中学，一组到小学，一组到街道，一组到卫生院抢救药品。

“药品就是生命，这是我的第一反应。”范坝乡卫生院院长张新元说，经过20分钟的抢救，10多箱药和大部分医疗器械被卫生院的8名工作人员和乡政府干部抢救了出来。

同时，在场群众已经被有序地疏导到乡政府东边的一片空地上。据乡政府之后进行的走访统计，范坝乡地震和连续的余震先后持续了22分钟，造成15人死亡、34人受伤、全乡22个行政村全部受损。

由于大部分粮食被掩埋在废墟中，灾后，受灾群众面临的第一大问题就是粮食短缺。经过乡党委紧急召开会议，5月12日16时，乡党委组织干部从乡里的商家赊购了2吨大米分发给群众，同时通过从乡政府抢救出来的唯一一条电话线路向上级、外界求援。

因为需要口粮的人太多，2吨大米分配到受灾群众手中时，只够一人一天的伙食。为了解困，除了抢救被埋群众，乡党委还先后多次组织人力从废墟、危房中冒险抢扒被埋的粮食分发。在强震过去后，受灾群众也开始在尚未倒塌的房屋中抢救粮食等物资。

5月17日下午，在陆路通道打通后的第一时间，抗震救灾指挥部运往这里的第一批救灾物资到达，方便面、帐篷、药品、蜡烛在最短的时间内发放到了群众手中。

范坝中学：无一伤亡

范坝中学是一所乡级独立中学，共有238名学生，大多都是住校学生。教学楼在震中受损严重，但由于校方反应迅速，组织到位，在地震发生后学生被迅速疏散到了操场上，无一伤亡。

范坝中学校长许伟今年只有29岁。他告诉记者，地震发生时正是范坝中学进行午自习的时间，当时他正在办公室写工作材料。

刚打开电脑，地震就开始了。在窗户的剧烈摇晃中，许伟校长立刻意识到这不是一次小地震，他抓起桌子上的喊话机，从三楼冲到二楼，一间教室一间教室地让在教室里自习的孩子们赶快下楼避震。与此同时，在一楼的副校长和政教处主任也开始疏散一楼自习的学生。

看到学生们都已从教室出来，许伟校长才紧跟着学生们下楼，当他从教学楼冲出来的时候，一块斗大的石头就砸在了他的身后。

这时，范坝中学教学楼前，已经聚集了包括学生老师在内的200多人。两分钟之后，全校其他所有的老师已经从各自的家中冲到了学校。家住学校附近的李季老师在冲到学校后对许校长说的第一句话就是："学生怎么样，要死我们和学生死在一起。"

由于地震仍然在继续，为了防止教学楼倒塌伤及学生，许伟校长马上又将学生转移到了操场西边的开阔地上。在强震停歇后，许伟校长又迅速安排老师们沿着街道将滞留在上学路上的学生马上接到学校。之后学校召开了4分钟的会议，成立了学校抗震救灾工作组，组织开展了收购粮食和水、抢救附近被埋群众等救灾工作。

据了解，5月12日当天下午，就有不少学生的家长赶来要求接回学生，但是由于担心余震的危险，校方为了确保学生的安全，直到13日上午，才开始允许家长带孩子回家，到17日上午，滞留在校的学生全部被家长接回。

受灾村民：组队自救

在范坝乡草坝村，记者发现了一支由16人组成的抢险突击队正在为灾民抢救财物，记者到达时，这个由6名党员、10名青壮年村民组成的突击队已经连续奋战了19个小时。据范坝乡党委书记叶柏林介绍，像这样的抢险小分队在范坝乡有20个，他们均由村委会和村里的青壮年组成，在与外界隔绝的100多个小时里，这些小分队承担起了各村的自救任务。

草坝村处在两山相夹的一个山沟里，地震后造成的山体滑坡和巨石滚落让村民们的财产受到严重损失。而目前在余震中，滑坡仍在持续。

"我们首先要做的就是解决村民的吃水问题。"草坝村抢险突击队副队长张全林说，山区居住的村民吃水主要依靠引山泉水，然而严重的山体塌方已经切断了所有居民的引水管道，村民吃水成了一个重大的问题。抢险突击队冒着不断出现的余震和滚落的山石爬到山上引水处，搬走一块块大石，疏通水渠，在最短的时间里让村民们吃上了水。

村民何成远承包的27亩茶叶田已经被滑坡和巨石毁掉了五成，眼下正值采茶季节，何成远却根本找不到人手去抢收。为了尽量挽回损失，草坝村抢险突击队队长冯万军亲自带队勘查山况，张全林组织人员在相对安全的地方帮何成远抢收茶叶。"如果错过时间，就会影响到茶的品质，也就影响到了收入，现在我们只能尽量地帮他们抢一些。"张林全说。

而从震灾发生到现在，冯万军和张林全还没有顾上把自己家的东西收拾一下。在地震中，张全林家的房屋已全部倒塌，妻子和孩子到现在还借住在别人的帐篷里。

"我们现在最担心的是什么时候才能搞到彩条布，这对村民们来说太重要了，眼看马上又要夏收了，如果没有彩条布，夏收工作就很难开展，要是再一下雨，村民们的损失将会成倍上升，这意味着今年他们将一无所有。"张全林发愁地说。

据前线救灾人员介绍，工业生产中常用的塑料彩条篷布是当前灾区急需的物资，不但可以让灾区群众营造简易住所，还可以用来遮苫粮食和物资不被日晒雨淋，维持灾区群众的生计。

除了夏收的困难，在震灾中，范坝乡全乡80%的房子成为危房，几乎所有房屋都出现裂痕，受灾群众都住在临时搭成的简易帐篷里，而灾后，当地持续出现了阴雨天气，不但群众经受雨寒，而且抢扒出来的粮食也难以保全。

“我们已经和兰州的商家联系，让他们平价从兰州为我们运送彩条布和帐篷，现在这批物资已在途中。”叶柏林书记说，“灾后我们已经发放了两批自救物资，但这远远不够。道路开通后指挥部运来的面和彩条布，我们按人头发下去，每人也只能分到一斤面一米彩条布。”

截至5月21日，记者发稿时获得最新情况，由于余震，通往范坝的道路又被堵塞。目前，第二次道路疏通工作正在紧张进行。

（原文刊载于2008年5月26日《中国经济周刊》，作者贾治堂、刘江、马涛、张栎）

我们在灾区的土地上穿行

——“5·12”陇南抗震救灾日记

5月12日，汶川大地震波及我省陇南的8县区，受灾面积和受伤人数极大。险情就是命令，我们一行5人有幸被派往灾区报道。在灾区的8天采访中，我们看到的、听到的、想到的，无时不在净化着我们的心灵，我们被感动着，同时也在感动着别人。之所以把这些感动写下来，是告诉我们的朋友、亲人、同事，大灾有大爱。天灾无情人有情，面对灾难，我们一定要心连心，手牵手，坚强，坚强，再坚强！！！

5月13日　天水

下午3时，报社突然决定，再派一批记者前往灾区采访，领导找我谈话，我没有任何考虑就答应了，随后，报社召开了记者的通气会，传达了中央和省委对灾区新闻宣传的报道要求。

4点15分，我们在兰州二热什字简单地吃了口饭，就出发了。8点15分，到达天水。沿城跑了三圈，没有找到一家营业的宾馆，大街上到处是帐篷，公路两旁都是车，小车、机动车、三马子，车上用彩条布搭着帐篷。我们心里开始恐慌，但是喜出望外的是一个小时后终于找到了宾馆，这一晚上我们睡得比较踏实。

5月14日　文县

6点钟，我们就起床。在天水城北找了家牛肉面馆，吃了早餐。利用这个时间，我联系了13日中午出发的小曹，他说他们在成县和我们汇合。

4个小时后，到达成县，在成县宾馆对面的公园里，我们看到很多人，有的人席地而睡，有的正在简易的帐篷里做饭，成县人民医院已经搬到一个大的广场上，医生、护士在忙碌着。在成县救灾指挥部了解了简单的情况，和小曹汇合后，我便立即出发直往武都。

3个小时后，我们到达武都。这里是一片荒凉，成千上万的人挤在滨河路上，武都医院门口是临时住院部，沿着马路有200米长的帐篷全部住着地震造成的伤员。在武都的一条主干道上，拉着警戒线，值勤的警察说，前面一条街都是受灾群众的帐篷，车辆不能通行。

好不容易找到一家挂着陕西饸饹面牌子的餐馆，桶装方便面5元，矿泉水5元，简单吃完以后，我们做了简单的分工，利用10分钟时间采访、拍照。

2点15分，我们从武都向文县赶，这一路非常艰难，一路上有多处塌方，由于我们的车底盘低，在堆满碎石的道路上行驶很艰难，在高楼山上，车被整整堵了1个小时。

8点半，我们到达文县。立刻分成四个组，一组拍照，一组去医院，一组去采访灾民，一组去看看市场供应情况。县城里到处都是灾民，许多人来去匆匆，县政府门口的广场上已经搭建了密密麻麻的帐篷，县城的部分地段有电。

11点，采访结束，在县委宣传部的会议室里开始写稿，汇总了采访结果，我们研究写四篇稿件，主要反映文县灾情严重和物资告急。

11点50分左右，猛烈的余震开始，这是我们一行经历的第一次余震。在六楼的感觉就像楼要倒塌，玻璃叭叭地响，我们夺门而逃，逃到1楼时，余震结束了，又气喘吁吁地开始爬楼。但是我惊奇地发现，刚才在楼上办公的机关干部都没有跑，很镇定，余震对他们来说就是家常便饭。12点40分，第二次余震来了，这次我们没有跑，只是站起来，等余震结束后，继续写稿。

1点半，每人吃了碗方便面，这时我的手机收到9条短信，都是报社同事的，他们的鼓励让我心里多了一股暖流。

3点半，我们终于写完了稿件，共7000多字，传完稿件已经是4点钟了。在卧龙滩宾馆找到了空房，没有电，没有水，我们只好和衣而睡。刚躺下，就听见鸡叫声、狗叫声，叫声惨烈，听起来毛骨悚然。据说当晚有好几次余震，我们没有任何感觉，也许是太累了吧。

5月15日　碧口中庙

6点半起床，在文县县城，我们没有找到一家吃早餐的地方，大家吃了点自带的面包，就开始向重灾区碧口镇赶去。一路上，我们看到有六辆小车在地震中被乱石砸废，一辆三菱车的引机盖子上搁着一块巨石，前玻璃全部破碎，旁边有一摊血迹。

庆幸的是道路上虽然塌方严重，有好多路段只能紧紧容纳一辆车，但都是畅通的。在距离碧口镇30公里的玉垒乡，我们停留了20分钟，采访了医院。医院的陈院长向记者哭诉着，药品告急，大多数的伤病员只能做简单的处理。我们在玉垒碰到了正在视察灾情的民政部领导，她说："文县的灾情比预想中要严重得多。"

采访结束以后，大家继续向碧口前进。在何家坝，一群高举着"救救我们"牌子的群众挡住了我们的去路，他们说，村里32户人家的房子全部倒塌，请我们呼吁，帮助他们抢救粮食。我告诉他们，随后有解放军路过，请他们帮忙。看着他们可怜无助的目光，小张把我们车上带的所有食品送给了他们。

到了碧口镇，眼前的一切比我们想象的要糟糕得多，沿碧口城白水江的河堤上，搭建着五颜六色的简易帐篷。一个不到一岁的小孩躺在大纸箱里，周围用泡沫纸板围着，顶上搭着一件旧衣服，他的母亲坐在旁边用纸板子给孩子扇凉。这就是他们母子的家。

已经是12点，我们费了很大的劲排队，花93元买了一点吃的，方便面5元，水5元，面包10元。简单吃过午饭后，我们在碧口地区指挥部了解了最新的情况。我们决定前往距离青川县只有100公里的中庙乡采访。

走了一半的时候，由于塌方严重，我决定留下两个人在附近采访，我和小曹乘甘肃地震医疗救援队的车继续前往中庙乡。一个小时的路程中，透过车窗，我们看到到处是倒塌的房子，凡宽阔的地上都是简易帐篷，帐篷旁边有用石头筑起的大锅，河的对面山体上不时尘土飞扬，碎石落下。

中庙乡的莲峰村是中庙乡最远的一个村，和青川县接壤，在村口，我们的车队被村民拦下，他们说，村里有三名伤员需要马上治疗。由于村道狭窄，救援队刘队长和我们一路小跑，大概有2里多路吧，我们进了村子。这个村子是一个小盆地，四周的山体滑坡把全部的建筑夷为平地，在四周都是巨石的平地上，搭建着10顶塑料帐篷，100多口人挤在里面，3个伤病员住在一起，一个是腿伤，一个是腰伤，一个是头伤。

抬出了伤病员，已经耽搁了1个小时的时间，我们开始往回返。在碧口，小曹乘着急救车去了文县，我下了车和另外一组记者汇合。在指挥部的指引下，我们来到碧口镇灾情最严重的水井湾。这里的群众情绪很不稳定。一位群众用指头指着记者的鼻子说，拍什么拍，电视上又不见画面。记者遭到了围攻，一个年轻小伙子说，告诉你们，明天没有方便面和帐篷，我就要抢了，命都不保，还管犯法不犯法。

我一面解释，一面做工作，但他们还是很激动。看着一位老奶奶在一旁流泪，我又不知道说什么好。老百姓的要求太简单了，只需要一顶能挡风雨的帐篷和几袋方便面。

这时，从山路上走出来一群妇女，我数了数，是28个人，她们是在李子坝采茶打工的，地震阻断了她们回家的路，从今天早晨5点开始，徒步走了12个小时，要回文县看看家里的情况。看到记者，她们都围了上来，流着泪要我们为她们找一辆车，经过努力，我做通了正在执行任务的解放军官兵的工作，看着卡车远去，我心里的石头才算落下。

在采访的途中，我看到很多解放军战士，他们拖着疲惫的身子，满脸灰尘，只有两只眼睛在动，大家都不由心头一酸。7点15分，其他几位采访的同事终于汇合了。由于碧口没有地方上网，我们决定回文县。一路上，大家都沉默，因为在此之前，有车就被飞石砸中。我让大家打开车窗，竖起耳朵听，有没有碎石落下。经过3个小时的紧张行驶，到达了文县县城，大家松了一口气。

在一家四川餐馆里，我们简单地吃了点饭，就在公路招待所里开始写稿。11点半，报社领导打来电话告诉我们，今天的报纸受到读者的肯定，赵长才先生在博客上写了一篇《为甘肃经济日报叫好》的文章，我们听了后备受鼓舞，大家觉得辛苦是值得的，同时也为报社的编辑通宵辛劳感动。

为了预测地震，我们把矿泉水瓶装上半瓶水，放在桌子上，只要一动，马上就跑。2点半，5篇共6000字的稿件终于完成。小马去传稿，大家研究明天的行动，小张建议，应该写一篇“地震引发的心理畸形稿件”。最后决定明天去范坝，虽然这个乡至今公路还未打通，如果条件容许，就徒步进去。

3点钟，强烈的余震来了，我们没有丝毫准备，就全部躲进了厕所。余震过后，我们下楼到大街上，发现许多人慌慌张张地连衣服也没有穿，有的光着膀子，有的裹着浴巾，有的光着脚丫子。（后来才知道，当晚的余震是5级）

4点钟，我们实在等不住余震的到来，就上楼睡觉，这一夜，大家几乎没有睡踏实过。

5月16日　范坝

今天是星期五，不需要传稿，我们终于可以放松一下。7点半，我们起床，宣传部的司部长来了，他说今天陪我们去范坝。

这是我们几天来吃的第一顿早餐，有稀饭，还有小菜和饼子，大家都多吃了一点。

8点半，我们从文县出发。11点到达碧口。在碧口，我们打听到最新消息，早晨9点钟，范坝的路终于打通了，但是我们的小车可能进不去。

经过商议，我们去向碧口电厂求救。电厂的柳厂长热情地接待了我们，并给我们提供了六盒方便面。看到我们很急切，柳厂长决定调一辆越野车给我们。

通往范坝的路的确艰险，一面靠山，随时都有乱石落下，一面又是悬崖，悬崖下是大江。司机是四川的一个小伙子，表情一直严肃，我已经猜想到他可能嫌危险大。为了讨好他，我奢侈地买了一包“芙蓉王”送给他。

路虽然危险，但是好车就是好车，2个小时后，我们到达了范坝乡，这里比想象中要坏得多，很多灾民都聚集在乡政府门口。在乡政府东侧的空地上，一个塑料大棚成了临时安置灾民据点，100多人挤在300平方米的棚子里。看到我们到来，老百姓特别热情，一位农村妇女说，你们辛苦了。我们是他们被困108小时后见到的第一批记者。

在乡政府，我们见到了4个成县的农民，他们自己租车，为范坝乡送来了200件方便面和250件矿泉水，4个年轻的农民一下车，顾不得劳累，就搬运卸车。小马被感动了，帮助他们卸了方便面。

我们分成四个小组进行采访。在街上，我们碰见董玉英，她向记者哭诉了遭遇，儿子脑瘤，变卖了所有的家产，病还没有好，地震又使房子倒塌，前天她本来要跳河自杀，结果被乡亲们救了，她说她一天都没有吃东西了。我和小张不约而同地从身上掏出50元塞在她的手里，没想到他们母子给我们跪下了，我们连忙扶起他们。

范坝中学的校长让我们感动，这个只有29岁的小伙子很机智，地震的第一时间里，他冒着生命危险抢出了电话机，而且修好了损坏的电话，没有想到的是，14日早晨，他接到省委书记的电话，在电话里，他告诉书记这里的灾情，最早时间让外界了解范坝的情况。

小马碰到了从北京打工回来的一对年轻夫妻，由于范坝的路只能通到店坝，他们家又在距店坝20里的阎家村，夫妻俩在路上徘徊，小马用车送他们到店坝，估计天黑他们能够回家。

4个小时的采访，我们总感觉还没有采访到位，但是时间不容许，只能开始返回。这时天已经阴下来，灾民们说，要下雨了，路上小心。快到碧口的时候，司部长接到一个电话，说文县下了15分钟的暴雨，泥石流爆发，有两名记者被冲走，文县上游的两座水库被冲垮。司部长说，根据观察，暴雨不久就会到碧口。大家都在沉默。

回到碧口电厂，院子里乱糟糟，很多人都在为暴雨和泥石流慌乱。大家都在看我，回还是不回，司部长已经开始失态，他的爱人打来电话说家里房子已经倒塌，如果现在有油布遮盖一下，东西还能抢救一些，他一边骂娘，一边打电话四处求救。

我的心情十分复杂。这时，我的手机响了，是兰州家里的电话，当电话那边儿子叫了声爸爸时，泪水已经模糊了我的眼睛，我不知道说什么，怎么说……

我打听到，这里租一顶帐篷需要160元，一床被子120元。最后，我决定，还是回文县，虽然路上随时都有危险，但是要比在碧口危险小得多。

一路上，大家都提高警惕，把车窗摇下，观察着山体的情况。这时，司部长拨通了电话，核实泥石流冲走记者的事情，结果让我们哭笑不得。文县人对“记者”和“汽车”的发音是相同的，原来是汽车被泥石流冲走，对方没有说清楚，司部长也没有听清楚。

在平时，这绝对很可笑，但是这时我们都没有笑出来，大家都一声不吭。我知道他们都在想什么。

终于平安到达县城。晚上，我们把白天采访的笔记整理了一下，小张写了一篇部队救灾的稿件，连夜交给政治处。1点钟，我们休息，这是我们睡得最早的一天。

5月17日　文县

一大早，我收到了9条短信，有单位同事的，也有读者的，他们都让我保重，注意安全，我都一一回了信谢谢他们。

本来还想睡会儿懒觉，余震没有让我们睡住。利用早上的时间，我们到文县一中进行采访。采访中，我们发现很多学生的帐篷都被外面的群众挤占了。10多个高三学生见到我们，打听今年高考灾区有没有优惠政策，他们把一封联名信交给我们，希望能给他们平等的机会。

听说学生们几天和家里通不上电话，小马就跑到电信局给学生们协调安装了两部电话。小张看到一位女生的生活费用完了，就为她买了1箱方便面。

中午，文县县委常委宣传部长黄部长为表示我们报社这几天对灾区的有力宣传，托人给我们每人送来了一包茶叶。黄部长托人带话，由于帐篷太紧张，还没有为我们协调到帐篷。看来今晚又是一个不眠之夜。

我们分头行动，采访医院、灾民、医疗救助队。

中午，我们奢侈地吃了一吨好饭，点了六个菜，5个人吃了三小盆米饭。大家都说今天的饭好吃。

下午继续采访。6点半，我们和文县人民一道，迎接了中共中央政治局常委、中央政法委书记周永康。老百姓的朴实让人感动，一位妇女在路边卖杏子，当我们问多少钱时，她说，随便给，主要是迎接中央领导。

晚上，部队政治处通知稿件已经审过。当5篇稿子完成传到报社时，已经是凌晨4点。

5月18日　文县

今天，我们从早晨开始一直写稿，共写了6篇稿件，13000多字，下午，大家都累得叫苦连天，我安慰他们，一定要坚持。晚上7点，我们从电视上得知，明天下午2点28分，全国进行哀悼。就在新闻联播还没有结束时，从兰州传来消息，今晚在兰州和天水有强烈的地震，我们又开始为兰州担心，大家都在打电话，传回的消息是兰州已经乱成一团，下午超市的东西被抢购一空，晚上高校学生聚在操场上，很多人已经跑到榆中县去了。

12点钟，又一次强烈的余震。传完稿件后，我们商议，开上车，在县城的河边，大家在车里睡了一晚上。在车里睡觉，我是第一次，实在很难受，有睡意却睡不着。这一夜，我没有睡着。

5月19日　文县

一夜未眠，我的眼睛有点发肿，成了双眼皮，大家都开玩笑说免做美容手术。

早晨10点钟，宣传部来了四个农民，他们是来找记者的，说村子里至今没有干部进去，好多粮食都埋在下面，抢救不出来。由于人手紧张，没有人接待，我便问了情况，并答应他们，明天去看看。我对他们中间的村长说，你是党员，应该组织村里党员、干部和年轻群众进行自救，我们的部队和干部毕竟有限，这是一场举国上下的灾难，我们只有团结一心，才能自救。村长好像听懂了我的话，说回去马上组织人。

11点，文县县委机关进行降半旗默哀仪式，仪式结束后，所有在场的人都捐了款，总计1.6万元。

下午2点28分，县城的所有汽车鸣号，防空警报拉响，好多老百姓按照当地的习俗，鸣放了鞭炮，这一刻，我们都把自己融入文县的县民，和他们一起承担痛失亲人、毁坏家园的悲痛。

晚上8点钟，我们终于写完了稿。宣传部打来电话，给我们搭建了新的帐篷。在新帐篷里，见到了媒体的老朋友和新朋友。大家都在议论兰州今晚的混乱。一个媒体的老朋友说，这次灾难真是一场考验，尤其是对记者，他总结说："为了工作，政治一些；为了良心，人性一些；为了历史，真实一些；为了事业，博大一些。"

我们为他的精辟总结而开怀大笑。受兰州紧张气氛的影响，有了帐篷，所有的人却不敢睡，为了消磨时间，大家聚到一块，开始玩起了扑克。

2点10分，一次强烈的余震，我们从帐篷里跑了出来，只听见小广场上尖叫声一片，紧张的一刻过后，接到电话，兰州刚才也有震感。这一晚，大家几乎没有睡，都在等待电视上预报的6~6.5级地震。

5月20日　武都成县

早上7点，我们从文县出发，向武都方向返回。在武都县，我们看到到处是指挥部贴出的通知，"最近有强烈余震，希望做好防震工作"。在陇南市委机关里，好多的干部被保安从楼上驱散下来。我们在武都做了简短的采访就离开了。这时，从文县传来消息，早晨已经开始下起了中雨，好多地方塌方，范坝乡的道路再次堵塞。大家都沉默了，灾难何时才能离去，已经千疮百孔的文县还能承受多久。

（原文刊载于2008年5月26日《甘肃经济日报》，后在甘肃移动内部刊物上发表，作者贾治堂）

缺吃少药，90%房屋受损

——陇南文县重灾区告急

5月12日14时28分，受四川汶川县8.0级地震波及，陇南市大部分地区遭受强烈地震，文县是陇南市的重灾区，文县的重灾区在玉垒乡、中庙乡、范坝乡和碧口镇。记者从碧口地区抗震救灾指挥部了解到，截至5月15日18时，四乡镇90%的房屋受损，40%的房屋倒塌，其中碧口镇城区所有的砖混结构房屋都成了危房，出现严重裂缝。

食品供应出现危机

5月15日中午12时，记者在碧口街道看到，从四面八方前来购买食品的群众络绎不绝，但是大多数都空手而归，从中庙乡赶来采购食品的村民王建设告诉记者，他骑着摩托车跑了3个小时的路程，为家里采购食品，但是跑遍碧口城，没有买到想要的食品，“食用油全城紧俏”。

记者在碧口镇派出所门前的小商店看到，购买小食品、饮料的人排着队，一瓶矿泉水5元，一箱方便面50元(20袋装)，一袋小锅巴1.5元。商店的老板告诉记者，“库存已经不多，要留一部分自用”。

碧口地区抗震救灾指挥部的王云福告诉记者，15日早晨，指挥部已经动员碧口镇的商户到广元、绵阳进货，尽快解决碧口食品短缺危机。

记者在碧口镇白水江畔的河堤上，看到成百上千的避险群众，由于帐篷紧缺，好多人用花布、塑料搭起了简易帐篷。方便面是主要的食品。碧口水电站一位姓王的师傅说，碧口周围的群众因房屋倒塌，粮食全部被掩埋，目前生活面临着危机。

记者15日在碧口镇太平山采访昌同时发现，当地群众受灾严重，由于房屋倒塌掩埋了全部家当，加上停水、停电，基本生活没有保障，缺吃少穿，缺衣少药，没有帐篷，情况十分艰难。

范坝乡的公路至今未打通

范坝乡是碧口镇西南方向最大的乡镇，全乡有1万多人，自5月12日地震以来，碧口至范坝乡的公路多处塌方，至今未通，解放军官兵目前正在连续奋战。为了尽快了解灾情，抗震救灾指挥部已于5月14日派干部从水路进入范坝乡，目前范坝乡的固定电话偶尔能接通，移动手机还是接不通。据初步统计，该乡目前伤亡惨重。受伤群众和具体灾情还未统计清楚。另据了解,5月15日,碧口地区余震不断,有人粗略估算,24小时内已经发生余震38次。

帐篷药品供应告急

15日上午8时,从天水起飞的三架直升机在碧口镇空投了方便面、饼干、帐篷、药品等生活生产自救品,但是碧口的灾情并没有减轻,目前缺少帐篷数万套,许多避险群众露天而宿,一顶帐篷中住着30多人。自5月12日以来,碧口的气温在25度左右,感冒、中暑、患肠胃疾病的人明显增多。玉垒乡卫生院陈院长告诉记者,玉垒乡卫生院房屋已全部成危房,乡政府大院成了临时的"医院",由于缺少药品、医生,许多重病病人无法接受治疗。

截至记者发稿时,文县的余震还在继续,记者电话连线碧口镇,当地仍有余震,由于救灾物资只能从唯一的通道进入,帐篷、药品、食品仍然告急。碧口医院已经人满为患,好多重病伤员已经转移到文县,但是文县的情况也不容乐观,血液、药品、医疗专家仍然紧缺。城区手机只接难打。截至15日下午6时,碧口镇手机只有中国移动有信号,中国联通没有信号,手机收发信息畅通,但是拨出比较困难。下午6时30分,碧口镇部分地方民用电已接通,但是城区还有相当一部分地方仍然未通电。

(原文刊载于2008年5月14日《甘肃经济日报》,作者贯治堂、司小平、张栎)

信心和心愿同在

14日晚19点10分，记者在到达文县时看到，不少的市民，正围在小卖部、超市门口观看央视新闻频道播出的新闻联播节目，群众对重灾区的情况非常关心。商贩和商店经营状况良好。道路上虽然人流量很大但是秩序井然。

文县拱桥小吃市场1号小超市老板陈女士告诉记者："从今天下午6点多通电开始，我家店门口就站满了看新闻的群众，除了看新闻频道就是看四川卫视，大家更关心的是重灾区的灾情。"听到记者采访老板娘，看新闻的张先生回头说："虽然我们这里也是灾区，但是我们也同样关心身在重灾区的人们。"陈女士接着说："现在全国都在关心四川的灾情，尤其关心汶川的情况，我们这里没有下雨，还有帐篷可以睡，都感觉不方便，想想他们那边的人，又下雨又没有地方睡，路才刚通没有多久，救援物资都还不齐全，那边的人生活肯定更难。现在我们就想早点了解他们的情况，希望他们早点恢复正常生活。"

当记者问及地震后的生活情况时，陈女士告诉记者："和1976年的那一次地震比起来我们现在放心多了。我当时才八岁，唐山地震同样波及文县，我记得当我清醒的时候，妈妈已经把我从家里抱到了院子里。紧接着天空就开始下雨，我们没处躲，衣服都被雨淋湿了，到了白天又没有吃的东西，心里就感觉到绝望，以为往后的生活都没有指望了。这次不一样，虽然这次的震感要比上次的强烈，但是我们并没有当时那种恐惧的心情，反而觉得心里很放心，在发生地震之后，县镇府的领导给予了我们很多的帮助，安排人给我们发放帐篷，为我们的店面和街道消毒，宣传抗震、自救知识，晚上还整夜巡逻，确保我们的安全，真的觉得没什么好担心的了。"

谈到自己这几天的生意，陈女士说："因为前两天停水、停电，所以买方便面和矿泉水、饮料的人很多。今天水、电都有了，有些家里已经开始自己做饭了，情况已经好多了。不过就在前两天没水、没电的时候买东西的人也没有像1976年那一次，大家一拥而上都来抢，大家都很有序，没有你争我抢的情况发生，这两天就连小偷都没有了。"

对于这一点卖水果的陈老板也有同感："这有什么好抢的，大家都住在一个县上，都一起受灾了，大家互相帮助，互相体谅，把这几天过去才最重要。你看我今天卖了100多斤的香蕉还有3箱多苹果，生意比以前还要好，也没有看有谁来抢。现在我担心的是可能明天我的这些水果就要卖完了，外面的货也进不来了。"

随后记者询问在一旁买香蕉的叶先生水果是否涨价，叶先生告诉记者："还是和往常一样，没有感觉涨价了。"卖水果的陈老板又说道："我们怎么会涨价呢？你看今天我的香蕉还是两块五毛钱卖的,苹果也是两块五,和地震前都是一个价钱,我要是在这个时候涨价,那不是赚黑心钱吗?而且县物价局已经明确规定不许涨价,被抓住了要重罚的。”这时刚才的叶先生又说话了:“这个老板一直都在这里卖水果,地震以后因为没有水,我们就多买点水果吃,他们也没有涨价。有时还会多给一点,是让人放心的老板。”

(原文刊载于2008年5月15日《甘肃经济日报》,作者贾治堂、张栎、马涛)

“地震综合征”比地震更可怕

人是最坚强的,人又是最脆弱的。

“5·12”地震给文县人民带来的灾难是有史以来最大的,文县人民面对灾难的信心也是必胜的,但是在无情的灾害面前,我们不得不承认,毁灭性的打击已经让灾区人民心理蒙上了一层阴影,“地震综合征”比地震更可怕。

5月14日晚上12点,文县临江乡农民樊绣花从睡梦中惊醒,从帐篷跑出去,结果摔到沟里,腿部多处骨折。据樊绣花的丈夫说,地震以后,他的妻子每天晚上都睡不踏实,动不动就从梦中惊醒,结果还出了意外。

碧口镇小学三年级老师吴腈告诉记者,当她从废墟中刨出她的学生时,她真的不敢相信,几分钟前还活蹦乱跳的孩子就这么永远离去。“这是我一生中难以消失的噩梦,几天来,我完全在恐惧、害怕、精神恍惚和意识不清醒的状态下生活,我甚至怀疑以后能不能为人师表。”

26岁的吴腈是江苏人,对于“14时28分”,她已经产生了条件反射,“甚至开始讨厌钟表”,5月15日上午10时,她还正在睡觉,“没有时差,白天睡觉,夜晚席地而坐”。

临江乡农民王小虎说,2006年6月21日,临江遭遇了5.0级地震,当时他的孩子只有5岁,地震对孩子心理造成了恐惧,“后来如果孩子不听话,我们就用要地震来吓唬他,孩子就变乖了。但是这次给孩子造成了心理障碍,地震过去几天了,孩子不吃饭,也不愿多说话”。

连日来,记者所见之处,凡见之人,都说有头晕、想吐、吃不下饭的感觉,一些人甚至得了“眩晕综合征”,老是觉得有强烈的晃动感,心里还有一丝莫名的“恐惧感”。

“地震综合征”比地震更可怕,学生厌学,上班族厌上班,做工的目标茫然,农民整日忧心忡忡,在文县,一些地方的灾后重建和生产自救工作几乎停滞,这是重灾区自地震以来最可怕的“恐惧症”。

抢险救灾,把次生灾害降到最低,这是文县重灾区目前的第一要务,但是心理和精神方面的救助也不能忽略,事实上,灾害使人们遭受的心理伤害并不会比肉体伤痛少,面对灾难,脆弱的心灵都需要抚慰和引导。

(原文刊载于2008年5月17日《甘肃经济日报》,作者贾治堂)

灾民急需心理辅导

17日下午，记者徒步进入文县范坝乡阎家村采访，这是范坝乡灾情比较严重的村，在采访中记者发现，这个被地震困住108个小时的村子，群众的情绪很不稳定，恐慌、绝望、无助是这里大多数群众的情绪反应。人们的精神处在崩溃的边缘，生活物资也开始短缺。

记者沿着山路前行，一米多宽的山间小路上到处都是碎砖和破瓦，有些家的房子倒塌甚至堵住了道路。在进入山里的2公里后，记者见到了一个小女孩，这是记者进入阎家村后见到的第一个孩子，记者发现女孩家的受灾情况很严重，家里的4间土瓦房，两间倒了墙，四间房子的房顶不同程度地塌了，即使没有余震发生，有时还会从房顶上掉下瓦片来。

这个女孩名叫何苗苗，见到记者的时候脸上没有一丝表情，目光看起来还有些呆滞，谈到地震她显得很麻痹，也不怎么愿意说话。后来从何苗苗奶奶的口中了解到，何苗苗今年13岁，在碧口二中念初一，地震发生的时候她正在学校里准备上课，地震后她被家住碧口的大妈接回家，17日中午碧口到范坝的路疏通之后才到家，到家后才发现，家里不仅仅经历了地震的灾害，妈妈也离家出走了，还拿走了家里所有的积蓄。

这时记者才明白过来，为什么这个花样年华的孩子在面对陌生人时会显得这样的麻痹和呆滞，在经历了地震之后，本想能够一到家就扑进妈妈怀里的孩子，没想到到家时却发现，妈妈竟然带着全家几年的积蓄离家出走了，看着没有了妈妈身影的支离破碎的家，又有几个孩子能接受呢？

据记者了解，在阎家村乡何苗苗这样遭遇的孩子并不多，但是大多数的孩子都有因为地震而产生的恐惧心理，许多父母在孩子不听话的时候，总是会用地震了、再不听话就关到危房之类的话来吓唬孩子，而且每次孩子在听到这些话时总会安静下来乖乖地听话。

除了孩子的恐惧之外，中年群众反映出的情绪状况就是无助、绝望，有些人甚至选择自杀来逃避地震带来的毁灭性灾难。在范坝乡被困的四天多时间里，就村民知道的自杀人数已经超过3人。这些人或跳河或上吊或喝农药，以极端的方式来躲避地震带来的灾难性问题。

村民杨玉文告诉记者："14号晚上我们村一个名叫高国福的人就喝乐果农药自杀，幸亏发现得及时，要不然又要多死一个人了。"

阎家村是一个比较贫困的村，村民都是靠种粮食维持基本的生活。有些困难的人家甚至都买不起肥料，地里的庄稼就靠天养，日子过得很清苦。地震使山上地里的粮食都不同程度地受损，又毁掉了原本不结实的房子，这就让许多的人处于无家可归、连肚子都吃不饱的境地。

杨玉文说:“高国福家里有一个孩子,两个老人,除了种田根本没有什么别的收入,是那种不干活就没饭吃的家庭。他的儿子很不听话,本来家里不富裕还经常要钱上网,14号下午,他们两口子为了儿子的事情吵架了,到了晚上高国福就喝农药了。后来送到医院里抢救了,洗了胃才脱离危险。他醒来之后就不停地说为什么要救他,他不想活了,还让他怎么活呀!现在就我们知道的自杀的人已经有3个了,山上那些更穷的地方听说也有这样的人。”

这次地震对学生的影响也很大,记者在采访中见到了一个叫余兴林的高三理科班的学生。在这次的地震中余兴林的家也损失严重,房屋墙体整体倾斜,墙壁上有多条裂缝。

谈到这次地震,余兴林有很多的担忧:“真没想到会地震,对我的影响太大了。我们家本来就不富裕,家里还有个弟弟,父母负担我们的学费已经很吃力了,现在遇到这样的事情,真是雪上加霜。田里的庄稼肯定要歉收了,房子还要翻新,这对我们这个贫穷的家庭来说实在不堪重负。马上又要高考了,我心里真的是很矛盾,一方面担心考不上,一方面又担心考上了。考不上觉得对不起父母对我的栽培,考上了又担心家里没有钱来支付我的学费,这让我真是不知该如何是好了。眼看家里的麦子要收割了,家里现在连住的地方都没有,收了麦子该怎么放呢?要是再遇到雨天,那家里辛苦半年的劳作就全完了。”

余兴林告诉记者,在他的同学中有80%的学生有着和他同样的想法,有的甚至已经放弃了高考,想要高三毕业后外出打工挣钱补贴家用。据记者了解到的最新消息,文县一中17日中午有两名女学生因为压力过大而晕倒。

地震带来的灾难严重影响了群众的生产和生活,更可怕的是地震带给群众的心理创伤也与日俱增,心理恐慌比物资的缺乏带给灾区人民的影响更可怕,进行心理疏导已经是灾区迫在眉睫的重中之重。

正在文县开展医疗卫生支援的兰州中医学院附属医院石洲宝医师说,亲眼目睹了地震的孩子,都有发呆、自我意识下降,走神等症状,尤其是14岁以下的孩子,更容易出现这些症状,严重的表现为精神长期紧张,害怕、恐惧、悲伤、忧虑、失眠乱语等。如果中年人有这种症状,比孩子的心理疾病更重。这是“地震综合征”,医学上称为“创伤后应激障碍”,需要一个长期有效的心理辅导,而这个过程需要专业医护人员来完成。

(原文刊载于2008年5月18日《甘肃经济日报》,作者贾治堂、张栎、马涛)

文县范坝的108小时之困

14时28分，这是一个定时，不管是陇南市还是文县，在这个灾难时刻后的第一反应是向外界求救。而对于省委、省政府，第一时间是联系基层，但是由于电信发射塔严重受损，心急如焚的省上领导几乎试拨了文县所有的电话。

13日上午10时，省委书记陆浩拨通了范坝乡初级中学的电话，中学校长哽咽地告诉了书记当地受灾的情况，陆书记安慰和鼓励这位校长后，终于松了一口气，立即给第二抢险救灾分队布置了任务。由于碧口到范坝乡唯一的公路上100多处塌方，经过救援先遣部队108小时的昼夜奋战，5月17日上午8时，这条道路终于打通了。本报采访组第一时间赶赴范坝乡，亲身感受了被围困了4天5夜的"孤岛"的焦急和等待。对于范坝12000名老百姓来说，漫长的4天5夜让他们经历了一场生与死的较量，而这个只有41名干部的乡政府，也接受了一次重大考验。

5675653：省委书记第一时间接通的电话

13日上午10点，在范坝中学教学楼前搭建的救灾帐篷中突然响起了一阵阵急促的电话铃声，这是地震后范坝中学响起的第一通电话，校长许伟马上接起电话，没想到微弱的电话信号中传来的居然是省委书记陆浩的声音："你是范坝中学吗？你们在哪里？那里的情况怎么样了？"简单的几句话顿时让地震后感觉无依无靠的许校长心里踏实了许多。

范坝乡是文县地震灾区中灾情比较严重的一个县，17日上午通往范坝乡的路才打通，记者见到范坝中学陈校长的时候已经是17日的下午了。见到记者的时候，许校长激动的心情还没有平复，许校长告诉记者："从13日的上午10点开始，到14日的下午3点之间，我一共接到了陆书记的4通电话。每通电话都在询问我们的情况，询问灾情，询问学生的情绪，询问学校的情况，言语中不时透露出关切之意，听到陆书记这么关心我们的情况，我真的觉得心里不害怕了。"

范坝中学的电话是此次地震后两天之内唯一一部能与外界联系的电话，是许校长在地震发生后的二十分钟后，紧急抢救出的唯一的电话线路。许校长说："只有有电话才不会断了和外界的联系，才不会断了希望。"

年轻校长的老练举动

今年29岁的许伟到范坝中学的时间还不到半年,他地震后的第一反应让很多家长感动。

12日14时28分,正是范坝中学进行午自习的时间,许校长正想乘这短短的半个小时时间写一份工作材料,没想到刚一打开电脑,地震就发生了,窗户强烈的晃动声,让许校长意识到这是一次规模不小的地震,于是他马上顺手抓过桌子上的喊话机,从三楼冲到二楼一间教室一间教室地让在教室里自习的孩子们赶快下楼避震。与此同时,在一楼的副校长和政教处主任也在疏散在一楼自习的学生,看到学生们都已从教室出来,许校长才紧跟着学生们下楼,当他从教学楼冲出来的时候,一块斗大的石头就砸在了他的身后。

这时,范坝中学教学楼前,已经聚集了包括学生老师在内的200多人。两分钟之后全校所有的老师已经从各自的家中冲到了学校, 家住学校附近的李季老师在冲到学校后对许校长说的第一句话就是:“学生怎么样,要死我们和学生死在一起。”在得知学生都没有伤亡的情况下,李老师才放下心来。

这时山体还在塌方,碎石飞溅,许伟突然意识到,抢救电话是关键,他顾不得多想,冲进教学楼,把电话抱了出来,但是电话已经被砸坏,为了能和外界取得联系,他就地维修电话,几分钟以后,电话修好了,但是一直没有信号。“我没有想到的是,这个电话是范坝乡第一个接到外界的电话。”

由于地震仍然在继续,为了防止教学楼倒塌伤及学生,许校长马上又将学生转移到了操场西边的开阔地上。地震持续了将近22分钟,在地震结束后,许校长又马上安排老师沿着街道将滞留在上学路上的学生马上接到学校。随后开了一个4分钟的会,成立了学校抗震救灾工作组,安排了四项工作,就开始分头开展工作。

由于学校有很多的住校学生,为了解决学生的吃饭问题,他马上安排副校长去采购粮食和水。“这些粮食和水是我们向群众赊来的。”在地震之前学校供水的管道是从山上引下来的,在地震中断裂了,为了尽快恢复供水,他立即安排人从附近找来村民和老师一起抢修水管,同时组织老师安抚学生的情绪,让学生不要产生恐慌心理。

据了解,12日当天下午,不少学生的家长要求接回学生,但是许校长为了确保学生的安全,不允许家长带学生回家。13日上午,才开始允许家长带孩子回家,每个家长带走一个孩子,许校长都要求家长签字,到17日上午学生才全部被家长接回家,并且学校还给困难的家庭准备了粮食和水。

“面对死亡,母爱最伟大”

5月12日范坝乡正逢双休日集,阎家村的村民张月萍和前来她家做客的妹妹张玉玲带着5个月大的女儿来赶集,张月萍的丈夫在四川汶川打工,不久前,张月萍收到丈夫寄回的钱,在奢侈地购买了一些生活用品后,1点30分,姊妹俩抱着孩子往回赶,但是她们谁也不知道一场灾难正在紧紧逼近。

2时28分，当她们行至离家不到16里路的时间，强烈的地震袭来，张月萍把孩子紧紧地抱在怀里，沿着公路往前跑，突然，公路上方足有500米的山体滑坡，巨大的乱石迎头而下……走在她们身后不远的一位老大妈在余震中隐隐约约看见，张月萍姐妹俩不见了，前方多了一堆巨大的土头。

2天后，范坝乡余震减小后，附近的村民和家属经过10个小时抢挖，张月萍母女被刨了出来。一位村民说，张月萍已经面目全非，身首异处，而压在张月萍身下的孩子没有任何伤，只是母亲抱得太紧，窒息而死，而张玉玲被乱石砸得更是惨不忍睹。

15日上午，张月萍的丈夫从汶川打回电话，家属们谎称，他的妻子只是受了腿伤，情况不是很严重。

"所有的工作在22分钟地震中完成"

范坝乡党委书记叶柏林告诉记者，5月12日下午，范坝乡的干部准备下乡动员群众，宣传不久前文县三干会上"思想大解放"的会议精神，地震来临时，他在办公室，"感觉不对，我从办公室里冲了出来，连忙大喊'地震了，地震了'"。

由于5月12日是范坝乡的双日集，政府院里有好多来办事的群众，"尖叫声、哭声、喊声，房上瓦片飞溅，街上乱成一团"。

14时35分，叶柏林连忙把在家的41名干部召集起来，分成四个组，一组到学校，一组到小学，一组到街道，一组到卫生院抢救药品，与此同时，他指挥人到楼上把电话拉了下来。

"药品就是生命，这是我的第一反应。"范坝乡卫生院院长张新元说，卫生院的8名工作人员和乡政府干部经过20分钟抢救药品，10多箱药和大部分医疗器械被抢救出来。

为了疏导群众，叶柏林把群众有序地疏导到乡政府东边的一片空地上，与此同时，农民高兴明把自家一个塑料大棚里已经成熟的黄瓜全部拔掉，腾出地方，让灾民居住。

据叶柏林介绍，范坝乡地震持续了22分钟，地震造成15人死亡、34人受伤、22个行政村100%全部受损。

"赊欠2吨大米成了救命米"

4点钟，乡党委在最快的时间作出反应，一方面从镇上的商家那里赊欠2吨大米分发给群众，另一方面向上级求援。但是人太多了，目前，这些只能够一个人一天的伙食。"我们已经和兰州的商家联系，让他们平价从兰州为我们运送彩条布和帐篷，我们给他们补贴运费和少量工资，现在这批物资已经从兰州出发。"叶柏林说。

"在灾情出现后我们已经发放了两批物资，但这还远远不够，指挥部运来的面和彩条布我们按人头发下去，每人只能分到一斤面一米彩条布。"范坝乡党委书记叶柏林说。

范坝乡共有16个村，约2500户12006人，这里80%的房子成为危房，几乎所有房屋都出现裂痕，已经不能正常住人，受灾群众都住在临时搭成的简易帐篷里。

5月17日下午，在陆路打通后的第一时间，指挥部运往这里的第一批物资到达，方便面、帐篷、药品、蜡烛在最快的时间发放到了群众手中。与此同时，第一批由个人志愿者组成的物资运送车正在以最快的速度向范坝乡前进。

“我也不记得欠了多少”

5天5夜的自救中，当地群众组给予了范坝中学最大的支持，他们纷纷伸出援助之手，帮助这些在地震中不能回家的孩子。

钟淑云大妈家的小卖部就开在学校对面的马路边上，地震后学校的郭副校长为了解决200多名学生、老师的吃饭问题，就到钟大妈家的小卖部里买方便面、挂面、矿泉水、榨菜等物品。由于事出突然，郭副校长的身上并没有带钱，钟大妈主动提出等情况稳定后再给钱。钟大妈说：“都什么时候了，还和学生们计较这些。现在只要他们有需要，到我店里拿就行了，我相信他们，能帮助他们我心里也很高兴。”

村民何师傅看到学校里老师少学生多、人手严重不足，主动站出来帮他们修电线、修水管。何师傅说：“这些老师都挺辛苦的，地震后地第一时间就赶到学校照顾学生，自己家里受灾了也不顾。光给学生们下面条就下了4个小时，你说我怎么能不出一分力来帮助他们。”

80%的粮食被埋

十斤面粉一箱方便面，是老支书王培录两家8口人所有的口粮。王培录说，阎家村80%的粮食都被掩埋，能够维持两天的人家在逐渐扩大。“连续六天了，天天都有余震，本想进去抛点面粉出来，老伴死活不让。”

王培录的老伴说，“现在我和我姐姐家一共就剩不到十斤的面粉了，还有就是镇上发的一箱方便面，吃完就没得吃了”。

“连片好瓦都没有拆下来，家里真是一无所有了。”正在拆除房上残瓦的高德录说。为了让屋顶减轻重量，高德录一大早就开始和妻子拆瓦，“这样可以减轻屋顶的重量，让屋顶不至于在余震中再往下塌，同时等彩条布来了也好铺上去”，因为时时出现的余震，高德录和妻子拆得很慢。

枣树村是一个坐落在半山腰上的村落，地震毁了村里9成的房子，王建强一家7间屋子全部塌毁，两头牛和一头猪到现在也不知怎么样了，现在村里根本不敢住人了，山上不断有随着余震滑落的石头，村里的人都撤到相对安全的地方。“不下来没有办法啊，现在连个可以搭帐篷的地方都没有，解放军到现在也都没敢上去呢。”王建强说。

现在最担心的除了下雨外就是夏收了，“菜籽现在就可以收割了，再过三五天麦子也可以收割了”。然而因为地震坍塌的房屋还没有抢救出来，收小麦根本人手不够，其次很多人家收回来的小麦连个堆放的地方都没有。

“我们也知道政府不容易，量大面宽，我们能理解，只希望政府能尽解决一些彩条布，我们就有办法了。”望着即将成熟的小麦，王建强说。

农民热心暖“孤岛”

5月17日早晨8点，一个由四个青年农民自发组成的物资运送车从徽县出发连夜赶到了文县准备送往范坝。这四个青年农民来自家乡同样受灾的甘肃陇南徽县江洛镇。“我们虽然也是受灾区，但我们的情况好多了，一听说文县灾情严重，我们就决定要贡献自己的一份力量。”这次捐物的发起人并要求到受灾最严重的灾区范坝充当志愿者的郭玉涛说。

4位青年农民几乎和本报记者同一时间进入范坝，但是他们的到来温暖了整个小镇。

早在16日早上郭玉涛从电视上知道文县的灾情后，决定要为灾区的抗灾出一份力，郭玉涛和他的三个好友商量之后，立即联系物资，因为徽县也是受灾区之一，为了尽快筹集物资，四人分头行动，从徽县大大小小的商店、超市购买方便面和矿泉水，终于在十多处不同的超市凑够了物资，他们顾不得休息，16日晚上七点从徽县的江洛镇出发连夜赶向文县。

17日15时，200箱方便面、250箱矿泉水送到了文县重灾区之一的范坝乡，这是第一批来自农民志愿者的捐助。四位青年不顾路途劳顿，和当地群众一起卸下物资后又纷纷帮助附近的受灾群众抢救物资。“我们不是来享福的，我们是想用我们的力量来帮助灾区的群众，其实每个人都在用不同的方式为灾区作出自己的贡献。”郭玉涛说。我希望我们捐的物资能运送到最需要的地方。

为了表示自己的决心，四人花钱买来迷彩服，准备在范坝帮助老百姓抢险。“我觉得这身衣服比较可爱，我们想像战士一样为救灾贡献点力量。”

在四人即将出发时，他们的好朋友和亲人的小孩儿也委托四人带来了147元的捐款，这是一份至纯的爱。年仅七岁的一年级小朋友晁才媛在写给灾区小朋友的一封信中这样写道：“灾区的小朋友：我们希望你们能早日得到大家的帮助，钱虽少，但这是我们四个小朋友的心意，请你们收下。”

这是一支钢铁部队

记者到达范坝乡草坝队的时候，抢险队长冯万军率领五名队员已经赶往居住在山顶的14户居民家，副队长张林全和剩下的队员正在为一家村民抢搬屋里的财物。

这是一个由16人组成的抢险突击队，这个由六名党员十名青壮年村民骨干组成的突击队已经连续奋战了19个小时，而像这样的抢险小分队在范坝乡有20个，他们均由村委会和村里的青壮年组成，在陆路被切断长达100多个小时里，这些小分队承担起各村的生产自救。

冯万军所在的草坝村处在两山相夹的一个山沟里，地震后造成的山体滑坡和巨石滚落让村民们的财产受到严重损失。目前，不停的余震不断地造成山体的塌方。

“我们首先要做的就是解决村民的吃水问题。”张全林说，居住的村民吃水都是从山上的山泉引一根管子到自己家，然而严重的山体塌方已经切断了所有居民的引水管道，村民吃水成了一个重大的问题。冯万军和张林全亲自带队冒着不断出现的余震和滚落的山石爬到山上引水处，搬走一块块大石，疏通水渠，在最短的时间里让村民们吃上了水。

养殖户何金满一家从地震后到现在一直处于焦急的等待之中，家里的60多头猪眼看就没有什么可以吃了，山上滚下的石头随时有可能要了60多头猪的命。

“这是家里唯一的收入了，原本打算六月就出槽的猪现在已经不可能了。”何金满的妻子焦急地说。地震造成的停电使粉碎机无法使用，而猪又根本不吃没有加工过的粮食，从14号开始何金满已经开始用麦草喂猪了，一头刚刚产下11只小猪仔的母猪已经没有足够的奶水喂养小猪了，昨天一只猪仔已经死亡，其他的猪也开始出现不同程度的病状。

抢险突击队动员村里家中还有多余饲料的村民匀出一部分饲料来帮助何金满一家渡过难关，同时他们组织人员维修清理猪舍，让何家的损失减到最小。

村民何成远承包的27亩茶叶已经被滑坡和巨石毁掉了五成，眼看着刚刚可以采摘能见经济效益的茶园就这样被毁掉了，眼下正值菜茶季节，而何成远根本找不到人手去采茶。

冯万军亲自带队勘查山况，张全林组织人员在相对安全的地方为何成远抢收茶叶。“如果错过时间，就会影响到茶的品质也就影响到了收入，现在我们只能尽量帮他们抢一些。”副队长张林全说。

而从地震发生到现在，冯万军和张林全还没有顾得上把自己家的东西收拾一下，张林全家房屋全部倒塌，妻子和孩子到现在还借住在别人的帐篷里。“我们现在最担心的是什么时候才能搞到彩条布，这对村民们来说太重要了，眼看马上又要夏收了，如果没有彩条布，夏收工作就很难开展，要是再一下雨，村民们的损失将会成倍上升，这将意味着今年他们将一无所有。”张全林发愁地说。

（原文刊载于2008年5月21日《甘肃经济日报》，作者贾治堂、马涛、张栎）

情自八方，爱涌灾区

——"5·12"地震全省自发奉献爱心活动综述

5月12日14时28分，这是一个揪心的时刻，这一刻全世界的目光都被定格：顷刻间，川蜀大地上灾民遍地，勤劳的人们流离失所；陇上江南也在瞬间变成一片废墟，美丽如画的山水满眼凄凉。

这是一场特大灾难，是建国60年来中国人民遭受的一次特大地震。

"5·12"汶川特大地震同时波及我省南部的17个县市，受灾人口超过500万，尤其是我省的陇南市，成为这次地震的重灾区，受灾面和地震破坏程度仅次于四川省。灾难牵动着无数善良人的心。面对灾难，唯有爱心。连日来，人们纷纷慷慨解囊，社会各界捐款捐物，人人奉献爱心，企业承担社会责任，中华民族迎来了空前的团结和凝聚。

截至5月26日，全国共接收国内外捐款捐物总计308.76亿元；截至5月25日，我省民政系统、慈善总会、红十字会共接收捐款捐物2.8亿元；与此同时，截至5月27日，省财政共下拨各类救灾资金6.29亿元。

灾难毁坏了同胞们的家园，压垮了孩子们的教室，但是灾难并没有侵蚀我们的精神家园，并没有使全省各族人民的爱心停滞。一方有难，八方支援。大灾面前，和全国一样，陇原大地上上演了一场场奉献爱心的接力赛。

来自心灵深处的自发举动

5月13日，兰州市城关区一只船小学五年级学生吴小强再次把剩余的1000元压岁钱捐给灾区，这是小强第二次捐款，也是兰州市小学生中最大的一笔捐款。就在当天，省民政厅的工作人员又接待了一位"上访专业户"，但这位老人当天来不是上访的，而是捐款，虽然一家三代四口人都吃着低保，但是老人还是如愿以偿地捐了2元钱。

5月14日，西北工业大学二年级学生车雪妮架着单拐在父亲的搀扶下，来到省红十字会，拿出去年在学校得到的600元奖学金全部捐献给灾区。由于她行动不方便，其举动打动了在场的每一位工作人员。

5月15日，81岁高龄的新加坡华侨杨镜如先生千里迢迢来到兰州，为陇南灾区捐款2万元。当美国留学生李创伟提着几大包衣服来到省慈善总会时，在场的群众为这位外国朋友所感动，工作人员为他登记，他却用流利的中文表示，"没有这个必要"。

5月23日，省红十字会收到了一笔特殊的捐款，捐款人是正在监狱服刑的犯人，他们在来信中说，“虽然我们没有资格说爱心，但是我们都流着同样的血脉，我们是炎黄子孙，国家有难，匹夫有责”。

一方有难，八方支援。连日来，社会各界都以“有钱捐钱，有物捐物”来献爱心，爱心就像接力赛一样，一棒接一棒，生生不息，处处感动。

14日上午，省委统战部、省工商联、省光彩事业促进会组织兰州地区非公有制经济代表人士“支援灾区、奉献爱心”捐赠活动，27家民营企业当场捐款捐物，共收到现金和物品价值486万元，其中现金346万元，药品103万元。

人间有爱，华夏儿女血浓于水；休戚与共，行善积德情大于天。截至5月25日，省民政厅已经接受社会捐赠资金9562万元，省慈善总会共接受海内外、国内外捐款捐物2637万元，省红十字会共接受社会各界捐款捐物7583万元。

针对我省经济还欠发达，群众捐款热情如此高涨，一位外地网友在网上如此评价：自发自为的民间社会力量，使社会永葆创造精神，是在关键时候化解危机的力量之源。此次甘肃民间救灾力量的异军突起，再次证明了民间力量对于社会的黏合作用和对社会创伤的修复作用，这些作用是任何力量都无可替代的。

爱心构筑众志成城的决心

大灾面前有大爱，大爱之力抗大灾。多一份爱心就多一份力量，千万份爱心就能弥补灾害撕裂的创伤。

在灾区文县，许许多多的志愿者用行动温暖着灾区人民饱受创伤的心。

为了凑路费和为灾区捐款，临夏籍退伍军人周安仁临走前把家里的电磨、粉碎机都急急忙忙当废铁卖了。5月17日，他与4个素不相识的退伍老兵在文县火速结成了“新战友”，立即到当地进行夏收工作。文县城关镇鹄一坝村坪上社受灾群众王夭生家的麦田，成了他们参加抗震救灾的第一站，一个上午，就收割、背运了1亩多麦子。

成县也是这次受灾严重的地区之一，5月18日一大早，成县农民康辉和他的3个朋友雇了一辆大卡车，拉上200件矿泉水和250箱方便面上路，经过24小时的艰难行驶，他们到达了文县的范坝乡，他们带来的这些食品，为3个村的灾民解决了2天的无炊之饮。

在兰州，17日晚上的东方红广场爱心涌动，数万群众聚集在一起，在蜡烛组成的巨型的“心”和“5·12”字样图案旁边，以自己的实际行动为灾区人民祈福。

在定西，“灾害无情人有情，献血救人显真情”。成千上万的干部群众踊跃为灾区献血，截至5月17日，全市献血者已达1200多人，捐血量达30万毫升。震灾发生当天，安定区鲁家沟镇南川村农民冯进宝步行10多公里到献血点，为灾区尽献微薄之力。由于人数太多，血库饱和，定西血站对于近日献血者全部采取预约献血，目前预约献血者已达1500多人。

在兰州西固区，临时工人王万军，一个月只能挣到106元，他一下子捐了100元，当同事说他的条件不好可以不用捐那么多，王万军却说自己今年情况好一些了，灾区群众遭这么大的难，自己捐款是应该的。

在文化名城敦煌,世界各地的游客聚集在广场的捐款箱前,5元,10元,100元,熟悉和不熟悉的身影,相同和不同的肤色,都是同样的举动,为灾区奉献一点爱心,为社会减轻一点负担。

在灾难面前,共产党人不甘落后,他们身先士卒,以身作则。在这个特殊的时期,共产党员以自愿交纳党费的形式支援灾区, 截至5月29日, 全省广大党员已经自觉交纳党费1200万元。

5月26日,"与爱同行"——甘肃省大型赈灾义演在人们深切的哀思和凝重的回望中拉开帷幕。不管是白发苍苍的老人,还是刚刚入学的孩子;不管是农民工,还是出租车司机,他们不约而同地慷慨解囊,表达自己的心意。晚会现场捐款的热潮一浪高过一浪。短短三个小时,现场捐款达6709.69万元,捐助物资价值达2789.4万元。

无论身在何处,无论赶什么工作,面对灾难,大家唯有一颗滚烫的心,爱心犹如滴水穿石,万涓成河,一份份爱心涌向了灾区,一笔笔捐款聚集到灾区。

5月28日,文县灾后第一所希望小学在碧口镇落成,目前有近千套活动板房已经在文县等灾区安装,正是由于这些善款,灾民的安置基本上进入了"有帐篷住,有饭吃,有衣穿"的正常状态,而大量的善款目前正在紧张有序的下拨之中。

用"甘肃精神"抗震救灾

当我们流着泪为灾区捐款捐物时,我们同时也要擦亮眼睛来监督善款是否得到善用。

5月30日,为切实加强对甘肃省抗震救灾工作的监督检查,确保抗震救灾政策措施的落实和资金物资的规范、有效使用,省纪委、省监察厅向社会公布举报电话,各地群众可以对发现的贪污私分、虚报冒领、截留克扣、挤占挪用、毁坏浪费救灾款物等问题以及党员干部失职渎职、以权谋私、优亲厚友等行为进行举报。

而在此之前,省纪委、省监察厅会同审计单位,分成四个督察组,对全省受灾严重的市县进行现场监督检查,把每一分赈灾款落到实处。

"此次捐款是甘肃有史以来金额最大、规模最大、时间最长、参与人数最多的一次爱心活动。"省社会科学院刘文举研究员最近在撰文中表示,"5·12"汶川大地震给中国历史留下了黑色的一页,震区死伤惨重,家园尽毁。但灾难并不注定以悲哀收场,穿过世人悲悯的泪眼,我们不仅看到了苦难,也看到了改革开放30年来中华民族精神的新升华。

的确,以"仁爱、包容、坚韧、奉献"为基本内涵的"甘肃精神"仿佛在一夜之间全部复苏,人们在抗震救灾旗帜下展现出令人骄傲的陇人品格:捐款捐物时,亿万富翁在慷慨解囊,流浪乞讨人员争先恐后;一旦有献血的需求,队伍立即排成长龙,以至于血库的容量跟不上人们的热情;没有任何命令,许多人自发赶赴灾区;在一线抗击震灾的队伍和灾区群众中,更是充满了无数忘我奉献、催人泪下的感人事迹。

震灾终究会过去,生活还要继续。但是,应该铭记的是,正在延续的这些力量让人感动,这种感动让受到创伤的心坚定生存的信心。无论是解放军战士,还是医生护士;无论是党员,基层干部,还是记者和志愿者,他们都是一个个群体,但是他们同时是一个自然人,为了灾区重建,他们用行动,甚至不顾生命危险在一线奉献爱心,灾区人民因为有了他们,而坚定了恢复家园的信心。

感动世界的不是地震本身,而是在灾难面前所呈现的民族精神,是灾难后伟大无私的爱心奉献。这些奉献正在形成一个大写的“人”字,一个巨大无比的“人”字,正是这个“人”字,体现了中华民族的民族精神,体现了的甘肃人民伟大的甘肃精神,而正是由于甘肃精神的支撑,这次抗震救灾已经取得了阶段性的成效。

(原文刊载于2008年5月23日《甘肃经济日报》,作者贾治堂、马涛、张栎)

奢望中的电视机

30年的改革开放使农村发生了翻天覆地的变化。变化的人，举不胜举；变化的事，无穷无尽，我的家乡庆阳就是如此。庆阳是革命老区，改革开放以前，虽然年年都在享受国家照顾政策，但是由于自然条件艰苦，经济条件变化非常艰难。

30年来，在我的家乡，能够见证变化的事情很多，电视机的拥有数量就是其中之一。从无到有，从有到普及，从普及到高端，家庭拥有电视机的数量应该说是农村变化的曲线图。

在儿时的记忆里，我就有一个梦想，梦想家里有一台电视机，但是这梦想在很多年以后才实现。1983年，那年我正好9岁，父亲带我去了趟城里的姨妈家。在姨妈家里，像小木箱大小的"怪物"吸引了我。插上电，打开开关，"怪物"不但能说话，而且能唱歌，歌声特别好听，里面的人物一直变换不停，姨妈说这是电视机。为了取悦我的好奇心，姨妈专门为我调了一个正在播放动画片《一休师傅》的频道，小一休的聪明和机灵吸引了我，我不时地跟电视里的人在比划着。吃过午饭，本来父亲说要回去，但姨妈看我对电视很痴迷，让我们住一晚上。那天，姨妈陪我看电视看到很晚，直到播音员说"晚安"，我才满足地闭上眼睛睡觉。晚上，我做了一个梦，梦见我们家有了和姨妈家一模一样的电视机，我高兴地笑醒了。多年以后我才知道，当年姨妈家的电视机是东芝牌的，而且只有12英寸大。

1987年，农村土地承包的第6年。我们村里的集体果园丰收了，村长决定用卖果子的钱为村里买一台17英寸的春风牌黑白电视机。这个消息让村里的孩子们高兴不已，我们奔走相告，天天盼着看到电视机。终于有一天，电视机拉回来了，村里的老老少少围着电视机看不够。那是个不眠之夜，在我们的死缠硬磨下，村长同意"看一个通宵的电视"。

村东头的旧窑洞被选为临时放映室，为了安全起见，村长调派了劳力，把旧的窑洞"装修"了一番，安了新门，换了新锁。经过大家的讨论，最后一致推荐德子当放映室的管理员。德子40多岁了，还是光棍一条，生活无忧无虑，地里的庄稼"马马虎虎"，但是对于村里集体的事情，他毫不含糊，积极又热心，管理放映室就成了他的光荣任务。无论是刮风下雨还是严寒酷暑，德子每天总是提前为大家打开放映室的门；农闲的时候，他总是很早到放映室，打扫卫生，把电视机榛得闪闪发亮，然后在村子周围转悠，好心的人总会请他吃上一顿晚饭。

尽管当时用的是室外天线，图像不是很清楚，有时雪花点点，有声音没图像或者有图像没声音，但是孩子们很少缺席，即使停电，我们也养成了等待的习惯。周围的十几个村子，唯独我们村里有电视机。农闲的时候，方圆数里的乡亲们晚上也都来看电视，人越来越多，几百人挤在一个旧窑洞里，热闹非凡，男人门侃大山，女人们拉家常，喧哗的声音大过电视机的声音时，德子总会站出来维持秩序。

但是这台电视机后来便成了“隐患”。窑洞空间毕竟有限，容纳不下越来越多的人。有时本村的人去，“座位”也早让外村人给占领了。时间一长，村里的人就开始反感，最后大家想出了一个办法。外村人要买票，票价每人5角，但是时间不长，就受到了很大的抵制，起初是放映室的玻璃被砸，后来是电视机的天线被偷。最不能是容忍的是村里有孩子的家庭，每天下午6点以后，家长们都得到放映室来找孩子，学生们有时连作业都顾不上写，就跑到放映室看电视。

那年夏天，正值热播《西游记》。庄稼遇到20年来的大丰收，父辈们特别忙，小麦打碾完，大人们在场院里收拾干净的麦子，小孩们在一旁帮忙，但是往往是在最忙的时候，孩子一转眼工夫就都溜进了电视放映室。我也不例外，趁着父亲稍不注意，就溜进放映室，而且藏在人群的旮旯里。为此，我也没有少挨打。但是挨打归挨打，只要一有机会，我们就跑进放映室，时间长了，看电视对我们来说就像如今城里的孩子上网吧一样，诱惑经常大于本能的控制。村里人的意见极大，很多家长找村长评理，最后，村长决定把电视机卖掉。就在那年冬天，我的电视梦又一次破灭了。

1989年，在长庆石油工作的三叔买回来了一台17英寸的黑白电视机，这是我们村里的第一台家庭拥有的电视机，村里人都非常羡慕，有人为了讨好三叔，便提议为三叔庆贺，三叔谢绝了。三叔是一个很热情的人，每当我们去看电视时，他都是非常欢迎，早就打开了电视，还准备下了凳子。

1990年，电视剧《渴望》热播，每天晚上，三叔的家里会准时挤满看电视的人，电视上主人公的命运成为村里人茶余饭后议论的话题。1993年，我如愿以偿考上了大学，全家人认为是一件高兴的事情，父亲一咬牙，卖了1000斤粮食，东拼西凑买了一台17寸电视机，可惜没有多长时间，我就开始远走他乡求学了。而在这一年，我们村已经有了14台电视机，三叔家看电视的人已经大大减少了，半年后，三叔的电视机换成了25寸的彩电。

彩电就是比黑白电视机好看，图像清晰、颜色鲜艳。但是当时的彩电很贵，很多家庭是买不起的。当时市面上流行“电视彩色纸”，于是，聪明的哥哥就买来了黑白电视机上的彩色纸，贴在电视机上，当电视机打开的时候，黑白就变成了彩色，只是颜色是固定的，色彩也是模糊的。

1997年，哥哥从咸阳打工回来，买了一台21寸的长虹牌彩电，那台黑白电视机就成了摆设，也就是在这一年，父亲离我们而去。如今，旧电视机还放在旮旯里，每当我看见旧电视机时，睹物思人，总会想起为我们操劳了一生的父亲。

进入新世纪，电视机已经不是什么奢侈品了，家家户户院子里电视天线和“卫星接收锅”成为村里的一道风景。退休的三叔家里已经有两台电视机了，三叔说：“家里有几代人，现在电视上的尴尬镜头太多。”

2004年春节，我回家过年，在一次聚会中，村长拿出经济普查的数字让我吃了一惊：全村320口人，已经有409台电视机。其中，34寸的等离子电视机79台、电视“卫星接收锅”276

个、VCD和DVD碟机204台。

今年年初，家乡传来消息说，村上要安装有线电视，全村人都在忙活。而对于我来说，有一台属于自己的电视机的梦想早已实现，因为参加工作11年时间里，至少更换了4次电视机，而且是越来越高端。

（原文刊载于2008年6月22日《光明日报》，作者贾治堂）

包容创新——陇人品格的文化宽度

多年来,一代又一代的建设者在这片热土上艰苦奋斗、务实进取,使全省面貌发生了翻天覆地的变化。与此同时,经过千锤百炼而形成的甘肃精神也渐次明晰,成为催人奋进的律动和生生不息的力量。

“甘肃历史悠久,文化底蕴深厚,虽然自然条件、经济发展不如沿海,但甘肃人的精神有自己鲜明的特色,”省政协委员马力说,“培育和弘扬‘甘肃精神’,这是一个亮点,也是一个创新。”

亿万观众迷醉的《大梦敦煌》

从2007年1月26日开始,《大梦敦煌》在法国、西班牙和葡萄牙3国巡回演出,计划演出31场。这是我省历史上规模最大、巡演时间最长、剧场规格最高的一次赴外演出。1月28日,在巴黎会议宫演出时,《大梦敦煌》以东方式的罗密欧与朱丽叶的爱情故事和演员精湛优美的表演,深深打动了以浪漫著称的巴黎观众。每次演出结束,都会出现“曲终人不散”的动人场面,一次谢幕时间竟长达半个小时,一位著名演出商激动地说:“巴黎太小了,法国太小了,欧洲太小了,这个精彩剧目,应当属于全世界。”

余秋雨先生在《莫高窟》中说:“为什么甘肃艺术家只是在这里撷取了一个舞姿,就能引起全国性的狂热?为什么张大千举着油灯从这里带走一些线条,就能风靡世界画坛?”这就是《大梦敦煌》的魅力,在包容中创新,在创新中包容。

21年前,甘肃的艺术家们就以一出《丝路花雨》风靡国内。21年后,他们没有在市场经济的潮汐中迷失走向,始终将创作的探头对准这块举世闻名的大漠深处,又磨出一剑——《大梦敦煌》。两部佳作的包容创新使世界惊叹:“甘肃的艺术家不鸣则已,一鸣惊人。”

《大梦敦煌》是兰州歌舞剧院从1998年开始酝酿,历经3年时间创作而成的一部以敦煌为题材的大型舞剧。为创作这台舞剧,他们五下敦煌,六易其稿,精雕细琢,不断完善,于是才有今天这台剧目示人。著名舞蹈编导陈维亚、著名作曲家张千一、著名撰稿人赵大鸣、著名舞美设计师高广健等都为此剧倾注了极大的心血。评论家单三娅女士就曾经这样评价过该剧:“《大梦敦煌》确实是一部优秀的舞剧,不仅仅是以民族舞剧的形式反映了灿烂瑰丽的敦煌文化,更重要的是,作为舞剧,《大梦敦煌》的剧情符合中国观众的欣赏口味,结构严谨,舞蹈动人,音乐更具有浓厚的地域风情,是一部动情动人的好戏。”

2004年,《大梦敦煌》入选2004年度国家舞台艺术精品工程,同年,又第8次进京演出。《大梦敦煌》的艺术成就,远不止这些,但仅其如诗如画如梦的意境,就已足够我们咀嚼和享受了;仅其艺术的追求和品位,就已令人对甘肃的艺术家们高看一眼。《大梦敦煌》是我省文艺事业的样本,为我省广大文艺工作者树立了榜样。艺术来源生活,高于生活,而这个过程是必须建立在包容创新之上的。

点评:从远古的石笔下到今天艺术的顶峰,也许它的生命本身就是一次绝美的舞蹈,于无声处展现生命的蓬勃,用肢体勾勒出人性的高洁。当“曲终人不散”时,我们似乎看到它的幕后,幕后是一群为艺术献身的包容者。伟哉!《大梦敦煌》!

千万《读者》:理性发展中的创新

在甘肃最值得一提的文化品牌就是《读者》。这本诞生于改革开放之初的杂志,历经25年的发展,发行量已跃居亚洲期刊首位,在全球综合类杂志发行量排名中,名列第4。

《读者》创办时,3万份的发行量距中国发行量最大的杂志足有上百万的距离,但3年间,《读者》先后由50万、100万上升到了1984年的180多万,年平均递增量为178%,创造了中国期刊史上的奇迹。创办第4年,《读者》跨入中国期刊排行榜的前10名。

1994年、1995年,又连续两年排名中国10大期刊首位。从1997年开始,《读者》曾在第4、6、8位上徘徊。到2005年,月平均发行量达到896万份,最高达到943万份,直逼千万大关,稳居全国9000多种期刊之首,成为“中国期刊第一品牌”。创刊以来,《读者》的总发行量已经超过10亿本。央视索福瑞公司的调查数据表明,这本杂志的传阅率达到10人左右,是中国同类杂志里传阅率最高的一本。

《读者》的精髓在哪里?杂志创始人之一的胡亚权说:“《读者》是人性的,用一种独特的表达方式,通过那些优美的故事、文字和图画,轻轻触摸到各色人等心灵的最柔软处,《读者》选择了真善美的追求。”

2003年,温家宝、李长春、回良玉等中央领导在对《读者》的批示中指示,要爱护好《读者》、保护好《读者》,关心刊物的成长,稳妥处理刊物出现的问题;2005年8月23日,中央政治局常委李长春同志率有关部委主要负责人,亲临《读者》杂志社视察,详细询问了有关《读者》杂志社的成长历程和体制改革情况。

2005年1月22日,省委常委、省委宣传部部长励小捷到任仅12天,便着手商议组建读者出版集团一事,他提出,改革后的《读者》杂志不能萎缩,要给其一定地位。《读者》是理性的,它既入世又出世,永远用一种思索的神态看待这个纷纭世界。如何保持并扩大《读者》品牌优势,在关键时刻,相关领导选择了组建出版集团。11月30日,经国家新闻出版总署批复,读者出版集团有限公司由此诞生。

“我们将来存在与否,要由市场决定,因此必须增强活力、壮大实力、提高竞争力,必须在经营思路、工作理念、方式方法上进行彻底的改变,早改比晚改好,大改比小改好。”出版社总编辑孟臻未雨绸缪,包容和唯美的审美取向使得《读者》成为一方“心灵的净土”、“精神的家园”。不断创新的思路，使得这本杂志经久不衰、青春永驻。

点评：1000万，不是一个单纯的数字，更是一种责任。在发展的道路上，《读者》更多地选择了理性和包容，它让世界看到了甘肃，它让甘肃走向了世界。

百万移民：兰州包容下的创业者

1952年4月23日，208名上海女大学生乘上了西行的列车，她们一路唱着《共青团之歌》辗转来到兰州，成为第一批支持兰州发展的移民。

当时年仅17岁的马丽华就是其中的一位，为了参加革命，到祖国最需要的地方去，她瞒着家人偷偷报了名。后来，她给父母做工作：“兰州是一个美丽的地方，那里是丝绸之路，有黄河，有白塔山……”最后，在马丽华的劝说下，父母同意了她的兰州之行，但是令父母没有想到的是，马丽华一去就是几十年，一辈子扎根在了兰州。

1952年国庆前夕，为了庆祝兰州至天水铁路竣工，当时的邓宝珊省长指令甘肃建筑公司派人邀请上海“中国霓虹灯厂”的技师来兰支援。当13名技术高超的师傅协助完成庆典后，被兰州人的真诚所感动，他们决定留在兰州，和兰州人一起创建了“兰州霓虹灯厂”，从此，兰州开始有了自己生产的霓虹灯。

1956年2月，上海华建医院接到医院整体迁兰的命令，作为土生土长的上海人，60岁的刘景惠院长没有丝毫犹豫，他认为到祖国最需要的地方去是自己的希望所在，于是，他带头执行命令，2个月后，他带领89人毅然来到兰州，组建了“兰州工程总公司医院”。

新中国成立后的兰州，百废待兴、百业待举，正当兰州人民愁眉不展的时候，佛慈制药厂、悦宾楼京菜馆、信大祥呢绒绸布店、意姆登洗染店等企业自愿迁入兰州。

兰州人的包容度使全国人民感动万分，全国各地来兰支援的有医疗卫生、文化教育、工业建设、农业发展等方方面面的人才和行业。令人敬佩的是，面对兰州的恶劣条件和种种困难，众多的“兰州移民”没有灰心丧气，而是知难而进，把兰州当作自己的家乡，以极大的热情投入兰州的创业。兰州开关厂1960年迁入兰州以后，随着地方经济的不断发展，该厂不断创新，自主竞争，先后建立了兰州仪表厂、兰州无线电厂、安宁弹簧厂、兰州电镀厂等“土生土长”的地方企业。

据史料记载，建国以后，兰州共有三批次大的移民，共计90多万人，他们大多数都在兰州扎根，他们的支援成就了今天的兰州，而兰州之所以能成为工业城市，最重要的是上世纪50年代一大批“移植”的外迁企业。

兰州是个移民城市，天南海北的人在这方水土都能找到自己的生活方式和文化特点，几次大移民带给兰州人博大的包容性，也带来了各地的文化特色和饮食风俗，和本地的民俗结合，形成了自己固有的魅力。如今，兰州是一座有着200多万人口的中型城市，如果说百万移民成就了兰州的发展，那么这个成就是建立在兰州人包容创新基础之上的。（我省青年作家姬广武对本节有资料贡献，在此感谢！）

点评：他们是兰州第一批大移民，也是最后一批移民，举家西迁，不畏吃苦，把最大热情和青春献给了昨天的兰州。他们是不归的候鸟，他们是金城的月亮；兰州人民是天底下最有包容度的人民。一百万，在兰州人心中是最好的慰藉；一百万，在兰州人眼中个个是家中的兄弟姐妹。

十万浙商：兰州商业的新理念

在大批浙江商户和资本流入兰州的同时，创造的不仅仅是利润和产值，发达地区的创业理念、商业文化意识也正在对兰州人的观念和心态产生深远影响，这对催生兰州人的创业观念和创新意识具有深远影响，与此同时，兰州以海纳百川之胸怀的包容，创新出了兰州的商业理念。

1998年8月，国芳百盛开业时，曾创下了日最高销售额700多万元的业绩；到了2000年，地处小西湖的义乌商贸城创下了年销售额5亿元的奇迹；2002年，在东部发迹的大陆桥房地产开发公司搬迁至十六中后，在东部批发市场旁边建起了东部品牌服饰批发广场，点燃了东部商圈的竞争。如今，兰州的百货业除了“西太华”等少数几家本土企业外，其余均由浙江人掌控。

据了解，2005年底，浙江在兰总人数达10万人，其中从业人数7万人。大小商户约4万户，其中资产规模千万元以上的企业3000家，资产规模上亿元的企业16家。浙商在兰累计投资总规模达到6004亿元，年商品流转额超过1000亿元。

浙商在兰的创新发展，有力地拉动了兰州的民营经济，目前，浙江在兰企业已经占到全市民营经济总量的48%，对全市GDP的贡献率达到10%以上，拓宽了地方就业渠道，成为兰州流通业一支劲旅。

在兰浙资企业80%为流通领域企业，主要从事各类服装、家电、小商品批发零售，以各类销售公司、劳动密集型企业为主，形成了浙资企业最突出的特点。浙资在兰形成商贸批发零售、大型批发市场体系，在东部商圈里，现有经营户8000余户，浙商约占80%；其次是涉足工业领域，目前在兰从事各类加工工业，资产规模千万元左右的浙资企业近300家。较有代表性的企业有亿嘉新型材料有限公司，主要生产加工铝塑板，年产值达2亿元，销往全国各地；兰州鹏飞保温隔热有限公司、七里河冷轧带钢厂、仙居茶叶食品有限公司等，近年来，工业投资项目均呈增长、扩大趋势。

除此之外，还有一批小型加工企业或作坊式加工点，利用当地廉价土地、劳动力等，降低生产成本，大多以服装、家具、小百货产品和配件组装为主；还有服务领域以及收购上市公司领域。2003年浙江红楼集团出资12亿元，收购兰州民百集团股份公司28%的股权，控股民百，为唯一借助兰州上市企业，跻身资本市场的浙江大型民企。此举具有创新意义，标志着浙资在兰州的投资发展已经从实业投资开始转向股权投资，上升到了一个新的水平和高度。2006年吉利汽车项目落户兰州，成为浙资在兰工业领域投资的新亮点，这对促进兰州地方工业发展有着积极作用。

点评：如果没有浙商，兰州的商业也许是死水一潭，如果没有兰州人的包容，浙商也许会一事无成，他们共同奠基了兰州的第三产业，他们成为全国最优秀的“黄金搭档”。

诚实守信——陇人品格的道德深度

“人无信不立，市无信不兴。”诚实守信，是文明社会不可缺少的道德基石。诚实守信的基本含义是守诺、践约、无欺、诚实。诚实守信，不仅是千里陇原儿女的传统美德，而且也是当今甘肃人的普遍价值取向。

50年前，陇原人民凭借着诚实守信，为全国奉献了最宝贵的各种资源；凭借着诚实守信，建成和发展了10多个被称为“共和国的长子”的企业；凭借着诚实守信，陇原人民在自己最困难的时候，把珍贵的粮食源源不断地送往全国各地。改革开放以来，陇原人民更没有忘记诚实守信，他们背井离乡，为城市的发展贡献了力量。他们每到一处，每处一事，把诚信的外在道德约束内化为自己的思想品德，自觉用诚信的准则约束自己的所作所为，人人讲诚信，取信于他人，给他人以信任，形成了和谐的人际关系。玉门风格、甘肃保安、礼县保姆、佛慈制药、进疆棉花工等等，众多的品牌和群体都是甘肃精神的缩影和载体，是陇人诚实守信的具体写照。

玉门风格：创业者的魄力、守业者的财富

1939年，玉门老君庙挖掘出中国第一口油井，中国从此告别了“无油国”的贬称，玉门便成了新中国最早的石油工业基地之一，而正是这个石油基地孕育了玉门人艰苦奋斗、诚实守信的风格，“铁人”王进喜就是玉门风格的杰出代表。

据史料记载，抗日战争时期，玉门出产的原油量占全中国的97%，在大庆石油开发之前，玉门开采的原油占全国总量的87%。为了维护祖国尊严，在国家民族存亡的最紧要关头，玉门人民为抗战一线捐赠了2架飞机。1957年10月，新华社向全世界宣告，中国第一个石油基地在玉门市建成。

60多年来，玉门石油先后培养了70多位省部级干部，向全国兄弟油田输送专业技术人才、石油工人20多万，支援设备2300多台(件)。“苏联有巴库，中国有玉门，凡有石油处，就有玉门人”，这是现代著名诗人李季对辉煌了半个世纪的玉门的真实描写。

王进喜原是玉门人，1949年进玉门油矿，1959年9月被评为全国劳动模范。1960年3月19日王进喜在参加萨尔图石油会战时，由于缺乏起重设备，他就组织大家人拉肩扛硬是把五六十吨重的钻机卸下了火车，从安装钻机到第一口井完钻，他一连7天7夜没有离开会战现场，困了就倒地打个盹儿，饿了就吃几口凉馍，渴了就喝几口凉水。5月1日，油

井突然出现井喷的先兆，为了防止井喷，王进喜第一个跳进泥浆池，用身体搅拌泥浆，一直坚持了2个多小时，井喷避免了，而他却被活碱烧伤。

王进喜说："宁肯少活20年，拼命也要拿下大油田！"这句朴实的话鼓舞了两代人，他的这种吃苦耐劳的精神，感动了当地群众，感动了全中国，一位老太太动情地说："王队长可真是个铁人啊！"

铁人王进喜是土生土长的玉门人，他艰苦奋斗、自力更生、奋发图强的精神就是千千万万玉门人风格的代表。1967年，玉门油田在扩建过程中需要征占2户居民的宅院，当时负责征地工作的同志正在为此发难，当第二天早晨他们到2户居民宅院时，院里的所有东西已搬卸一空，事后，大家才知道，2户居民为了支持油田建设，连夜就搬走了。

为了支持油田发展，玉门人主动为石油基地搞好服务，办起了学校、医院、商店和三产。为了推动国家石油产业发展，玉门石油人毫无怨言，向长庆油田输送1.8万人，设备数千台。玉门风格全国颂扬，可以说，没有玉门油田，就没有中国石油产业的繁荣发展。

然而自1997年以来，玉门油田原油储量急剧减少，环境污染严重，加上石油改革不断深化，玉门市便失去了长期以来赖以生存的服务对象，但是，玉门人没有退却，重走铁人奋斗路，他们选择了搬迁——重建新玉门。2005年，玉门易地扶贫搬迁一期工程正式开建，工程规划移民安置点3个，搬迁群众753人。为使该项工程11个子项建设任务落到实处，玉门市在全社会动员，发扬"铁人"精神，科学分工、整合力量，终于在2005年年底让第一批群众搬进了新居。

进入新时期，玉门人更没有忘记传承"铁人"精神，塑造了新一代"玉门石油人"，以"敢闯敢拼，没有条件创造条件"的精神号召富余劳动力参与劳务输转，使劳务输转工作的步伐明显加快。玉门市联合收割机跨区作业队，就是传承了"铁人"精神的一支队伍。作业队连续10年转战全国11个省市，以吃苦耐劳的精神、良好的信誉、优质的服务赢得了各地农户的信任，2005年被农业部授予"全国跨区机收作业工作先进单位"。2006年上半年，玉门共成功输转城乡富余劳力11696人，增加劳务收入近5000万元，务工人数和劳务收入均超过了上一年的总和。

由于玉门人的吃苦耐劳、诚实守信精神，目前，在吐哈、克拉玛依、玉门油田务工人员达2000多人。70年后的今天，玉门还是以"凡有建设处，就有玉门人"而著称。

点评：穿越了半个世纪，见证了沧桑变化，玉门风格竟如此厚重。"铁人"没有铁一般的身躯，但有铁一般的毅力，这个毅力是戈壁滩上最大的财富。70年的发展，玉门风格继续传承；70年的变化，玉门人风采依然！

佛慈制药：诚信赢得市场

兰州佛慈制药股份有限公司主要从事中成药、中药材的生产、来方加工和销售。其前身兰州佛慈制药厂是一家具有70余年生产经营历史的"中华老字号"企业，1929年创建于上海。1956年，为利用甘肃丰富的药材资源、支援大西北建设，迁入兰州，改名为兰州佛慈制药厂。50 年来，由于诚实守信，佛慈的产品在 14 个 PIC 协约国得到认可。1999 年率先通过中国 SDAGMP 认证，生产水准达到国家中药生产先进水平，名列中国中药工业生产企业 50 强。

早在上个世纪 30 年代，佛慈产品出口至东南亚、日本一带，以“选材地道、工艺精良、疗效确切、服用方便”深受海外华人信赖。史料记载：“发行以来，用者称誉，风行遐迩，供不应求……”

2000 年，佛慈厂与其他 6 家企业发起设立了兰州佛慈制药股份有限公司，被列为甘肃省高新技术企业，拥有一批国内外高、精、尖检测仪器和生产设备。新成立的股份公司开发了浓缩丸、片剂等 7 种剂型百余个品种，产品以“工艺精、品质优、疗效好”受到消费者信赖和推崇，行销全国，出口至美国、加拿大、日本等 22 个国家和地区。佛慈浓缩丸系列中成药也被评为“陇货精品”。

2005 年，兰州佛慈制药股份有限公司荣获甘肃“纳税信用等级 A 级企业”称号，诚实守信是佛慈几十年立足市场经久不衰的根本。发展壮大了的佛慈始终不忘甘肃医药事业的发展。2002 年，集团投入大量人力、资金，重新组建了破产的平凉制药厂，重组为平凉佛明制药有限公司，投资 3800 万使其起死回生，成为平凉市工业经济新的增长点。

2006 年，有着 76 年历史的“中华老字号”企业——兰州佛慈中药企业集团提出“再造佛慈”的战略后，“以市场为导向，以资本为纽带，以品牌产品为龙头，打破地区、部门和所有制界限，采取兼并、联合、收购等多种形式，实施资本优化重组，组建大集团、大公司”，从此，甘肃的中药事业迎来了新的前途。

对于未来，佛慈人信心满怀！博大精深的中药文化与源远流长的佛教文化成就了佛慈 70 多年的辉煌，诚实守信成为一代代佛慈人传承的信念，面对这个传承，佛慈，将矢志不渝。

点评：铸就诚信企业，锻造陇货精品，70年的常青树，10万里不倒松。佛慈制药，甘肃之骄傲，中国之自豪。

礼县保姆、天水月嫂：取信他人就是取信自己

礼县历史悠久，文化底蕴深厚。这里曾是秦人发祥地、三国古战场，人民以吃苦耐劳著称。但是礼县的贫困众所周知，千百年来，艰苦的自然条件使人们一直苦苦在贫困线上挣扎。1986年，礼县被国务院确定为国列贫困县，2001年被列为国家扶贫开发重点县。

3年前，桑喜鹊只是礼县盐官镇一个普通的农家妇女，如今却成了当地有名的大老板，她曾到北京养鸡厂打工3年，回家后用务工所得的钱作为启动资金，于2003年7月办起了养鸡场，目前有固定资产100多万元；曾在北京做保姆的姑娘张文霞凭着自己的真诚，不仅工资多增加了1000元，而且还为礼县争取到救助资金2万元，使174名失、辍学儿童重返校园。

礼县妇女在良好的风气带动和当地政府有组织的工作下，经过20年的不懈努力，礼县家政服务员已经成为北京、天津家政服务行业的知名品牌，她们的足迹遍及全国几十个大

中城市。近年来先后有42人被评为国家级优秀家政服务员，有520人被评为北京市级优秀家政服务员，有1820人被北京市县区评为优秀家政服务员。"小保姆大战略"的发展态势已经形成。据统计，2006年礼县保姆达5万人，目前在国家、北京市省部级以上干部及演艺界名人家庭从事服务的就达260多人，5万人当年挣回的现金近3亿元。

外部的日新月异、飞速发展与县内贫困落后的现实强烈地刺激着礼县妇女，她们走出家门，用自己的诚恳和勤快，应对市场经济环境的繁忙和陌生，走出了一条具有贫困地区特色的扶贫致富路——家政服务，打造了"礼县保姆"这块闪亮全国家政市场的品牌，而这一切的背后，靠的是礼县人诚实守信的高尚品格。

从2000年的42万人次到2006年的67.6万人次，"天水月嫂" 这一品牌不仅在数量上得到了飞跃，而且走向了全国各地，用天水市领导的话讲就是，"诚实守信使她们包打天下。"

去年，天水市申报的"天水白娃娃"、"羲皇故里建筑工"、"天水女娲家政大嫂"3个服务类商标，经过国家工商总局的审查后，被正式受理。

和礼县保姆不一样的是，35岁的武山县洛门镇寥阳村农家妇女邓金环的脚步没有停留在北京，而是迈进了美国。2005年5月，她从北京回到家乡办理了赴美护照等出国手续，她为一美籍华人家庭做家政服务，颇受赏识与信赖。

"天水白娃娃"就是这样一步一步开阔了自己的视野，改变着自己的命运。在今年的全国人大、政协会议期间，陆浩书记做客中央电视台《小崔会客厅》栏目时说，现在甘肃在京从事家政服务的人员约有8.7万多人，可见"天水白娃娃"劳务知名品牌对发展劳务经济的效果已逐渐显现，并取得了良好的社会效益和经济效益，为解决欠发达地区农村剩余劳动力闯出了一条新路。

据初步估算，2006年天水市共实现劳务收入15.61亿元，比去年同期增长了28.9%。在"天水白娃娃"、"天水女娲家政大嫂"和"羲皇故里建筑工"劳务品牌的宣传和带动下，更多的人还认识和了解了这个文化底蕴深厚且富有魅力的城市，促进了当地的开发与建设。

点评：她们是陇原的温柔玫瑰，"墙内开花墙外红"。她们很普通，从普通的农妇到城市明星，她们的变化最大，唯独没有变化的是她们的诚实守信，也许就是这永远不变的品格，使得她们在物欲横流的社会中没有迷失自我，使她们一路能走得更好、走得更远。

陇西拾花工：靠诚信立足新疆

1995年，一场旷日持久的特大旱灾，使定西成千上万的农户面临着饥荒的胁迫。时年8月，陇西县的领导率人前往新疆组织赈灾粮食，不仅运来了粮食，还带回了一份3000人前往新疆拾棉花的劳务订单，这份订单掀开了陇西劳务工上世纪90年代"走西口"的新历史。

董爱爱就是"走西口"响应者之一，进疆拾棉花已经有12个年头，在农五师90团里，是连续多年的"拾花状元"，在新疆人眼里，她是劳动明星。

那年大旱，粮食没有多少收成，一家人正为吃饭问题犯愁，当她知道新疆需要拾花工时的第一个反应就是，"农闲时节去那里拾棉花，可以节省两个月的口粮，没指望要挣多少钱。"在当时，像董爱爱想法的农民大有人在，在县政府的组织下，一下子聚集了1000多人前往新疆。2006年,董爱爱一家三口人进疆拾棉花,一家人在新疆收入近万元,现在她家的主要收入靠拾棉花。

和董爱爱一样,去新疆摘棉花,成为陇西和定西的"定期劳务品牌",它不仅使农民富裕起来了,更重要的是靠诚实守信赢得了市场。陇西县劳务办主任韩凤舞介绍说,去年,陇西县共输送赴新疆拾花劳务工3万多人,劳务收入8000多万元,人均2500元,成了农民的主要收入来源之一。

定西市常务副市长牛兴民告诉读者,从2003年开始,定西市推广陇西县的做法,在全市大规模组织农民工赴新疆采摘棉花,2年共发送民工专列30趟,输送拾花工11万多人,创劳务收入近2亿元。劳务工在短短一个半月的拾花期间,人均纯收入达到1600元以上,有效增加了农民收入。

记者了解到,多年来定西市充分发挥政府职能作用,有效利用陇西拾棉工吃苦耐劳、诚实守信的品牌,把组织劳务输转工作作为重中之重来抓,面向新疆劳务市场,加大季节型劳务输出,近几年,新疆兵团每年都从定西输入拾花工5万人以上。

点评:她们是新疆的"候鸟",带去的是勤劳,带回的是温暖。一双双灵活的手,摘去了一年又一年的信任,赢得了一声又一声的喝彩!

执著坚韧——陇人品格的信念力度

一种精神状态的存在,是历史与现实、内部与外部诸多因素交互作用的均衡,甘肃精神的形成就是诸多因素相互作用的一种结果。悠久的历史传统孕育了甘肃人特有的人文品格,特殊的地理环境又使甘肃人形成了自己独特的个性和气质,这就是执著、勤俭、宽厚、坚韧。

我省要实现又好又快发展,既需要建设好物质方面的基础设施,又需要建设好精神方面的基础设施,甘肃精神就是引领甘肃经济社会健康发展、和谐发展的精神基础。如果一定要把物质基础设施与精神基础设施相比,精神基础设施起着主导的作用,更大程度上精神文明建设既具有手段意义,也具有目的意义。所以陆浩书记多次提出:"培育和弘扬甘肃精神对促进甘肃经济社会健康发展具有重要意义。"

民勤治沙:绿色的誓言

自从温总理第一次对民勤的生态环境建设作出重要批示以来, 民勤县30万人民就把总理“决不能让民勤成为第二个罗布泊”的嘱托当作自己的绿色誓言，用他们的聪明才智和辛勤劳动，在这片1.6万平方公里的土地上治沙造林，这种敢与天斗的精神让世人皆赞。

50多年前，宋和村西近10公里的风沙线上，除了一些零星的杂草和灌木外，只有一棵老榆树和十几棵半死不活的沙枣树，庄稼种不出来，牲口养不活，村民只得远走他乡。几年之间，全村200来户人家，就有30多户举家迁走。

1955年，年仅19岁的石述柱带领村里的年轻人成立了青年治沙队，从此，开始了他和风沙长达半个世纪的搏斗。每一场“治沙战役”，每一次艰苦的劳动，石述柱都冲在最前面。他创造了黏土沙障与林木封育结合的治沙新方法，被著名的科学家竺可桢命名为“民勤模式”。

如今，来到宋和村时，汽车仿佛驶进了一条没有尽头的绿色隧道。宋和人在村西风沙口上建起一条长9公里、宽25公里的绿色屏障，栽植沙生植物5500亩、经济林1500亩，复耕土地2400亩，营造出一个林粮间作的万亩林场。树木葱茏、瓜果飘香，从前的“光棍村”、“讨吃村”变成了今天人均收入近3000元的名副其实的小康村。村里的乡亲们都说：“宋和的媳妇是从林场里娶进来的，三轮子、四轮子是从林场里开起来的，新房子是从林场里盖出来的。而林场，是石爷带着大伙儿从沙窝里刨出来的。”

在民勤的风沙线上随处可见很多“石述柱”，正如石述柱本人所说，在民勤有许多的石述柱一样的治沙英雄，他们为了共同的家园不懈地努力着。正因为有了他们，风沙线上也崛起了许许多多的“宋和村”。春天都是治沙造林的季节，也是民勤人民会战风沙的传统节日，在这个节日里，无论是县、乡干部，还是普通百姓，都会挥锹上阵，全线出击，分割包围；乡镇村社各自列阵，寸土必争。风沙口上，人人镶下一块绿，处处都有“埋伏兵”。

30年来，民勤人南护水源，中保绿洲，西造屏障，北治盐碱，东建林网。为了治沙，一代又一代的民勤人奉献了自己宝贵的青春甚至生命；为了治沙，多少个无名英雄长眠在沙丘下……民勤人民愚公移山似的执著治沙，他们正用自己的执著向世人宣告：民勤绝对不会成为第二个罗布泊，民勤的绿洲不但不会消失，反而会常青永驻。

点评：当石述柱还是一个少年的时候，就对保全绿洲作出了誓言，勇敢和坚强使他早早变成了困难打不倒的男子汉，虽然今天，风沙还虐嗜着我们的家园，但是，沙田里已经出现了无数个“石述柱”，他们是强者，人进沙退，他们已经是胜券在握。

定西“三苦”：改写了定西的历史

勤劳质朴的定西人民，终以几十年不懈拼搏的斗志和勇气，用“人一之、我十之，人十之、我百之”的顽强毅力，发扬“群众苦干、社会苦帮、领导苦抓”的艰苦奋斗精神，为改变“苦脊甲天下”而百折不挠、艰辛探索，为全国扶贫事业写下了浓墨重彩的一笔，铸就了在贫困中傲然耸起的新定西！

大坪村是一个在定西发展史上具有符号意义的山区小村，它曾被省委树为全省农业战线的一面旗帜。当年的村党支部书记冉桂英回忆起当年，激动地说：“把人苦死了，只要后辈人有好日子过，这一切都值得。”

1962年，大坪村只有十几户人家，种的是陡坡地，亩产不足70斤粮，住的是土窑洞，生活都很困难，许多人举家逃荒。为了改善这种恶劣的生存条件，大坪人靠3辆独轮车起步，人背肩挑，苦干实干，兴修水平梯田，开始了艰难的探索。1975年时，大坪的人均口粮上千斤，不仅实现了粮食自给自足，还能给国家交售300斤“超购粮”。经过20多年的不懈努力，目前大坪村2700亩耕地全部实现了梯田化。

可以说，“大坪精神”是上个世纪70年代以来定西人民精神风貌的一个缩影，而定西人民所展示的“三苦精神”也是“大坪精神”在更高层次上的延伸与展示。

定西的扶贫事业牵动着党中央的心，也扣动着全国人民、全省人民的心弦。无数个单位和个人以及港、澳、台同胞、国际友人都伸出了热情的双手。20多年来，中央和国家机关为定西帮扶项目80项，办实事144件，帮扶资金1.7亿元。全国妇联就为定西漳县争取了0.97亿元的帮扶款，援建了“春蕾小学”、大地之爱“母亲水窖”。10年来，天津市的32个项目、160件实事、4600多万元的资金，饱含着来自海河岸边的深情；广东汕头为安定区雨水集流工程慷慨捐款800万元；同济大学的师生10年来援建上海希望小学，引人注目。国家银监会和中国农业银行出资兴建的金融林，让荒山秃岭披上了绿装……

1995年12月24日，江泽民同志来到定西，他勉励定西人民：“群策群力，定西大有希望。”2002年9月，在中共中央政治局常委、国家副主席曾庆红的亲切关怀下，定西市和金华市确定为对口帮扶和友好协作城市。

1999年9月9日，胡锦涛同志来到定西，在一张张孩童的笑脸中，他看到了定西的未来，留下了“山河一新，面貌大改”的赠言。胡锦涛同志离开定西时深情地对当地群众说：“我在北京等着你们的好消息。”2007年的大年除夕，胡锦涛同志又一次来到定西，同定西的农民群众共度新春佳节，同大坪村的乡亲们共享改革开放发展经济的胜利成果。

富裕了的定西人民没有忘记“三苦精神”，没有忘记对土地的诚信，在新时期，他们因地制宜，提出了以农业产业化发展为核心，顺应天时，遵循自然规律；顺应市场，遵循经济规律；顺应时代，遵循科学规律。目前，定西市马铃薯种植面积已达300多万亩，500多万吨，总产值约15亿元，成为驰名中外的生产及加工基地，形成了马铃薯块状经济；中药材生产占到全国20%的份额，产品远销20多个国家和地区，当归、黄芪、红等名扬海内外；依托优质的天然草场和退耕还林还草的家庭饲草地发展起来的草畜产业，以及畜禽的饲养量和肉类总产量多年位居全省前列；花卉是定西市各级领导苦抓的一个新兴产业，种植面积已达 3 万亩，大丽花、唐菖蒲、郁金香在全国花卉博览会上分获一、二等奖，在昆明世博会上获金、银、铜共 30 多枚奖牌；劳务产业方兴未艾，已成为农民增收的新亮点。

“三苦精神”是定西人民的精神名片，“三苦精神”不仅为定西创下了改变贫困面貌的辉煌业绩，而且将伴随着定西人民迎接未来，这个精神财富已经成为定西人民倍加珍惜的无形财富。

点评：他们是朴实的西北汉子，他们却创造了中国贫困史上的传奇。他们对天诚实，以“母亲水窖”对抗干旱；他们对地诚实，因地制宜，尊重大地。20年脱贫路，路的尽头还是路，山的那边还是山，“近邻尚得百里远，陇原最贵定西人”。

庄浪梯田：坚定背后的变迁

乍暖还寒的三月，平凉大地上却生机勃勃，杨柳吐芽，冬麦长势喜人，一片繁忙的景象。站在庄浪层层梯田间，看山绿意初现，看地平展整齐，看路路通，看村村新，一幅“梯田王国”的美好山川画卷呈现在面前。而这“梯田王国”美好画卷的背后，却凝聚着庄浪人民30多年战天斗地的心血和汗水。

庄浪县属黄土高原丘陵沟壑区，是我省“苦瘠甲天下”的18个干旱县之一。这里地形破碎，山大坡陡，资源贫乏，十年九旱，灾害频繁，每年都有1000多万吨泥沙流失，曾以“吃的救济粮，穿的黄衣裳”而闻名全省。

面对这样恶劣的生存环境，庄浪人民用一双手、一把锨、一辆独轮车从上个世纪60年代拉开了修建梯田的序幕，进行着一项艰苦的改造自然的生态工程。34年如一日，一万多个日日夜夜里，庄浪人民在七届县上领导班子的带领下，发扬愚公移山精神，大造梯田，重整山河。在建设梯田过程中，先后有116人负伤致残，29人献出了宝贵的生命。在庄浪，修梯田已经成为传统，入伍青年参军前要喜修纪念田，姑娘出嫁前要修嫁妆田，而中小学生的假期作业之一就是参加梯田建设。截至目前，庄浪县已累计建成梯田109万亩，专家测算，如果把35年建设梯田所移动的土方量垒成1米高的方块，这么多梯田可以绕地球6圈半，然而这种坚韧不拔的毅力，形成了在全国有着巨大影响的庄浪精神。

在实现梯田化后，为了进一步发挥梯田的效益，以百万亩梯田为依托，加大生态环境建设步伐。现在，庄浪县累计治理水土流失面积956.5平方公里，治理程度达到73.4%，完成小流域治理150平方公里。通过综合治理与开发，产生了比较明显的生态、经济和社会效益。全县梯田综合开发面积达到50万亩，每年仅梯田可增产粮食3万吨，减少土壤侵蚀量约700吨/公顷，拦水总量达到650万立方米，水土流失得到了有效的控制，生态环境明显改善，形成了独具庄浪特色的“山顶沙棘戴帽，山间梯田缠腰，地埂牧草锁边，沟台果树围裙，沟底坝库穿靴”的综合治理模式，为今后农业产业化经营和农民增收以及新农村建设创造了良好的条件。

和庄浪精神一样，泾川县委、县政府经过50年的实践和探索，传承了14届领导班子林业生态建设的接力棒，走出了植树造林—水土流失治理—综合生态建设—开发生态资源—挖掘生态价值之路，成为全省率先实现绿化的第一县。

在泾川，许多农民和县上的领导干部植树造林一干就是几十年，生态建设已成为全民的自觉行动，已经形成为一种文化、一种精神、一种形象。目前，泾川的林业用地面积已增加到了121.97万亩，占全县总面积的61.3%，森林覆盖率提高到37.13%。50多年来的林业生态建设，不仅让泾川1409平方公里的黄土地披上了绿“被子”，而且让30多万农民依靠“绿色银行”挣到了票子，林果业已成为泾川农民增收的一大特色产业。林业生态建设也使泾川县90%以上的农田得到了保护，水土流失综合治理程度达到82.4%。多年来积累的生态资源已成为泾川的“立县、富县”之本。

在发展中形成的“实事求是，崇尚科学，自强不息，艰苦创业”的庄浪精神和“与时俱进,敢为人先,持之以恒,团结奋战"的泾川精神都先后在全国产生了巨大的影响,也成为推动平凉经济社会发展的巨大精神动力。

点评:34年没有改变一份执著的追求,14届领导没有放弃的接力棒,庄浪、泾川续写了中国贫困县的发展历史,靠天吃饭已经成为身后的历史,"庄浪精神"身后又出现了新的激情背影,它在时空穿越中长青,它成为人们今天怀念的、肃然起敬的镜头。

兰州南北两山:孕育了新世纪的新愚公

从上世纪50年代起,兰州人民就开始挑水、背冰,上山植树种草,参加义务植树的人数累计达2700多万人次。但因为雨季太短、雨量太小,年年栽树年年难见绿,南北两山依旧是连绵起伏的黄土卯梁。有人作了一个统计:兰州北山种活一棵针叶林树,从树苗长到2米高,人力物力成本要5000~8000元。

因为树少、草少,作为重工业城市的兰州又以煤炭为主要燃料,兰州的大气污染闻名全国。无可奈何的市民只好这样自嘲:"晴天和阴天一个样,太阳和月亮一个样,麻雀和乌鸦一个样,鼻孔和烟筒一个样。"

1999年10月23日,朱镕基总理视察两山绿化,做出了"把兰州南北两山环境绿化工程作为全国生态建设的示范工程来抓"的重要指示。在国家和甘肃省的大力支持下,历时3年、投资6.6亿元的兰州市南北两山33万亩绿化工程随之拉开序幕。与以往不同的是,这次先引黄河水上山,保障水源;其次是加大科技投入力度,使树苗成活率达到了85%;兰州市出台的优惠政策还吸引了300多家单位和20多位民营企业家,将资金投向了荒山治理。省、市党政机关、兰州军区、兰空部队等一大批单位率先垂范,投资投力,300多万兰州市民争先恐后,出力流汗。2000年和2001年,社会各界群众在两山完成绿化面积28.5万亩,相当于前50年造林绿化面积总和的2倍。

2002年7月15日,朱镕基总理视察了南北两山环境绿化工程,充分肯定了取得的成绩。

9月,南北两山环境绿化工程顺利通过国家验收。2003年南北两山新增绿化面积3万亩,2004年又新增绿化面积8万亩,目前南北两山绿化面积累计达到58万亩,共建有水利工程194项,林区道路500多公里,各类场站、瞭望台、管护房450多处,初步形成了比较齐全的林区管护、管理体系,为巩固提高、严格管护和可持续发展奠定了良好的基础。

谈起兰州两山绿化,人们谈得最多的是:"为了圆这个梦,甘肃省和兰州市历届领导班子和人民群众奋斗了50年。没有改革开放、没有西部大开发,南北两山决不会这么快就绿起来的。"看着满目苍翠、森林覆盖率达到74.7%的南北两山,谁也不会想到,荒了几百年的山,是什么让它在几年间绿了起来?事实上,兰州南北两山的绿化完全靠的是几十年来兰州广大群众坚韧不拔的精神和毅力完成的。

点评:对绿色的追求,是兰州南北两山50年没有实现的愿望,但是,有一群人却为此坚持了20年。一个人追求绿色是固执,一群人追求绿色是执著。南北两山绿化,20年换回阳光灿烂,20年留得青山常在。

引洮工程:50年不变的执著

春雷炸响,群情激荡。2006年11月22日,洮河上渭源、卓尼、临潭3县交界处的九甸峡燕子坪,引洮供水一期工程的开工典礼在这里举行。从世纪之梦到盛世之典,这不仅仅是以定西为代表的几百万陇中儿女的福音,也是甘肃人民政治、经济生活中的一件大事。同时也折射出了执著坚定的甘肃精神。

引洮工程曾于1958年6月开工建设,投入劳动力10多万人,限于当时的技术水平和经济条件,终因工程规模过大、国力民力不支等原因,被迫于1961年6月停建。

安定区鲁家沟镇南川村八社83岁的老人张汝贤,曾经参加过引洮工程,听到引洮工程再次正式上马,激动地泪流满面、声音沙哑。他回忆说,1958年端午节他从家里出发,背着被褥、带着干粮,步行7天到了岷县的许家寨。住的是牲口圈、磨头窑,地上铺张木板或堆点柴火就安了铺。吃不饱,饿肚子,白天黑夜不歇息,铁锹铲、洋镐挖,削坡填沟。手推车、颤颤桥,根本没有路可走,靠四五个牛皮筏子从中寨到许家寨运粮装货,返程时背着筏子爬行60多里路。崖壁上绳子吊着人用钢钎打眼放炸药,很多人就伤亡在那里。现在引洮正式上马,通了水后,老百姓就可以过上好日子了。

根据规划,引洮工程包括总库容8.97亿立方米、年发电9.27亿千瓦时的九甸峡水利枢纽和供水工程两部分,总投资96.44亿元,总工期12.5年,第一期7年,总投资近38亿元,建成后设计供水量5.5亿立方米,重点解决中部干旱地区安定、陇西、临洮、渭源、榆中、会宁等6县区城镇生活及工业用水、农村人畜饮水、生态环境用水,受益人口91.41万人。

多少年来,定西人民引洮梦想愈加殷切,引洮工程一直牵动着各级领导的心。从1992年开始,省委、省政府把引洮工程列为中部地区扶贫开发的重点项目,并成立了引洮工程筹备处,此后8年时间,先后组织开展了多项专题研究工作。2001年,又将其作为省西部大开发的重点项目,多次向国家有关部委汇报和请示。此后,引洮供水工程的前期工作明显加快。2002年5月,九甸峡水利枢纽专用公路开工建设;9月18日,国务院总理办公会议通过了九甸峡水利枢纽及引洮供水一期工程项目建议书;12月16日,由甘肃省电力投资集团公司控股建设的洮河九甸峡水利枢纽工程奠基,标志着引洮工程进入了实质性的运作阶段。时任省长的陆浩在工程奠基仪式上致辞时指出,引洮工程是全省人民特别是中部干旱地区人民期盼已久的工程,工程全面建成后将使中部地区从根本上改变水资源严重短缺的局面,促进经济结构的战略性调整,实现经济社会的可持续发展,为中部地区加快全面建设小康社会的进程注入强大的活力,是一项重要的德政工程和民心工程,具有重大的政治和经济意义。

点评:当引洮工程的奠基礼炮鸣响时,200万陇中人民想起了他们。50年的时空没有割舍,50年的奔走没有放弃,有一群人,为了引洮工程的上马牺牲利益,有一群人为工程的上马在奔走求助,有一群人为引洮工程默默奉献。引洮工程,是50年时间不能改变的执著。

黑河调水：舍小家为大家

2001年2月，一纸批文下达到张掖市：黑河紧急调水——缓解流域水资源供需矛盾，遏制黑河下游生态系统持续恶化趋势。至此，张掖全市上下放弃了自身“黑河中游”的地域优势，无私地把黑河大部分来水奉献给下游，同时也使自己进入了为分水而节水的紧张局面。

甘州区小满镇王其闸村自从2001年分水以来，用水的“大锅饭”也就此打破，从前的“灌多灌少每亩每年平摊水费80元”的历史就此改写，随之而来的种植业结构调整也让农民们束手无策。为了节水，把每亩地年用水量从1500方降至520方，农民们只能用玉米来代替高收入的蔬菜。村主任兰增礼估算，全村蔬菜种植面积从2000年的1000亩锐减到2006年的200亩，“仅此一项，亩收入少了1000元，全村每年就少收入80万元！”

王其闸村属于张掖盈科灌区，是张掖四大灌区之一。从2001年分水以来，每年的调水量从2.1亿方缩减到1.03亿方。“卡脖子旱”成了这里农民的家常便饭。极度缺水让农民们着急了，在2001年一年内就打了500口机井。

分水对张掖农民来说受创最重的就是在秋收时，庄稼灌水的关键时期也正是给下游分水的时候。据估算，盈科灌区16万农民每年仅此一项损失就在5000万左右。据张掖市水利水电局有关负责人称，分水影响了该市20万人口和60万亩耕地的正常生活生产。

损失的不止是农民，水管部门也因此分水而断炊。由于卖水量少了很多，仅盈科灌区每年的管理经费缺口就达150万元。

自2000年开始实施黑河水量统一调度以来，已连续5年13次调水进入东居延海，累计进水量2.46亿立方米，东居延海不干涸，生态环境明显改善，湖滨地区地下水位升幅明显，生物多样性增加，植被覆盖度明显增加。常年维持一定水面的东居延海，有效延伸了额济纳旗绿洲生态带，对阻挡沙漠推移、减少沙尘暴发生频率和强度意义重大。

而代价只有张掖人自己默默地承受。黑河流域近期治理规划没有充分考虑中游生态用水量，张掖市水资源严重短缺，节水工程效益严重滞后，张掖生态环境已受到严重的影响和破坏。自2000年开展水量调度以来，地下水水位整体上呈现出显著下降趋势，泉水急剧减少，生态林无水灌溉的问题更加凸显，导致黑河中游地区生态恶化，天然植被严重缺水，大面积生态林濒临枯死。

在严重牺牲生态利益和经济利益的情况下，张掖市150万人已经经受了7年的考验，而这种考验还将继续！

点评：如果奉献是一种财富，张掖人就是最“富有”的人，在过去的7年里，张掖人民有水不能喝，有水却不能浇田灌地，他们的奉献让我们感动不已。黑河调水，这不是一个简单的水利关系，这是150万人的情结，这是一座城市的良心。

团结奋进——陇人品格的灵魂高度

精神是社会经济发展的灵魂，不同的精神底蕴将导致不同的社会发展成本。目前，随着改革开放事业的不断深入和发展，甘肃人又树立了一种新的时代精神，这就是拼搏意识、发展意识、创新意识、和谐意识。

事实一再证明，一个民族的崛起离不开强大精神力量的支撑，一个地区的发展和振兴同样需要强大的精神动力。有关专家提出，着眼于凝聚人心、鼓舞民气、鼓励创业、振兴甘肃，要把"人一之、我十之，人十之、我百之"的艰苦奋斗精神同改革创新的时代精神融为一体，在全省要大力培育和弘扬务实创新、艰苦创业、协作创先的人文精神，形成具有鲜明地域特色和时代特征的甘肃精神，充分展示甘肃各族人民的精神风貌和时代风采，这是甘肃当前发展的关键。

镍都精神：三个口号和一座城市

半个多世纪前，应国家的号召，3000名青年第一次踏上金昌荒漠，开始建设国内最大的镍钴生产和铂族贵金属提炼中心——金川集团公司。

创业者之一的金川公司老干部郭茂智回忆："当时大家的积极性非常高，没有饭吃，上山挖野菜；没有水喝，扛着大锤、背着袋子去砸冰；没有住房，搭起窝棚住。"正是这第一批的创业者，一年之后，就让这里盖起了厂房、修建了公路、打出了水井、种上了树木。

如果说"艰苦奋斗，没有条件创造条件、自力更生"是这个时代金昌人民的口号和精神，进入20世纪80年代，"艰苦奋斗，科学求实，锐意改革，团结进取"则成为金昌二次创业的精神。

1981年，金昌因企设市。在这个只有4亿余立方米水资源的资源型缺水城市，农业用水、工业用水、城市生活用水捉襟见肘。因此，各届市委市政府班子带领金昌人民挑起了节水重任：建水库、修河道，8年苦战"引硫济金"；拉开了日处理生活污水8万立方米的城市污水处理厂项目建设的帷幕；用于蓄水备用、灌溉农业、绿化城市的金水湖景观工程开工建设……用金昌市市长郑玉生的话说，"20多年辉煌的发展史，是一部全民节水史，也是一部弥补缺憾的艰苦奋斗史。"

目前，金昌市在基础设施建设上，市区规划面积42平方公里，目前已建成25.12平方公里，建成工业生活小区38个，人口达到了18.3万；城市路网已基本形成，环卫、绿化、给排水、供热、供电、文化、体育、交通、通讯及商业服务设施逐步配套，城市面貌有了较大改善，城市形象和城市品位不断提升。金昌北部防护林绿色长廊等4条防风林带建成，市区绿地由建市初的22.7公顷增加到404.8公顷，城市建成区绿化覆盖率达到22%。由于取水难，职工们想尽办法，借车拉水，整整浇灌了两个多月，才让满山的草坪和树木存活了下来。

在渡不尽飞沙走石的荒漠戈壁上，一座座大厦平地而起，一条条马路四通八达，城区碧波荡漾、绿草如茵，居民生活质量居全国97位、甘肃省第2位。这，就是金昌，以它艰苦奋斗的作风创造了中国城市建设史上的奇迹。

目前，金昌市又提出“艰苦奋斗，敢争第一”的口号。“我们将继续发扬艰苦奋斗的精神，以创建国家卫生城市为契机，不断提高城市建设和管理水平，努力创造良好的建设、投资环境；继续围绕建设殷实敦厚、生产生活环境俱佳的现代化工业戈壁园林城市为目标，进一步加快城市基础设施建设，完善城市服务功能，”郑玉生说，“下一步我们的目标就是争取国家卫生城市，这是金昌人民的心愿。”

点评：戈壁滩上耸立起了一座镍都，三个口号建设了一座城市，20多年辉煌的发展史，是一部全民节水史，也是一部艰苦奋斗史。

华煤团结：谱写华煤新华章

到2007年4月，华亭煤业集团组建已整整5年。一组组数据可以说明这5年来华亭煤业集团翻天覆地的变化：原煤产量由联合重组前2001年的567万吨提高到2006年的1638万吨，一年的产量是华亭矿区有建矿开采史30年产量的总和；销售收入由3.75亿元提高到22亿多元；利润总额由0.248亿元提高到2亿多元；上缴税金由0.6196亿元提高到3.6亿多元，企业真正实现了跨越式发展。华亭煤业集团成为我省国有企业联合重组和改革的成功实践，成为国家规划的13个大型煤炭基地黄陇矿区的骨干企业之一。

平凉华亭矿区煤炭储量居全省之冠。矿区煤田面积118平方公里，煤炭储量33.7亿吨，占全省探明储量的54%。经过多年的发展，矿区形成了以华亭矿区管委会、华亭矿务局、平凉地区华煤集团3户骨干企业为主的煤炭生产格局。在计划经济转向市场经济中，矿区3户骨干企业在体制、资源、市场等许多方面的问题和矛盾日益显现了出来，有资源的背负沉重的债务，有效益的面临资源枯竭，为矿区开发作出贡献的陷入了困境。各类煤矿因隶属关系不同和受利益驱使，压价倾销、无序竞争，出现了一吨煤卖不上一方沙子价钱的“华亭现象”。矿上职工生活困难，“最困难的时候，20多个月不发工资，一发就是几十块钱，生活没法过。”一些矿上的职工回忆起当年的生活仍然心有余悸。

为了理顺矿区的发展，整合资源，由华亭矿区原3户企业华亭矿管会、华亭矿务局、华亭县煤矿于2002年4月联合重组建立华亭煤业集团。“三家联合重组是华煤最大的现实，三家是三个圆，联合后就由三个圆逐步成为三个相切圆、三个相交圆，最后是要形成一个同心圆。”华亭煤业集团党委书记、副董事长朱同印说，在联合重组发展中，华煤解决了产权问题、管理上的问题后，最关键的是人的融合、文化的融合，就是要讲团结，只有这样企业的发展才有强大的动力。企业的发展除了管理和制度之外，要用文化来支撑。

自联合重组以来,华亭煤业集团开始理顺了体制,创新了机制,建立了现代企业制度,在生产、销售、管理上都有了跨越式的发展。除了大力发展主业煤炭产业之外,围绕煤炭资源的优势,发展非煤产业,在煤制甲醇、电厂建设、煤制油、煤矸石利用上都有了突破性的发展,为企业今后的发展奠定了坚实的基础。

大集团带来大效益,大效益带来大发展。华亭煤业集团组建发展后,当初,集团组建时的1801名下岗职工已于2003年全部安置完毕,补发了历年拖欠的职工工资、离退休人员养老金和职工医药费2000多万元。困难职工家庭由集团组建时的1326户下降到98户,贫困面由组建时的11.2%下降到1.15%。在实现了跨越式的发展后,华亭煤业集团制定了"十一五"发展目标:即到2010年,企业年产值达到100亿元,上缴税金突破10亿元,"十一五"末职工人均收入达到5万元,企业经济综合指标进入全国煤炭行业20强。

在"团结、奉献、创新、发展"精神的指引下,华亭煤业集团迅速崛起,成为中国煤炭行业一颗耀眼的新星。

点评:由"三变一"后,一心一意、一鼓作气、一丝不苟、一马当先。华煤,甘肃煤炭业的样板;华煤,一面永不倒的旗帜。

白银精神:艰苦奋斗的样本

50多年前,这里是"天上无飞鸟,地上不长草,有沟无水流,风刮石头跑",荒无人烟、贫困落后;50年后,在创业者的艰苦奋斗下,这里成为驰名中外的中国"铜城",成为新的投资开发的热土。从只有7户人家的一个小村子发展成中国有色金属工业的摇篮——白银,依靠的是来自全国各地的建设者艰苦奋斗、开拓创新的精神,正是这一种精神推动并谱写了白银辉煌的发展岁月。1963年,邓小平同志视察白银时说:"你们这里是在艰苦奋斗。"1992年,江泽民同志视察白银时欣然题词:"艰苦奋斗,振兴白银"。

因矿设城,依靠资源优势在创业者和建设者的缔造下,白银应时而生,曾经荒无人烟的大漠上建立了一个新兴的工业城市。从1956年折腰山矿山大爆破至今,白银累计为国家生产有色金属500多万吨,曾经创造出了铜产量、产值、利税连续18年全国同行业第一的辉煌业绩,"白银炼铜法"曾经长期代表着我国铜冶炼技术的最高水平。白银"铜城"的称谓是名副其实。

然而好景不长,自上世纪80年代后期以来,由于自身资源的锐减,生产成本不断上升,技术装备日益落后,主导产业生产经营困难加剧,环境问题日益突出。曾经光彩照人的白银,一度陷入了"矿竭城衰"的窘境,城市的可持续发展面临严峻的挑战。作为白银赖以生存的载体——白银有色金属(集团)有限责任公司出现经营困难,企业曾12年没有给职工涨过工资。

发展的成本在上升,发展的难度在增加。选择怎样的发展道路,成为摆在白银人民面前的一道重大难题。

困境中的白银人为了自身的发展开始探求新的发展之路。为此,白银一手抓传统产业改造,一手抓替代产业发展,重点培育发展精细化工、有色金属深加工、机械制造、新材料新能源等产业。同时，打出了科技牌，走科技路，三赴北京，九扣中科院大门，终于以诚心敬业和开拓创新的精神打动了中科院，使中科院和地方政府合作建设的第一个高新技术产业园落户白银。中科院白银高新技术产业园将白银原来5.3平方公里的荒山、坟滩、垃圾场，变成了崭新的工业园区。使其成了中科院科研成果的转化基地，成了白银经济转型的载体和助推器。在中科院的把握和指导下，产业园着力于发展有色金属和非金属新材料、新能源材料、化工及精细化工、医药及医疗器械和现代加工制造业。目前，科技园总投资已达33.6亿元，实施项目40多个，创造了引人注目的“白银速度”和“白银模式”，引起了社会各界的广泛关注。国家发改委也已初步同意将白银纳入全国资源型城市转型试点。

50多年前，白银依靠艰苦奋斗而诞生；今天，白银实现资源性城市转型发展依靠的还是艰苦奋斗。正因如此，白银50多年的发展历程和今后的发展之路深深地被打上了艰苦奋斗和开拓奋进的烙印，使因矿设城的白银将此作为白银的文化基石深深地根植在这片热土上。白银市委宣传部副部长甘孝礼在全省第五届宣传部长论坛上对白银精神做了这样的诠释：艰苦奋斗的苦干创业精神、开放进取的开拓创新精神、豁达包容的团结和谐精神，这些就是白银精神的灵魂所在。

点评：三赴北京，九扣中科院大门，终于以诚动人，使中科院的第一个高新技术产业园落户白银。“栽下梧桐树，迎来金凤凰”，白银，从转型中崛起，而白银精神，将在发展中壮大。

航天精神：酒泉发展的源泉

伟大的实践催生伟大的精神，伟大的精神推动伟大的事业。载人航天工程，是当今高新技术发展中极具风险和挑战的领域。要完成这一中华民族史上的壮举，不仅需要雄厚的经济实力和强大的科技实力作支撑，而且需要巨大的精神力量来推动。

酒泉，“两弹一星”在这里爆发，载人航天飞船在这里升起，这里是祖国的最西部，也是最艰苦的地方，而这里却诞生了航天精神，酒泉航天精神贵在“特别”，也难在“特别”。所谓“特别”就是有一流的精神状态、一流的工作标准、一流的工作作风、一流的工作成效。

为了祖国的航天大业，酒泉东风烈士陵园长眠了600多名航天人；为了“神舟”五号载人飞船成功，尽管14名航天员中仅可选出1人升空，每个人都为升空刻苦训练。无数的航天人经年累月默默无闻、尽职尽责地战斗在各自的岗位上，奉献了青春年华、奉献了聪明才智、奉献了热血汗水。航天人团结协作、无私奉献的高尚境界，永远激励我们为了祖国和人民的崇高事业而奋斗。

正是在实施载人航天工程的实践中，在攀登现代科技高峰的征程中，广大航天科技工作者和酒泉人民牢记党和人民的重托，满怀为国争光的雄心壮志，自强不息、顽强拼搏、团结协作、开拓创新，表现出特别能吃苦、特别能战斗、特别能攻关、特别能奉献的载人航天精神。

载人航天精神是“两弹一星”精神的传承和升华，归根结底，是伟大民族精神的延伸和扩展，是实践“三个代表”重要思想的具体体现。它浸润于我们每一个人的血脉，植根于我们每一个人的心灵，正在化作我们进一步推动改革开放和现代化建设的强大动力，“神舟”

六号载人飞船成功着陆喜讯传来的那一刻，南京大学万名学子签名的巨幅横标道出了亿万人民的心声："酒泉，我爱你，祖国，我爱你！"

点评："两弹"在这里爆发，飞船从这里升起。艰苦奋斗、执著创新是酒泉人注定不变的品格。酒泉，作为中国航天事业的基地，它的名字已经永远被历史铭记。而酒泉的航天精神，永远是我们民族实现更多美好梦想的精神支柱。

临夏民族团结：演绎和谐发展

社会和谐才能稳定，稳定才能发展，发展才能实现社会的进步和繁荣。如今"和谐社会"这一极具亲和力的温馨词汇持续在河州大地上升温。一曲曲民族团结的优美乐章在这里传唱，一个个鲜活感人的典型事例在这里涌现。民族团结、进步、发展已成为临夏回族自治州经济建设中的一道亮丽风景线。

五里一个风俗，十里一个乡俗。在临夏州这样一个自然条件严酷、经济基础薄弱的土地上生活着近200万回族、汉族、保安族、东乡族、撒拉族、土族等23个民族，5大宗教并存。各民族能够和睦相处，得益于把"团结、进步、创新、发展"作为工作主体，使之形成了一个磐石般的基础。

刘家峡公路段的汉族职工裴明彪和他的妻子杜英桂二十年如一日，悉心照料2位生活无助的东乡族老人，并为他们养老送终，一种超越民族界限的博大爱心感动着许许多多的人。今年春节期间，临夏县刁祁乡友好村组织了一次别开生面的"团结杯"篮球赛，全乡16个社的8支代表队参加了为期5天的比赛。在这样一个回、汉杂居的地方，不管是回族还是汉族，谁家有了难事，大家都会帮忙；谁家有了喜事，大家都会去祝贺。

随着观念的转变，进步不仅仅体现在教育上，而且还体现在计划生育方面。积石山县大河家镇是保安族的主要聚居地。镇长马宏伟告诉记者："国家允许保安族生3胎，但现在生育观念转变了，一般只生2胎。"

在创建团结活动中，临夏州特别把宗教界作为整个活动的重要组成部分，充分调动和发挥宗教界的积极性和特殊作用，以增强群众性和广泛性，积极引导宗教与社会主义社会相适应。临夏州在全州宗教界和宗教活动场所开展了以帮扶一户特困户脱贫、救助一名适龄儿童特别是女童上学、栽植一片公益林、树立一块宣传牌、至少进行一次民族团结进步专题宣讲为内容的"五个一"创建活动。今年以来，全州宗教活动场所已帮扶贫困户1675户，资金20多万元；救助失、辍学儿童1623名，资金9.61万元；造林3.4万亩，植树49.3万株；举行宣讲活动2117场(次)，受教育群众达50多万人(次)。

临夏州刁祁乡党委书记马如成告诉我们，以前本乡矛盾纠纷突出，乡党委根据《条例》和《暂行办法》建立健全了"1012"宗教管理工作制度，即十项工作制度、两规范、一加强。其中考核制度、朝觐审核制度、阿訇(主持)聘任制度、三级法人制度等在全州尚属首例。自从"1012"制度实施以来，刁祁乡呈现出了无一起民(刑)事纠纷、无一名违法人员、无一起上访事件、无一名吸毒人员的良好局面。

2005年积石山县被评为全国民族团结进步"模范集体"荣誉称号，州长年仲华等4人被评为全国模范个人的荣誉称号；同年全州的13个模范集体和28名个人被授予全省民族团结进步模范集体和模范个人的荣誉称号。

回族和汉族互相团结成为近年来临夏发展的重要元素。2006年全临夏州完成生产总值62.51亿元，比2001年增长78.55%。农民人均收入达到1490元，净增435元，城镇居民人均可支配收入5385元，净增2047元。在经济指标中成效最为明显的是招商引资，2006年全州□累计完成社会固定资产投资92亿元，是建州到2001年底的1.55倍。

没有少数民族和民族地区的发展就没有全省的协调发展，没有少数民族和民族地区的全面小康就没有全省的全面小康，要改变民族地区发展现状，正如新一届临夏州委、州政府提出的要牢牢把握“发展、团结”两大主题，才能实现民族地区又好又快发展。

点评：回族和汉族本是一对手足相连的弟兄，50年建设情，成就了临夏人民永不改变的决定——和谐发展、团结发展。

（原文刊载于2007年4月12日《甘肃经济日报》，作者贾治堂）

<<<

三农发展篇

三次答辩

武都油橄榄基地危机四伏

武都油橄榄的发展虽然已初现成效，但是出现的问题和矛盾不容忽视，农民的逆反心理和盲目乐观主义形成明显的反差，使油橄榄在“棒打和鲜花”中成为武都“断奶缺钙”的产业。

油橄榄在我国出现于上个世纪。1964年，周恩来总理访问阿尔巴尼亚时带回来1万株油橄榄苗，在陕西、贵州、云南等海拔1300米的地方试种，取得了良好的效果。1975年，陇南从陕西汉中引进了油橄榄树种，在30年的发展中，陇南人从不认识到认识，从不接受到接受，经历了一个很长的过程。当油橄榄终于要实现产业化时，一些矛盾和问题便凸显出来。

“种苗传销”后的逆反思维

武都区两水镇是陇南油橄榄大规模发展的原地，这里有人因油橄榄致了富，也有不少人因盲目跟风饱受煎熬，以致不少当地农民把油橄榄称作“悠栏杆”。

1999年前，两水一位姓王的农民，10亩橄榄树苗卖了63万元，这位一夜暴富的农民也因此得名“六十三”。“六十三现象”在武都引起了极大的关注和效颦，“好多人看在眼里，急在心里”，于是大家跟风似的开始育橄榄树苗，地不够用，便四处高价租地。不但农民育苗，就连城里的干部职工也参与其中。在两水，地的租金最高炒到每亩2000元。没有钱，好多人就贷款、贷高利贷。两水镇两水村李村长告诉记者，当时两水村的红火劲头不亚于“农业学大寨”，为了抓住机遇，有的农民铲了已抽穗的麦子。育1亩树苗的成本高达2万元时，好多人还是不惜血本到处借贷，两水村很多农民一次就贷款14万元。为了赶树苗的出售时间，杆插树苗成了抢手货，好多人亲戚托亲戚、朋友托朋友，树苗每株价钱最高炒到2元钱。

可怕的事情终于发生了。2002年，油橄榄树苗的价钱一落千丈，无人问津。当时两水村的两个社就有300多亩橄榄树苗。李村长说，其实当时就像搞传销一样，树苗的流通没有出武都地界，也没有形成市场，只是亲戚卖亲戚，朋友卖朋友。后来冷却下来时，善良的人们才发现，“富了一个人，穷了一群人；富了本家，穷了亲戚朋友。”

对于那次育苗事件，吃了亏的农民称之为“炒苗子”。两水镇李武生副书记形象地比喻为“树苗传销”。李武生告诉记者，当时“树苗传销”不仅仅是两水，从白龙江流域到岷县交界处，共有4个乡镇23个村的农民参与。两水的农民当时从银行贷款高达800多万元，结果全打了水漂，至今还欠着500多万元。据知情人士透露，武都区的农业银行目前还有2000多万元的贷款是当年炒树苗时贷的，绝大部分人已经对大额贷款无力偿还了。

李村长说："当时武都过剩的苗木有1000多亩9000万株，而每亩油橄榄按照规定只能栽33棵，1000亩苗子可以栽大半个中国。炒苗风波过后，好多人"赔了夫人又折了钱"，最后没办法，只好把育了几年的苗挖掉。据记者了解，截至目前，两水镇还有100多亩苗木长在地里，武都区至少还有400亩6000万株的剩余树苗。

李武生告诉记者，尽管2002年政府四处宣传，让农民不要盲目跟风，但是至今仍然有人到了黄河心不死、守株待兔，等待着奇迹的出现。在树苗上吃了大亏，农民对于油橄榄种植产生了逆反心理，李武生说，自2002年以来，武都区把油橄榄栽植纳入退耕还林的范围内，有3年粮食的补助，但是油橄榄是5年以后才产生效益的经济林，农民耐不住性子，加上管理滞后，部分人把橄榄树又挖了。

盲目投资中的盲目乐观

据武都区油橄榄开发办公室出具的资料显示，截至2004年底，武都区油橄榄已发展到9.15万亩，白龙江沿岸100公里的区域内都有油橄榄树。开发办的李主任在接受记者采访时说，武都油橄榄基地总体规划是10万亩，到明年就全部完成，现在挂果的总亩数不到3万。据此推算，如果平均亩产100公斤果实，每年有近300吨鲜果，武都油橄榄的出油率一般在16%，所以书面上的数字是武都每年产橄榄油至少有48吨。

记者了解到，去年武都区油橄榄鲜果总产量不到10吨，也就是说全部用来榨油也不过1吨左右。武都区政府副区长武扬林在接受记者采访时也肯定了这一事实，他说，武都现有油橄榄加工企业4家，按现阶段产量，一个企业都吃不饱，4家企业几乎都是"等米下锅"。记者采访得知，油橄榄之所以产量低，一个重要的原因是品种杂，甚至于有的树只开花不结果。

李主任告诉记者，陇南种植的油橄榄目前有50多个品种，其中有近40个品种就不适合在陇南生长或者属于不果品种，而适合武都生长的只有12个品种。李主任说，油橄榄对陇南来说是一个新生的木本植物，虽然它在当地有30年的历史，但是对它的种植技术和品种鉴别，当地人还没有经验，尤其是在2002年以前，政府还没有实行宏观调控，好多种植户盲目地引进一些老化品种，这些品种在生长期是看不出的，只有5年以后才能发现它的优劣，这是目前武都油橄榄基地发展的致命之处。

在当地，农民把不结果的树叫做"公树"。记者从武都区油橄榄开发办公室了解到，截至目前，5年以上的橄榄树有40%~50%挂果少或者不挂果。武都区交晌沟的一位农民告诉记者，8年前他在这里租了50亩地，栽了橄榄树，去年仅产了100多斤果子。记者在武都采访期间，一位业内人士告诉记者，其实2002年以后栽植的油橄榄也有老化品种，未老先衰，品种老化是产量低的根本问题。他说，去年以色列专家在武都考察时就指出，陇南的油橄榄如果不及时改品换代，有可能功亏一篑。

武扬林告诉记者，不挂果和产量低主要有三个原因：一是品种搭配不合理，部分品种老化;二是油橄榄是喜水爱肥的植物,而目前大多数地方水利条件跟不上;三是气候的原因,武扬林说,近年来的气候比较反常,尤其是"早春寒"、"霜冻"都影响到油橄榄的挂果。

此外还有一个因素,那就是专业技术人员缺乏。据开发办的工作人员介绍,目前武都油橄榄专业技术人员共有50人左右,而武都油橄榄基地分布零散,农民对油橄榄的管理、修剪和栽培技术十分贫乏,就目前的技术水平和人数远远不能满足需求。

武扬林说,2003年以来,对于武都发展油橄榄,政府排除万难,舍得用好地、水浇地,舍得花钱。虽然截至目前国家和政府的扶持资金无法统计,但是有一点可以肯定,那就是每年都有好多非公企业发展项目向油橄榄倾斜。武扬林说,每年第一个会是油橄榄开发会,每年做的第一件事和说的第一句话都是油橄榄。而且开发油橄榄不仅是武都历届政府的主要工作,而且也凝聚着几届省上领导和国家有关部门领导的心血。早在上世纪70年代,宋平同志就专程在陕西汉中多次协商引进树种。改革开放以后,省上的以工代赈,农业、水利、扶贫等项目都对武都油橄榄基地实施了倾斜政策和特殊照顾。2002年退耕还林政策实施以后,省上又把武都油橄榄栽植纳入"国家林业山区综合开发项目",不但配套了900万的资金,而且实施了补助。

对于油橄榄的开发前景,武都区的相关人员用"形势一片大好"来形容。在武都区油橄榄开发情况汇报材料中写道:"预计10万亩油橄榄基地建成达产后年产鲜果3万吨, 产油0.45万吨,实现产值4.5亿元。"然而农民们却不这样认为,记者在两水采访时,有3家农民正在挖油橄榄树苗,村民告诉记者,树苗已经在地里长了4年了,无人问津,只能挖了当柴火用,"不能亏了地"。

距产业化还有多远?

2000年,中国油橄榄权威专家徐纬英教授曾给武都县的领导写信,告诫武都要大力发展油橄榄,但是要算账、计成本、计利润,要结合水保、多种经营,探索走出油橄榄产业化的道路;同时要解决品种老化的问题,要加强科学技术培训工作,要有一支农民技术员队伍。

农业产业化不仅要有规模,而且更重要的是农产品的深加工和附加值最大化。记者了解到,油橄榄在武都的加工只是粗加工,截至目前,只有一家企业和上海的科研院所合作研发了护肤产品,武都人称之为"返销粮"。另外在武都,橄榄食用油常年有售,但当地无人用,一家商店的师傅告诉记者,大多数都是单位买去送礼用了。这位师傅为记者算了一笔账,武都一年产油超不过2000斤,除过30%的外销,也不过剩下1000多斤,而现在市场上却是常年有销售的。

对于武都油橄榄的发展,武扬林说,10万亩的规模实在是太小,因此,政府最近正向省上有关部门打报告,希望能在其他地方发展一些,以便更大程度上实现产业化。此外武都油橄榄之所以发展缓慢,除了"走了一段弯路"外,还有一个原因就是水利设施配套滞后。记者了解到,橄榄基地有60%现在还没有提灌设施,好多果树挂不了果,只能"靠天结果"。而武都财政困难,几万亩橄榄林的水利提灌工程需要几千万资金,这对于武都来说是一个天文数字,但是"树不等人",水利设施的配套成为当前武都油橄榄基地的燃眉之急。2003

年以来,国务院出台了最严格的耕地保护制度,这对武都实施“林粮增补”、“退一还三”的油橄榄产业发展政策也是一个致命的打击。事实上,换种优代是一个根本的问题。武扬林说,目前有些品种就连技术人员也不认识,而且品种多,一下子解决有难度。所以,从今年起政府将花大量的人力和物力培训5000名农民技术人员,让油橄榄基地的管理科学化、制度化。

加快发展和加大投入是一对矛盾,尤其在武都,把橄榄作为一项利国利民的生态、经济产业来发展,可谓任重而道远。因为政府不但要遵循科学发展观,正确引导农民尽量少走或不走弯路,而且要充分发挥宏观指导职能,不能大小事都包办。

(原文刊载于2006年6月3日《甘肃经济日报》,作者贾治堂、胡作政)

526个无电村愁煞环县政府

在1999年以前，环县县政府为了实施“村村通”工程，想了很多的办法，“集资通电”就是其中一个，然而好心却办了坏事，截至目前，集资拉电遗留下的大批问题，成了群众上访、抗税和对政府不信任的直接理由。

2004年11月，环县农办主任郝兴中对全县集资拉电中遗留的问题进行了摸底，“情况十分复杂，也很严重。”身为环县政协常委，郝兴中在政协环县第六届三次会议上把此事作为一项提案提出，以求能得到解决。

好心办了坏事

记者对遗留问题进行了归类，大致可分四类。

第一种情况是群众集资收缴不齐，原架设线路和所备材料闲置，电至今未通，债务高垒无法偿还，村级债务加大，农民负担加重。洪德乡梁岔村，在1998年县上确定为集资对象后，决定国家投资15万元、群众集资15万元拉电。但1999年施工时集资款只收了4万元，架设了高压线路，2003年线路被盗。6年以来，线路未运行，原任村支书病故，主任免职，群众反映强烈。罗山川乡龙柏山、大树塬、陈渠子三村六组，1995、1996两年群众集资拉电，共计贷款7.23万元，因县上未立项电未通。2003年县乡协调有部分农户电已通，但现在欠银行贷款本息共12万余元，群众对此意见强烈，为此多年来拖欠乡上各种税款达17.7万元，严重影响乡、村正常工作的开展。据记者了解，此类现象在环县十分普遍，目前环县无电村的债务高达140多万元，农户负担均已超过1000元，成为环县农村经济发展的头道难题。

第二种情况是虽然电已通，但欠账成为农民返贫的包袱。如虎洞乡张大掌村1997年架设高压线路时，以42户农户的名义在银行贷款52724.53元，无法偿还。天池乡2001年10月给麻子渠组架设农电线路2.3公里，现在合计欠外债59817.17元。环县因拉电集资，农户负担均超过2000多元，个别地方甚至更多，农民人均负担超过500元的村高达90多个。

第三种情况是通电时预算超支，靠借、贷款垫付。如四河塬乡早流渠、耿河、小李原三村1995~1998年架设高压线路时，超出预算11万元，全部用贷款垫支。另外，环城镇赵小掌、漫原2村及山城乡郝掌、薛原村和木钵镇坪子原村等均不同程度存在这种情况，目前全县因通电累计欠各种外债达600多万。

第四种情况是原架设线路标准低，照明效果差，群众意见大。秦团庄乡的贾原、秦团庄、新集子、白原畔4村原架设线路高低压同电杆,线路质量差、变压器小、照明效果差,曾发生过人畜伤亡和损坏电器事故。

记者采访得知,在环县未通电的526个村中,农民购买闲置拉电材料近100万元,而这些资金主要是银行贷款,成了一笔永远也还不清的再生账。农民对政府拉电态度不积极,历年来拒缴各种税款达100多万元,上访事件也时有发生,致使干群关系非常紧张。

谁的利益最大?

记者了解到,目前环县仍然有526个自然村、87311口人未能用上电,加上36个行政村(列入计划,但还未通电),至少目前有1000个自然村(包括已列入通电计划的自然村),10万人仍过着"油灯"生活。记者从环县电力局了解到,如果不是2004年国家政策的"急刹车",环县已列入计划的通电工程目前至少完成了一半。

2004年上半年,国家发改委对我省的农网改造进行了验收,在天水发现了违规现象,国家立即要求甘肃全面整改,从2004年7月初开始,全省的农电企业停止一切农网改造工程和"村村通"工程施工,工作重点转入一期农网改造工程"回头看"工作,这对环县已列入计划的"村村通"工程的实施有很大的影响。

针对目前环县拉电和实行农网改造中存在的实际问题,环县新一届领导班子今年一上任,就向省发改委提出"请求解决环县36个无电村的请示",报告说,"群众生产生活十分艰苦,要求通电的愿望强烈,尤其是陕西、宁夏等边界区域居住群众心理反差大,有部分群众已迁居到条件较好的宁夏地区,对社会造成了很不稳定的因素。"据环县政府的概算,新建10千伏线路277.3公里,配变85台,0.4千伏及以下线路2125公里(方杆,25MM导线),共需资金2979.2万元。所需资金除群众自筹1700万元外(群众自愿自筹),尚缺1279.2万元,希望在省农网改造资金或省扶贫资金中列项解决,早日实现贫困山区群众用电的夙愿。

政策上的扶持和资金的到位是解决环县现存通电问题的两个重要因素。但是记者采访中看到,1998年庆阳地区行政公署计划委员会和行政公署财政处联合下发的《关于下达1998年地区自筹老区建设资金的通知》,该通知"计划表"列明:"环县10万元。演武乡佛岔村农电线路5公里,2万元;天池乡四合掌农电线路10公里,2万元;吴城子乡喜家坪农电线路10公里,2万元;合道乡周台村农电线路10公里,2万元;何家坪乡赵台村农电线路18公里,2万元。"但是记者截止采访结束时也没有弄清楚这笔资金到底用在了什么地方,而环县电力局和县扶贫办均声称对此笔款项未见。

记者从省电力公司了解到,目前全省已完成乡乡通电,行政村的通电率达到98.2%,有332个行政村还未通电,共计13.5万户,主要集中在陇南、环县等偏远地区。省电力公司农网改造办公室李平林告诉记者,前不久,环县为通电一事到省电力公司农改处进行专门的座谈。"我们只能尽量去解决,但不是100%的解决;100%解决是政府的问题,而不是企业的问题。虽然我们对此很重视,但对环县的通电问题要通过政策,按电网的规划去实施。我们也将根据'十一五'规划,与省政府进行协商。"他认为,一个现实的问题是,在环县,有的地方"先天不足",农户居住太远,过于分散,永远不能够通电。即便是通了电,电压也不足，效果很差。目前，只能由政府在推行城镇化过程中，强制进行搬迁，才能从根本上解决。

事实上，早在几年前，有关人士就建议，鉴于环县的地形和地理环境，对居住分散、自然条件恶劣的部分地区，实施“易地扶贫搬迁”工程，然后分片种植林木和植被，大力发展林业和畜牧业，则既能够有效保障农民生存环境，提高人们的生活质量，也能够加快地域经济的发展，有利于和谐社会的发展，然而这个过程对于环县的10万农民来说还是遥遥无期的未知数。

（原文刊载于2005年5月8日《甘肃经济日报》，作者贾治堂）

粮价上涨，农民缘何无从受益

粮食涨价后，其他农产品也涨价了。表面上看，农民似乎应从涨价中得到一些实惠。事实上，在农产品涨价的同时，农用物资价格也跟着上蹿，农业投入的成本“水涨船高”，农产品涨价没有从根本上改变农民增收难的状况。

按照温总理的“乘除法”，目前摆在我省面前的难题确实不小。甘肃有1700多万农民，每一个看起来很小的农民问题如果乘以1700万，其结果确实惊人。农产品涨价就是一个很现实的例子，农民从农产品涨价中到底能不能得到实惠？能得到多少实惠？这的确值得我们去思考和研究。

白正信的“流水账”

光阴流转，10年间，白正信从村里首屈一指的富裕户，下降到了经济状况中等偏下水平的家庭。坐在自家的院子里，他面对记者非常感慨地说：“10年的变化可真大。”

42岁的白正信是皋兰县西岔镇西岔村有名的种粮能手，10年前，他们家的存粮比较足，手头紧张时，余粮完全可以自如地变成钱。可如今，地还是那些地，劳作还是一如既往，但就是一年比一年穷，日子一年不如一年。他告诉记者，“种10亩地不如一个人在外打两三个月工的收入多。”

白正信给记者算了一笔账：他家6口人，共承包了11亩地。2002年，他家种了7亩麦子、1亩豌豆、1亩洋芋、2亩油料。7亩小麦共产2600斤（当时市场价为0.5元/斤）、1亩豌豆收入200元、1亩洋芋卖了200元（余下的自个吃）、2亩油料共收入260元。当年，他家的收入为2160元。再算投入，小麦种子共210斤计105元，化肥596元，打碾费用80元，农药21元，机耕费160元，水费287元，农业税、特产税共421元，总计1570元。也就是说，2002年纯收入是490元，1亩地收入只有70元。

白正信告诉记者，今年粮食价格上涨，但是农业投入的成本也在增加，其实粮食涨价并未带来多大的好处。2004年，白正信承包的土地面积没变，种粮面积、种类也没有变。按照当前农产品的价格，7亩小麦每斤按0.7元计算可收入1820元（水地亩产基本不变），但今年化肥每袋比去年高8元左右，化肥共花销676元；汽油、柴油涨价，每亩耕作费比去年多5元，耕地截至目前已花去100元；地膜每公斤比去年多1元。

按照白正信的计算，小麦涨价增收不足500元，而今年比去年多投入近400元。白正信认为，虽然粮价上涨，但投入的成本也在增大，粮食涨价让大家空欢喜一场，看来今年的收入也不会好到哪里去。白正信家收入的江河日下，印证了华东理工大学曹锦清教授的观点。曹锦清日前撰文表示，农业已经成为一个弱势的甚至无赢利的产业，我们的农民已经为国家的工业化进程贡献了50年的积累，当工商业已经占到国内生产总值85%的时候，而占GDP15%的农业要养活占总劳动人口50%的人已经很不容易了。

农民增收还是个难题

"一年进城10次，每次的发现都不一样，可在农村，过10年再去看一次，基本上还是那个老样子。"白正信的这个感慨确实是发自内心的。社科院兰州分院张云研究员告诉记者，1997年后，全省农村经济的发展颓势积重难返，连续7年农民人均纯收入增幅竟然低于5%。

这说明两个问题：一是农村居民的收入和生活仍在不断得到改善，二是城乡收入差距正在迅速扩大。农民增收困难是目前三农问题的根本症结，一方面国家采取宏观调控给农民吃上定心丸，采取保护价收购粮食，同时还给种粮户"直补"、减轻农业税等政策；另一方面农业生产成本随着农产品的小幅度涨价而直线上升。这对农民增收确实造成了极大的困难。记者从粮食部门了解到，全省每年粮食产量约为70多亿公斤，70%的农民拿粮食来交纳农业税，据统计，每年农村余粮也不过40亿公斤。除过每个农民200公斤左右的口粮外，粮价再高，也不能从根本上解决我省农民增加收入的问题，因为农民本身已没有多少余粮可卖。

省政府研究室副主任潘锋在接受记者采访时说，在过去相当一段时间里，我省一直是粮食调入省，进入20世纪90年代，开始出现粮食生产总量和需求基本平衡的局面。近几年，全省粮食年产量基本稳定在78亿公斤，人均占有量稳定在300公斤左右。换句话说，我省属于粮食自给自足省份，因人均占有土地面积有限和土地贫瘠等原因，农民每年生产的粮食基本上只够一年的口粮，几乎没有多少可以拿出去卖的，如果遇到不好的年景，有近300万温饱线上的农民还要掏钱买粮吃。农村自然条件差、人多地少、靠天吃饭、农产品种类单一是我省的基本省情。甘肃是黄土高原上的一个纯农业省份，年降雨量超不过400毫米，有41.3%的土地属于干旱的坡地，亩产不到100公斤，产量太低、广种薄收制约着相当一部分农村经济的发展。

据了解，今年国家对粮食政策进行调整后，我省新增粮食种植面积达50多万亩，而这中间绝大部分是一些种粮大户。社科院农村发展研究所研究员党国英不久前表示，粮食改革、直补以及粮价上涨在某种程度上说是针对粮食主产区，种粮大户确实是"有利可图"，而对落后、偏远的农村、农户来讲，没有什么利益可得，这从本质上讲起不到增收的目的。

"多管齐下"是增收的关键

记者在农村采访时得到一个直观的信息，就是农民之所以增收难，是农民外在的社会负担比较重，比如教育负担、疾病负担和婚丧嫁娶负担。这些负担在个别区域、个别地区，尤其是自然条件极差的地方，是直接导致农民增收难的主要瓶颈。省统计局提供的数字表明，2003年全省发达地区的农民人均纯收入只有1470元，其中教育支出占到总收入的40%~50%以上。拿一个四口之家来分析，如果这个家庭有两个学生，一个上初中、一个上高中，一年学费就需要4000多元，家庭70%的收入必须用来负担教育支出。

据记者了解，农村小学生每年支出学费为300元左右，初中生每年需要800元左右，而高中生每年大概需要学费3000多元。统计数字显示，农村教育支出几乎占到人均纯收入的35%以上。兰州大学蒲训语教授不久前在接受记者采访时这样表示，要想让农民尽快富起来，要想让农村发生根本变化，就得减轻小康路上农民的“行囊”，首当其冲的是减轻教育负担，名副其实地实施“九年义务教育”。众多研究农村问题的学者认为，只要减轻农民教育支出负担，农村经济就会峰回路转，其发展速度完全有可能提高2~3个百分点。

减少农业投入成本、降低农业生产资料价格，也是增加农民收入的一个根本途径。近年来，不少不法商贩利用假化肥、假种子、假农药坑农害农，给农业生产造成了极大的伤害。“而这一切均缘于农村供销社的关闭，农民失去了正常渠道上的物资供应。”记者在我省大部分地县调查发现，曾经为农民供应了近半个世纪农资物品的农村供销合作社在机构改革中绝大部分已经不存在了。农村供销合作社在某种意义上说是农村改革成功的“功臣”，尤其是改革开放以后，供应农用物资、生产资料，唯一的渠道就是供销社。

定西市宁远乡的一位老人在回忆上个世纪农村供销社时感慨万分，他说，那时候，农民还可以享受到平价物资，而且农民都有分股分红本(是农民集资的一种形式，如每户给刘家峡化肥厂投5块钱股，可以享受5~8年的低价化肥)；现在就截然不同了，农民掏足了钱，要么是高价的东西，要么就是假产品。

兰州市政府农林处王宇和处长认为，要让农民从根本上解决增收难的问题，必须彻底打破生产资料价格涨幅和农产品涨幅不成正比的局面。“解决农民增收还有一个重要的方面，就是有机利用农村过剩的人力资源。”兰州市社科院刘山明教授告诉记者，工人一年除了正常的节假日外，都是正常的劳动日，而农民则不同，一年365天，除了春播夏收外，剩下近一半时间是无所事事。所以必须调动农民积极性，创造一切空间，把农民的剩余时间用在增收上。

记者从有关方面了解到，靖远县47万人，年劳务输出仅为1万人，余下46万人一年有150天左右的时间无所事事。46万人、150天时间，这是多么可观的一笔劳动力资源！为此，农业部农村改革试验区办公室综合处处长朱宋银在《中国改革》杂志上撰文表示，要增加农民收入，必须要把农村剩余劳动力、农民剩余的劳动时间有机地结合，统筹地加以利用，解决农民收入单一化的局面。“其实解决农民收入的问题，最根本的一条是减少农产品的中间环节，让农民直接面对市场，让农民运着农产品进城。”

长期从事农村经济合作组织研究的王宇和认为，农贸市场修在城市，农民和农产品无法进城，直接制约着农民增收。他认为，兰州张苏滩批发市场就是一个鲜活的例子，好多郊区农民生产的农产品如果用农用车装运进城，必须受到市容、交警、环卫等众多关卡的限制，所以他们明知与市场价相差甚远，却又不得不卖给商贩。以土豆为例，在农村不到0.3元/公斤，而进了城基本上在1元/公斤以上，得到最大利润的不是农民，而是商贩。王宇和认为，当前从上到下喊得最响的口号是“农业产业化”，到底怎样产业化，绝大多数人只是停留在表面上。

（原文刊载于2005年6月1日《甘肃经济日报》，作者贯治堂）

改革开放的30年，是通渭县发展变化的30年。农民生活越来越富裕，县域经济逐年在增强，城镇建设蒸蒸日上，基础设施日新月异，各项社会事业都得到了长足的发展，这些都是有目共睹的。如果拿粮食来看通渭的变化，应该是最确切不过的，因为粮食在通渭人的心里有着刻骨铭心的记忆。

在通渭县，人们最不愿意提的事情就是关于粮食的事情。但是当说起变化，有人就不由自主地会说到粮食，而且总会拿40多年前的粮食说事。

《通渭县志》记载："1960年，通渭全县粮食实产8300万斤，结果是虚报1.8亿斤；征购粮3800万斤，虚报1亿斤。"当年，"千斤元帅升帐，万斤卫星上天"的浮夸风在通渭县大肆盛行，上至机关干部，下至普通群众，都打着"10天实现人民公社化"的口号。但是现实的情况是，通渭的人均年口粮只有20斤，导致大饥荒、逃荒和死伤的群众不计其数，这是通渭人的大饥荒经历。

1972年，周恩来总理听取甘肃省委汇报通渭的贫困状况时，难过得黯然落泪，立即从全国各地调拨粮食和军大衣，救济通渭，使通渭人民度过了饥荒后最困难的时期。

改革开放后，通渭的粮食生产翻开了新的一页。1983年通渭返销粮食5000万斤，但从这时开始，通渭的返销粮逐年在减少；到了2002年，通渭农民外卖粮食超过5000万斤，粮食商品化率为16.3%。如果把这一大背景的变化投放到通渭县单项农业生产上，所呈现的一个侧面是：2007年，在经历60年不遇的大旱后，通渭5个重点乡镇推行旱作全膜覆盖玉米1.48万亩，亩产达到1250斤，单这一项实现农业产值近2000万元。

通渭30年农业强县之路

——20年前吃粮靠返销，如今外卖粮食讲贡献

4月23日，通渭县的县直机关和各个部门都在开会学习，学习的内容是4月18日通渭县委办公室下发的《关于在全县开展思想大讨论大学习活动的通知》。一名县委机关干部说："这是每年春耕时的思想大集中，改革开放30年的实践证明，只要思想大解放，通渭则大发展，小解放则小发展，不解放则不发展，尤其是在农业生产上，解放思想显得特别重要。"

记者注意到，这份被称为通渭县2008年1号的文件中，大部分内容论述的是农业生产，最为核心的是"要破除养牛为耕田，养猪为过年，养鸡下蛋换油盐的小农经济思想"，教育群众要以市场为导向，以效益最大化为目的谋划生产，参与市场竞争。

这是通渭粮食生产的一个侧面，多年来，通渭的农业生产一直处于定西市的前列。通渭是我省43个"国扶县"之一，十年九旱，靠天吃饭是基本县情，但是改革开放30年来，通渭

人用人定胜天的“三苦精神”，让农业的效益最大化，因势利导、因地制宜，摸索出了全膜覆盖技术的旱地农业基本模式，不但让农民尝到了甜头，而且成为“旱不垮、打不倒”的铁杆庄稼。

老村长的新认识

党的十一届三中全会以后，通渭县把工作重心转移到农业生产上来，由于实行了一系列适合农村发展的政策，特别是家庭联产承包责任制的普遍推行，极大地调动了农民的积极性，加之“天帮忙”，1983年至1985年连续3年获得粮食大丰收。1985年，通渭县粮食平均亩产154斤，总产量达1.9亿斤。这对通渭人来说，亩产已经打破了历史纪录。

平襄镇宋堡村73岁老人孔正元对30年前的事情仍然记忆犹新。孔正元说，1979年以前，通渭县农村集体经济人均分配收入只有24元，人均分配现金只有0.98元，年人均口粮不到150斤。那个时候，思想上有粮就有粮，思想上没有粮就没有粮。

1983年，农村土地承包的第2年，孔正元家里种了14亩糜子，丰收了7000斤，一家人围着粮食堆眉开眼笑，“几辈子人都没有见过那么多的粮食。”

当了40年村干部的孔正元说起粮食，思维非常敏捷。和大多数通渭人一样，孔正元不愿提起40多年前的事。但是对于粮食，老人有一种特殊的感情：“就是在现在，每年种庄稼时，都要和儿子发生争执，不为别的只为地里多种些粮食，宁可缺钱，也不能缺粮食让孩子饿着。”

对于去年的粮食生产，孔正元说都归功于全膜双垄沟播技术。“亩产1300斤，真应兑了当年大跃进的虚报亩产。”孔正元说，儿子儿媳在外打工，去年老两口种了5亩全膜玉米，玉米市场价是8毛钱1斤，加上秸秆1毛钱1斤，1亩也得卖四五百元，这一项纯增收就是4000多元。

和孔正元一样，宋堡村的粮食生产发生了根本性变化。“虽然粮食面积比以前减少了，但是运用了科学技术精耕细作，1亩顶3亩。”村支书张甲来说，全膜覆盖这项技术，不仅可以用来种植玉米，也可以用来种植土豆、小麦，这是通渭人发明的专利。

平襄镇副镇长陈长军告诉记者，宋堡村是全省100个新农村建设的试点村，依托项目，村上修梯田建农路、整荒坡种草树、建暖棚种蔬菜、搞养殖建沼气、搞培训强技能，项目建设带来了发展的大变化。

对于粮食，孔正元有新的认识，他说，最近一段时间，他一直在看外国粮食饥荒的新闻，他总是把现在的外国和过去的通渭相提并论，但是年轻人总是不理会，他说：“民以食为天，这个浅显的道理，年轻人怎么就不明白呢？”

从返销粮5000万斤到外卖8000万斤

1981年，通渭大旱，粮食绝收，全年粮食总产量只有9647万斤，好多群众缴不起公购粮，经过多方面做工作，政府给农民赊欠公购任务，但是当年的吃饭成了最大的问题，为了应急，政府调入返销粮食5687万斤，解决了当年的群众口粮问题。

从1981年到1988年，通渭的粮食一直是调入，返销粮成为农民口粮的最大补给。1982年调入4515万斤，1983年调入2372万斤，1984年调入1099万斤，1985年调入132万斤，1986年调入2005万斤，1987年调入3416万斤，1988年调入2036万斤。

在这8年时间里，通渭人忍辱负重，“吃着返销粮，穿着黄军装”，但是他们更没有忘记党和政府的关怀，没有忘记全国人民的支持和救济。1989年，通渭粮食首次出现自给自足的局面。当年粮食的总产量为2.1亿斤，外卖粮食800万斤，商品化率为4%，这在通渭的粮食史上是史无前例的。

通渭县农业局副局长马健武说，目前，通渭的粮食商品率几乎接近25%。2000年，通渭粮食总产量为26143万斤，外卖2900万斤，商品率为11.1%；2003年，粮食总产量为28700万斤，外卖4683万斤，商品率为16.3%；2005年，粮食总产量为47678万斤，外卖8582万斤，商品率为18%。

虽然通渭的粮食产量在全省算不上“主产区”，但是从粮食返销调拨大县到粮食外卖大县，从返销5000万斤到外卖8000万斤，通渭人用了整整10年的时间。正因为有这10年的时间才成就了通渭人的“三苦精神”，把“陇中苦脊甲天下”变成了“陇中粮仓”。

马健武告诉记者，随着通渭的旱地全膜覆盖技术的全面推广，通渭人每年的外卖粮食在逐年增加，给国家的贡献也是越来越大。

“以前政府帮我们，现在我们帮国家。”在通渭，有一支上百人的粮食运销大军。农民称他们为“粮贩子”。粮食运销大户胡万军告诉记者，2007年，他从通渭向外运销粮食达700万斤。胡万军说：“通渭的粮食运销大户大多数是从原国有粮食部门分流出来的职工，也有一些粮食经纪的专业合作组织，目前，河西、兰州20%的商品粮是经过通渭粮食经纪人之手。”

马健武认为，“龙头企业+经济合作社+农民经纪人+农户” 的模式已成为通渭粮食流通的新机制，随着粮食产业化步伐的加快和市场化改革的深入，粮食经纪人正在成为通渭新农村建设的一支不可缺少的力量。

旱作农业的新红旗

事实上，对于通渭来说，十年九旱，尤其在水资源十分短缺、生态脆弱、条件严酷、粮食产量一直低而不稳的情况下，这就客观上要求必须在旱作农业区粮食发展上寻找新的增长点和突破口，以保障粮食安全。通渭的突破口就是全膜双垄集雨沟播技术，这项技术之所以被称为旱作农业上一项革命性的技术，因为它已经改写了通渭旱作农业区靠天吃饭的历史。

2005年，通渭县推广全膜双垄集雨沟播技术，并在川区选择了4个村进行试种植，结果一举成功，5000亩全膜玉米产粮360万公斤，产值近500万元。当年，省农牧厅在通渭召开了“全省旱作农业现场会”。

马健武说，曾经的粮食穷县，如今成了粮食生产先进县。当全省各地的农业专家走进通渭的田间地头，看到的是长势良好的试验田与传统种植方法形成了鲜明对比，农业专家惊叹不已。通渭人才明白,全膜双垄集雨沟播技术是一个伟大的创举。

全膜双垄集雨沟播技术的成功之处就在于把2/3的雨水聚集到1/3的地里，在干旱山区,老天只要下一点小雨,就会很快渗入到作物的根部,发挥十分的作用。2006年9月底,农业部部长孙政才专门来我省调研旱作农业,对全膜双垄集雨沟播技术给予了充分肯定。

有了旱作农业的“铁杆庄稼”,加上从2004年开始实施的粮食直补政策,3年来,国家给通渭下达粮食直补资金1032万元,同时新增了对种粮农民柴油、化肥等农资增支综合直补资金806万元,全县9万多户农户均补贴214元,通渭县的粮食生产迎来新的发展机遇。

历史的新机遇造就了通渭粮食的新发展。2007年,通渭遭受60年不遇的特大旱灾,而全膜双垄集雨沟播技术使玉米长势喜人,平均亩产625.7公斤,增纯收益364.78元(玉米按1.60元/公斤,干草0.20元/公斤计),真正实现了特大灾害年份农业不减产、农民不减收的良好开始。而就是在这一年，通渭农民人均纯收入1780元，全县绝对贫困人口下降到了4.3%,全县46万人中每年有10万人外出打工,创造劳务收入近3亿元,农民人均684元。

马健武给记者算了一笔账,2年以后,通渭全膜覆盖玉米将能发展到50万亩,产量达到5亿斤,按照目前的发展前景,粮食商品化率达到80%,将有3个多亿的产值,人均800多元。到那时,通渭才是真正的粮食外卖大县,才可以称得上对全省农业有重大贡献。

(原文刊载于2008年7月11日《甘肃经济日报》,作者贾治堂、卜彦兵)

撤乡并镇之路才走了一半

——关注零赋税后的乡镇改革(上)

在2005年政协甘肃省第九届三次会议上，一份由民革甘肃省委员会提交的议案引起了省政协领导的高度重视。议案的主要内容是“撤乡并镇以后进一步深化我省乡镇政府改革，增强服务功能，切实减轻农民负担”的问题。省政协副主席喇敏智、俞正当即在议案上作了批示，要求相关部门认真办理，给予明确答复。

事实上，农业零赋税后农村的变化确实不小：农民的负担减轻了，农业产业化发展正在逐步好转。但是，与此同时，逐步深化的乡镇机构改革凸显出来的问题，却并不亚于举国上下正在寻求突围的三农问题。许多乡镇原本捉襟见肘的财政状况更加恶化，乡镇政府的职能正在逐渐趋于弱化。为此，各级政府采取了许多积极的措施，试图走出财政收支倒挂的窘境，但都收效甚微。

“撤销乡镇的改革绝不能搞一刀切，一些地方撤乡并镇似乎走过了头。”著名经济学家党国英日前在《中国改革》上撰文指出：“把撤乡并镇简单地理解为减少公务人员、节约行政开支是大错而特错的。如果体制不合适，人再少，也是冗员；如果体制合适，多一些人也未必就是冗员。”党国英说，撤乡并镇并不是改革的目的，从长期趋势看，必须同时实行“加减法”。尽管这个过程会比较缓慢，但成功事例告诉我们，在村社区衰落过程中，村一级的公共事务将转移给乡镇，如果乡镇规模太大，将不便于农民办事，并导致资源浪费和一系列体制不顺的问题。

小政府，大债务

除了挂在政府大楼门上方“无功便是过”的警示牌外，内官营镇政府看起来并没有什么特别的地方，倒是进进出出的摩托车平添了不少人气。杨永吉镇长告诉记者，“撤乡并镇以后，内官营合并过来了两个乡，辖区大、村组远，摩托车便成了‘包村’干部的基本交通工具。”

内官营镇是定西市目前最大的镇，撤乡并镇之前，该镇有4万多人，管辖17个村。将黑山乡和东岳乡合并过来以后，内官营镇的规模陡增，现有人口6.03万人，辖35个村，流域面积由原来的166.8平方公里增加到308.47平方公里。杨永吉告诉记者，该镇现有工作人员

200人，“200人200辆摩托车”。记者了解到，按照“被撤乡镇的债务应明确转移到新设立乡镇政府”的原则，黑山乡政府原来欠下的40多万元的债务，便移交到内官营镇政府的名下。“唯一值钱的东西就是增加了台旧车。”杨永吉说，新的债务使小城镇建设刚刚有所起色的内官营一下子显得力不从心，很多既定发展规划和设想在短时间内都难以实现了。

比起内官营，安定区李家堡镇更不幸。以前，李家堡的经济本来就比较落后，历届政府的欠债问题一直困扰着这个镇的发展。记者在该镇采访时发现，因镇政府欠了40万元的工程款，新落成的4层办公大楼至今不能入住，“90多名乡干部只能挤在十几间平房里凑合。”张湾乡合并过来并没有让镇党委书记令让感到丝毫的高兴，“一撤一并，来去两头空，反倒增加了99万元的债务。”令让告诉记者，李家堡前几年搞“三通三平”就欠下了100多万的债务，每季度几万块钱的利息就已经让政府累得够呛，合并过来的张湾乡，不但没有带来新的起色，反而增加了99万的债务。“200多万的债务让一个只有2万多人的镇偿还，根本不可能。”

“安定区这次撤乡并镇工作力度比较大。”安定区民政局局长贵天成告诉记者，安定区这次共撤销6个乡，51个村合并到了其他乡镇。撤乡并镇后的安定区有19个乡镇、2个街道办事处。贵天成认为，撤乡并镇是发展的必然，这个过程是漫长的，它带来的积极意义需要10年或者更长的时间来检验，但是债务的“嫁接”则可能马上使新建的乡镇发展速度减慢、经济萎缩和倒退，更有可能使农民负担“反弹”，这是乡镇改革中不容忽视的新问题和新情况。

记者在永登县采访时了解到，永登县的东山乡撤销后合并到了龙泉寺镇，东山乡只有4000多人，但是债务就高达47万。当时龙泉寺的领导坚决不承担债务，但是按照民政部门“合并后的乡镇必须承担前乡镇的一切债务、公共服务、职能和义务”的文件精神，最后龙泉寺镇不得不妥协接受了债务。

据省财政厅7月15日向省政协汇报的资料显示，截至目前，全省共精简314个乡镇，按照每个乡镇最低公用经费20万元计算，年可节约6280万元。但是必须提及的是，节约的资金只是债务总额的20%。据不完全统计，这次撤销的乡镇中90%以上都不同程度地存在着债务，累计约在3.6亿元左右。省政协有关人士在提案中指出，大部分乡镇原来就存在债务，新的债务会扭曲改革的根本目的。当债务超过承受能力时，有可能使上级减负工作“反弹”。

“小政府，大债务”是撤乡并镇后基层干部最怕面对的问题。记者在永靖、永登、定西采访时，众多干部都以回避或避而不谈的姿态对待此事，甚至有人静观其变，等待上级拨款的“馅饼”。

撤乡并镇后，内官营镇为了便于管理，在原黑山乡和东岳乡设立了办事处。办事处设在废弃的乡政府里，所谓办事处，其实就是一个值班室、一部电话。负责黑山片的赵宗仁，被大家戏称为“片长”。赵宗仁说，黑山片常住着25个乡干部，比撤销乡政府之前少了4人。一位乡干部说：“三层白墙绿瓦的大楼，独门独院，20多个人住着挺宽敞。”内官营离黑山10公里，黑山离最远的村15公里，为了方便工作，“包村”干部都配有摩托车。赵宗仁说，为了节省电话费，值班室的电话只能打进来打不出去。但是工作不能怠慢，几乎天天下村，内官营到黑山，黑山到村组，村组到内官营，三点一线，一个月下来一辆摩托车的油钱就得100多块。

李家堡镇董兵悟镇长用“挑战与机遇并存”来形容合并后乡镇“高成本，低运行”的现状。他认为，撤乡以后，老百姓在形式上觉得办事困难了、信息不畅通了、远离关怀了，但是实践证明，调整乡镇规模和布局，既有利于精简机构、减轻财政压力和群众负担，又有利于资源配置和社会事业的全面发展，同时对优化小城镇建设、加快农村城市化的进程都有积极的作用和意义。

但是记者在李家堡镇采访时了解到，李家堡镇最远的村离政府驻地30公里，撤销原张湾乡对当地农民生产生活造成了一定的影响。一位村民告诉记者，没有撤销乡政府以前，张湾乡偶尔也有商贩来买卖农产品或生产资料，农民们比较方便，现在则要赶30公里的山路到李家堡镇或者到其他的乡镇。事实上，不仅农民存在买难、卖难的问题，而且上学、就医以及贷款等都不同程度发生了困难，“就连挂在乡政府的高音喇叭(有线广播)也随着乡政府的消失而消失。”一位村民说。撤乡并镇带来的阵痛远不止这些。永登县民政局的童僖为记者算了一笔账：取消农业税后，村干部工资全部由县财政发放，这是之前没有想到的。童僖说，永登县有240个村，按照规定，每个村必须配备4个干部，年薪为3800元，每年仅村干部的工资这一项就高达400多万元。

兰州大学的刘元广不久前在一次论坛会上表示，税费改革虽然对农民减轻负担起了积极的作用，但是收支两条线的财政管理体制有可能使乡镇的投入和产出成为逆向运动，其结果便是使乡镇财政处于不良的循环运动中，“不给政策也不给钱”，从而使该由乡镇承担的公共设施建设成本转嫁到农民身上，这个“信号”值得研究和正视。记者在采访中发现，合并后的乡镇人员基本上没有大的变化，“七站八所”的改革也不是很大。一位乡干部说，富余乡干部如何分流，定编定额到底是多少，这是很敏感的问题，谁也不愿成为分流的对象。记者了解到，合并后的内官营镇有工作人员195人，李家堡镇97人、永登县柳树乡88人，按照国家标准，都在超编之列。

“人员多，机构臃肿，这是乡镇政府高成本，低运行的根本所在。”党国英教授认为，推进乡镇机构改革，必须按照“有所为有所不为”的原则，适当调整乡镇在经济管理上的职能，转变工作重点和工作方式，建设“服务型、法制型”的政府，大力整合乡镇事业站所，才能完善乡镇的社会化服务体系。杨永吉镇长认为，乡镇改革后的政府是责任大，权力小。他告诉记者，今年春节前，内官镇闹社火，一村民开的三马子发生交通事故，造成3死10伤的惨剧。事故发生后，安全部门竟要镇长承担责任。杨永吉说，实在是委屈，农民的安全意识乡政府一直靠宣传在培养，但是作为乡镇政府，根本没有其他手段来制止这些行为和事故的发生。

“乡镇合并以后工作还是正常开展，但是烦心的事是一件连一件，100号人没有办公地点，缴不上工程款，用不了新楼，干部职工的心情不好，自己的脸上也不好看。”李家堡镇书记令让说。“催粮要款、‘刮宫流产’、梯田连片、修路生产”，这是老百姓对以前乡政府工作的评价。进入新时期，特别是乡镇改革以后，经济调控、市场监管、社会管理、公共服务是政府的新使命、新义务，问题是上级对乡政府目前的考核在一定程度上还转不过来，体制和机制上的“不顺”是乡镇改革中要克服的最主要问题。永登县龙泉寺镇的一位干部说，现在修路、建水利等公共设施建设都实行“一事一议”的统工统劳方式，如果不修水利、不建公路，老百姓就会说政府不作为、不为民办事；如果大搞公共建设，无形中又会增加农民负担。乡镇改革后，政府处在“两栖”的尴尬境地。如何盘活乡政府的闲置资产，是撤乡并镇后的新难题。李家堡镇镇长董兵悟告诉记者，张湾乡政府只有二层小楼，原准备拍卖，但是无人问津，现在只好派人看守。记者了解到，多数乡镇目前只能坐观其变，如何盘活这样的资产还没有先例。省政协对于乡镇撤并工作经过深入细致的调研和走访，总结出三点困难和问题：一是乡镇政府的传统职能逐渐弱化。由于地方财政收入上划，其总收入的比重下降，中央和省级财政集中的力度不断加大，县乡财政成为层层集中的对象。同时自《行政许可法》颁布以来，乡镇权利上收，乡镇干部无权抓农民工作，与农民关系逐渐疏远，乡镇无力搞项目建设，政府的传统职能已经大大削弱。二是现有的升级达标考核制度存在弊端，乡镇领导为了满足上级政府升级达标的要求，举债兴建公共设施，使得乡镇债务不断增加。这些债务压力成为乡镇政府向农民非法索取的根源。三是人员分流困难，财政供养远远超过财政承受的能力。本次乡镇改革以撤并为主，但是对“七站八所”触动不大，人事改革后依然还是吃“财政饭”。

(原文刊载于2005年8月24日《甘肃经济日报》，作者贯治堂)

乡镇重生还须闯三关

——关注零赋税后的乡镇改革(下)

“食之者众，生之者寡”，农民负担过重、农业产出太低、农村变化缓慢，三农问题已经从社会问题变成了政治问题。现在，农民“千年一遇”地告别了皇粮国税，农村迎来了继土地承包后的第二次黄金发展期。但改革是全局的、是战略的，它的实施必然会触及另一种利益、另一种体制，乡镇改革就是一个现实而有力的佐证。

乡镇改革中出现困难和问题是必然的，其阻力既来自内部，也来自外部。在改革配套政策尚不完善的情况下，需要逆向思考，如果“原则”行不通，我们是不是还要恪守这个原则。“减人、减事、减支”是乡镇机构改革的系统工程，只有条块解决，理顺条块，化整为零，才能水到渠成，改革后的乡村社会才能和谐发展。

合并村，减少管理系数

镇原县是一个贫困县，全县有19个乡镇，下辖215个村，每年村干部工资将近400万，占全县可支配财政收入的20%左右。“如果再合并30个村，减少120名村干部，每年至少可节省经费40多万元。”

兰州大学刘荣教授今年暑假带领7名大学生，走访了13个县的29个村。他在社会实践论文中这样认为：村组债务和乡镇负债已经不是什么秘密了，有的贫困乡债务已经高达1000多万，解决这一问题需要多方面的措施，其中最主要的是在乡镇撤销、合并后继续合并村组，这样既利于统筹发展，又可以减少管理系数，降低管理成本。

据资料显示，截至2004年9月30日，全国撤乡并镇9970个，撤销乡镇机构17280个，裁减财政供养人员8.64万人，为国家节省资金9亿多元。甘肃目前有1562个乡镇，2万多个村组，其中千人以下的村占到73%，有关专家曾计算过，合并千人以下的村组，每年至少可以缩减财政开支1亿多元。按照有关规定，村组建制应该在千人以上，合理的村级设置，既有利于发展，又有利于管理，同时对生产资源的配置、集中连片的农业产业化推进都有积极的意义。在这一点上，安定区内官营镇的先进经验足以证明。

内官营镇内官村是撤乡并镇后合并的一个千人以上村，全村共有6000多人，自去年以来，村上实行了“十户六联”工程，取得了很好的经济效果和社会效果。这个创举被称为“促进区域社会和谐发展的典范”。所谓“十户六联”，就是每10户农民为一组，按照群众参与、民主管理、利益共享的总体要求，建立“六联”，即治安联防、计生联管、经济联合、水保联治、生活联帮、信贷联保。内官营镇镇长杨永吉说，实践证明，“十户六联”是继“双培双带”后农村发展的又一创新，其伟大之处在于把农民结成了一个利益共同体，让农民在这个有效载体中，风险共担，资源共享，利益均沾，优势互补，共同发展。

内官村第13组理事长彭万金，自当上10户农民的领头人后，先后10多次赴外地考察，帮助10户农民销售了积压多年的940万株苗木，挽回经济损失近100万元。在他的带领下，内官村第13组已经成为安定区有名的苗木基地，苗木种植品种已多达28种。一位农民告诉记者，农村目前最缺的是资金、技术、信息，“经济上的联合，实现共同体，这就是市场，WTO不就是这个道理吗？”

对于全省而言，在取消农业税和乡镇机构改革以后，很大程度上依赖农业税供养的乡镇政权究竟何去何从，始终是一个值得关注的问题。“撤乡并镇，合村扩组在某种意义上是解决这一问题的根本。”省农牧厅7月13日在向省政协汇报时指出，乡村两级债务和税费尾欠如果不清收，已缴纳的农民心理就不平衡。如果清收操之过急、方法不当、违背政策，有可能引发新的矛盾。换而言之，清收既要有章可循，又要行之有效。

“乡镇债务犹如一个巨大的毒瘤，如果不能尽快切除它，必将对整个农村经济社会的长远发展产生极为不利的影响。”对于农村债务的化解，兰州大学刘荣教授认为，由于目前的债务主要是过去“普九”达标、办集体企业和为完成税费而举债，因此，在债务化解上，按照“谁的孩子谁抱走”的办法，国家也应承担一部分责任。同时在征得绝大多数村民同意的前提下,公开拍卖机动地、荒地、荒山等集体土地承包权,以拍卖所得的现金用于清偿村组的负债。不管采取什么办法,都应该切合农村实际,使农村经济尽快轻装上阵,早日摆脱贫困,实现向小康迈进的目标。

只有减少村组系数,统筹资源,合理利用,乡镇政府才能在更大程度上发挥职能作用,财政吃紧的压力同时也能得到缓解,同时还可利用民间组织和各种协会发展农业生产。省农牧厅调查显示,全省目前有农民专业协会3007个,这些协会将成为乡镇改革和政府职能转变后农村经济发展的生力军。

省政协建议,在合并乡镇的同时,要兼顾村组的合并,同时应根据乡镇的发展现状,制定符合客观情况的考核标准,建立合理的、有区别的乡镇考核制度,改革可能会导致弄虚作假并恶化财政状况的升级达标项目。尤其是要建立起科学的干部任职综合评价指标体系,考察、任用和提拔干部不能只考察其任职期间看得见的政绩,还应该考察这些政绩是如何取得的,防止某些干部的短期行为给地方财政和经济发展造成危害。

换身份,减少管理成本

多年来,乡镇形成了不成文的规定,乡干部基本上都有包村任务,而包村的首要任务就是完成农业税,并且往往把这一任务指标同干部的工资、福利待遇挂钩。这样的考评制度下,乡镇干部都很忙,也有动力和压力往农村跑,积极协助税务部门征收农业税。而取消农业税和改革后,有人认为"农民全部减负,干部如释重负"、"农民种田不交钱,农村工作无事可干"。党国英教授认为,让乡干部当村干部,乡镇干部会腾出更多的精力帮助农民抓结构调整、找市场。但是党国英教授特别强调,要"无情改革,有情操作"。乡干部"下放锻炼",前提是制定有利于发展的激励机制,尤其是在物质和精神两方面都要兼顾。

据不完全统计,村级债务中的35%是应付上级检查和招待造成的。永登县连城镇一位姓王的农民说,其实老百姓倒希望乡上派人当村干部,毕竟他们见得多、懂得多。他们村的干部大多数是文盲,大字不识几个,更谈不上掌握什么科学技术了。"连城镇某村去年仅招待费就花了6万多,派村干部最大的好处是每年可以减少很多招待费。"

同时,乡镇一级的干部要重新树立价值观,变"催粮要款"为服务指导,直接参与到农民的生产中,为农民和农村提供市场信息、技术、产品销售服务。政府要鼓励分流干部通过组建协会、充当经纪人等形式,在带动农民增收的同时,获得正当的经济收益。要引导乡镇干部把工作精力向抓项目、谋发展上倾斜,通过大搞招商引资,盘活现有资源,为财政增收开辟更多税源,从而在地方经济实力不断壮大的同时,使乡镇干部的福利待遇逐步得到提高。只有这样,乡镇干部才能始终保持饱满的工作热情,为农村工作作出积极的贡献。

省财政厅在《落实政协2号提案汇报》中特别指出,我省5年内乡镇财政供养人员只减不增。这就预示着乡镇工作人员在5年内属于饱和期。专家建议,和国有企业改革一样,乡镇人事改革要适当地抬高出口,降低入口。比如45岁以上离退休的乡镇公务员要具备专业技术职称等都是行之有效的办法。记者了解到,在这方面,省财政、教育、农业、编办等部门已经制定了《巩固税费改革成果意见》,目前已上报省委、省政府审批,相信该意见的出台,将使一些老大难问题迎刃而解。

减机构，转换政府职能

经济学家樊纲说，人多人少，供养系数高低是浅层次的，关键的问题是农村现行的生产关系和上层建筑已经不适应生产力发展的要求了。农民的生产生活与市场的联系日益密切，但是我们乡镇政府的机构设置、职位安排，仍然沿用计划经济时期的那一套，农村工作还在依靠传统的行政体系和行政手段，无所不管，无所不包，无微不至，与市场脱节，与农民关系疏远。

改革后的乡镇到底是“权威式”还是“民主式”、是支配性还是合作性、是传统堵塞行政控制型还是现代治理型，是改革的关键。敢于第一个“吃螃蟹”的是湖北省，其乡镇改革远非裁减那么简单。从2002年开始，湖北咸宁市咸宁区就启动了一场包括14项改革内容的乡镇机构系统改革，被誉为“咸宁政改”。这场改革一开始就注入“民主”的基因，在党代会上差额直选党委书记，这在全国来说都是极为大胆和敏感的。更引人关注的是党政交叉任职，书记兼乡长、副书记兼副乡长，这一改革的结果是咸宁区的四套班子领导职数减少了102人，精简率为44%。与此同时，大幅度撤并党政机构，设立党政综合办、经济发展办、社会发展办。

永靖县财政局甘文豪近年来对农村机构改革颇有研究。他认为，一个机构能办的事，决不能设两个和多个机构，具有业务相关的机构应该集中在一起，可采取“一个机构几块牌子”的方式，解决与上级相对应的问题。成立5个综合办公室，党政办、综合办(含综合治理、民政、土地、司法、文化教育)、农业办、企业办、计生办，同时按照市场经济的发展要求，核定各机构的具体职能，合理确定编制，综合设置岗位。

安定区李家堡镇党委书记令让告诉记者，目前镇政府是人满为患，在上边整体方案还没有下达之前，镇上准备先成立产业办、项目办、劳务办，“让人有事干，使事有人做”。但是人员没有减下来，老百姓会认为这种改革是“换汤没换药”，这是政府目前最大的压力。兰州大学刘荣教授说，问题的关键是乡干部要进行大规模的培训，乡干部不仅要成“智多星”，而且还要有技术，能说会做，能和农民打成一片。只有这样，农民才可以依赖，社会才会协调发展。

(原文刊载于2005年8月25日《甘肃经济日报》，作者贾治堂)

粮站门牌陈列进历史博物馆

——全省粮食流通体制改革调查(上)

马宏亮,原平凉市四十铺粮站的职工,30年的"老粮人"。刘栓柱,四十铺镇农民,在7年前很长的一段时间里,刘栓柱每年都要到粮站用粮食抵缴农业税,而每次都要经过马宏亮和他的同事们"三关验收"。马宏亮的验粮严厉是粮站出了名的,用刘栓柱的话讲是"六亲不认,眼里揉不进半粒沙子"。

粮食企业改制以后,马宏亮失去了往日的"风光",他入股承包了崆峒区四十铺粮站,成立了平凉市良友公司,为了每年完成公司的收粮任务,他必须亲自上门收购粮食,种粮大户刘栓柱和他所在的村是粮食收购的主要基地,而现在要看的是他们的脸色。

收粮的还是收粮的,种粮的还种粮的,粮食也还是那样的粮食,人也还是那些人,不同的是角色和主动权发生了根本的变化。粮食企业改革把粮站职工与农民的职能身份发生了戏剧性的改变。

这一戏剧性的变化是粮食改革的细微之处。伴随着改革的深入,乡镇粮站已经完成了历史使命,计划体制下的乡镇粮站(所)也光荣地"退役"了,而在粮站外挂了50多年的门牌也随之被陈进了历史博物馆。

崆峒区:改革让农民得实惠

从马福良经理的办公室出来,吴岳村农民张续年和刘成功已经吃了一颗"定心丸",他们都有了同样的决定:今年小麦收割完以后,把所有的地种上糜子。

马福良告诉记者,这些农民都是他这里的常客,经常来打探一些粮食价格的信息。早在8个月前,马福良还是崆峒区四十铺粮站的主任。2006年8月,四十铺粮站整体改制,成立了国有控股的平凉良友公司,马福良被董事会任命为总经理。尽管不习惯别人称呼他"经理",但是马福良认为这个称呼是"内容大于形式"。

马福良说,平凉四十铺良友公司是他和18个职工入股成立的股份公司,公司刚成立时,亏损30多万元,但是经过半年多时间的运行,目前盈利已达30多万元,预计今年年底可以实现百万元盈利。

"同样是那些人,体制发生变化后,效益也随之而来。"崆峒区粮食局局长徐冰说,去年底,全区93户粮食企业全部改制完毕。企业的能量增大以后,置换身份后的原职工不但实行全员返聘，还从社会上聘了相当一部分人。今年1至4月份，全区所有改制了的企业共完成经营量27201吨，收购各类粮食5372吨，销售粮食6402吨，实现销售收入925万元，比去年同期增加396万元，“而这些数字，在以前想都不敢想。”

徐冰是全省粮食企业改革的“明星”。早在4年前，他力排众议，大刀阔斧地进行改革，提出了“抓大放小，早改早发展，晚改吃亏大”、“粮改成功关系到产业结构调整的成功，关系到农民的利益问题”的思路。这些“歪论”在4年后得到印证：粮食改革建立了新的激励体制，农业产业结构调整由政府行政命令变为市场引导农民自发调整。

徐冰说，市场化改革的“倒逼”机制，使粮食企业由以前的被动改革变为主动改革。经营机制由过去的等、靠、要，坐享补贴，转向主动地开拓市场，主动向服务农民和粮食精细加工延伸，形成了各级政府和有关部门共同关心粮食、努力抓好粮食工作的大好局面，同时也逐步形成了各方关注粮食安全、关注粮食改革、支持粮食工作的大好局面。

临洮县：最顺利的改革

田国柱是临洮县粮食局一位有着39年工龄的“老粮人”，他见证了粮食企业的鼎盛和衰败。“回想起20年以前，那时候风光无限，为5斤大米，亲戚托亲戚，朋友托朋友，都要找我批条子，现在已经边缘化了，三十年河东，三十年河西。”

田国柱说，前几天，一位老朋友还开玩笑地问他，那支批条子的笔还在不？老田回敬说“早被市场经济没收了”。

临洮县粮食局副局长田小惠把临洮县的改革称作是“无震荡的改革”。田小惠说，10年前，全县的粮食部门长期存在用钱靠贷款、亏损靠补贴、企业吃大锅饭的局面，导致人员进入无节制、经营管理落后、企业生存发展困难，形成了“三旧”、“三老”、“三多”的局面。

1998年以前，临洮县粮食商业企业就达34个，职工近300人。全县库存老粮近5000万公斤，每斤粮食的成本高达1.1元，企业亏损301万元，银行贷款457万元；不良资产多，待处理财产损失和应收账款达100多万元，大多数干部职工思想观念陈旧，缺乏求实创新、开拓进取的精神，企业管理模式陈旧，企业经营机制陈旧，没有形成与市场经济相适应的新机制。

2006年年初，临洮县下大决心，把促销压库和深公改革有机结合起来，坚持开拓市场创效益，占领市场降库存，向基层各粮管所下达销售任务、分解指标、落实责任、工效挂钩、严格考核等措施。“特别是在原粮销售有价无市的情况下，临洮县粮食局与面粉加工企业联合，采取加工面粉销售与原粮销售结合的办法，变劣势为优势。同时改制了11个粮食公司，其他的乡镇粮站全部剥离或者整体拍卖。”

“以旧换新，盘活资产的做法被领导肯定为创新实践。”田国柱说，为了保证粮食企业在改革中不断得到发展，临洮县粮食局采取“旧址换新址”的办法，对现成黄金地段的原粮食局办公场所和城关粮管所拍卖筹资1400多万元，重新征地24.8亩，建成了集粮食局、粮油购销公司、城关粮管所和军粮供应站为一体的办公楼，仓库有效仓容量10200吨，军供仓库884平方米，改革大大缓解了有粮无仓的问题。

崇信县:让最后的自留地走向市场

相对于崆峒区和临洮县,崇信县的粮食改革比较保守。但是崇信县粮食局局长梁正军认为,“改革最大的好处是让最后的自留地走向了市场”。

无情改革,有情操作。改革事关全局和稳定,改革前,崇信县开展了“今天工作不努力,明天努力找工作”的活动,倡导县局职工开展“假如明天我下岗”的讨论活动,要求带着感情搞改革,“改革趋向人性化,结果事倍功半,在预定的时间里全面完成。”

梁正军说,与此同时为了处理好历史遗留问题,妥善安置“老人”,经过多方筹资,集中兑付了拖欠2003年48位置换身份的职工的“三金”33.39万元,报销了拖欠5名职工及离退休人员住院医药费1.74万元。经过一年来的努力,崇信县粮改工作率先在全市顺利完成了改制任务。

建立了新型企业产权制度后,崇信县的粮食流通开始活跃了,半年时间就成长起来“粮食经济人”23个。为此,崇信县成立了“崇信县粮食流通监督检查大队”,对市场进行有效的规范和监管。

粮食行业是受计划经济影响最深的行业之一。2000年以前,我省的粮食改革一直没有完全摆脱计划经济的思维模式,粮食流通体制改革一直积重难返。副省长孙小系在今年的粮食工作会议上指出:“这次粮食市场化改革,是一次‘放开购销市场、转换企业机制、维护市场秩序、加强宏观调控’的大改革,要按照省委‘改革抓创新’的要求,积极探索、大胆创新,创造性地开展工作,寻求改革的新突破、发展的新动力,努力在结合中出思路,在创新中找特色,在落实中求实绩,进一步落实粮食行政首长分级负责制。经过以市场化为取向的改革,把粮食风险基金存量逐步盘活,要初步实现‘直补农民,企业扭亏,盘活存量’的‘三赢’粮食流通市场体制。”

(原文刊载于2007年6月1日《甘肃经济日报》,作者贾治堂)

“三老”如何变成“三少”

——全省粮食流通体制改革调查(下)

粮食企业是老百姓的“米袋子”,也是地方首长负责制的长效工程。由于受计划体制附属时间过长,“老人、老粮、老账”一直是困扰粮食流通体制改革的三大难题。为此,省委、省政府把国有粮食企业改革作为“4+1”的改革重点之一,2006年也就成为我省粮食改革“攻坚年”。

省政府明确提出:“粮食系统要通过多种形式,抓改革促发展、动产权换身份,创新粮食企业经营机制,构建粮食流通新体制。”截至目前,全省已经全部消化完5亿斤“老粮”,妥善分流安置“老人”2万多人,先后筹集1.3亿元资金彻底化解“老账”,在全国率先成功破解了三大难题,被称为“无震荡的改革”。

“老人”:无情改革,有情操作

国有粮食购销企业历史包袱重,人员多,改革成本大,改革资金贫乏是山丹县粮食流通体制改革的最大困难。2004年,山丹县下定决心,从“老人”入手,及早动手,在省上专项资金补助的基础上,自筹资金200多万,妥善解决了“老人”问题,在册的162名职工中,5人实现了内部退养,157人置换了身份,解除了原有的劳动关系,并按每人工龄1000元/年的标准给予补偿,改革取得实质性的推进。

“和山丹一样,既算地方小账又算国家大账,是我省粮食改革成功的主要原因。”省粮食局办公室武副主任说,为了彻底解决职工分流的“老人”问题,省财政下拨补助1.1亿元,11个市、县财政补助2553万元,企业多方筹资2.98亿元,极大缓解了职工身份置换和分流安置资金不足的困难。目前,全省已有21254人置换了身份,在改制中,各地对职工进行了最大限度的安置,并对零就业、双职工解除劳动关系、有特殊困难的家庭给予了特殊关照,目前已有13092名职工得到妥善分流安置。

肃州区粮食局筹措资金,建成万头猪场,共安置职工13人;环县粮食局积极鼓励76名职工,按评估价集体购买了13户粮食企业的闲置资产,有效解决了粮改资金不足和职工再就业难的问题;景泰县采取“企业+基地+农户”的形式,实行规模化经营,去年购销总量达到历史最高水平,使农民增收1600万元……这些创新的思路和做法,不仅解决了“老人”的再就业问题,也为国有粮食企业成功开创了产业化经营的新路子。

"长达50年的计划经济体制使粮食企业疾重难返，很多人认为粮食企业改革是最难的。但事实相反，无情改革，有情操作，妥善安置职工成为粮食企业改革的最大成效。"甘肃农业大学薛天贵教授认为，粮食流通体制改革理顺了市场和价格的关系，真正要让农民得到好处，农民按照市场需要去安排种植，通过市场去寻求最大利益，这是改革的最根本思路；同时也理顺了政府和企业的关系，粮食企业入市经营，自负盈亏，不再按政府指令行事，而政府的主要精力用于粮食宏观调控，管粮食总量平衡，这便初步形成了多元化收购主体参与粮食经营的局面。

老粮：开仓放粮，新陈代谢

最早进行粮改的平凉市崆峒区粮食局，过去下属的11家粮油公司以及6家粮食购销点，都处于停产及歇业状态，在职的近600名职工有300多人处于失业、半失业状态，企业不良资产达1.9亿元。崆峒区粮食局长徐冰说："通过企业改制和股权转让，企业不但全部还清了银行贷款，而且使下岗分流的职工中全部实现了再就业，国有企业实现年利润在15万元以上，保持了连续4年盈利的好势头。"

为了使高价位"老粮"再生利用，省财政补助价差0.5亿元，交企业包干销售，大部分已经销出。2006年7月，我省最后一批3.2亿斤"老粮"全部定向竞价销售。

省粮食局武主任说："老粮就是陈化粮，时间越长最后拍卖的价格就越低，损失就越大，政府的贴息也越多，最后不管是中央还是地方拿钱，都是巨大的负担。现在看来，下定决心先走一步，彻底解决历史包袱是完全正确的。"

2006年，针对我省产区、销区和产销平衡区的不同情况，省粮食局先后在酒泉、兰州、天水分片召开了河西五市、中部五市州和陇东南四市国有粮食企业改革座谈会，讨论粮食企业改革进展情况并分析存在的问题。在这次"把脉会"上，来自全省的权威们为我省粮食改革开具"处方"：要保护性发展河西粮食产业化发展、非粮产业和河西商品粮基地建设；继续打造陇东粮仓，建设天水粮食物流中心和发挥徽县、成县盆地商品粮基地。

话音未落，结论得到了印证。2006年10月，全国粮油价格普遍上涨，我省也出现恢复性上涨，受到社会各界关注。省政府要求各级粮食部门密切关注粮油市场动态，加强粮油市场监测，目前，全省已有天水、张掖、嘉峪关市、临夏州和27个县建立了粮食流通监督检查机构。

老账：当断得断，逐年消化

是国企，就得有不良资产，这是计划体制下企业的通病，也是国企难以发展的最根本原因之所在。在粮食企业改革中，最困难的是解决"老账"问题。

不良资产的剥离使靖远县国有粮食脱胎换骨，2005年以来，靖远县国有粮食企业发挥主渠道作用，在全县推广优良品种的种植，采取包种子、包收购的方式，减少农民种植风险，开展了包括粮食生产、收购和加工为一体的产业化经营，走出了以龙头带动生产、以基地稳定粮源、经济效益和社会效益双丰收的新路子。

在解决"老账"问题上，省财政认定：1998年6月至2003年底发生的政策性亏损24.16亿元，扣除已预拨的1亿元，实际挂账23.16亿元。连同1992年4月至1998年5月发生的财务挂账共38.52亿元，在财政、粮食、农发行三部门的统一调度下，这些老账从企业剥离，实行了集中管理。

为了及时制止企业“烂账”再复发，省政府当机立断，对1028户独立核算的国有粮食企业进行了全面清产核资。清查前企业资产总额102.63亿元；清查后资产总额99.87亿元，负债总额96.32亿元，所有者权益总额3.55亿元。与此同时，按照破产、兼并、拍卖、股份制等多种形式进行企业改制。到12月底，改制企业为516户，通过产权制度改革，实现了粮食企业投资主体多元化。

“资产的重组，对于稳定主产区粮食生产、加强重点贸易集散地辐射作用、确保城镇人口和农村缺粮人口的粮食供应、实现粮食购销市场化和市场主体多元化起到了决定性的作用。”崇信县粮食局局长梁正军说，改革一方面集中优良资产，保留了承担储备粮油和军粮供应任务的骨干企业，同时，对原国有粮食购销企业中业务量不大和没有市场竞争力的企业，进行重组和整合，使企业的布局趋于合理，竞争力明显增强。

记者了解到，截至今年年初，省直属企业，平凉、天水、张掖、酒泉、嘉峪关、金昌6市和38个县区已基本完成改制任务；有8市州和27个县区正在改制。与此同时，全省已组建国有独资、控股企业120户，占原有1028户国有粮食购销企业数的11.7%，新的粮食流通体系已经初步形成。

（原文刊载于2007年6月1日《甘肃经济日报》，作者贾治堂）

<<<

民生经济篇

兰州电价听证:没有悬念的较量

"不被人理解是最难受的事。"8月9日,李先生参加完电价听证会还未回家,就接到几个莫名其妙的谩骂电话。李先生告诉记者,几天来他一直不敢开电话。他说:"作为听证代表,回答消费者的质疑是分内的事,但记者的围追堵截和不知情人无休止的谩骂,几乎搅乱了我所有的工作。"为此,在接受记者采访时,李先生一再要求"隐去他的名字"。

和李先生一样,相关部门也有同样的烦恼。记者多次联系甘肃省物价局有关负责人采访,都没有得到明确的答复。省物价局的一位处长说:"虽然电价听证是全社会的事情,但物价部门承受的舆论压力高于任何一个部门,尤其是不了解政策的消费者指责物价部门是逢听必涨、盲目涨价,我们一直处在社会舆论的风口浪尖上。"这位处长告诉记者,事实上,电力是国家的动脉,是社会的基础能源,它的价格调整不是一个部门和一级政府所能左右的。

但是,对于电价上涨和听证,大部分民众却不这样认为。在8月8日的听证会上,来自各方的代表普遍认为电价上涨的理由还不是很充分,上涨的幅度不应该很大。而这,仅只是争议的开始。

"电价要涨了……电力立功了……伟大的电力……继承了只涨不跌的光荣传统,所有的垄断行业在这一刻灵魂附体……"8月11日,这段"黄健翔版"的电价调整彩铃已经流传到一部分人的手机里。拥有这段手机彩铃的兰州市西固区的王先生告诉记者,虽然是恶作剧,但可以肯定地说,电价上涨的确已经触及了社会的每一根神经,成了一个严肃的话题。

听证会听出的质疑

省政协委员、听证会代表姚培珍在8月8日的听证会上,发言很直白,她说,此次电价调整是国家既定政策,并已由国家发改委正式下文通知,在此种背景下,电价调整其实已无讨论空间。"但居民生活用电价格上涨3分,幅度过大。"姚培珍认为,上调电价的原因是客观存在的,但原定电价中也确实存在虚高的因素,电力部门应通过挖潜降耗,解决部分原材料上涨造成的成本上升问题。

任天兰代表是兰州铁路局的退休职工,她在听证会上一再质疑,他认为电价本身是一本糊涂账,他说,电价节节攀升,电力行业却年年亏损,这亏损从何而来,又是什么原因造成的？任天兰指出，甘肃70%以上是水力发电，却承担了60%以上煤电联动造成的电价上涨的负担，这些巨额的差价造成了电力的垄断优势。在这样的背景下，电力行业还要出现连年亏损，那只能说明一个问题，就是经营无方。

蓝星兰州日用化工厂的仇兰莲代表在听证会上说，去年7月全省电价刚刚调过一次，今年又要调。而且这几年价格上调的除了电，还有水、取暖费、公交车票等等，这种年年涨、月月升的现状，老百姓怎能承受？

兰州电监办的李迎春也持同样的观点。他说，此次电价上调对疏导电价矛盾、促进电力行业的健康发展有一定的合理性，但作为监管部门，他认为此次电价上调的时机不成熟，而且调整幅度也太大了。

受国家发改委委托，8月8日省物价局在兰州组织召开了居民生活用电价格听证会，提出的电价上调3分钱的方案遭到与会代表的质疑。据省物价局公布的数据表明，此次听证代表共有19名，其中有5人坚决反对，另有14人虽然同意适当调整电价，但均认为幅度不宜过大。兰州大学刘天星教授认为，虽然从2003年开始，甘肃已经陆续4次调整了电价，但这次是全国性的，带有一定的政策性，所以听证会5:14的结果，表明电价上涨已经成为定局。

五大理由回应质疑

今年上半年，为贯彻国家煤电价格联动政策，疏导电价矛盾，国家发改委决定从6月1日起，适当调整甘肃电网电价。按照国家发改委的通知，甘肃电网销售电价平均提价标准为0.97分/千瓦时。记者了解到，此次听证除农业生产、农业排灌、化肥生产用电价格不调整外，电解铝、铁合金、电石、烧碱、水泥、钢铁6个高耗能行业仍按省物价局有关规定执行，而涉及居民生活用电的价格调整将按照相关规定举行价格听证，听证会后再上报省政府批准，确定最后的价格。

就此次调整居民生活用电价格的政策背景、电价调整方案，有关部门早在今年5月就“吹风”：国家发改委报经国务院批准，决定对各省电价统一进行调整，调价的五大理由是非常充分的。

筹措水库移民后期扶持资金是此次电价上涨的直接理由，其标准是平均提取0.37分/千瓦时。据介绍，全国移民扶持标准统一提高到每人每年600元，国家核定甘肃省应筹措库区移民后期扶持资金1.227亿元，据测算，甘肃省应提取省内小型水库移民后期扶持资金708万元，全省电力用户用电平均提取标准为0.02分/千瓦时。

另一理由是统一开征可再生能源附加费，每千瓦时征收标准0.1分钱。从今年起，国家决定在销售电价外统一开征可再生能源附加费，其具体征收标准是0.1分/千瓦时。据了解，可再生资源附加费由国家统筹集中使用，专项用于全国可再生能源的开发利用。

煤电联动运价调查，两项影响全省销售电价上涨0.61分/千瓦时，经测算，甘肃省此次煤电联动调价额为1.45亿元。铁路运价调整影响了甘肃省煤价上涨，运费调价额为0.45亿元。同时造成电价上调的原因还有，城乡中小学用电降价，影响销价上涨0.054分/千瓦时；环保脱硫等三项因素，影响全省销售电价上涨0.7分/千瓦时。

省物价局负责人表示，按照政策，经测算，甘肃省需提高销售电价标准为1.703分/千瓦时，但考虑到甘肃是一个经济欠发达省份，用户的承受能力有限，最终确定甘肃的销售电价总体调价水平为0.994分/千瓦时，其中全省居民用电价格上调3分/千瓦时，调价幅度为6.1%。

电价到底有哪些成本？

电价到底有哪些成本？其利润有多大？目前还没有详细的数据说明，但“电煤之争”至少说明利益已经开始最大化了。煤炭和电力两家向来不和，互相牵制、互相攻击，摩擦屡见不鲜。2004年年底，国家发改委充当“说客”后，两家终于握手言欢。随后出台的《关于建立煤电价格联动机制的意见》规定：“以6个月为一个价格联动周期，若周期内平均煤价较前一个周期变化幅度达到或超过5%，便将相应调整电价。”而在2006年全国重点煤炭需求衔接会议期间，当国家发改委宣布电煤价格放开的信息后，双方又一次爆发了“口水战”。这种拉锯战最大的“成果”，是导致今年的订货会无疾而终。此后，电力企业一再向发改委亮出自己的亏损数据，认为综合电煤价格上涨已经超过了5%；而煤炭企业认为，2006年煤炭均价上涨幅度在4%左右，低于煤电联动所需要的5%的幅度，电煤的价格依然有上涨的空间。

实际上，电力的生产流程由发电、输电、配电、售电四个环节组成，其中，发电厂卖电给电网的电价称为上网电价。我国目前输配电价并未分开，最终用户买电的价格则为销售电价。而对火电来说，包括燃料成本、机组折旧、财务费用、人工和维护费用、管理费用等，其中燃料成本为主要成本。

兰州大学刘天星教授说，在电价成本中上网电价占最终电价的60%，另外40%则是输配电价，这是极为不合理的，而且电网公司是单一的购电者，没有竞争对手，处于相对垄断地位，所有电厂的电由其收购，用户电也由其配送，全国只有一个蔬菜市场，你见过吗？

“电作为重要的能源，又属于上游产品，电价一旦上涨，将引发连锁反应，将带动下游相关产业和产品价格的一系列上涨，其社会成本是非常昂贵的。”西北师范大学王群教授认为，本次调价，如果按每度提高3分计算，一般居民每户每月将多支出2元左右，虽然电价只是多了几元或十几元，但引发其他相关产业和产品的调价并不是一个十几元可以计算清楚的问题。王群建议，绿色能源应该“绿色管理”，可以借鉴外省经验，考虑实现阶梯电价，对城市低收入群体，每月如果用量在一定量的范围内，应给予优惠扶持；而对用量超过一定范围的群体实行高价用电，这样可以兼顾不同消费层次居民的生活。

公众参与破解“价格围城”

“目前的价格听证会，一般都在听证前就宣布了涨价的幅度，但公共产品的成本核定却始终是一个说不清的谜，这使得定价的基础缺乏明确的成本约束。”刘天星认为，由于价格的制定或调整一般都是根据企业的申报审批而成，连价格主管部门或审批部门都无法准确地审核其成本的真实性,老百姓就更无从知晓了。“这就要求有关部门以执政为民为原则,注重价格调控和监管方式的创新,不断提高监管水平。”

而更多的学者则认为,听证会是有关部门联系群众的通道,也是政府与百姓沟通的桥梁,尤其是在经济还不发达的甘肃,此次电价听证会上有如此激烈的讨价还价的声音,这是一个很好的现象,至少说明听证会搭建了一个公共参与的平台,体现了民主进步。

在8月8日的听证会上,李薇是基本同意电价调整方案的代表之一,他认为此次电价调整的总体水平是低于全国平均幅度的(全国平均为2.5分,甘肃省是0.994分),这个价格基本符合甘肃的经济发展水平与要求。李薇说,从经济学角度看,一个地区的价格水平不可能长期低于同行业价格水平,否则不利于资源配置,相反还会造成资源的极大浪费。所以,适当提高甘肃省电价水平是一个整体发展趋势,从长远看,有利于促进甘肃省经济社会的良性循环发展。

李薇提出的建议在听证会上赢得了长时间的掌声,他建议电力企业要增强自我消化成本的能力,加强管理,挖潜降耗,以减轻政府调价的压力。同时建议此次居民生活用电价格的调整分两步走,成本上涨那一部分,电力企业应内部消化,如确实消化不掉,建议放到第二步出台。

此外,听证会结束后,政府没有采纳哪些观点或意见,不知今后能否向公众说明不采纳这些意见的理由。只有这样,听证会这一公共管理形式才能赢得公众的信任,政府最后的决策才能得到公众发自内心的认同。

(原文刊载于2006年8月15日《甘肃经济日报》,作者贾治堂)

兰州高价房还能撑多久？

从2004年起，兰州市商品房价格在一年半时间上升了29.4%，这个灼人的数字引起了公众的广泛关注。有人认为，依照兰州的经济发展水平和需求状况，2600元/平方米是房价的警戒线。但此后有些高档住房价格甚至逼近5000元/平方米，而这个水平正好是3年前广州郊区的房价水平。高价房到底能走多远？兰州房产业连同这座城市迎来了前所未有的考验和挑战。

房价上涨并非成本增加

4月7日，兰州市西固区的王文选先生冲着"买房子送一辆尼桑车"的诱人承诺来平凉路看房，结果令他大失所望。王先生告诉记者，这已是他第16次看房了，看来看去，总觉得房子价格偏高。王先生说："看了几个楼盘，起价都在4500元/平方米以上。一辆车8万元，买房送车还不是羊毛出在羊身上。"

在兰州，还有很多别出心裁、花样繁多的买房赠物活动。"一户空调等于半套豪宅"是最近一段时间最流行的售房广告语。一套房子的成本价到底是多少？送车、装中央空调到底是"馅饼"还是"陷阱"，让不少人一头雾水。

事实上，房价的成本是可以计算的。在建筑学上，房地产的成本主要由建筑成本、配套费用、前期费用、管理成本、销售费用、维修基金、营业税、融资利息成本、不可预见费用及土地成本等10个部分组成。按照全国惯例，建筑成本多层在800~900元/平方米(带电梯的加80元)，小高层1200~1400元，高层为1800元；配套费用为500元/平方米；前期费用(设计、勘探、监理、测量)在50元/平方米左右；管理成本和销售费用是销售价的4%~6%；维修基金高层在40元左右、多层在30元左右；营业税收是销售价的5.57%；融资利息成本每万元约为100~300元(视自有资金多少、工期长短而定)；不可预见费用约为销售价的2%；土地成本(楼板价)包括地价、出让金、动迁成本等，如果是熟地，动迁费用则为零。

按照此方法计算，兰州市城关区一带的房价成本在1900~2200元/平方米之间，而西固、安宁的房价成本则低一些，在1200~1500元/平方米之间。多年来一直对兰州房地产进行研究的兰州大学刘天星教授认为，房地产成本中最重要的一块是地价。刘天星说，从2004年8月31日以后，商品房建设用地由协议转让全部变为"招、拍、挂"出让，而兰州自2003年以后征地开发的商品房很少，在此之前的地价大多数是政府协议出让或是整体划拨的熟地，其平均价格大约在每亩100万元以下，而安宁、西固的地价每亩则在50万元以下。所以说，兰州房价的上涨在某种意义上不是成本增加所致，而是“水涨船高”。

“还有一点很重要，由于制度上不规范，在容积率上做手脚，成了房产商压缩楼盘成本的重要砝码。楼盘越高，成本越低。”刘天星说，建筑容积率是指项目规划建设用地范围内全部建筑面积与规划建设用地面积之比，附属建筑物也计算在内。目前规划和城建部门批准的市区内楼盘的容积率一般不超过2。也就是说，房地产商可以开发不超过2倍于土地面积的商品房。而有“实力”的房地产商会通过特殊途径，打通主管部门的“关节”，以“做城市高标志性建筑、政府重点工程”或其他多种理由把楼盘的容积率调高到3或者5，有的甚至调到9或10，这就意味着在同样一块土地上可以开发3倍、5倍甚至10倍于土地面积的商品房。在这种情况下，伴随平地而起的高楼，房产商的利润马上呈几何基数增长。

兰州房价“芝麻开花节节高”，被经济学家温元凯称之为“兰州现象，值得研究”。2005年，省建设厅在给国家建设部的汇报材料中，对兰州房地产的评价是：“兰州商品房价格涨幅太快，一是房价高，二是销售缓慢，房价与居民收入形成较大的反差。”

据国家发改委、国家统计局今年1月25日发布的调查显示：2005年四季度兰州房价同比上涨7.3%，虽然低于全国平均涨幅，但在西北五省区省会城市中，涨幅最大。分析报告同时还指出，兰州市正在出售的商品房均价排行榜前3名是：4078元、3645元、3258元。

今年3月17日，兰州某媒体报道“兰州房价西北第一”后，为数不少的开发商和某些部门煞有介事地开始论证当前房价的合理性：房价是由市场供求关系决定的，市民买房是“愿打愿挨”的公平交易。

“这种逆推理至少捅穿了由开发商和某些部门共同编织的谎言——把不合理的房价合理化。”刘天星认为，房价长期在高价位运行蕴藏着很大的风险，在宏观调控下，迟早是要跌落下来的，这也是供求关系决定的铁律。

刘天星说，房价在偏离价值规律的区间运行时间越长，对经济稳定带来的风险就越大，虽然有关部门在今年以来多次发出调低房价的信号，但是政府调控房价的力度还是不够。

房地产商的“狡兔三窟”

孙志坚是兰州小有名气的炒房家。1997年从兰通厂下岗后，他便开始炒房。起初他在五泉啤酒厂以北的金鑫花苑买了一套80平方米的房子，两个月后出手，赚了1万多元。从此，尝到甜头的他“一发不可收拾”，如今已靠炒房成了拥有上百万资产的小老板。孙志坚说：“炒房一要看地段，二要看升值空间，没有20%的利润划不来干。”在孙志坚看来，兰州房地产的利润在40%以上。

房地产业是一个暴利产业，是富豪的生产线，这已不是什么商业秘密了。一位房地产开发商坦言：“我们开发房地产项目时，利润期望值低于40%是不做的。”初听令人咂舌，但摁一下计算器，除去建筑成本，时下利润低于40%的楼盘还真少见。

对于兰州商品房的利润，政府部门、开发商、购房者、炒房者说法不一，10%、25%、

40%、50%，房地产的利润究竟有多大？房地产业的水究竟有多深？

记者采访中了解到，由于我省土地供给方式改革起步较晚，兰州市现售的楼盘其获取土地的时间较早，土地获取的方式多以划拨为主，所以土地成本占房价的比重很小。以2004年为例，全年兰州市出让的土地共计157宗，面积为109.21万平方米，而通过挂牌、投标、拍卖出让的土地仅仅6宗，共计8.71万平方米，宗数比不足4%，面积比不足8%。

"由于以前土地使用权容易取得，使房地产开发的利润就出现了最大化，以当前的土地交易价格来决定商品房销售价格的策略是地产商的'狡兔三窟'。"省城市经济调查队王小洋告诉记者，国家出台紧缩房地产金融政策是2004年房地产业的拐点，在此之前，2003年兰州市房地产开发企业购置土地的平均价格为669元/平方米，根据容积率的不同，其成本约占房价的6%~12%。

拿兰州市雁滩一家最大的小区为例，2000年，由于雁滩整体开发，政府便出让划拨2万平方米的土地，土地出让金为1000万元；2004年，这家房地产公司建成了14万平方米的小区，以3680元/平方米对外出售，按照2200元/平方米的成本价计算，这个小区的成本大约在3亿元左右；2005年12月，该小区对外宣称所有住房全部销售一空，可以计算出该公司的赢利在40%以上。

40%的利润，意味着房价的1/3被开发商揣进了腰包。1999年，房地产业已经进入了中国收入最高的行业。而从2002年"中国10大暴利行业"，到2004年公布的房地产行业已连续3年蝉联榜首。在2004年胡润版中国百名富豪榜中，有45位房地产老板名列其中，差不多占了半壁江山。

西北师范大学经济专家张文君告诉记者，房地产的定价一般有两种：一是按建筑成本加合理的利润期望值得出开盘价位，二是按市场均价水平并根据自身优劣定价。他认为，全国楼市出现过"割肉断腕"时代，也出现过人人敬畏的"暴利"时代，而国外成熟楼市的开发利润一般只在3%~5%。楼市理性回归其应有的尺度，是政府和百姓都十分企盼的。但是随着土地金融政策的适度调整，继续坚守最低利润，地产商难以做到。

2005年上半年，温州"炒房团"准备进军兰州房地产市场，当他们秘密考察完以后，便草草收兵。"成本只是决定商品房的一个重要因素，决定商品房价格的还有供求关系。"曾参与"炒房团"的温州商人詹自新告诉记者，兰州商品房价格虚高，已经出现泡沫，老百姓的购买能力与房价相差甚远，利润已经无法转移，无利可图。

2005年，据全国工商联的调查表明，房地产业的税后净利润在各行各业中为第一位，比平均水平高5倍，比处于第二的电力、煤气行业的利润高1倍。

建设部副部长刘志峰在去年年底对媒体发言时认为，"我国房地产市场发展总体上是健康的，但在部分省、市、区房地产产业确实存在大量'腐败问题'和'暴利问题'"。为何房地产行业有如此暴利？张文君解释为，暴利往往与垄断相生相伴。一级市场土地全部被政府垄断，它决定了供应量；资金的供应量则靠银行贷款，而银行又是以国有银行占统治地位，也由政府控制，它决定了开发总规模；拆迁量的多少决定整个需求量的多少，而拆迁量也是由政府决定，这些因素都进一步推动房地产追逐暴利。

兰州房价虚高引起恐慌

上涨过快的房价不但增加了普通购房者的负担，也引起潜在购房者的恐慌。记者采访过的不少买房者，辛苦积攒买房款，却发现存钱的速度远远赶不上房价上涨的速度。购房者刘先生说，当全家人两年中筹措10万元准备买房时，一套100平方米的房子却在两年中涨价7万。“急速上涨的房价，把本来准备以后买房的人，也推到即期买房的行列，因为上涨已经引起了恐慌；但更多的人提前进入买房市场，则导致需求高涨，引起价格的更加走高。”兰州市铁路局房产中心李宇和主任认为，房子越上涨，很多人就越跟风，而越跟风房子就越贵，这样的恶性循环将会使大多数家庭因房致贫，带来昂贵的社会成本。

从国家统计局反馈的数据来看，2005年兰州市人均可支配收入比去年同期增长了12.68%。然而由于起点较低，兰州市人均可支配收入与全国36个大中城市平均水平相比仍有较大差距。在36个大中城市中，2005年人均可支配收入高于28000元的仅有深圳市一个，而排在全国最后、低于9000元的三个城市分别为银川8834元、兰州8529元、西宁8146元。

“8500元，一年不吃不喝，只够买两平方米的住房，如果按每户3人计算，一套80平方米的商品房最少得要15年的全部收入。”李宇和认为，房价是否合理，只要看看居民的收入就可以说明问题，兰州房价和居民收入相差十几倍，这是不容忽视的社会问题。“在国际上，衡量商品房价格的主要指标就是房价收入比，房价收入比一般在6倍以内是合适的。”

去年11月，中国社会科学院财贸经济研究所的一名专家发表署名文章，认为兰州市居民人均可支配收入偏低，房地产市场需求潜力弱小，消费断层，已产生泡沫。这一说法受到兰州市房地产管理局的回击，其认为：目前兰州市房地产市场的“热度”是理性的、正常的，是与兰州市社会经济发展相适应的，价格属于稳中有升的合理范围。

房地产业作为国民经济中的重要产业，既具有先导性，又具有基础性，它的发展既对国民经济有巨大的带动作用，同时又受制于国民经济发展的水平，所以房市往往都被看作是一个地方经济发展的“晴雨表”。“全国各地都在搞‘经营城市’，但是城市到底怎么经营，几乎都是一个模式。”北京大学经济研究所周其仁一语点破其玄机，房地产火暴或者房价上涨，可以说在某种程度上有三种心情：商家得意、政府满意、市民失意，因为房市可以拉动内需，所以没有几个地方政府希望自己辖区内的房市冷清，当然是越火暴越好。殊不知这三种心情的背后却付出了昂贵的社会成本。

(原文刊载于2005年6月12日《甘肃经济日报》，后在《西部时报》发表，作者贯治堂)

“开心网游”席卷兰州上班族

网络是一把“双刃剑”，在打造了现代文明的同时，也颠覆了很多传统文明；在给人类带来信息共享的同时，也给人们带来了精神上的空虚和苍白。最近风靡于兰州白领阶层中的“开心网”游戏就揭露了网络的这种本质。

4月17日，全省净化社会文化环境工作会议在兰州召开。省委常委宣传部长励小捷要求各级部门要进一步增强做好净化社会文化环境工作的责任感和紧迫感，要突出重点、抓住关键，集中力量抓好网络传播大防控，打好“净网”战役，确保净化社会文化环境工作，取得让群众满意的成效。

也许净化网络文化战役和时下流行玩“开心网”是一种巧合，但是痴迷网络虚拟生活已经成为风靡兰州的事实。“开心网”游戏在让网民实现了在现实中不能实现的愿望的同时，也引发了信息崇拜、伦理丧失、情感危机、偷盗文明，导致了中青年人社会价值取向的偏离和人文精神的缺失，这些问题已经成为经济危机下难以回避的社会病态。

玩虚拟玩出的不和谐

这几天愠女士比较郁闷，原因都是“开心网”惹的祸。

愠女士的老公前几天去上海出差，打发时光的她每天晚上都在网上逗留几个小时，“把车停在朋友的车位赚钱，赚了48万终于买到了一辆心爱的好车，还买一个男奴隶，天天指使他去挖煤，替我赚钱，让他表演舞蹈给我看，真是过瘾！”

愠女士所说的这些都是“开心网”上的游戏，是她在虚拟世界里得到的精神享受。

老公出差回来时，愠女士把这几天的“收获”展示给她老公看，当登录后，她傻眼了。网上显示愠女士的虚拟别墅里住了一个男人，一则消息是“你老公不在，住在你的房间里真舒服……一刻值千金。”尽管愠女士一再解释，但这种“纯属巧合”还是难以消除老公的误解。

“网上做梦，体验超级富豪才会有的生活，让人有成就感。”在虚拟游戏里，每个人都有自己的房子、花园和车子，可以通过种粮食、租车位、打工、买卖房子等方式获得虚拟货币，然后购买东西，喜欢某位好友的话还可以送东西给他(她)，最有意思的是还可以串到别人花园里去偷别人成熟的庄稼然后卖了赚钱。

公务员刘江说：“我已经赚取现金1036万元，为了给女朋友送辆宝马车，熬了整整3个通宵。”但是2个月下来，刘江已经成为“夜猫子”，白天上班无精打采，有好几次工作上出现了失误,为此没少受上司的批评。

小王用“非常过瘾”来形容他在网上的心情,他说“开心网”采用的是实名制,这让网络这个虚拟世界的仿真度更高了,跟朋友恶作剧,发泄对上司的不满,以此来抒发平时难以表达的压抑情绪。

退休老师俞冢正说,有几次在公交车上,两个女同志在交谈,一个说她最近买了一辆悍马,另一个说她组建了劳斯莱斯车队,当一车人都把羡慕的眼光投向她们时才恍然大悟,原来她们谈的是虚拟网络游戏。

玩“开心网”已经成为时下兰州工薪阶层、公务员、大学生的时尚潮流,见面招呼中,互相问候语几乎都是谈论开心网中“小康日子”的感受。记者走访了10多位“80后”的白领,他们大多数上“开心网”成瘾,忙了一天下班回家后继续登录,重复着白天工作时的操作。

虚拟世界中的浮躁心态

最近,在网络上出现了一则因“开心网”致情侣分手的帖子。发帖人是个女孩,她说男友在“开心网”上有近200个好友,还包括了他的几个前女友,她看了之后很生气,决定和男友分手。

新浪网对此做了一项调查,有25333个网友参与了调查,51%的人认为恋人要相信彼此,41%的人认为网上虚拟情感是真实情感的流露,还有8%的人认为这是社会浮躁心态现象。

“开心网”上的交友和游戏方式很可能表达了个人的价值观和生活方式,西北师范大学研究网络教育的专家尤天萧认为,现在的“80后”标榜张扬的个性,一踏入社会必然会有很多不适应,于是他们就会把情感转移到虚拟社会,在现实生活中不能支配就到网上支配。虽然“开心网”是一个虚拟世界,但可以通过实名注册登陆的交友中主动向对方表达情感,与网络聊天具有异曲同工的情感释放和情感恣意。

大学生刘荣说,近年来,国家对网络上的“涉黄”和赌博进行了有力的打击,得到了社会的普遍公认。“开心网”上可以随意让女性在异性面前洗澡的游戏内容也同样低级,这是对女性的不尊重,这个游戏暗示的内容肯定不能让多数人满意。

但是也有人认为,现在的都市人本身就有各方面的压力,再加上金融危机,内心充满着对前景和个人前途的担忧。在这种时候选择在“开心网”上放松一下,是一种“寻求心情愉悦的正常调节。”

接受记者采访的大多数年轻人认为,在竞争激烈的现实社会中,他们为了生活,为了发展,舍弃了精神世界的许多东西,更缺失了情感之间的交流,而这个虚拟社区也就成为一种情感的寄托,其中平添了无数乐趣。

公司职员小刘说:“特别是在竞争激烈的兰州市,一套属于自己的房子使很多人望而却步。在‘开心网’上布置漂亮的房子可以表达自己的消费诉求,能得到精神上的满足。”

目前对于“开心网”还没有明显的限制,但是已经引起有关方面的重视。据《北京晚报》报道,北京中关村好多白领上网成瘾,好多人已经痴迷网络影响到了工作,中关村一些公司都制定了相应的措施，有些公司的技术部门已将“开心网”屏蔽了。

防止不良文化渗透是关键

“尊重劳动、尊重知识、尊重人才、尊重创造”是社会主义的基本价值观，在社会价值取向的大变革时代，树立劳动最光荣的观念关系到人们生活标准的评价和态度，虚拟的、浮躁的价值观都是不良文化倾向。

虽然“开心网”通过网络虚拟的形式让职场一族得到了放松，但玩家要明白那种满足感只能在虚拟世界中得到。但是要分清现实环境与虚拟世界，不要产生网络依赖或网瘾，不伤害他人也不伤害自己的发泄方式才是最适合自己的、健康的放松方式。专家建议，人还是要与现实中的人多接触，与社会多接触，这才是培养健康心理和重塑“鼠标道德”的最有效途径。

尤天萧教授认为，网络文化融合了不同国家与民族的文化特征，人类的文化交融在网络中得以实现。由于信息在网上的自由流动，也使网络文化成为没有“防火墙”的文化形态，日益凸显的网络文化开放性，随之带来文化扩张、文化入侵、文化安全和渗透是目前意识形态领域里的最大挑战。

“不良的网络信息污染着社会的文化生态，危害着社会大众的心理健康，导致一些人对自我道德的约束放纵，高技术而低人文、重物质而轻精神、有知识而少品德的不良倾向在网络上很盛行。”尤天萧教授认为，“开心网”游戏组件属于“擦边球”，至少说明导向有错误，有向低俗发展的趋势，也对游戏者的精神境界产生着不利的影响。

（原文刊载于2009年4月23日《甘肃经济日报》，作者贾治堂、沈博琼）

国庆长假兰州人缘何怕出游?

热黄金周后的冷思考

“十一”黄金周已经落下帷幕。根据统计,全省“十一”期间旅游接待人数为201万人次,比上年同期下降了13%,旅游收入实现5亿元,下降6.5%。接待人数和旅游收入的明显下降,使今年“十一”成为有史以来最“冷”的一个黄金周。统计分析表明,“十一”期间,兰州外出旅游的人数只是去年同期的五成左右,相当多的兰州市民选择了在家逗留。到底是什么原因使兰州人在黄金周的消费结构上发生了变化?人们为什么不愿出游了?老百姓为何有钱不花了呢?

就在今年“五一”黄金周结束之后,有人针对兰州房价居高不下,生产资料、社会消费品普遍涨价,教育收费太高,平价医院一时还不能解决看病贵等民生问题提出了“兰州老百姓经济学”。黄金周不愿出游也是老百姓经济学,其原因除了景点门票涨价和旅行社提价外,最重要的是黄金周已渐渐失去了刺激消费的经济功能。

不敢消费,对未来预期心里没底

截至2006年12月,兰州市居民储蓄存款余额已经突破700亿元,创造了历史新高。在储蓄额不断攀升的同时,另一组数据却在连年下降。数字显示,近5年兰州居民最终消费率持续走低,分别为57%、55%、53%、52%、50.5%。越来越富裕的兰州人正变得越来越不敢花钱了,这个现象耐人寻味。

刘军显是兰州移动公司的业务部经理,年收入5万元以上,从2006年开始,他已经取消了所有的外出旅游计划,对家庭的财务也做了周密的安排:每年要还银行的购房贷款近3万元,缴孩子在私立学校的学费1万元,还得缴“失业金”。刘军显说,妻子失业在家待岗多年,随着孩子教育投入的增加,他已经感到生活压力日渐沉重,“即使有闲钱也不敢花,对未来预期心里没底”。

和刘军显一样,佛慈制药厂的技术工人王刚已经3年没有去外地旅游了,他的儿子在重庆电子工业大学读书,每年需要15000元的学费,这对他这个中产家庭来说,是一笔很大的开支。王刚为自己算了一笔账,儿子4年大学的费用得靠全家人10年的省吃俭用。

国家发改委、国家统计局的调查显示,今年7月,全国70个大中城市新建商品住房销售价格同比上涨8.1%，而兰州市新建房销售价格同比上涨7.2%，虽低于全国平均水平0.9个百分点，但这一涨幅在西北五省区省会城市中已是连续3个月排在第1位。有分析认为，目前在兰州市区，一套80平方米的住房价格是年人均可支配收入的20倍，大大超过了国际认定的发展中国家4~6倍的标准。

“凡是有后顾之忧的人，收入无论多少，都不敢乱花钱，因为父母妻儿不一定都有稳定的收入，医疗费用、子女教育开支庞大以及养老制度不明朗，真正要消费的人口袋里没有足够的钱。”

同时，“今天的物价上涨不同于上个世纪80年代末的‘通货膨胀’，在那个时候，什么东西最贵，老百姓就买什么，现在不同了，物价越上涨老百姓就越不消费了。”著名经济学家郎咸平国庆后莅临兰州，他认为，物价涨幅大于收入增加，使消费者对未来的就业预期、社会保障预期都趋于低迷，出于预防未来风险的考虑，消费者对即期消费持更加谨慎的态度，由此出现了与物价趋势相反的供给和需求局面。

黄金周“涨价潮”打乱了计划

泰山门票上涨了35元、秦始皇兵马俑门票价格由65元上浮到90元、华山门票由50元上浮到100元、莫高窟门票每人次160元……纵观全国，“十一”黄金周期间景区景点门票也随着物价“水涨船高”。

有些地区景点门票虽然没有大幅涨价，但收费景点却大幅增多，同样让游人和旅行社的预算超支。刚从九寨沟回来的许向群说，去年他们一家人去九寨沟时收费景点仅60余处，如今已增至90余处，而且还对游客进行限量。

旅游景点在涨价，旅行社也在跟风。9月24日，当王先生了解到泰山双汽三日游价格已从去年的630元涨到730元后，取消了今年的旅游计划。王先生认为，旅行社的报价太高。这说明旅行社向游客“转负”已经开始。

兰州市海风旅行社的恽经理告诉记者，旅行社也不想涨价，可当地景区、住宿、车费、餐饮等价格都在往上翻，旅行社也不得不提价。有的景点在国庆期间限制游客数量，九寨沟在黄金周期间每天限客12000人，许多推出九寨沟线路的旅行社忙得焦头烂额，通过各种渠道联系，唯恐旅游团到时进不了景点，而这些都是成本增加的因素。

记者在海风旅行社报名处的登记册上看到，截至9月26日，报名去泰山的人数是32人，而最后只有13人真正去了。无论是游人还是旅行社，毕竟大家的承受能力都是有限的，面对黄金周的“涨价潮”，很多兰州人的选择是取消出行计划。

不仅是旅行社、景点门票在涨价，国庆期间，兰州的火车票也是“一票难求”，张家界人张云女士从9月27日开始，就在买兰州—张家界的车票回家探亲，但是3天都没有买上，“没有办法，从票贩子的手里多掏了130元才买到了2张票。”张云女士如是说。

长假失去了刺激消费功能?

1999年,为了刺激消费、拉动内需、扩大就业,国家创造性地提出了黄金周的概念。8年来,黄金周带来了数千亿元的消费收入,旅游黄金周成了"三年不开张,开张吃三年"的暴利时段,与此同时,黄金周也越来越处在舆论的风口浪尖上。

黄金周在受到群众欢迎、带来巨大利润的同时,也带来了一系列问题。全国超过10%的旅游者集中在黄金周里出游,给旅游设施、交通运输、宾馆饭店都带来了巨大压力。在已经过去的黄金周里,人们发现众多旅游景点都是"人挤人"、"车堵车",旅游业六大要素(行、吃、住、购、玩、游)的质量都在明显下降,而价格却是"芝麻开花节节高"。

一个不争的事实是,旅游对刺激消费的作用已经不是很明显了。今年"十一"旅游市场的冷场,正是消费者用理性头脑对这些丧失理智的涨价行为说"不"的回应。

黄金周里人人出游,景区的接待量比平时要疯涨好多倍,超负荷的游客量不仅降低了黄金周的含金量,更有可能对自然环境、旅游资源造成破坏。

全国亿万消费者在黄金周里出行,消费雷同,容易形成消费拥挤,而个人自由确定休假日,就相当于一年365天随时都是黄金日。这样既避免了人群的大规模集中统一流动,也有利于人们置于真正的休闲之中,从而使身心愉悦。由此可以说,虽然黄金周表面热闹无比,但我们的生活质量并不高。

在今年的全国两会上,人大代表和政协委员对黄金周的休假形式提出了改进意见。黄金周已经到了不得不改革的时候了。不少专家的多种方案是:实行带薪年假、每月小黄金周和在中秋节、元宵节、重阳节等传统节日放短假。专家认为,分散放假既能减少集中消费、集体旅游的不理性,又能重拾民族文化和传统文化,只有这样,才能真正意义上刺激消费、拉动内需。

(原文刊载于2007年10月11日《甘肃经济日报》,作者贾治堂)

房地产是回报率最高的行业，近年来兰州市房地产开发企业大量涌现，但整体实力不强，企业规模小、资质低，出现了诚信度不高、开发结构不尽合理、竞争无序等问题，制约着行业的健康发展。

纸质、电子媒介与开发商在金钱的撮合下合伙营造的不正常“房价”、“房市”，应当受到公众的质疑，而有社会良知的媒介应当抵制这种异化。

兰州楼市“怪胎”迭出

空置房的嫌疑

金港城是兰州开发较早的小区之一，廖进源就是这里的业主。“虽然有3000多套房子，但常住户超不过70%。”廖进源说。

4月6日晚8时，记者随同廖先生一同前往金港城。从远处眺望，“金港城”三个字的霓虹灯在夜色中璀璨夺目，与其形成鲜明对比的是小区内近半数房屋漆黑一片的景象。记者在小区中粗略地数了一下，10幢楼中只有80多户亮着灯。廖进源说，他住在C区6单元，这个单元共有24套房子，可常住的只有9户，有些房子好像从来没人住过。

4月8日，星期六，东方花园刘先生家的煤气不慎漏气，到了需要疏散整个楼上住户的地步。但最后，出乎刘先生意料的是，只从整幢楼上疏散下来40多人。事后他得知，这个楼上本来就没有住多少人。

“房屋空置一直是商家最敏感的话题，兰州几乎所有的房地产企业都不同程度地存有空房。”兰州市铁路局房产中心李宇和认为，建筑越华丽空置率越高，户型越大空置率越高，这是由兰州居民的实际消费水平决定的。

兰州空置房数量及空置比例到底有多大，一直是一个谜。兰州媒体去年报道称，兰州空置房大约在106万平方米，但是有关人士透露，仅2004年至今的2年时间里，兰州市空置房屋就已经超过150万平方米，保守统计，兰州市目前累积空置房可能高达280万平方米。

兰州市建委提供的房地产业健康发展的数据是很有说服力的：2002年，兰州房地产施工面积418.96万平方米（其中住宅面积118.94万平方米），竣工面积136.47万平方米，销售面积只有84.63万平方米；2003年，施工面积636.23万平方米（其中住宅面积为146.73万平方米），竣工面积116.45万平方米，销售面积只有86.14万平方米；2004年，施工面积933.13万平方米（其中住宅面积为198.2万平方米），竣工面积188.85万平方米，销售面积只有

142.38万平方米。不难算出,3来年兰州市共建设了463万余平方米的房子,而仅出售了313万平方米,剩下的150多万平方米便有可能是“空置房”。

据省统计局的资料显示，从1992年到2004年的12年间，兰州市竣工的住宅总面积为10707万平方米,其间销售的面积为9298万平方米,两项扣减,相差1409万平方米。如果说空置面积仅几百万平方米,那么,剩下的房屋又到哪里去了?莫非是蒸发了?如果不是,那么,这些房屋就在开发商手里,根本就没有卖出去。

“如果按100平方米安置1户来计算,兰州空置房最少可以安置几万户居民。”西北师范大学张文君教授认为,空置房屋有两种情况:一种是空置在个人手中,另一种是闲置在开发商手中。前者是公民的合法财产,我们不妄加评论,但是有一点很清楚,空置就是闲置,就是过剩。

张文君指出，在兰州或者在全省拥有2套或者2套以上住房的人已经构成了一个群体,这是社会资源分配中的问题,目前国家已经在进行宏观调控。而后者则是兰州房地产市场发展的关键。一方面,房价在日益上涨,而另一方面,有绝大部分的房子闲置在商家的手中卖不出去,这是很可怕的现象。

由于房地产是回报率最高的行业,近年来兰州市房地产开发企业大量涌现,但整体实力不强,企业规模小、资质低,出现了诚信度不高、开发结构不尽合理、竞争无序等问题,制约着该行业的健康发展。据了解,在兰州2004年房地产企业资质年检中,全市565家房地产开发企业中,100多家找不到办公地址、无法联系,能够按时上报统计报表的442家企业中,有投资工作量的只有136家,投资额在2000万以上的企业只有28家,全市没有一家一级资质的房地产企业,二级资质的企业仅有35家,而亏损企业达270家,占61%。

省社科院研究员王岩云分析认为,兰州的房地产开发有一个模式,先圈地,再用土地抵押贷款建房,房子卖不出去,亏损是意料之中的事。同时,房子空置多,资金回笼少,房子就要涨价,这是恶性循环。只有把亏损转嫁到消费者身上,开发商才有活路。

李宇和认为,盘活兰州空置房是当务之急,问题是截至目前还没有一个精确的统计数字,让政府部门很难作出决策。所以建议有关部门要进行房屋空置率的普查,摸清家底,才能防患于未然。

李宇和说,已购但被空置的住房和积压在开发商手里的存量房规模极大,消化其不是一朝一夕的事。因此,兰州房市即使低迷期过后,繁荣景象也将不再出现,除非大拆大建,再造一个人为的“牛市”。

抬高房价有“帮凶”

事实上,房地产价格上涨除了客观的市场原因外,还有一个重要的人为因素,那就是超前宣传和错误引导。

张坤,一个“王海”式的打假者,6年来他从没有放弃状告房地产公司的决心。2001年,张坤在兰州南滨河路的馨苑小区买了一套87平方米的房子，当时的价格是1980元/平方米,然而当他入住时才发现房子的面积为64平方米,公摊面积超过23平方米。“这不是明抢吗?”最让他不能容忍的是,物业费从每月0.8元逐月上涨,最终达到2.1元,于是他开始到处“揭黑”。刚开始他骑着自行车,打着横幅,在相关部门投诉,但都是石沉大海,无一答复。最后他把希望寄托在了媒体上。

张坤告诉记者,一位媒体的编辑听了他的投诉后说:“这事我们早知道,而且在兰州很普遍,如果把你说的事都揭了,我们将失去一个大广告客户。”当他找到另一家媒体时,没想到做得更绝,他原以为很快会见报,谁知过了半个月后,报纸上却大幅出现了该小区的招商广告。

2004年下半年,张坤在西祠胡同网站设了一个主页,专门针对房地产发展中的不良现象和网民展开讨论,他在帖子中列举了纸质和电子媒介在房产业宣传中的10大不良倾向:1.夸大宣传;2.故意炒作;3.虚张声势;4.制造假消息;5.错误引导;6.不负责任地预见;7.充当“枪手”;8.扼杀报料;9.哄抬市价;10.胡乱评选。

“兰州楼市价格虚高,与媒体胡乱炒作是分不开的,有些媒体靠开发商的广告赚钱,拿人钱财,替人吆喝,见诸媒体上的《开发商手里没有土地了,房价又要涨了》的文章就是最好的佐证。”张坤告诉记者,兰州房地产每年投放的广告额在7000万元以上,其中有近一半以上被纸质和电子媒介瓜分。

事实上,从2003年下半年开始,不少房地产开发商利用网络、媒体制造舆论,并举办各种形式的“论坛”和“报告会”,通过不负责任的新闻媒体散布房价要大涨的虚假信息,诱导市场预期。有些新闻媒体甚至与房地产开发商开展各种名目的楼盘评选、授奖活动,过度渲染高房价的合理性以及超前预测涨势,不仅误导消费,而且增加了消费者的心理压力。兰州市政府王处长告诉记者,2004年,得知兰州媒体邀请浙江“炒房团”赴兰炒房时,兰州市人大代表和政协委员联名要求有关部门制止“引狼入室”的冒险行动,后来在有关领导的过问下,此事才被搁下。

兰州大学刘天星教授认为,纸质、电子媒介与开发商在金钱的撮合下合伙营造的不正常“房价”、“房市”,应当受到公众的质疑,而有社会良知的媒介应当抵制这种异化。刘天星说,在市场经济中,媒介的生存固然重要,但要把生存建立在“拿钱消灾”和损害大众利益的前提下,只顾赚钱、丢失公信力,这样的媒介与房产商将不会“双赢”,将永远是孤立的。

二手市场是“软肋”

发生在张闻堪老人身上的事可以看作是兰州二手房市场混乱的最真实写照。2005年3月,张闻堪在兰州市平凉路一家中介公司登记买一套二手房,中介公司让他交了1万元的定金,最后,张闻堪看中了一套房子,价格商定为20万元。

中介公司告诉记者,双方当事人是不能见面的,让张闻堪先交15万元,余下的等交钥匙时再付清。张闻堪信以为真,交了钱,可一个月过去了,还不见动静,当他到中介公司质问时,工作人员告诉他,对方房子不卖了,张闻堪要求退款,但是对方以收违约金为由拒绝。一年时间过去了,张闻堪还没有索回15万元。今年4月1日,兰州市长专线在东方红广场举办活动,张闻堪在现场进行投诉,直到目前还没有得到满意的答复。

比张闻堪幸运的是，刘先生的买房梦在经历2个月的折腾后就结束了。今年年初，刘先生看中了一套87平方米的二手房，价钱合理，可是他只有房款的30%的现款，所以希望银行给予贷款，然而兰州只有一家银行可以按揭二手房贷款，而且手续非常苛刻。跑断了腿、磨破了嘴，折腾了两个月，最后没有办法，刘先生只能放弃。

房地产二级市场的发展离不开金融信贷的支持，毫不夸张地说，没有个人住房信贷的支持，就没有成熟和发达的房地产二级市场。在现阶段，银行对房地产二级市场的信贷支持力度虽然比较大，但由于现行金融体制、金融产品、金融营销方式、风险认识以及个人信用制度等方面的不足，金融信贷对二级市场的支持成效还有待提高。二手房有场无市、操作不规范、制度不健全是兰州一手房价格上涨的一个主要原因。

虽然没有具体资料能证明兰州二手房的存量到底有多大，但是有一点可以确定，二手房的存量绝对要比一手房多得多，况且市场是流通的，若要购买一手房，就得出售二手房。省统计局的有关专家表示，兰州二手房房价与全国其他城市相比表现得不温不火，与兰州二手房交易市场刚刚起步有很大关系，尽管今年的交易量大幅提升，但市场的不成熟决定了众多购房族只能选择新建商品房，也带动了房价的上涨。

李宇和主任说，目前需要盘活的存量主要有两块：一块是已购公房及经济适用房上市交易，即二级市场；另外一块就是租赁市场(三级市场)，和二级市场相反，租赁在相当多的城市相当活跃。他认为必须加快设计二、三级市场配套政策措施，诸如市场准入、金融支持、收益调节、行为规范和市场联动等政策，特别是价格及税费政策，使其更趋合理，以一个低门槛让大家都早日进来。

存量房何时才能消化？经验表明，在人均住房从困难型向文明型(人均30平方米)转变时，往往是房地产最繁荣的阶段。正是从这一角度出发，有专家认为，兰州房地产市场的繁荣期已经过去，如果持续今天的低迷状态，这个市场不久后很可能出现灾难。对于房价上涨，兰州房地产管理局有关人士认为，目前兰州土地供应量减少、建筑材料价格上涨、土地购置成本增加、商品楼盘品质提高等因素提高了开发成本。而房地产开发商认为兰州房价偏高的原因，一是土地供应量减少，地价一翻再翻，几年前兰州城中心一亩地价不过一两百万元，现在出600万元也拿不到；二是城中心基本没有大宗地，大部分土地面积不过三五亩，只够盖一座塔式楼，地价的上涨无疑增加了开发成本；三是原材料价格大幅度上涨，钢材价格已从2500元/吨涨至4000元/吨左右，钢材价格的上涨拉动了相关建筑材料价格；四是房屋品质提高，从设计到建造，从房屋结构至内部设施以及小区外部环境，开发商都要花费更多的资金。

而甘肃省城调队的分析认为，除了上述几个主要原因外，还有投资性与投机性购房两个不容忽视的原因。但是分析同时认为，建筑材料价格的上涨，给房地产建筑成本增加造成的影响不会超过5个百分点。而市民赵先生则认为，周边地县的富裕人在兰州购房是导致房价偏高的主要原因。他说，几年前，就有一些周边地县的富裕人将兰州定为购房首选地，而且这两年购房者更多，在兰州已开发的楼盘中，有近半数房屋被这部分人买走。

(原文刊载于2006年4月20日《甘肃经济日报》，作者贯治堂)

跟风办节会变了味、跑了调

办了13届的兰洽会2005年暂时停办了。可以肯定地说,13年的兰洽会,既有辉煌,也有成就;但随着市场经济的深化和经济体制的转型,兰洽会最终还是没有摆脱成本与成效的“口水战”,在舆论和鲜花中谢幕,暂退经济舞台。

然而近几年,我省一些县级政府却热衷于办节会,甚至蔓延到部分乡镇。小到“自娱自乐”式的招商引资活动,大到邀请明星大腕捧场助阵的文化艺术节,都是热闹过后便烟消云散,留下的只是几百万甚至上千万的财政欠账。“节会热”不仅成为某些地方和某些领导政绩工程中谋求的“蝴蝶效应”,而且成为地方政府的“命题作文”。

专家认为:节会规模办得越大,便越会达到先声夺人、美声夺人、高声夺人的政治效果和社会效果,这是一个误区。

络绎不绝地跟风办节会

“十五”期间,我省的经济发展取得了前所未有的好成绩,农民人均纯收入从“九五”末的1010元增长到“十五”末的1865元,社会公共事业也取得了长足的发展。但是,距离小康社会我们仍有很大的差距,仍然不能乐观。如果用和谐发展、科学发展观的大背景来审视,还是有许多不和谐的发展倾向和极左观念,节会滥办就是一个很好的例子。

热衷办节会已经成为一个严重的社会问题和政治问题,如果用“签多少约,引多少资”来衡量节会的成与败,已经没有现实意义。因为众所周知,作为经济欠发达的我省,在县域经济还没成气候的目前,办节会要赢利,“立竿见影”地改变穷县现状,就如纸上谈兵一样不切实际。况且,不少节会已经从体制上扭曲了其本来的目的,虚假成风,赔钱赚来的只有吆喝。

记者作过粗略的统计,仅今年4月至10月的6个月中,县级节会几乎是接连不断、层出不穷。从4月份开始,有4月12日的秦安女娲文化节,4月15日的兰州什川之春旅游节,4月17日的秦安桃花会,4月19日的兰州安宁桃花节;5月份有5月3日的成县西狭文化节,5月10日的临洮花卉艺术节,5月22日的临洮洮阳文化艺术节,5月26日的清水轩辕文化节,5月31日的积石山花儿节;6月份有6月2日的崆峒文化节,6月11日的岷县当归节,6月12日的西峰黄土风情旅游节,6月26日的临潭风情文化节;7月份有7月4日的迭部红色旅游节,7月5日的天水伏羲文化节，7月11日的武威天马旅游节，7月17日的山丹民族风情节、肃南民族文化节；8月份有8月2日的漳县贵清山旅游节，8月3日的西和山歌文化节，8月31日的永靖黄河三峡旅游节；9月份有9月15日的敦煌文化节、灵台皇甫谧文化节；10月份有10月4日的环县皮影节，10月16日的静宁苹果节，10月20日的华池旅游节……形式多样，各具特色，举不胜举。

据不完全统计，目前我省86个县区中，有41个县几乎都办过或者有自己的节会，甚至个别乡镇也独当一面办起了节会。全国政协委员、中国社会科学院刘金全在去今年的“两会”上指出，虽然近年来展览每年以大于20%的速度递增，但许多地方政府，甚至包括一些专业公司，以盈利为目的的节会少之又少。刘金全说：“展会行业繁荣的背后至少有30%在赔钱。”

省直文化部门的一位领导告诉记者，今年6月份，他一连收到12张请柬，都是邀请参加县级政府举办的节会，“去这家怕得罪那家，没办法，哪里都没有去。”这位领导认为，目前好多县区互相攀比，东施效颦，搞的展会不经济，艺术节不艺术。

“办会出数字，数字出政绩”，一位县级领导道出了许多无奈，他说，节会是政府举办的，所以绝大部分领导自觉不自觉地把签约当作展示政绩的平台，数字大、空、假也是迫不得已。

小县办大会，劳民又伤财

温恺云是北京恺云影视制作公司的总经理，兰洽会办了13届，他就参加了7届。近几年，一些县城办的节会，他也有幸成为座上宾。他在与记者沟通时表示，甘肃的节会，管吃管住，还送礼品，表面上看是人之常情，实质上有悖会展经济的原理。温恺云拿南方的节会做了比较，他说，南方好的节会赚的就是吃住费用，食宿自理是常识，主办方只是提供服务和平台。

今年7月，记者参加了某市的艺术节，按照日程安排，当天上午在主会馆进行7个县的项目集中签约，由于安排的时间紧，大约1个半小时内，7个县的签约便结束了。成为围观者笑谈的是，最后在签约现场落下了两本已经签过字的合同书，无人保管也无人问寻。记者看到，这是“××县450万吨蔬菜保鲜生产线合同(草签)”，只有一页的合同上仅寥寥几十个字，中间是××公司的简介和电话号码，最后落款是甲乙两方的签字。合同能随意丢弃，并无人过问，可见签约的“重要性”。

事实上，浮夸在基层比较盛行的原因是因为每逢节会必有领导参加，假签约是做给领导看的。2005年，河西某县在“文化艺术节暨招商引资会”之前就提出“以人为本”的口号：能把项目引到本县的人是能人；项目在本县能办却未办成就是罪人；引不来项目，引不进资金的就是庸人；能把好项目、大项目引荐到本县的是亲人；由于人为干扰，环境影响而使项目无法运转的就是本县的仇人。

招商引资本来是件好事，适当地办些节会也无可厚非。可是这两项经济活动一旦同“政绩工程”挂上了钩，就完全变了味、跑了调。由于各级地方政府的工作绩效是以经济总量和增长速度作为主要指标，为了体现政绩，最立竿见影的方式就是通过拼命招商引资来拉动GDP等指标的增长。这样,招商引资就成了地方政府最大的“政绩工程”,部分市县把招商引资强调到了不切实际的地步,形成了高压态势。

“高压之下出虚假。在强大的压力面前,有些地方只好把意向性的洽谈项目当成了合同项目,把历年来的引资成绩经过‘技术处理’后变成当年成绩,把计划中的目标当成了实现的目标。”一位县级领导告诉记者,不切实际的全民招商和高压手段下达指标,只能导致一级糊弄一级,弄虚作假的事就不断发生。

“签约的数字是假的,但节会花销却是真的。”7月13日,从某县文化艺术节上传来捷报,此次节会共签约78个项目,总投资13亿。记者了解到,该县每年的生产总值有1300万,而财政收入只有300多万,也就是说,招来的商相当于该县100年的生产总值。更让人费解的是该县在节会期间,共邀请了870名嘉宾,所有的嘉宾吃住全包(全县3个宾馆和4个招待所,节会期间被财政局按100元/间承包),来人每人一份礼品(价值500元的土特产),粗略计算,5天节会仅此一项就需要近百万元。据知情人士透露,加上艺术团的出场费、户外广告和媒体宣传费、会场布置材料等费用,此次节会已经花销了150多万。

2005年,我省两县为了争“××祠堂”,闹得不可开交,几乎在同一时间里,双方都搞了隆重的民间庆典节会。省教育厅曾在通报“两基”不达标县(区)时指出,某县有钱斥资1000万修建名人庙堂,却无钱实施学校危房改造。劳民伤财的祭祀节会不但不能凝聚人心,相反,可能会导致离心离德、人心涣散。也是同年,我省某县举办文化旅游艺术节,为了造势,该县邀请了外地的歌舞团,并邀请了一些大腕明星,由于老百姓参与的热情不高,县政府便对县直单位和企业进行摊派门票,同时为了增加阵容,县上对县城的两所小学的学生停课4天,排练节目。此事经《焦点访谈》曝光以后,才得以纠正。

“办节会就是为了招商,成效突出者必然要重赏、重奖,这个逻辑本身就是信奉教条主义。”兰州大学刘天星教授认为,有些地方为了寻求招商引资新突破,信奉“重赏之下,必有勇夫”的信条,开出了一系列重赏、重奖条款。先奖物后奖钱,近几年又时兴“奖待遇”、“奖劳模”,甚至“奖党员”,这是一个不和谐举动。

对于我省县级城市举办的节会,有关专家进行了总结,从节会的类型来看,有的是固定时间按年度或季度办,有的临时动议随时办,还有的为迎接某领导视察而突击办。这些节会的特点是相同的:一是要花一笔巨款请明星大腕造势,其后又让财政买单;二是上级领导必然到场鼓励、支持,参加节会的领导级别越高越好;三是必请一批外商到场,真外商不够,假外商来凑数,签个意向性合同算政绩;四是来宾必获一份精美纪念品,节会结束后必出一批“大成果”,在媒体上宣传招商引资几千万、几亿甚至十几个亿。

市场化道路是根本

民间办会不是没有成功的先例。2003年10月20日,由甘肃省商业联合会承办的“首届西部中外企业投资合作洽谈会”在兰州低调开幕,开幕式没有锣鼓,没有礼花,也没有庞大的阵容,仪式仅仅持续了36分钟。对于这一“寒碜”局面,本次洽谈会负责人张毅钢称:“本次洽谈会不搞炒作,虽然形式有些清冷,但力求实实在在。”

与以往不同的是，此次洽谈会不仅为各方提供了一个交流与合作的平台，使企业与企业面对面、投资与项目直接对接，而且由于其有效解决了商业活动的归位问题，使企业由被动参会变为主动参会。在这一体系中，民间组织和商业企业不再是“演员”，而是“导演+演员”，政府不再是“运动员+裁判”，而是单纯的“裁判”。

兰州媒体用“民间办会试水甘肃”报道了此次节会。前来参加本次会议的重庆兰川市副市长游正亦称：“之所以率团前来参加这次会议，除了组委会无偿提供洽谈场所外，关键在于此次会议上，企业直接可以和外商面对面洽谈。”

西北师范大学张文君教授认为，目前各地的节会存在一个很大的错位，没有为客商服务，而是地方政府的“自娱自乐”。特别是一些地方政府出面掏钱办的展会，对市场造成一定的冲击和扰乱，“会展不经济”的问题已经暴露无遗。张文君说，一方面是政府管理无序或者关心过火，另一方面是企业眼睁睁看着是泡沫，为了争面子或者顺乎领导意思，还偏要往里面扔钱。而看似“两厢情愿”的结合正好迎合了政府的好大喜功和商人的急功近利心理，这样往往会造成巨大的灾难。

节会是商业活动，既然是商业活动，就必须由市场来决定，只有培育真正的市场主体，找准定位，才是唯一的出路。“节会若能走出政府包办的圈子，尤其是县级政府办的节会，有可能在目前取得巨大成就的基础上迎来更大的辉煌。”刘天星认为，节会是市场经济中信息交流和推广的平台，其中应该少一点政府行为，多一些市场运作。“政府参与得越多，好心办坏事的概率就越大。从概念上讲，把自己的钱拿到自己的地方来花，等于左口袋里的钱放在了右口袋里，没有带来增长点，其结果只是赔钱赚吆喝。”

专家认为，成功的节会，应当是当地人文、历史、人才等综合资源的充分发挥。如果说“假日经济”是一个普遍的经济现象的话，那么“会展经济”就只能说是个别大都市的经济现象。由于不少地方的领导缺乏创新思维，误认为会展是“现代城市的面包”，在思考本地区经济发展问题的同时，往往跟风现象严重，这是一个可怕的现象，弄不好“会展经济”将被搞成“泡沫经济”或者“跟风经济”。节会的成功，应该看它是否能激起市民和客商的最大参与度，如果老百姓漠不关心，邀请客商“宾朋满座”，这样的节会只能是劳而少功或者是劳而无功。

就在我们热衷办节会之际，全国办会先驱者广东省已经开始了“急刹车”。为了支持会展业发展，广东省政府已出台将会展审批制改为登记备案制的规定，并发布了《关于发挥行业协会商会作用的决定》，以理顺行业协会、商会管理体制，充分发挥其在新一轮竞争中的作用。但专家们认为这还不够，理顺管理体制、进行战略规划应该提上会展经济发展的议事日程。

(原文刊载于2006年11月1日《甘肃经济日报》，后在《党建》杂志选登，作者贾治堂)

协会缘何成为涨价的"舵手"?

今年以来,消费品的涨价似乎成了人们日常生活中的家常便饭。这其中,有些涨价确实是由于生产成本的增加、企业无力消化而不得不涨价的应对措施,但不可否认的是,也确实有不少打着合理幌子搭车涨价的跟风行为,这种行为借助了行业协会的合法"外衣",把局部利益变成社会利益,操纵价格、垄断价格似乎就有了合理性。

集体涨价背后的协会

今年6月,兰州市西固区和安宁区一些牛肉面馆以原料上涨为由纷纷调价,大碗涨至3元,小碗涨至2.8元,引起了市民的质疑。最终兰州市物价局定论为"行业串通涨价",并限定:普通级大碗牛肉面售价不得超过2.5元,小碗与大碗差价为0.2元,违规者将严厉查处。

就在"牛肉面风波"刚刚平息后的9月2日,"兰州市安宁网吧协会"向辖区的网吧发布了"统一制作网吧自律公约",公约明确,"临时上网费用不能低于2元/小时,同时也不许经营者开展变相的优惠活动,如果有违反者,消费者向工商、公安、文化等部门进行举报,可获得200元的奖励。"

这个表面看似合理的"限价令"却牵动了兰州各个行业协会的神经。9月3日,兰州市西固区的奶牛养殖户以"协会"的名义,向西固区发出通告,散装牛奶每斤涨到0.95元;9月初,兰州市的个别照相馆以"兰州行业协会"的名义把彩扩费上调了0.1元;9月7日,媒体报道城关区的个别超市食用盐在疯狂涨价;另据可靠消息,兰州的旅行社已经开始谋划黄金周期间的涨价。

在全国,以"协会"牵头的涨价行为已经不是个案了,"协会串通涨价"不仅成为社会关注的焦点,而且牵动了政府的敏感神经。9月12日,兰州市物价局向社会宣布,西固牛奶涨价和安宁网吧涨价属于严重的违法行为,责成相关部门严格监管,收回涨价通告,并告戒"协会",私自涨价是违法行为。

虽然一些行业的涨价已被制止,但谁也不敢保证下一个涨价的是哪个行业,奋涌而来的"协会涨价"在替自己谋求利益最大化时,以不惜牺牲广大消费者的切身利益为代价,而对于政府职能部门来说,尽快推进对非法操纵市场价格行为的法律法规建设、规范行业协会的规范运作,将是不可回避的重点工作。

协会到底代表了谁?

行业协会最重要的职能之一就是服务,而要服务好,就离不开推动,推广新技术、新经验,推进整个行业快速发展。然而,一些行业协会不务正业,却热衷于推波助澜,充当起涨价风的"舵手",兰州市物价局的刘处长认为,这些都是兰州几次行业协会串通涨价的共性。

安宁网吧行业协会的成立很有戏剧性。由于安宁区的网吧比较多,而且也比较集中(多在高校附近),为了便于管理,实现行业自律、竞争发展,今年8月17日,在安宁区工商局、公安局和文体局的多次倡议下,48家网吧经营者成立了安宁网吧协会。

"谁都没有想到的是,协会刚一成立,他们便谋划涨价,让我们很被动。"安宁文体局的刘文生科长在接受记者采访时很激动,他告诉记者,在兰州市,安宁区的网吧生意要比兰州任何地方都红火,大学生是主要的客源,测算显示,单机运行成本只有1.48元,"他们把协会的功能想得太简单了。"

是不是安宁网吧协会都能代表经营者的利益呢?9月15日,记者在西北师范大学附近的云天网吧看到了另一番情景,网吧门前有这样一个告示:各位顾客,由于近日来个别网吧的提价行为在社会上造成了很多的误解,为此,我们决定从即日起,凡是本网吧的会员,上机2小时,赠送1小时。

西固区陈坪的萧云山是一个有着56头奶牛的养殖大户,萧云山告诉记者,这次涨价,他没有接到任何通知,也没有收到任何效益,由于年初和奶铃销公司签订了一年的合同,涨价对他没有任何益处,"而在联合的涨价通告中,却有我的名字,不知道这个协会到底代表着谁?"

行业协会的产生和发展反映了各行业企业自我服务、自我协调、自我监督、自我保护的意识和要求,协会的协商作用是有效竞争的重要前提和条件,当行业内企业之间发生各种利益冲突时,行业协会应从行业整体与根本利益出发,通过各种手段协调企业间的矛盾,以保证行业内部企业的协调发展。但是,这种协调应该有"质"的规定性,那就是符合法律的规定、契合市场经济的规律。

兰州多次"串通涨价"事件表明,协会成了相关行业企业的"传声筒",成为造就某种程度市场垄断的"组织者",这无疑是对行业协会作用的错误理解,是行业协会功能的异化。

给行业协会"改过自新"的机会

1993年我国正式开始从计划经济向市场经济过渡,但是市场经济要求政府的权力必须是有限的,政府的权力必须控制和限定在必要的范围和空间之内,协会便应运而生。据不完全统计,截至2006年底,我省共有近200个行业协会。目前行业协会发展有两种倾向:一是"官方"和"半官方"的色彩太浓;二是职责不清,社会责任不明。主要问题集中在功能不完善、职能不到位、结构不合理、行业不规范、经费困难等方面。

兰州几起“协会串通涨价”事件虽然妥善解决了，老百姓也为此放心了，但问题是谁能保证下不为例？重要的是推动相关制度的完善，唯有如此，才能有效避免行业协会功能的异化，从而充分发挥其在经济社会发展中的积极作用。

应尽快研究制定行业协会的专门性法规，以法律法规的形式对行业协会作出明确的规定，形成保障行业协会健康有序发展的法律规范体系，把《关于促进行业协会发展和改革的意见》列入立法议程，以推动行业协会的改革和发展。

省政府政策研究室副主任李宗江认为，政府部门要加强对行业协会的管理，针对行业协会存在机构交叉重叠、过滥过细、不规范、无作用的现状，制定协会建立的原则、条件和准入门槛，进行调整、规范、培育、提高。行业协会自身也要着眼于行业的长远发展，按照市场经济的客观规律，在法治的框架内，实行和加强行业管理，对行业实行协调、服务、监督、自律，并协助政府进行宏观调控。同时，还要加强有关信息公开值的建设，加强社会诚信体系的建设，强化各方对行业协会的监督力度，并推动对行业协会规范管理的立法工作。

（原文刊载于2007年9月16日《甘肃经济日报》，作者贾治堂）

兰州普通牛肉面涨价既成事实

——市民反应平平,监管部门“集体失忆”

细心的兰州市民发现,国庆节过后,兰州的普通牛肉面已经在“润物细无声”中集体涨价了,大碗3元,小碗2.8元,牛肉面涨价已经成为既定事实。

早在4个月前,牛肉面就“图谋”涨价,但是谁也没有想到,这次涨价却在全国掀起了“一碗面的舆论风暴”。“舆论风暴”把监管部门推到了风口浪尖上,在涨与不涨、涨多与涨少的争执讨论中,牛肉面的监管部门对这一民生问题已经是“坐立不安”了。

2007年6月26日,兰州市物价局联合工商局、牛肉拉面行业协会等5个部门,以牛肉面的价格就是民生价格为理由,对兰州市牛肉面馆进行了分等定级,并对每个级别限定最高价格。其中规定普通级牛肉面馆大碗牛肉面不得超过2.5元,小碗不得超过2.3元。

然而就在“限价令”出台之后,一些经济专家学者却提出了质疑:针对房价和饮食涨价问题,南京和广州等地政府都曾出台过类似的“限价政策”,但未见成效。“前有车,后有辙”,兰州市此次的举动能否起到作用,限价能否打破政府定价的困境呢?

和专家预言的一样,“十一”长假后,兰州的普通牛肉面涨价已经成为事实,其涨价的事实让政府尴尬有余,“限价令”也成为一纸空文。那么涨价到底是市场行为,还是5毛钱的集体挑战?涨价后的牛肉面老百姓能不能接受呢?

市民:涨价不影响吃牛肉面

家住兰州市嘉峪关东路的刘援朝,是兰州市邮政局的退休工人,每天早上,夫妇俩晨练回来,都要在二热什字的萨达姆牛肉面馆吃碗牛肉面,对于牛肉面涨到3元,刘援朝表示理解。“原来是两块五,现在涨到三块,应该都能接受。”刘援朝告诉记者,比起菜价和粮油的价格上涨,牛肉面的涨价幅度还是可以接受的。刘援朝的老伴说,一根油条原来5毛,现在涨到8毛,一碗豆浆原来6毛,现在涨到9毛,而牛肉面涨了5毛钱,还是吃一碗牛肉面比较划算。

10月12日,记者在兰州东部市场附近的弘翔牛肉面馆看到,来吃牛肉面的人络绎不绝,小金老板说,自己的面馆是9月25日涨价的,现在和以前没有什么区别,涨价也没有影响到生意。

市民刘先生说,2005年温州的地方名吃鱼丸面、清江三鲜面的价格,从10元一碗提升到12元一碗，因为原材料涨价，这种涨价的理由似乎与兰州的牛肉面经营者有异曲同工之处，不同的是温州政府没有进行价格干预，相反温州的市场也比较平静。

记者了解到，今年以来，和全国一样，兰州的物价也在上涨，尤其是生产资料和社会消费品价格指数上半年上涨了4.7%，而食品行业则上涨了6.7%。“为什么面、肉、油等原材料的价格在上涨，而对牛肉面却一定要进行限价？”在采访中，一些市民认为，牛肉面的价格比菜价便宜，也很实惠。

2000年粮食价格放开以后，牛肉面才正式进入了市场调节价的范畴，这对牛肉面的发展带来了前所未有的机遇，目前兰州市有不同等级的牛肉面馆780多家，而据不完全统计，兰州市每天吃牛肉面的市民有70~80万人次，这是一个不小的市场。有市场就有市场经济，如果说物价上涨是市场行为，牛肉面价格根据市场经济规律上涨原本就是无可厚非的。

牛肉面的价格涨了5毛钱，老百姓的关心程度明显没有第一次涨价那么高涨了，反应平平，而一向对民生问题比较敏感的媒体，在此次涨价中也没有相关信息的报道，牛肉面失去了新闻价值，涨价后牛肉面市场很平稳，这说明消费者已经接受了。

牛肉面馆：“涨5毛钱是迫不得已”

“这次涨价解决了最大的问题就是零钱短缺。”兰州市嘉峪关西路的黄师傅牛肉面馆的马伟才说，以前他每天下午都要到银行换零钱，有时候还会吃“闭门羹”，现在已经不需要零钱了。

回想起6月份的涨价风波，马伟才显得有些激动，他说，当时西固的牛肉面率先涨价，本来他在持观望态度，没有想到物价局天天在调查、时时在抽查，“弄得人心惶惶的。”

“原材料天天在涨价，卖两块五确实在亏本，涨价是迫不得已。”马伟才说，牛肉由原来的8元一斤涨到了现在的14元，面粉由原来的每袋75元涨到了现在的86元，拉面工的工资则由原来的1000元涨到了现在的1300元，各种税收也涨到了每年1445元。

为了慎重起见，9月中旬起，马伟才便着手做起要提高牛肉面价格的前期工作，和6月份不一样的是，这次他没有张贴涨价的通告，也没有大张旗鼓地宣传。一方面，他多招了6个服务人员，加大了服务和食品卫生的管理；另一方面，在面的数量上进行了加量。“消费者能不能接受，毕竟心里没有底。现在看来担心是多余的，涨价后的生意没有受到影响。”

“大碗不得超过2.5元，小碗不得超过2.3元”的限价依据是今年6月份兰州市物价部门对不同级别的12家牛肉面馆进行调查后得出的一个平均数据：每碗牛肉面的成本为2.19元。然而这个数据一公布，立刻遭到了牛肉面经营者的质疑。

对于马伟才一天的经营成本，记者进行了粗略的统计，10月12日共销售牛肉面920碗，每碗以3元计算，当天总收入为2760元，扣除6袋面钱520元、41斤牛肉钱480元、调料10斤的钱170元、辣椒油60斤的钱300元、消毒碗筷钱200元、人员工资420元（21人平均每天工资按20元计算）、房租水电250元、税金60元，得到一天的利润为360元，每碗牛肉面的利润为0.4元，也就是说每碗的成本为2.6元左右。

监管部门：目前还未接到举报

10月12日，记者走访了7家牛肉面馆，只有一家牛肉面馆的大碗面是2.5元，其余的都是3元。而在东岗东路的一家牛肉面馆，推出了新的促销花样，一碗面3元，另免费送一碗牛肉汤，记者在现场看到，吃饭的人是排着长队，餐桌前是人满为患，好多人蹲在面馆外面的马路边上吃饭。老板告诉记者，涨价后生意并没有受到影响。

对于牛肉面又一次涨价的事实，监管部门已经是“集体失忆”，而“限价令”却成了“皇帝的新装”。

“截至目前还没有接到牛肉面涨价的举报。”兰州市城关区物价检查所的一名工作人员在电话中告诉记者，兰州牛肉面首先是一个非常大众化的食品，也是兰州的一个品牌。为了提升兰州牛肉面的品牌效应，促进兰州牛肉面行业的健康发展，限价是及时的、有必要的。但是对市场价格进行行政干预，是手段，而不是目的，也不需要结果。

对于牛肉面涨价已经成为事实，省消费者协会有关负责人表示，兰州牛肉面是兰州市民生活中的一部分，一方面，如果完全放开兰州牛肉面价格，每碗涨到4元、5元的话，很多市民就会吃不起牛肉面，不利于兰州市民的生活，也不利于保护兰州牛肉面品牌；另一方面，在目前原材料大幅涨价的情况下，如果管得过多、过死，不利于兰州牛肉面馆及行业的经营与发展，会导致牛肉面馆的萎缩，对行业是致命的打击。

事实上早在今年7月，国家发改委就“兰州牛肉面风波”表态：即使牛肉面经营者确实存在串通涨价行为，政府部门用行政手段去干预本应当由市场调节商品价格的做法，不符合市场经济发展规律，略欠妥当。但在当时，没有人理会“略欠妥当”的真正含义。事实证明，牛肉面涨价是一种市场行为，虽然没有进行任何的听证，但是涨价后消费者接受了，说明是正确的市场经济行为，是经营者维持经营的必然选择。

市场是敏感的，也是有力量的，有波动才有市场，有市场就会有波动，可以说在价格的作用下，牛肉面的质量才进行了一次真正意义上的革命。

“读者、牛肉面、大梦敦煌是兰州的品牌，兰州的品牌越壮大，兰州的知名度就越高，其实政府从心底里是期望牛肉面涨价的。”兰州市政府一位不愿公开姓名的处长认为，在牛肉面涨价的问题上，消费者追求的是物美价廉，经营者追求的是利益最大化，而政府则是一手牵两家，依靠调控手段在维护市场秩序，但是一旦把牛肉面和民生连在一起，用限价破解民生困局，好心就办了坏事，尴尬的“限价令”就是佐证。

（原文刊载于2007年10月16日《甘肃经济日报》，作者贾治堂）

在宏观调控中我们习惯用涨价来思维，把一切问题归结于涨价，其结果是解决了一个终端，而造成了另一个极端。有人把近年来的听证会称作是“逢听必涨”，问题是有些涨价往往是消费者不能接受的。客运价格上调就是一个很好的例子。由于原油价格上涨，客运价格也要上涨，然而在7月31日的听证会上，各方代表认为客运价格上涨的理由还不是很充足。如果涨价行不通，作为调控部门是否还要恪守涨价这个原则？是否能在客运成本链中寻找降低客运成本的其他途径？

油价为客运“辩护”首次失利

——透视甘肃省客运运价上调听证利弊

7月31日，我省公路客运运价与燃油价格联动机制听证会在兰州召开，来自全省各行业、各部门的17名听证代表参加了听证会。会上，代表们一致赞同建立油运价格联动机制，但对于调价频率和幅度发表了不同的意见。

来自省消费者协会的鲁亚兰代表直言不讳，她认为，建立公路客运价格与燃油价格良性互动机制，对于燃油价格变化对道路运输市场的影响、确保完善国家石油价格形成机制配套改革政策的贯彻落实、促进我省公路客运事业的健康发展具有重要意义。但对于油价运价联动机制的调价频率和幅度，根据消费者承受能力，在运输企业消化部分涨价因素的基础上，要认真测算，慎重制定。

对于这次听证会，相关部门经过半年时间的精心准备，为了体现民主、透明的原则，根据有关法律法规规定和法定程序，推选了17名听证代表，其中消费者代表8人、部门代表5人、专家代表1人、企业代表3人。同时为方便社会各界就近向代表反映自己的意见和建议，首次向社会公布了听证代表的相关情况。

票价上调的最大理由

“自2002年元月开始至今，成品油价格已经15次涨动，而客运价格一直未涨，这是这次听政的最大理由。”相关部门的一位负责人在接受记者采访时说，以百车公里定额耗油30公升所需费用为例，2002年元月为30公升×2.21元/公升（02年的价格）=66.3元，2006年5月则为30公升×4.6元/公升（06年的价格）=138元，不难看出百车公里油耗费用增加了71.7元。

早在今年5月，省物价部门邀请我省多家公路客运企业进行了油价、运价联动机制座谈，设计拟定的成品油价格、公路客运价格联动机制，其核心是：以我省现行客运汽车人/

公里基本运价0.1元为基础，在一定时期内柴油价格变动超过规定的联动水平时，对运价进行调整；柴油每公升上涨0.5元时，公路客运汽车人/公里基本运价上涨0.005元，即按照0.105元的公路客运汽车人/公里基本运价计算票价；为保持运营汽车运价的相对稳定，油价、运价联动以半年为1个周期，如果柴油价格上涨幅度未达到0.5元/升或超过0.5元/升的部分，则在下一次油价上涨时累计计算，但油价下跌时，逆向按同一方法计算。

这个计划当即得到了运输行业的反对，大多数业主认为，目前的票价已经高于火车票价，票价上调只能导致客流减少。在7月31日的听证会上，来自兰运集团的企业代表何有世认为，主管部门应该逐步放开对运输企业价格的监管，由目前的政府定价改变为市场调节价。同时，降低过路过桥费的征费标准，道路运输价格也就自然会随之下调。

听证会的当天，有关方面一再说明，实施运价联动，如周期内油价上涨或下降未达到0.35元/公升或超过0.35元/公升的部分，则在下一周期累计计算，客运附加费及其他收费不作变动。

油价在运输成本中占到相当大的比例，但不是绝对。那么油价上涨对公路客运影响有多大？交通部门在2005年对全省道路客运成本调研的基础上，对兰州—天水40座普通客车、兰州—敦煌24铺卧铺客车、兰州—西峰34铺卧铺客车等7条不同运营线路、6类不同车型的单车月均成本进行了抽样调查。

根据调查结果，综合分析7条线路，燃油费用在月平均总成本中的比例由2002年的31.2%上升为38.5%，平均上升了7个百分点。按照平均实载率65%，对上述7条不同线路，2002年与2006年运输经营情况和0#柴油上涨1.99元/公升测算，单位平均运输成本从2002年的0.10元/人·公里上涨至2006年的0.15元/人·公里，平均上涨了0.05元/人·公里。

经测算，燃油价格每变化0.71元/公升，影响单位运输燃油成本上升0.01元/人·公里。

高运输成本是如何练就的？

最有戏剧性的是，经营者对运价上调的态度不是很积极。就在听证会的当天下午，记者在兰州汽车东站采访了几名长途客车的司机和业主。经营者普遍认为，虽然从2002年起，甘肃省的公路运输价格没有做过调整，但由于公路客运的价格明显高于铁路运输，如果客运价格再上调，会导致很多车辆上座率逐年降低，而且目前公路客运票价很有弹性，一直在打折，若对票价上调，客源将会更少，业主负担就更重。

“对于公共交通而言，由于公交票价执行的是政府指令性价格，所以汽油、柴油的涨价不会很快反应到公交票价上面，自行消化一部分运营成本在所难免。”来自省消费者协会的鲁亚兰在听证会上也陈述了这一观点，她认为，建立油运价格联动机制势在必行。但是真正影响运输成本的因素中，最主要的不是燃油价格，而是路桥通行费。

事实上，客运价格不是未涨，只是涨幅循序渐进。以兰州—镇原为例，2004年票价为60元，如今票价为83.5元，3年间增加了23.5元，如果按照每人0.1元/公里，好像不成立。一位不愿透露姓名的车主告诉记者，目前个别紧张线路仍然执行黄金周期间的票价，尤其是豪华型客车，票价已经超出规定。

记者了解到，截至2005年底，全省营业性客运经营业户455户，营业性客货运输车辆12.95万辆，全省开通客运班线3465条，其中跨省、市(州)客运班线1211条。也就是说，同一条线路上或者同一方向营运的车辆有几十辆或者上百辆，线路设置重复，资源配置不合理的问题依然存在。在7月31日的听证会上，代表一致建议，政府部门要加强和改善运输市场的宏观调控，合理配置运力，整顿规范运输市场秩序，切实加强运价管理工作，有效维护广大消费者和经营者的合法权益，从根本上减少客运成本的增加。

记者在兰州汽车东站采访了经营兰州—环县的长途车主王东明，他告诉记者，从兰州到环县，过路过境费需要600多元，基本上和油价差不多，如果按上座率百分之百计算，每个人的成本在15元以上。王东明说，在312国道上，会宁县城东西只有2公里，收费站就有2个，这种收费太不合理，他预言，平凉至定西的高速公路开通以后，过路费要比油价多得多。

来自定西市安定区凤翔镇中川村的代表汪英在听证会上表示，目前客运市场管理不健全，存在很多问题，而这些却与油价的变动无关。另外，虽然国家对农村客运实行了财政补贴，但部分企业和线路照样涨价，希望相关部门加强管理。

从源头上降低成本增大

去年12月，国务院办公厅、国家发改委、交通部、财政部等部委要求有关公路旅客运输行业在燃油价格上涨阶段建立运价与油价联动机制，同时对部分行业进行财政补贴的政策措施，对农村客运因燃油价格上涨所增加的经营成本，根据国家规定已实行财政直接补贴，经营者由于燃油价格持续上涨产生的亏损得以弥补。与此同时，有关部门对农村客运要求实行运价联动，以减轻农民群众负担。

省总工会赵新军代表在听证会上说，价格上调部分只能用于化解油价上涨增加的成本，不能增加企业效益；油价上涨不能完全由消费者承担，应由政府、企业、消费者共同负担。

对于价格联动草案，包括兰运集团在内的我省多家公路客运企业提出异议，并根据实际情况建议：客运汽车的基本运价应该按车辆类别、运营类别、公路类别分类确定客运汽车人/公里基本运价，即按现行的客运汽车人/公里基本运价0.1元为基础，在一定时期内柴油价格变动超过规定的联动水平时，对基本运价进行调整，并相应调整各个不同线路、不同车辆类别的客运票价。此外，应在建立运价、油价联动机制的同时，恢复征收燃油差价。

兰州交通大学的牛惠民说，建立油运联动是形式的需要，但要从甘肃经济总量不太发达的省情出发，对于方案中提出的调整周期及幅度建议进行调整，适当提高调价幅度。他建议实施运价联运，在所相应的计价基础上上涨或下降0.005元/人·公里的调整幅度太小，如果按照这个幅度进行调整，那么价格变动将十分频繁，在较短的周期内，价格变动次数太多，无形中会扩大影响范围。建议将调价幅度扩大1倍，调整为油价上涨或下降0.70元，客运价格上涨或下降0.01元，这样就会延长调价周期。同时，建议加强对成品油价格及运输市场的行业监管，运输行业也应合理配置资源，从整体上提高运输行业的市场秩序和管理水平。

省财政厅的喇延哲说，建立联动机制，涨价比例要合理，涨价后客运企业要提高服务质量，保证乘客安全。此外，联动方案还需要完善、补充。例如，一些原本就盈利的线路是否可以不实行油运价格联动？目前的联动方案仅以0#柴油为例，其他油品如何实现联动呢？

（原文刊载于2006年11月4日《甘肃经济日报》，作者贾治堂）

有多少“孔雀”东南飞

——透视甘肃人才流失现象

4月26日据国家统计局最新的一份统计报告显示，过去5年里，甘肃共调出专业技术人才4986人，调入3054人，其中调出高级职称人才999人，调入30人。报告特别指出，人才外流特别是高级人才外流现象在甘肃尤为严重，是在各类人才严重不足、国内排名第25位的情况下发生的。

国家统计局的评语是：甘肃经济落后，同经济发达地区形成的明显反差，致使甘肃缺乏稳定人才和吸引人才的优势。令人深思的是，一方面我省经济落后，处在爬坡阶段，而另一方面我们必须要留住人才、吸引人才。如何解决这对矛盾，在今后相当长的时间里，是全社会面临的重要考验。

2005年甘肃省“两会”上，政协委员、省九三学社副主委屈建军代表九三学社向省委提交的《甘肃省科研院所改制面临的问题及几点建议》，引起了很大的震动。而在这之前的2004年初，省政府关于省属科研院所改制的121号文件出台后，同样也引起了不小的震动。用一位领导的话说，人才流失是改革的一个高压线。事实上，我省科研单位改革的难度和它自身存在的困难是并存的，也是由来已久。自各种改革开始以来，相关部门和民主团体进行的多次调查和研究，其结论几乎如出一辙：要彻底深化科研单位改革，必须同时实行“加法”和“减法”，才能防止人才流失。

难以掩饰的流失“伤疤”

据不完全统计，自1985年以来，全省每年净流失高级职称科技人员200人左右。20年来，全省至少有4000多名高级科技人才“孔雀东南飞”了。而中科院兰州分院近10年共流失50人、省农业科学院流失67人、西北矿业研究院流失40人、生物制品研究所流失30人。另据省政府研究室等部门去年对133家科研单位、大专院校的调查显示，近5年甘肃省共调出专业技术人员4986人，调入3054人。其中高级职称技术人员调出999人，调入30人；中级职称调出2178人，调入45人；高层次经营管理人才调出78人，调入12人。

因此，有人说甘肃是人才“高出低入”，是全国科技人才的“黄埔军校”，是南方科技发展的“后勤”，也有一定的道理。我省科技人才流失是非常严重的，而且流失呈现出范围广、批量大、层次高、关键技术岗位多、年轻人才多等特点。而这些都与我省特殊的现状有很大关系。

以省属科研单位的固定资产为例，截至2003年底，48个省属独立科研机构固定资产原值总额为17239.69万元，平均下来，每个院所仅有350万元。有的科研机构除了房屋以外几乎一无所有，没有什么固定资产，甚至有的科研单位90%的实验设备还停留在20世纪70年代末80年代初的水平上。

事实上，从1985年起全国就开始进行科研体制改革，当时实行的是"减法"，即财政逐年对应用开发性机构减拨事业费，所以大多数科研机构的精力和投入主要放在了如何通过产业化增加创收，以提高科技人员的生活待遇，弥补削减经费带来的待遇差别上。记者了解到，甘肃省绝大部分科研单位在此情况下，不得不用科研经费来弥补事业经费的缺口，有的甚至用科研经费来确保退休人员工资。用一位科研院所专家的话说，科学家也要吃饭，这是情理之中的事。

"人才的流失使科研单位的很多科研成果难以转化成生产力。"九三学社甘肃省委副主委屈建军在提案中说，科技人才的大量流失对于提升地区综合经济竞争力来说无疑是釜底抽薪。他认为，甘肃省的科研院所特别是省属院所基础条件薄弱，科学技术的产业转化能力不强，以削减事业费为主的改革走向，只能使一部分高级技术人才科研和创业的环境持续恶化，差距不但没有缩小，反而有进一步扩大的趋势。

最好的佐证是2000年甘肃省的科技综合竞争力排位在全国21位左右，1998年为22位左右。2003年中国科技统计年度报告提供的数据表明，甘肃省科技进步各项统计监测指标均排在20位以后，科技活动人力和财力投入综合评价排位全国第14位，科技活动产出排在第23位。

而且，"十五"期间从甘肃省流失的人才中，有80%都是中青年高级人才，其中不乏学科和行业的领军人物，比如广东主持科教文卫的副省长、北京师范大学的副校长，都是从兰州出去的；再如，甘肃农业大学先后培养的27名兽医类硕士研究生现已全部调走。国家统计局指出，甘肃每年在外地高校求学的非师范类毕业生的回归率只有40%，同时甘肃本地高校毕业生也有一半以上留不住。

这份报告还认为，甘肃省重视人才与忽略人才现象并存。省上制定了一系列有利于发挥人才作用的政策，但是在个别地方、部门和单位，仍然存在着不重视人才的现象。报告同时指出，甘肃每10万人中拥有大专以上学历的人只有3214人，比全国平均水平少近千人，在西北五省中居倒数第一；每万人中有本科和研究生学历的，分别只有156人和10人，远远低于全国的平均水平。

体制是最大的障碍"伤疤"

2004年，兰州畜牧研究所梁健平博士通过研究发现，由于兰州奶牛养殖户在奶牛生病时大多数用抗生素药类，奶品质量不符合国际检测标准，也在国内市场难以生存，于是他从植物体内提炼出一种药物来替代抗生素药，然而此发明却在兰州找不到生产企业，最后被南方的一家企业买走了生产权。事后，梁博士非常难过地说："科学技术人员并没有把钱看得有多重要，重要的是社会价值。”

事实上，由于我省科研单位的“先天不足”，科研人员素质、科研成果积累等诸多方面难以与国家科研院所竞争，科研经费缺乏，部分科研院所的收入主要靠给国家院所“打工”获得。同时，现有科研设备严重老化，没有足够资金进行设备的更新改造，所以改制所需的资金和社会成本是高额的。记者了解到，目前全国对专业人才技术评估、智力评估还没有一套规范程序，这是科研单位改革最大的难点。其次的难点是非专业和后勤人员的分流。

“省科学院太阳能研究所是我国成立最早的研究所，也是联合国太阳能研究培训基地，科研实力全国闻名，但由于资金贫乏，该所的好多成果都难以转化成生产力。”省农科院的张文专家告诉记者：“省农科院连买太空种子搞实验的钱都筹不齐，科研单位的资金窘境是可想而知的。”

刘小洋教授认为，科研单位转为企业，需要大量建设资金，一般情况下在产品的总预算经费中，生产建设支出占了很大部分，然而我们现在的情况是真正用于开发新技术、拓展技术领域的费用在逐年减少；另一个矛盾是市场极端化，研发和生产两个环节重复，导致高级科研人员把过多的精力和时间用在了生产管理、市场营销、资本运营上，而在科研上的投入明显减少，这是一个很大弊端。

从广义上讲，科研单位改革是文化事业单位改革中的重要领域，但是长期以来，科研单位的问题越积越多，改革难度越来越大，成为继行政改革、国企改革后难度最大的一项改革。现存的科研单位大多数沿用计划经济时期的运行体制，要么和行业挂钩，要么长期脱节，这两种体制都不利于改革，即使强行“断奶”，也难以形成整体综合发展的能力。目前我省科研单位改革主要面临五大困难：一是技术薄弱、二是资金匮乏、三是科研院所的“先天不足”、四是改制的成本较高、五是历史遗留问题难以解决。而要克服这五大难题，对于经济欠发达的我省来说，是难上加难。

改革是关键

科研单位的改革是大势所趋，改革也是所有科研院所的共同心声。改革是为了发展，针对我省基础差、底子薄的情况，有关人士认为科研单位的改革方法是必须同时运用“破”和“立”的“加减法”。

“甘肃的发展需要抓项目，抓大项目、抓好项目，只有好项目、科技含量高的项目才能经得起市场的检验。要提高科技含量，就必须加大科技投入。甘肃经济能否实现跨越式发展，取决于政府对科学技术这个第一生产力的重视程度和投入的多少，取决于我省能不能建立一支创造一流科研业绩的科研队伍。”兰州大学刘天星教授认为，科研有科研自身的规律性，科技人才是特殊的人群，他们需要一个稳定和安全的环境，需要心灵的相对宁静，需要外部的保护，需要有一个在科研项目上作长期研究的氛围。科学研究不但需要长期性、目标稳定性，而且要注重社会效益，甚至有时要排除功名利禄的意识。

为了留住人才，从2000年起，甘肃省出台了一系列条件优厚的高等人才保护政策：凡是在甘肃省工作,且一时找不到合适岗位的硕士、博士生可不受编制限制,由财政拨出专款,通过"以财养才"储备起来,以备长远之用;凡是愿意在甘肃省工作的大学本科毕业生,有关部门要积极协调,尽量予以安排;对暂时不能实现就业的大中专毕业生,要纳入最低生活保障范围等等。

但是刘天星认为,这些政策对现有科研院所已经作出很大贡献,且对有经验的科技人员不适用。确切地说,甘肃省在保护现有的科技人才方面还属空白,省农科院的老专家们每年都为报销不了医疗费而发愁的事例就是很好的例子。所以科研单位走向竞争"白热化"的产业界和市场时,政府必须扶上马送一程。同时在出台改革政策时要逆向思维、换位思考,避免"一刀切"。科研单位的改革,全社会必须负总责。有关专家建议,首先要留住人才,用好本土人才,用不好本土人才也就不可能吸引和留住区外人才为我省科技发展服务。

在连续两年的全省"两会"上,不少人大代表和政协委员认为政府要对省属科研院所的高级职称的科技人才和具有硕士学位以上的中级技术人才在改制后实行特殊津贴制,保证他们的基本待遇。

兰州大学经济管理学院刘小洋教授说,目前最重要的是拓展科研院所筹资渠道,为科研院所进一步发展提供资金保障。政府要通过金融政策的倾斜,切实做到资金向科技产业和科研一线倾斜。大幅度提高科技贷款规模,对技术开发、成果转化和科研机构向企业转化的改革实践加大支持力度。提倡有条件的科研院所可以从所属的企业中按销售额或营业额提取出一定的比例建立科技发展基金。地方政府也可以从基本建设计划、技术改造计划、技术引进计划中安排一定经费用于相关的技术创新工作。同时可以吸引风险投资,争取科研院所改制后通过创业板上市,增加科技投入和经营资本。时机成熟时可以向企业转化的科研机构和各类科技企业开辟社会集资、海外融资新渠道,通过发行债券、股票或进入国际市场融资等方式筹集科技产业发展资金,通过立法、产业政策、财税政策、金融政策、价格政策等措施,通过产权流动与资本重组以及信息、规划指导等方式,来引导和扶持科研院所在市场中生存、发展,以达到循环经济的发展目的。

(原文刊载于2006年4月26日《甘肃经济日报》,后被《中国人事报》转载,作者贯治堂)

大学生“回流”：搅热庆阳人才储备

就业是民生之本，下岗职工、失业人员、输入的农民工都是急需岗位的群体，但是目前最迫切实现就业的就是刚步入社会的大学生，大学生就业已经成为市场经济建设中难以克服的最大困难。

从今年6月份起，庆阳市出台了《引进高学历人才办法》，凡研究生以上学历的大学生到庆阳就业发展，待遇薪酬从优；凡庆阳籍的大学生回乡就业，参加统一考试后，安排工作。政策出台以后，不仅是外籍大学生蜂拥而至，本地的大学生也出现“回流”现象，更值得一提的是，大学生”回流“对于稳定当地民心、建设和谐社会起到了积极的作用。

大学生“回流”现象：最有利的执政资源

毕业于甘肃农业大学的王小拄是庆阳市宁县人，2005年毕业后，他边打工边上了研究生，3年间他换了10多个工作，“就业难，就好业更难”使他几乎对工作有点灰心。这次听说庆阳市在招募人才，他立即报了名，没有想到的是，报名的第3天，庆阳市通知他到环保局研究所上班，这让一家人高兴了几天。

对于王小拄的父亲来说，儿子工作有了着落已经把他感化了。王小拄的父亲是宁县有名的上访户，前几年，凡是大小事情，大到村务不公开，小到庄基界线不清，他都带头上访。宁县的一位干部说：“事实上有些事情完全可以经过协调解决的，但是他都要上访解决，自从儿子有了工作，王小拄的父亲逢人便讲，政府这样关心我们，不能给儿子丢脸，今后再也不上访了。”

“安排好返回原籍的大学生，是和谐社会建设中最有利的执政资源”，这是庆阳市市长周强对于这次“人才工程”效果的最高评价。周强说：“供养一个大学生需要4万多元，这么多钱对于一个农民家庭来说几乎一大半是借贷来的，安排好返乡的大学生就是稳定一个乃至几个家庭，有利于和谐社会建设和新农村建设。”

和王小拄一样，庆阳目前返乡回原籍的研究生已经超过30多名，而本科以上的大学生报名者已经有近千名，这在以前都是不可能的情况。

据了解，2008年，庆阳市已回归毕业生人数4751人，加上历年滞留未就业的大中专毕业生7002人。面对严峻的就业形势，政府从解决民生问题的高度出发，多次讨论、反复酝酿，研究制定了“544就业计划”。庆阳市人事局局长史俊录告诉记者，“544就业计划”就是给大学生就业授人以渔，即采取“五条措施”，实施“四项工程”。

“五条措施”是：一是对硕士研究生及以上学历的毕业生采取随报到随安置的办法，优先安排在专业基本对口的事业单位工作；二是为全市教育系统补充中小学教师600人；三是为全市卫生医疗事业单位招考普通院校毕业生400人；四是为全市事业单位招考非师非医专业普通院校毕业生350名；五是按照省上要求，选拔普通高校毕业生“三支一扶”和“进村（社区）”330名。

“四项工程”是：一是实施“支农援村”工程，择优选拔600名高校毕业生到农村工作；二是实施“就业援助”工程，选拔800名城市零就业家庭和农村贫困家庭高校毕业生到基层事业单位服务；三是实施“双导就业”工程，引导毕业生到非公经济组织就业；四是实施“企地联促就业”工程，动员中央、省属驻庆企业积极接收安置我市大中专毕业生。

事实印证，安排好返乡大学生的确是一件一举两得的事情。周强说：“庆阳市财政投入资金5600万元，用钱买岗位，通过实施这些就业政策措施，可以安置毕业生3201名，协商解决1000名毕业生的就业问题，这对庆阳发展人才储备起了积极作用。”

回原籍工作：就业观念大转变

魏艳娜是河南人，2008年7月毕业于西北师范大学研究生班。“当在网上看到庆阳市在招募人才，我就毫不犹豫在庆阳报了名，并且把男朋友也带了过来。”8月24日，根据专业对口，庆阳市人事局会同主要部门，把魏艳娜安排到庆阳市房地产管理局工作。

长期以来，“眼高手低”、“宁要城里一张床，不住基层一套房”成为特定社会阶段大学生就业的特定现象，“先生存后发展”的观念虽然是个好现象，但是众多的大学生难以摆脱家庭压力、就业环境和自身素质的大环境的困扰，其中家庭压力最为关键，这一点在庆阳农村走出来的大学生身上表现得尤为突出。

庆阳是一个教育大市，同时是一个农业大市，培养大学生的家长往往都是急于收回教育成本，而激烈的就业环境，使毕业生夹杂其间，左右为难。和全省的就业形势一样，庆阳籍的大学生都不愿回到家乡就业，当然这不仅仅是经济落后的问题，也有大学生就业观念的问题。

庆阳市人事局局长史俊录说，“544就业计划”就像“鲶鱼效应”一样，使人才在庆阳“回流”，这是社会人力资源配置的最理想化模式，面对就业压力增大，只有正确转变观念，才能向这一理想化模式靠拢。

“544就业计划”还可以解决庆阳市的人才老化问题。据统计，庆阳全市25岁以下公务员不到100人，有的单位甚至人才年龄优势脱节，人才老化现象非常严重。

据介绍，“544就业计划”实施以来，报名的80%是庆阳籍的大学生，这是高校扩招以来大学生就业观念在庆阳的首次转变，庆阳市抓住机遇，将统一组织考试，参照国家关于“进村（社区）”毕业生的有关政策待遇，将考取大学生纳入乡镇事业单位干部管理范围，执行乡镇事业单位现行工资标准。

最大举措:避免了人才流失

近年来,庆阳市人才流失呈“高出低入”的态势,1990年以来的十几年内,庆阳市共流失各类人才近千人,流失的大多数是各行各业的骨干,10多年,和全省一样,庆阳市人才基本失去了向外流动的竞争力,而人才整体素质相对已经呈下降的趋势。

除此之外,庆阳市人才隐性流失损失巨大,1998~2001年,庆阳考入各类高中等院校学生36886人,回归的只有11098人,回归率为29%,其中考入本科院校8463人,回归只有252人,回归率只有2.9%。这种隐性流失不仅是人才的直接流失,而且造成知识资本和教育投入的巨大损失,据不完全测算,4年间,庆阳籍回乡就业学生只有25788人,如果人均按照2.5万元计算,仅教育投入一项,损失就达6.45亿元,如此巨大的资源流失长期困扰着庆阳的发展。

改革开放以来,大学生的价值观念发生了很大的变化,开始从重理想向重现实的方向发展,从重义务向重利益的方向演变,从重集体向重个体的方向转化。但是,价值观取向并不意味着大学生完全放弃了前一方面而极端地向后一方面倾斜,在传统取向与现代取向之间寻求平衡,仍然是当今大学生价值观念的一个根本性特征,而庆阳人才“回流工程”的试水说明,大学生的这种单位意识或“皇粮意识”正在一定程度上淡化。

市场经济的实践证明,经济越发达的地区,对人才越有吸引力,而经济欠发达、渴求人才的地区反而成为人才输出地,这种人才流向上的“马太效应”已引起庆阳市的重视,庆阳目前成为我省的资源大市,大煤炭、大石油、大炼化将成就庆阳千年不遇的发展机遇,但是发展需要人才,人才是发展的第一生产力。要发展,首先要用好本土人才,用好本土人才的示范效应,才能吸引和留住区外人才为当地经济建设服务,这也是庆阳市这几年倾力实施人才储备工程的真正意图。

(原文刊载于2008年9月15日《甘肃经济日报》,作者贯治堂)

在一个月的时间里，我省启动了选派大学生到基层任职当村官、进乡镇医院和设立特岗教师岗位等4次新农村建设的人力资源开发的“造血工程”，受到了社会各界的拥护。4月7日，记者在兰州大学、西北师范大学等高校看到，报名参加招录的学生络绎不绝，许多学生热情高涨，他们认为，到基层就业创业，助学贷款国家还，还享受正常的待遇，这是省委省政府为大学生就业送来的”及时雨”。

好的号召引领好的行动。连日来，与此相关的人士积极行动，大学生热情参加，职能部门紧张忙碌，一场新的“上山下乡”运动正在紧张有序地进行着！被誉为新“上山下乡”运动完全区别于上世纪60年代以“接受贫下中农再教育”为主题的“上山下乡”运动，不容置疑的是，今年大规模的大学生农村就业更具有时代意义，也将成为我省新农村建设新的开始和新的转折。

甘肃掀起新“上山下乡”运动

我省自2003年起，就实施了财政拨款支持特困毕业生到基层就业的政策，从省内普通高校选拔特困家庭毕业生到乡镇基层单位，主要从事教育、卫生、农技、林业、畜牧、文化等部门的工作，5年来为化解大学生就业和农村后备干部培养起到了关键的作用。

多年的实践和成果证明，新农村建设的人力资源开发是由浅入深的全方位界定人力资源、全方位开发人力资源、全方位整合开发的一个系统工程。选派学历高、思维活跃、热情高昂的大学生到基层就业就是很好的形式和方式。

为此，在今年的政府工作报告中，徐守盛省长再次提出：“要全力强化基础设施建设、特色优势产业培育、人力资源开发的‘三大支撑’，尤其是新农村建设人才的培养。要号召高校毕业生面向基层就业，这既是新时期、新形势下的一场新的‘上山下乡’，更要赋予其丰富的时代内涵。”

800名大学生“支农”——基层党建的保证

今年应届优秀大学毕业生到基层“支农”、“支教”、“支医”是历年来规模最大、人数最多的一次，而最引人注目的是大学生到乡镇任职。

4月2日一大早，西北民族大学的蔡元季同学登陆省委组织部的网站，查看2008年应届优秀大学毕业生选调通知，但“4月1日报考人数已满，不再接受报名”的留言让他鞭长莫及。

3月6日，省委组织部向全社会发出通知，拟选调300名本科以上学历的应届优秀大学毕业生，按照专长，分配到基层党政机关、事业单位，重点培养。通知要求大学生必须本着"不一定要专业对口，但一定要有利于发挥其专业特长，有助于人才成长"的原则"支农"，为新农村建设服务。

"仅20天时间，报考人数已经超过要求人数。"省委组织部一位工作人员在电话里匆忙告诉记者。

为了满足大学生的需求，根据中央精神和省委省政府的意见，4月7日，省委组织部再次发出通知，继续招录500名大学生到我省村级组织担任支书助理和村长助理。

"2次800名招录名额，这是近年来人数最多的一次，"省行政学院王耘涛教授说，"农村要发展，必须让农村的资金、技术等生产要素在城乡合理、有序流动，能够担当这一重任的，就是千百万大学生群体。"

事实上，早在几年前，我省就开始号召大学生当"村官"，一方面打造了人才培养和锻炼的新模式；另一方面破解了新农村建设的人才困局，促进了新农村建设。

但是，多年来大学生就业一直形成两种矛盾：一是大学生就业难与"技工荒"并存；二是很多大学生不愿到基层工作，"宁要城里一张床，不要乡下一套房"的观念流行就业市场，矛盾的继续扩大使大学生就业不仅成为社会问题，也成为经济问题。

2007年，兰州市招聘公务员，从一开始，就是人满为患，兰州市办公厅王处长说，有的职位只招10个人，但是报名人数达到了300名，30:1的比例，竞争非常残酷。"甚至在全省的公务员招考会上出现了200名大学生争1个公务员职位的现象。"

"组织大学生到基层就业、创业是今年工作的一个新亮点。"兰州市委组织部的刘圩垸认为，大学生到农村任职可以改变长期以来农村干部人员结构老化的现象，加速干部队伍年轻化建设的步伐，同时也是农村干部队伍知识化的需要。刘圩垸说，随着现代化进程的发展，农村干部队伍也要进行现代化建设，比如网络的普及、无纸化办公、网上交易、信息获取等无不需要掌握现代化知识的人才作保证。另外，这还是锻炼年轻干部的需要。

300名大学生"支医"——从技术层面支持农村合作医疗

4月6日，省委组织部、省人事厅和省卫生厅联合发出通知，招录300名医疗卫生专业大学毕业生并招聘执业医师到乡镇卫生院工作，这次招录的大学生主要是省内、外普通高等医学院校国家计划内统招、全日制大学专科以上2008年应届毕业生(委培生、定向生除外)；有效择业期内(持人事部门发放的《择业证》)的往届大专以上毕业生。

通知同时明确：录用的医疗卫生专业大学毕业生，其身份纳入全额事业单位人员管理，工资及其他经费由财政部门列入正常预算给予保障，执行国家统一的工资制度和标准。录用人员报到后，试用半年，试用期满后，由省卫生厅协调统一安排到县级以上医疗卫生机构进修一年，给每人补贴进修费用1.2万元，进修期满必须返回乡镇卫生院工作。录用人员进修期满在乡镇卫生院服务期间，由县(市、区)卫生局对录用人员每年进行年度考核，报省卫生厅备案，省卫生厅对年度考核称职的人员，每人每年发放生活补贴2000元。

人才短缺成为乡镇卫生院发展的困境,尤其是新型农村合作医疗实施后,看病群众人数的增长更是给乡镇卫生院带来了不小的压力。据不完全统计,目前我省农村乡镇卫生院工作人员中,本科生仅占1.6%,大专生占16.9%,中专生占59.9%,更为严重的是21.6%的卫生人员没有任何学历。

4月7日,当记者第一时间把“分配大学生到基层卫生院”的消息致电告诉永登县杏远乡卫生院副院长陈洪时,他高兴地哈哈大笑。陈洪说:“卫生院的新设备都闲置了1年多了,没有人会用,这下就好了。”

全乡12762口人,1所医院,10名医护人员,这是杏远乡的基本“乡情”,但是并不是个例,我省的大多数乡镇卫生院都面临同样的问题,人力资源短缺,知名专科医师少,大批医护人员需要更新知识,预防医学专业缺口很大,高级卫生技术人才十分匮乏。近年来,我省坚持实施“万名医师支援农村卫生”工程,在很大程度上带动了基层卫生事业发展,但是乡镇卫生院的人才瓶颈没有从根本上得以改观。

准备报考这次“支医”的中医学院学生程海燕认为,选调优秀大学生到乡镇卫生院工作,使农村卫生事业变“输血”为“造血”,必须坚持到底,应从技术层面配合新型合作医疗的好政策,将其落到实处。

2000名大学生“支教”——农村教育大发展的动力

为了引导和鼓励高校毕业生从事农村义务教育工作,创新农村学校教师的补充机制,逐步解决农村学校师资总量不足和结构不合理等问题,提高农村教师队伍的整体素质,3月30日,省教育厅发布通知,要求继续实施农村义务教育阶段学校特设教师岗位计划,通过公开招聘2000名大学生到我省“两基”攻坚县以下农村学校任教。

今年我省拟将特岗计划的实施范围将扩大到皋兰县、镇原县、宁县、合水县等42个以“两基”攻坚县为主的国扶县和省扶县(包括两个移民基地),特设岗位教师聘期3年。特岗教师所需资金由中央和地方财政共同承担,以中央财政为主。中央财政设立专项资金,用于特设岗位教师的工资性支出,并按人均年1.896万元的标准,与地方财政据实结算。

“农村教师严重缺编”是省人大代表和政协委员连续几年一直关注的问题。2007年,省人大常委会执法检查组对我省14个市州实施《义务教育法》的情况进行重点检查。检查结果显示,全省53个县不同程度存在教师编制不足、师生比例失衡的问题。按国家农村教职工编制标准计算,全省缺编教师2.9万人。同时还存在教师结构不合理的现象,尤其是英语、美术、音乐、体育、信息技术和民族地区“双语”教师普遍短缺,无法适应教育发展需求。

天水是我省教师缺编最为严重的地区之一,在今年的全省“两会”上,政协委员提交了“关于增派2200名农村教师”的提案,引起了强烈的反响。

甘谷县磐安小学支教教师缺编严重,全校1300多学生,任课老师39个。曾在该校“支教”的冯玉华说:“39个教师中,还有10个是代课教师,每个教师一周平均20多节课,最高达到24节。”

现调入省政协工作的郭文虎,之前在张家川县一所中学教初中英语,他告诉记者:“学校连一台录音机都没有,这是英语教学最大的缺陷。”由于缺少英语老师,郭文虎曾带了3个班,最大的一个班有117个学生,而他所在中学班级学生平均人数达90人。

已经报名参加特岗教师招录的西北师范大学学生张晓利认为,大学生到基层“支教”是一种“回流”现象,也是大学精神回归的需要。支援贫困地区教育,主动承担起大学生的社会责任,是市场经济应该大力提倡和倡导的。

张晓利希望这项工程能坚持, 因为她希望还在大一上学的弟弟到时能够继续享受到这样的好政策,张晓利说:“这既解决了目前非常麻烦的大学生就业问题,又解决了农村发展人才匮乏的问题,同时还解决了大学生教育品格培养缺乏和实践经验短缺的困境。”

(原文刊载于2008年4月7日《甘肃经济日报》,作者贯治堂)

从广义上讲，事业单位是我国大规模改革的最后一块领域。长期以来，由于事业单位积累的问题越来越多，财政包袱越来越重，继多年的国企改革、政府机构改革后，兰州市事业单位的改革终于提上了议事日程。而这次事业单位改革的阻力远远超过前两次改革。

目前事业单位改革主要有三大难题：其一是改革后的落聘人员如何安置，其二是如何建立与此项改革相对应的公平竞争机制，其三是如何实行重点岗位、关键人才倾斜的原则，避免“一刀切”，实现可持续发展。值得深入思考和认真研究。

兰州事业单位改革破冰前行

2004年6月2日下午3时，兰州市政府一楼多功能会议室，“兰州市事业单位改革动员大会”正在举行。会场上鸦雀无声，每位与会者的桌头都搁着一摞材料。而此时，更多的人却无心听取领导讲话，大家都在一字一句地领会着各个文件的精神。

当天的会议提出了改革的原则：兰州市事业单位改革必须按“公开岗位职数、公开岗位职责、公开岗位待遇、公开岗位目标”的“四公开”原则进行。要求是无情改革，有情操作。

兰州市事业单位改革的大幕在这里徐徐拉开。下午6时，刘小和最后一个走出会场，他没有正面回答记者的问题，只是不经意地说：“革命终于革到自己的头上了。”

打破职称终身制

6月2日召开的兰州市事业单位改革动员大会，透露出一个明确的信息，那就是打破职称终身制，全面实行“高职低聘、低职高聘”的制度。同时，会议要求，今后兰州地区全面推行专业技术职务评聘分开、竞争上岗，放开事业单位专业技术职务任职资格评审限额制度，使专业技术人员获得的专业技术职务任职资格不再直接与工资挂钩，只有通过竞争上岗并聘任专业技术职务后，方可享受相应的工资待遇。通过评聘分开，推进事业单位用人制度改革，打破专业技术职务终身制，落实单位用人自主权，真正做到职务能上能下、工资收入能高能低，使专业技术职务聘任制度管理办法得到完善，努力实现评聘制度规范化和科学化。

兰州市人事局局长魏邦新在当天的会议上向外界回应说，打破职称评审中的论资排辈现象，目的是有效调动广大专业技术人员的积极性，引导他们努力提高能力，积极创造业绩，从而建立公开、平等、竞争、择优的专业技术职务选拔聘任机制。

现职称为高级教师的朱福胜老师在接受记者采访时表示，“职称”出现于上世纪80年代，它是针对专业技术人员，根据《专业技术人员工资结构制度》的有关规定而产生的。职称的积极因素虽然不少，但其弊端也不容忽视。朱老师告诉记者，前几年，在能力和业绩不比别人差的情况下，因职称上的级别低，他每年比别人少拿近3000元的工资(包括各种补贴)，总是少不了各种埋怨。2002年，他终于熬到头，评上了高职，现在虽然比别人多拿工资了，但看着年轻人还要熬，心里却不是滋味。

一位政府某部门不愿公开姓名的处长告诉记者，事业单位改革，首先从职称改革上“动刀”，是完全有必要的。他表示，多年来形成一种传统的观念是“职称到手，待遇不愁，革命到头”，所以必须打破职称终身制，切实落实单位用人自主权，形成能者上、庸者下的动态聘任格局。

“该到改革职称的时候了。”兰州某中学刘校长在接受记者采访时对此次改革赞赏有加。他告诉记者，他们中学共有86名老师，其中拥有高级职称的教师有36名，中级职称的教师有30名，“按理说有这样雄厚的师资力量，教学质量和教学水平应当非常好。可事实上，我们的教学质量已连续三年排在全市倒数几位。”刘校长说，好多人不愿钻研本职工作而热衷于评职称、发论文，有时的感觉是职称体制让很多人“走火入魔”、不务正业。

事实上，职称的弊端不仅在教育系统存在，在其他行业也是相当普遍。6月5日，记者在全国第十六届开发西部人才招聘大会的现场看到，很多单位招聘表中都有“职称”一栏。在南方一外资企业就职的刘先生告诉记者，职称改革在南方早已实行了好几年了，干工作需要的是能力、经验，而不是“水分”很多的职称。

兰州大学的陈小先教授告诉记者，兰州大学作为兰州最大的高校之一，职称改革已经推行了几年时间了。他说，职称在某种程度上危害比益处大得多，一些专业技术人员把职称本身作为追求的目标，不提高业务能力、不搞专业研究，于是，思想上失去了目标，工作上也失去了动力。同时在单位中也形成了论资排辈现象，使不少年轻有为的技术人才熬年头、等指标。部分优秀人才由于名额限制，无法获评相应的任职资格，影响了整个工作的有序进行。

兰州市事业单位改革的“第一刀”砍向职称改革，用魏邦新局长的话讲就是，建立能力和业绩为导向，德才兼备，不唯学历、不唯资历、不唯身份、不拘一格的选才用才机制。

记者了解到，兰州市职称改革共分三个阶段：第一阶段为宣传动员阶段，第二阶段为核岗定位、明确目标阶段，第三阶段为竞争上岗阶段。为了避免“一刀切”，兰州市制定了相应的配套措施，保护和调动拔尖人才的积极性，对有突出贡献的中、青年专家，享受政府特殊津贴的专家，获得市级“科技功臣”称号者以及入选省、市人才工程一、二层次人员，特级教师，省级“园丁奖”获得者和市级以上优秀教师实行直接聘任上岗。

打破职称终身制，并不意味着取消职称或者职称评定放开。兰州市人事局王处长用一个形象的比喻来说明此次职称改革，他说，如果一个单位规定有10个高级职称岗位，按照条件有15个人符合，那么，就必须让15个人竞聘这10个岗位，落聘的人员就必须高职低聘；还有一种情况，如果单位有10个高级职称岗位，实际上人数只有5人，必须让有能力且资格未到的人员来“低职高聘”，发挥能动性，提供一切创业空间。

事业单位改什么？

据资料显示，全国事业单位主要分布在教育、医疗、科研、文化娱乐、体育等公共服务领域。目前全国共有事业单位130多万个，其中独立核算事业单位95.2万个，纳入政府事业单位编制的工作人员近3000万人，事业单位所占国有资产近3000亿，占国有总资产的1/30，国家每年财政经费的1/3用于事业单位支出。而最新统计显示，事业单位对国家GDP的贡献率只有5%~10%之间。所以，事业单位到非改不可的地步了。

国家发改委副主任李盛霖日前在一次会议上指出，在传统的计划经济体制下形成的事业单位机构臃肿、效率低下、财政负担过重，已经难以适应目前中国市场经济的需要，严重制约了经济和社会协调发展。同时大量的事业单位代行部分政府职能，成为"二政府"，造成政府职能混乱，导致宏观调控乏力、行政效率降低，从而造成不同程度的行政性垄断，导致市场分割和资源浪费。

那么，事业单位改革到底改什么？事业单位改革主要是把内部机制搞活，使效益产生出来，这才是最大的目的。兰州市文联一位同志在接受记者采访时表示，多年来财政供养使一些事业单位麻木了，你说它发挥了职能，但老百姓的投诉一天比一天多，尤其是一些公共服务部门，你说它不能发挥职能，但它仍然存在。这其中主要原因是该部门没有危机意识，观念老化。

兰州电大是兰州市属唯一的一所进行远程开放教育的高等学校。2001年前，学校基本处于"吃饭人多，干活人少"的状态，向凤莲校长告诉记者，以前，有职称的老师不想上课或者不好好上课，没职称的老师整日想着如何评上职称。不得已，2002年，学校开始着手人事改革。对不称职、长期脱岗的5位同志进行调离；对教学模式不探讨、与学生没有在网上互动、不制作课件的老师不评职称。通过改革，使学校的教学面貌有了大的改观，年轻老师兴起了"学怎么学，教怎么教"的学习探索气氛。好多老师一人多岗、争先恐后，甚至牺牲节假日，主动承担岗位以外的工作。向凤莲说，改革的力量是无穷的，这些转变离不开人事制度的改革。

事业单位的改革主要是减轻财政压力，那么，兰州市事业单位每年到底吃了多少财政饭？记者在兰州市人事局采访这一问题时，相关领导以"太敏感"为由闭口不谈，但是有一组数字我们还是可以感受到"吃财政饭"的压力。兰州市共有事业单位1345个，纳入编制的工作人员近2万人，按照常规计算，如果每人每年工资加办公经费最低2万元的话，兰州市事业单位每年就得"消耗"2个亿，而对于财政收入每年只有20亿左右的兰州来说，事业单位的"耗量"占了很大一部分。事实上，无论是兰州市还是全省其他地市财政，已经多年是赤字财政，更通俗地讲就是入不敷出。

国务院研究中心吴江认为，事业单位改革的目的是减轻财政压力，尤其是西部贫困地区，财政越穷，养的人越多；养的人越多，财政越穷。而且没有激活体制，让一些事业单位真正意义上靠"财政吃饭"。这么庞大的规模靠谁来养？从财政角度考虑，实际上事业单位改革就是把事业单位尽量推向市场，在市场中找路子，在市场中发挥更大职能。

记者在调查中了解到，目前事业单位共分为三种：即全额拨款、差额拨款和自负盈亏。有关专家指出，事业单位改革目前有两个渠道：一是分类剥离转制，二是重建公共服务体制。这两个方面又称为“破”与“立”的“加减法”，事实上，“减法”比“加法”难度更大、风险更大。

兰州大学社会哲学系刘文云教授认为，目前事业单位大多数处于“两栖”甚至“三栖”的生存状态，既能发发善心，做做公益，又能生产经营，搞点小钱，有时还能行政执法，过过“官瘾”。所以他认为，事业单位改革主要是转变观念、转变职能，要让事业单位在市场中知道“为了谁，依靠谁”。无论怎么改，事业单位的职能始终不能变，那就是为社会服务、为老百姓服务。

也有学者认为，事业单位中，教育、医疗和部分文化单位的改革已经逐渐走向深入，而最难的是“国”字辈的事业单位，剥离和“断奶”让它们一时难以适应“大气候”，所以目前主要工作是思想工作，要转变观念、统一认识，在认识问题中达成共识，在认识上找到一个平衡点，促使改革后的事业单位更好地发挥职能。

改革要改谁?

事实上，无论政府机构改革，还是国企改革，都有相当一部分人被分流到事业单位中去。而事业单位改革犹如沉淀到最后的“出水口”，这个“漏口”一旦开闸，损失利益的可能是一批人，或者是一个群体。

“如果把事业单位改革简单地看作是减人、裁员，那就大错特错了。”兰州市委组织部一位领导认为，事业单位改革目前还没有一个可供照搬的模式，它的改革是建立在“统筹”发展上的，以“改革速度、发展速度与社会可承受程度相结合”为原则，倡导达到社会稳定和发展的局面。

6月2日召开的兰州市事业单位改革动员大会上，有关领导一再强调，这次改革要坚持积极稳妥的思想，从关心人、爱护人的角度出发，做到无情改革，有情操作。要努力解决好落聘人员的工资待遇和分流安置问题，做好落聘人员的思想工作。原则上落聘和分流人员由单位内部消化，同时要研究人员流动的具体办法，促进人员流动。

事实上落聘和分流人员内部消化在事业单位改革中是一个令人左右为难的事情。记者在采访中了解到，兰州市文科职业学校去年改革分流下来了6人，目前由于没有工作岗位，只能安排到门房这一特殊岗位上。学校的一位老师告诉记者：“一个门房守着7个人，这简直是破坏性的资源浪费。”

兰州市文联的一位领导认为，毫无疑问，改革是为了发展，但是“一刀切”或者“休克疗法”未免对有些行业不利。他说，著名诗人梁小斌一生只有《中国，我的钥匙丢了》这一首诗，但是，就这一首诗影响了一代人甚至两代人，诗人的贡献不能用经济眼光来衡量。所以，某种程度上，文化部门的艺术家、专家，他们的贡献是用时间和金钱无法衡量的，他们的贡献是属于时代的、属于民族的。他表示，事业单位的某些行业，不是该不该动奶酪的问题，而是奶酪供给多少的问题，毕竟，现行社会还是需要养一些“食客”。

事业单位改革难，难就难在分流人员的安置上。有关专家认为，事业单位改革首先是要转变身份，对一些有行政身份、级别的事业单位先摘掉“官帽”，转变为企业，建立新型的法人治理结构，由此而来的一切问题就迎刃而解了。

兰州市事业单位改革涉及2万多人，到底有多少人被分流，在岗位定编还未确定之前仍是个未知数，但有一点可以肯定，人数规模要比国企改革分流、下岗人员小得多。值得乐观的是，事业单位分流人员的素质和技能要比一些企业下岗工人高得多，因此，再就业的难度也相对小得多。如果说国企改革“抓大放小”是一次战略性转变，那么事业单位改革就可能是一条科学化、规范化的成功之路。

（原文刊载于2004年6月15日《甘肃经济日报》，作者贾治堂）

从来没有一项整治如此兴师动众，也从来没有一种顽疾如此久治不愈。6月20日，全国20万名执法人员统一上路狠治超载歪风，一场改革开放以来全国范围最大的“铁腕治超”行动拉开了序幕。

如果仅仅把超载看作行业现象或者是“经济热量”的释放，已经不符合实际了，因为，我们难以用宏观手段调控运输市场由来已久的这场“暴乱”。同时，解读今年5月1日起实施的新《道路交通安全法》，可以看出，超载是违背了以人为本的科学发展观的。

然而，全国统一治理超载行动的“蝴蝶效应”却引起了一系列始料未及的变化——超载处罚力度加大、运输成本骤增、运输户歇业、市场供不应求、卖难买难，以及生产资料上涨等。

谁在“治超”中受伤？

超载是危险的安全透支。据专业资料显示，按照要求，每条公路设计时都有一定的轴载标准，现在的标准一般是一轴10吨。如果一辆只有一轴的车辆超载1倍(20吨)，那么对公路所造成的破坏力就是6.5万倍。由于大量的超载现象屡禁不止，国家每年用于修复公路的费用高达300多亿元。超载的另一大危害就是安全事故频发，据统计，全国每年有10万多人死于交通事故，其中70%是由超载所造成的。记者从有关方面了解到，仅今年5月份，兰州市就发生各类交通事故114起，死亡22人，致伤54人，造成直接经济损失40多万元。

为什么要超载？

6月26日，记者在兰州市城关区东岗镇一家联营运输公司看到，十几辆货车在院子里整齐地停放着，三五群的司机们正忙着玩扑克。一位司机告诉记者，近来货源特别多，可就是不敢跑。因为上路就意味着超载，超载就要被罚款，跑一趟倒贴钱，还不如闲呆着。

记者从相关部门了解到，自6月20日全省“治超”行动开展以来，共堵截超载车辆280辆，其中兰州三大监控站查获的超载车不足50辆。这印证了那位司机的话：“具有超载能力的都按兵未动。”

无独有偶，当天下午，记者搭乘的面的司机以前是开货车的，“治超”行动开始以后，他就把货车停了下来，租了一辆面的跑出租。这位师傅告诉记者，以前他跑的货车主要是从阿干镇往西固热电厂拉煤，每趟运费300元，除了油钱能挣100元，有时他也多装几吨，但每跑一趟都提心吊胆，不是侥幸不被罚款，而是能少罚一次就知足了。他告诉记者，有时交警刚罚完，没走多远碰上路政还要罚款，运气不好时还会碰上营运稽查。“所以，我们司机一见警察，就好比惊弓之鸟。”

“超载超限现象之所以屡禁不绝，核心问题就是利益在驱动。”兰州市交通局王科长认为，当超载成为一个普遍事实的时候，运输行业在计算价格时，通常把超载获得的额外收益计算入内，一般情况下，如果不超载，车主跑一趟，扣除各种费用，是赚不了多少钱的。

事实上，在高昂的运输成本中，最重要的一项是公路收费。一位司机曾算过，一辆载20吨的货车，从兰州出发到达柳园，一路上的过路费高达870元。兰州市交通局一位不愿透露姓名的科长告诉记者，改革开放以来，我省经济社会发生显著变化的标志之一就是公路建设提速，但同时也带来了一系列问题。比如收费，有些地方用“三步一岗、五步一哨”形容一点也不为过，而且这些收费名目繁多，真假难辨。这位科长说，从兰州到平凉段，这种现象特别突出，如会宁县城西边有一个收费站，东边还有一个收费站，2个收费站相差不到2公里。

中国物流与采购联合会常务副会长丁俊发日前向媒体透露，中国目前的收费标准高于欧洲9倍，高收费占公路运输成本的20%以上。丁俊发分析认为，国内汽车消费疲软，不是消费者买不起汽车，而是养不起汽车。

超载的另一个原因是近年来运价一直处于低谷。据了解，目前我省公路运输价格平均在0.3元/吨公里，和10年前的最低水平相当。如一辆5吨的货车，10年前从兰州到西安最高运费为4000多元，而现在已经超不过2000元。而近年来油价一直飙升不止，人工成本也逐年上升，运输成本有增无减，运费却逐渐下降，这是一对突出的矛盾。

6月29日，新华社记者丁铭跟随两辆从内蒙古出发的煤车到达天津，算账后发现，两辆车共花掉买煤款5036元，装卸费390元，油、司机工资、运输管理费、养路费6477元，过路费2830元，超载罚款2470元，车辆违章罚款300元。扣除一切费用，其中超载车净赚3141元，未超载车只赚1663元。

“超时代”能否一去不返？

在6月20日全省统一“治超”行动启动仪式上，省交通厅厅长徐拴龙严厉要求，“治超”要从源头上抓起，做到“大吨小标”车辆、超限超载车辆不出站。“治超”不仅仅是解决超载安全、保护道路桥梁问题，更重要的是为规范运输市场、提升运输行业服务水平，是关系到经济社会全面协调、可持续发展的大事。

据了解，治理超限、超载、超员曾在全国范围内开展过多次，而后来又多次反弹，之所以这次大幅度加重处罚力度，完全是出于愈演愈烈的超载形势所迫。

超载、超限现象第一次泛滥始于上个世纪80年代末期，交通部于1989年底颁布了《超限运输车辆行驶公路管理规定》。短短的一个月时间内，全国超限运输得到了有力遏制。但后来由于一些地方政府保护和部分行业的抵制，“治超”成果功亏一篑，超载现象随之反弹。1997年7月3日，《公路法》颁布实施，超限运输管理首次获得法律保障，又一次大规模“治超”行动在全国拉开，但基于前次失败的类似原因，超载顽疾又久而复发。

2000年4月1日，经过完善的新《超限运输行驶公路管理规定》施行，各地遵照执行后，严重超载现象基本上得到控制。但是进入新世纪后，一些高负荷的运输车辆从厂家一夜之间遍及全国各地，在高强度轮胎的支撑下，“超载王”遍地开花，超载风随之蔓延。

兰州交通大学刘天理教授认为，尽管每次“治超”的成本不菲，但最终都不彻底，而且出现了反弹。其实超载背后有一条不正常的“食物链”，要彻底治理超载，必须毫不留情地斩断这条“食物链”。

“按照现有行政权力划分，交通部门管修路，公路部门管养路，交警负责安全，营运部门规范市场，各部门应该是各负其责、互不干扰。可问题是这些部门归根结底都是和公路打交道，而公路上必然要行车。由此，路和车、车和人、人和部门之间的事没法划清。”刘教授认为，多头执法使车主趁隙超载，越来越多的执法主体出现，自然而然导致超载越来越严重。

事实上，大部分司机对超载还是深恶痛绝。记者调查采访时，一些司机表示，谁都不愿冒着生命危险，置安全于不顾，和警察玩“猫鼠游戏”，原因是有超载现象存在，运输价格就上不去，运输价格上不去，超载也就成了没有办法的办法。众多的运输业主和企业表示，只要“治超”彻底、不反弹，运价就会平稳下来，不超载的“行规”才能树立起来。

“蝴蝶效应”带来的阵痛

著名的混沌理论中的“蝴蝶效应”，说的是在亚马逊流域，一只蝴蝶扇动翅膀，所引起的微弱气流对地球大气的影响可能会随时间而增强，甚至可能在两周后掀起密西西比河流域的一场风暴。“治超”行动犹如那只蝴蝶的翅膀，它的一扇动，立刻引起了一系列变化。7月1日，记者在兰州市张苏滩蔬菜批发市场采访时发现，兰州蔬菜价格较上个月有所上升，但幅度不是很大。市场的工作人员告诉记者，就目前情况来看，“治超”对菜价的影响不是很大，但有一点可以证明，外地大批量的菜明显减少了。

当日，记者来到兰州市榆中县夏官营镇，该镇农民刘小山刚刚和小菜贩交易完一桩生意。他告诉记者，去年1公斤西兰花3.6元，而今年却成了0.8元，原因是没有大卡车、大商贩上门来了。记者从榆中县有关方面了解到，现在榆中县蹲点的有10多个广东客商，一车菜运价从去年8000元增加到15000元，硬是没有司机跑。榆中的蔬菜积压已非常严重。蒋家营蔬菜保鲜库的工作人员说，去年这里平均每天外运蔬菜900多吨，而今年每天只有200吨。截至记者采访结束时，这个保鲜库已经积压鲜菜150万吨。

记者在蔬菜市场碰到的红古区平安镇的一位菜农说，由于大车上不了路，好多大菜贩不上门收购，他们只得晚上偷偷用三马子运菜进城，来赶早市。

7月4日，记者从兰州新东部货运服务站了解到，目前除中短途外，长途货运运费已全线上涨，达到了0.7元/吨公里以上，个别目的地已突破1元/吨公里。以前兰州至上海运价在9000~10000元之间，现在已上升到13000~14000元之间。

事实上，“治超”行动一开始，许多长期超载的车辆不再上路，使公路运输货源压到了铁路上，铁路运输开始了新一轮的辉煌。记者了解到，仅6月8日，兰州铁路局共装运3092节车皮，其中煤1037节、化肥1771节、油品454辆。

长期从事道路设计的兰州交通大学燕文青教授认为，超限、超载是市场经济失灵的表现，要矫正这一行为，就必须把外在成本内部化。也就是说，要建立一种能够反映不同载重(轴重)车辆对公路不同碾压损害相对应的价格或税(费)机制，同时要制定最大轴重标准限额，一般情况下，我们通常采用后者。从经济意义上看，如果不考虑管制的实施成本，那么现有的收费方式，可以赋予业主自由选择经济轴重的权利。

针对超载所带来的阵痛，交通部有关人士已于7月1日出面澄清，表示将会同有关部门采取补救措施，如对公路通行费和养路费收费标准及收费方式进行适当调整，适当降低车辆通行费征收标准，并对多轴大型车辆给予收费优惠，以降低运输成本，规范市场，同时允许各地适时在一些重点地区或重点路段推行计重收费，把"治超"行动进行到底。

(原文刊载于2004年7月6日《甘肃经济日报》，作者贾治堂)

甘肃矿难频发中的偶然和必然

安全生产,责任重于泰山。矿难频发已经成为全社会公认的最严重的公共安全问题。如果从哪一次煤矿事故没有带来伤亡来侥幸认为安全生产责任制的落实有嘉，那便失去了它的根本意义,因为我们已经难以找到没有“血的教训”的煤矿事故。事实上,从2000年开始,全省“拉网”式煤矿大检查几乎是没有间断过,但从逻辑上证明了一个不安的事实,当自我反省一场矿难时,下一个危险隐患也许正在萌芽。

11月份的前3天,我省接连不断发生了3起重特大事故,造成34名矿工死亡,问题到底出在哪里,一个个事故的背后到底有没有人为的因素？安全生产、地方监管和《安全生产法》的落实还需要反思和总结。正如国家安全生产总局科学技术研究中心主任刘铁民所说:“我们的制度已经够多了,不管是企业还是政府,只要按照制度办事,是可以降低事故的概率的。抓安全生产这种人命关天的工作,光是发发文件、喊喊口号、开开会,而不去深入到矿山企业,一个问题一个企业的排查隐患、堵塞漏洞,那就等于纸上谈兵,其结果若不出事故反而不正常了。”

教训之后的教训

10月31日12时16分,靖远煤业有限责任公司魏家地煤矿发生瓦斯爆炸事故,造成29人死亡、19人受伤。11月2日,魏家地煤矿的矿长刘汉邦被就地免职,此次事故引起了国家有关部门的高度重视。

11月2日，红古窑街煤矿发生塌方事故，经过抢救,19名遇险矿工全部脱险。就在为“10·31”事故揪心的同时,11月3日,兰州红古窑街福山煤矿发生瓦斯泄漏事故,致使井下作业的5名矿工全部遇难。

事实上,今年以来,我省的煤矿事故几乎是从未间断过。2006年5月7日,靖远县靖安乡煤矿发生重大一氧化碳中毒事故,造成9名矿工死亡、3人受伤;4月19日凌晨4时30分,华亭县安口陶土开发有限责任公司井巷发生一起冒顶塌方事件，正在井内进行井巷支护维修的3名矿工全部遇难;3月5日下午,白银平川区金源煤发生瓦斯燃烧事故,造成5名矿工不幸遇难;1月21日,窑街煤电公司三矿一工作面突然发生水害事故,造成5名矿工死亡……

记者了解到,今年1~7月,我省共发生各类生产安全事故4582起,死亡1137人、受伤

3050人，直接经济损失4251万元。其中，全省共发生一次死亡3人以上事故37起，死亡172人。按国家控制指标口径，1~7月，甘肃省各类生产安全事故死亡人数占全年控制指标的51%。甘肃省煤矿百万吨死亡率1.74，控制在目标以内。

“去年我省煤矿安全生产创历史最高水平，全省煤炭生产达3600万吨，同比增长2.8%，而死亡人数减少了61人，下降了56%。”据介绍，2005年全省煤矿共发生各类事故35起，死亡48人，比上年分别下降了43%和56%，原煤百万吨死亡率为1.31，同比下降3.56%，低于全国平均指数。

“今年事故为什么会出现了反弹，其中有一个原因就是经济增长模式的问题。”兰州大学著名经济学家刘熙琏认为，和全国一样，甘肃今年经济持续增长，而对于资源性开发，我们一贯采取的粗放型经济增长模式，在经济快速增长的情况下，能源的需求量也在增长，而对于主要依靠能源为煤炭的甘肃来说，又大概有40%左右的煤矿设备老化，矿难发生就在所难免了。他认为也有执法不严的原因，但是他更认为要真正解决矿难多的问题，除了在执法方面要加强努力之外，我们的经济增长方式一定要改变。

偶然中的必然

2004年，全国煤矿业协会发表的《煤炭白皮书》指出，目前全国的煤矿大概有26000多处，有50%左右的煤矿是高瓦斯矿井，60%~70%的煤矿是在复杂和极复杂的构造条件下进行开采的，而且50%的小型煤矿是采用落后的开采方式进行开采的，从历史和政策的原因来看，国家煤矿的安全投入欠账是非常大的。煤矿从业人员的整体文化素质相对也比较低，在煤矿的安全生产过程当中违章、违规现象比较严重。

“矿难是偶然的，但是偶然之中有必然。地方政府安全监管体系不力是最大的原因之一。”兰州交通大学张思中教授认为，近年尽管我省对煤炭安全监管体系进行过一系列调整，垂直监管体系初具形态，但监管原则仍然处在“省上监察、地方监管、企业负责”的层面上。从上到下，抓生产与抓监管仍由企业主体来承担，在如此背景下，事故频发是在所难免。只有煤炭企业真正成为市场的主体，政府回归到“监管”位置上来，监管部门对国有大型煤炭企业的监管才能真正到位。

虽然，近几年，我省煤矿的技术改造取得了很大的成效，但是离现代化还有相当大的距离。2005年《全国煤矿安全生产形势、差距和对策》的课题报告显示，甘肃矿井的原有安全设施严重老化，不少设备超期“服役”。报告还显示，“十五”期间，全省重点煤矿“一通三防”（通风、防尘、防火、防瓦斯）方面投入应达3亿元，实际投入只有1.3亿元，相差一半以上。我省煤矿企业欠账严重、投入不足、设备老化、技术落后，这是根本原因。

“从2004年开始，全国煤炭市场出现了供不应求的现象，超负荷生产成为采煤行业增加产出的主要手段之一，能源需求不断膨胀，客观上刺激了非法煤矿的生产。”兰州大学刘天星认为，煤价高、煤市好，超能力生产可以多挣点钱，让职工收入提高一些、企业效益好一些，这也许是煤企领导最朴素的想法。但是如果把经济利益和社会效益，尤其是矿工的生命放在同一筹码上，经济利益就会显得微不足道了。

副省长杨志明曾多次告诫基层安全管理部门的同志,“从文山会海中解脱出来, 少开会,多下基层;少指示,多检查。”但是上面三令五申,下面无动于衷。安全生产落实不下去,严不起来的问题还比较严重,这是安全生产的通病。安监总局新闻发言人黄毅在接受新华社记者采访时说:“煤矿没有采矿许可证和工商执照,多次要求关闭,却越开越大,地方政府的监管到哪里去了?落实责任,关键还是在县乡这一层。安全生产工作流于表面,从表面上看地方领导对安全生产不可谓不重视,大小会议开了无数次,但问题的关键在于,开了会谁去落实? 没有落实谁来负责? 这是一个很要害的问题。”

今年以来,我省发生煤矿事故的都是国有煤矿,而大多数事故中或多或少有非法开采和疯狂开采的因素。兰州交通大学张思中教授对此认为,“矿难频发的制度原因是‘公地悲剧’。”张思中说,人们是在非己所有的土地上开采非己所有的东西,也就是经济学中所谓的“公地悲剧”。煤矿的开采权经由政府以一定的期限承包给各种国营开采企业(实际上很多是以承包挂靠方式形成的国营私人企业联合体)和私人开采企业。由于特殊的国情或体制,在这个过程中,形成了一个由政府官员、国营企业官员、私人开采商组成的利益共同体,这个利益共同体追求利益最大化的结果,在最短的时间内将“公地”下的矿产开采干净,而短期内的产量最大化就是利润最大化。更重要的原因是,这个利益共同体之所以追求短期利益最大化,是由利益共同体自身生存的短期性和不稳定性决定的,而这个存在的短期性和不稳定性是由开采权的期限、政府和国企官员任期的期限、利益各方的投机心理以及合作的法律风险决定的,这是一对重要的相互寄生的“生物链”。

重建安监体系,政府应负总责

每一次矿难的背后总会掩盖着腐败,这种“猫鼠一家”甚至“猫鼠同体”的怪异现象,导致管而不严、查而不力,矿难频发。事实上,中央已经洞察到隐藏在背后的真正原因。2005年8月22日,国务院办公厅向全国发出了《关于政府官员从煤矿撤资的紧急通知》,从中央到省委省政府都意识到,如果不清理官员的乱出资行为,则很难达到治理煤矿的目的。

《甘肃省安全生产条例》已于2006年3月29日经省十届人大常委会第二十一次会议审议通过,从7月1日正式实施。《甘肃省安全生产条例》是甘肃省第一部全面规范安全生产的综合性地方法规,对各级人民政府是安全生产的监管主体、政府安全投入、建立健全安全生产责任制和预防煤矿生产安全事故等主要内容作出明确规定,是全省各级、各部门加强安全生产工作的重要依据, 也是规范各类生产经营单位及其从业人员安全生产行为的准则。事实上,遏制煤矿重特大事故频发的办法非常明确:重建安监体系,落实安全政策,政府必须主导,要负总责。就政府监管而言,要不断地加大执法力度,严打官商勾结,严格执行问责制度,只有这样才能取得经济效益和社会效益的双赢与和谐发展。

副省长杨志明在8月14日安全生产形势分析会上指出,“甘肃省只有走经济发展与安全发展互促共进的新路,安全生产状况才能从根本上实现稳定好转。”杨志明说,一是在安全投入上要有新发展,从过去项目建设的配套投入向安全生产的“刚性”投入发展,来解决弥补安全历史欠账和安全资金渠道的问题。二是在安全文化上要有新发展,从过去一般性的安全宣传向强化安全培训、营造安全文化发展。三是在安全法制上要有新进展，要从执行国家法律向制定出台本地适用的地方法规发展，实现安全由“人治”向“法治”转变。四是在安全责任上要有新发展，要从事后处理向强化两个主体、落实两个责任发展。五是在安全科技上要有新发展，从单纯的安全技术改造向安全技术创新和安全科技支撑体系发展。

省委书记陆浩自上任以来，在多个场合对此表明了鲜明的态度：对煤矿矿主而言，要通过法律的、经济的手段，加大威慑力和事故成本，使其更加重视安全生产，同时要转变增长方式，厉行节约，遏制能源需求的不合理膨胀。

矿难之难，已成为举全省之难。11月3日，省政府办公厅发出通知，要求全省煤矿大力检查安全隐患，防患于未然。在血的代价之后，亡羊补牢，为时不晚，目前已经进入冬季，又是煤的需求量最多和兰州煤源告急的时候，越在这个时候往往是安全生产事故的多发阶段，决不能有麻痹的思想，不仅要举一反三，严力盘查生产环节，而且要提高认识，加强煤矿企业的安全基础管理。必须立即纠正制止少数国有大矿管理“滑坡”现象，指导管理混乱的小煤矿建立起规范化的安全管理制度。企业发展靠两个轮子，一个是技术进步的轮子，一个是企业管理创新的轮子，现在不少企业这两个轮子都没了。尤其要抓国有重点煤矿，绝对不允许超能力、超强度、超定员生产。

对于公共安全事故频发，刘铁民认为，根本的原因是我们的经济社会发展水平还较低，如果生产总值较高，产业结构以服务业为主，事故发生率会降低很多。经济规律证明，人均生产总值在三四千美元以下的时候，发展越快，事故就越多，因为经济发展主要以制造业为主，能源和原料需求多，大工业容易出现事故。他说：“谈论公共安全事故时，不可超越我们的经济发展水平，但是政府加强监管，企业担负起对职工和社会的责任，会大大减少事故的发生。”

（原文刊载于2006年11月5日《甘肃经济日报》，作者贾治堂）

这是一份特殊时期的紧急公示。5月1日,《甘肃日报》用半个版面刊发了省抗旱防汛指挥部的紧急公示：对我省40座大中型水库的防汛责任领导和10个重点城市防汛责任领导进行了张榜公布,接受社会监督。

记者试图采访名单之列的领导,但几乎都是以“安全大于天”的说法拒绝,防洪防汛和病险水库管理被视为地方责任领导仕途的“不定时炸弹”已经不是什么政治秘密。

虽然省水利厅的有关负责人一再表示,紧急公示和高台县“4·19”事故没有直接因果关系,但前车之鉴已经使责任干部谨之又慎,如履薄冰。

防洪防汛责任重于泰山!5月10日,胡锦涛总书记、温家宝总理分别对病险水库除险加固工作作出重要指示,强调要加大病险水库治理力度,尽快落实治理任务,并加强工程监理,提高治理质量,确保水库安全度汛。

病险水库——被忽略的公共隐患

2004年11月27日,皋兰县黑石川乡红山根水库大坝发生决堤,库中9万立方米洪水倾泻而下,淹没了600多亩农田和300多户农舍,使7个村的农民生产生活遭到了破坏。

2007年4月17日,高台县段发生山洪,致使民永村、民水村、永进村3个移民村大片的农田和庄舍被淹没,造成直接经济损失376万元。

2天以后,张掖小海子水库下库坝体突然决口40米,致使下游两个乡(镇)的5000多名群众紧急疏散,造成直接经济损失179.86万元。

记者了解到,尽管这几年全省水库安全度汛取得很大的成效,但水库病险问题还没有从根本上得到解决,全省病险水库安全度汛的形势十分严峻。

“三边工程”——短期行为埋下的隐患

安定区的石门水库是一个超期“服役”了12年的水库,2006年,在安定区各级领导的争取下,国家投资300万元开始加固。安定区水利局韩鸿鸣副局长说:“5月底工程竣工,可以蓄水运行。”

石门水库是一个典型的“三边工程”,安定区退休干部王书义曾经参与水库的修建,见证了当初的盛况,“那完全是一场轰轰烈烈的群众运动, 几千农民同时参与到水库的修建中,当时基本没有什么技术方面的指导,多是土法上马,加上工期较紧,没有科学依据,水库是在边勘测、边设计、边施工的条件下建成的。”

韩鸿鸣对于“三边工程”的理解是边建设、边报项目、边争取资金。“尽管如此，石门水库还是幸运的。”韩鸿鸣说，去年投资300多万加固水库，对于安定区来说就是一个三峡工程。

安定区是我省重点国扶县，全区有水库8座，除了石门水库正在加固外，其他的7座水库目前都在“带病”运行，青年水库就是其中之一。

青年水库始建于1975年，1983年进行了维修，水库设计坝高16米，流域面积5.7平方公里，设计总库容48万立方米。“当时是按20年一遇洪水设计的，但自水库建成以来，由于流域内水土流失较为严重，大量山洪入渠，并进入水库，水库每年都要拦蓄大量的泥沙，水库淤泥淤积量日益增多。”

记者在青年水库碰到一位当地农民，他告诉记者，10年前水库排水底洞就堵塞，无法拉沙排泥，农民守着水库却没有水，只能眼看着雨水从这里白白流走。记者注意到，被淤泥基本淤平的水库，不足1米高程的水库已经失去了兴利库容和滞洪库容，彻底丧失了泄水能力，来水只能从溢洪道下泄。若遇大暴雨极易翻坝，给下游群众财产安全造成很大威胁，而青年水库的下游正是定西市区。

对于青年水库的危险性，安定区水利局的有关人士都表示担心，“虽然已经到了报废的年限，但是至今没有一个可行的方案来落实。”

上世纪六七十年代，我省黄河、洮河、渭河等流域修建了许多大、中型水库，限于当时的历史条件，工程标准低、施工质量较差、配套不完善，因此遗留问题很多，经过三四十年的运行，程度不同地存在着各种各样的问题。一类是防洪库容不断减少，防洪标准逐步降低，达不到设计标准的要求，尤其是防洪能力较低，大部分水库实际防洪能力只有10~30年一遇，远远达不到大、中型水库的校核洪水标准，一旦发生超标准洪水，就有水毁的危险，这样的坝一般称为险库。另一类是水库长期没有维修，设施损坏，坝体及建筑物本身出现问题，不能正常运行，这类库一般称为“病库”。

省水管局副局长苏永新说，目前全省的158座病险中小型水库已经加固了56座，还有102座在“带病”运行，这些水库绝大部分分布在农村，不仅成为当地严重的安全隐患，并在一定程度上制约着当地农业生产的发展。

泥沙沉淀——水库功能日渐丧失

由于我省地处黄土高原，水土流失还没有从根本上得到治理，水库淤积严重，使得一些水库事实上已无效益，防洪和兴利矛盾十分突出，一旦出现超过现有设防标准的洪水，将会有不可估计的危险。

红崖山水库位于巴丹吉林沙漠和腾格里沙漠之间，有“亚洲第一沙漠水库”的美誉。近年来，随着当地生态环境逐步恶化，两大沙漠不断收缩包围圈，红崖山水库遭受着风沙入侵的严重危害，使20多万民勤人的生产生活受到严重的影响。

“持续干旱，库区周围大片的林木和草场死亡、枯萎，沙漠前沿的地表也变得疏松，流沙开始向水库推进。如今，巴丹吉林、腾格里两大沙漠离水库不过一公里，最近的只有几十米。”

从1958年后的40年时间里，红崖山水库经过三期工程，共投资2510万元，这个被称为

"民心工程"的水库担负着民勤绿洲16个乡镇25万人的供水重任。强沙尘暴经过时,大风简直就是把沙尘一吨吨地往水库里倒。据估计,每年沙尘暴会将35万立方米的沙尘填入水库。红崖山水库的平均深度已减少近2米,库容量也从当初的1.27亿立方米减少至目前的9700万立方米,淤积量达3000万立方米,而可用库容则更少,仅为7000万立方米。

和红崖山水库一样,目前全省许多中小型水库所存在的问题,都是长期以来积累下来的病险。资金上长期投入不足,除险加固和正常维护成了"无米之炊",属地管理也就缺位,恶性循环加重了病险水库的更加病险。

1958年,三门峡水库的淤泥达50亿吨,渭河河床暴长5米,沿岸的大小城市受到严重威胁,黄河上游及支流水面也是渐涨渐高。危急之中,国家当机立断:在黄河上游上建设一座大型水电站,拦截黄河泥沙,保卫黄河。刘家峡水电站就此诞生于这时的危难中。

而40多年后的今天,刘家峡水电站同样遇到了三门峡水电站难以克服的问题,黄河泥沙正在"有步骤、有计划"地吞噬着连同它下游的盐锅峡、八盘峡水电站。专家预言:如果不及时治理水土流失,生态继续恶化,几十年后,黄河三峡上的3座水库将失去所有的功能。

刘家峡水电厂陈启峰主任用一组惊人的数字向记者描述,水电站目前运行了37年,库容已经消耗了30%左右,淤泥在15亿吨左右,如果不采取有力措施,也许几十年后,刘家峡水电站将失去发电功能。陈启峰主任说,目前大坝平均淤泥深在70米左右,最深处已经达到100米以上,已经对发电产生了不小的影响。

据陇电分公司工程师焦世海介绍,八盘峡水库属于日调节水库,设计库容为0.49亿立方米,近10年来,由于黄河上游水库较多,丰水期又比较少,造成河道输沙能力下降,水库的泥沙淤积特别严重,目前损失库容55%。库区沿岸的148.1平方公里面积上,水土流失面积达139.4平方公里。每年流入水库的泥沙达79.5万吨,使库容减少了0.87亿立方米。

"自3座水电站建成以后,仅永靖县每平方公里的土地上土地流失量就达15万吨。每年有2500万吨左右的泥沙流入黄河,这些泥沙如果用50吨的车皮来运,车皮可以排5000公里长,相当于一条黄河的长度。"2006年,中国社科院欠发达经济研究中心主任袁钢明在永靖县调研后认为,黄河三峡正在经历一场生态灾难,而这种生态灾难如果不及时治理,有可能殃及整个黄河流域的生态平衡。

年久失修——缺少长治久安机制

1975年兴建的安定区马家岔水库,灌区设计灌溉面积5170亩,同时担负着下游3.33万亩耕地及9.2万人的防洪保护任务,但是水库目前已经不能承担灌溉任务,而且时刻危机到下游的安全。

安定区水利局蔡向东科长说,库区植被较差,随着降雨量的减小及水保工程建设,除汛期有洪水外,沟道径流趋于枯竭,几乎蓄水很少;由于水库属于"三边工程",坝顶未达到设计高程,存在管理不科学和淤积严重的问题,多年来已经不能承担本灌区的灌溉任务。

记者在马家岔水库看到,水库的闸槽、闸杆、闸门多处扭曲变形,锈蚀严重,大坝泄洪洞出口已经严重塌陷。"前几年,只是水库蓄水位较高时,出现过几次大的纵横向裂缝。"韩鸿鸣说，水库在建设过程中，由于没有设置必要的观测设备及设施，致使运行多年没有观测资料，水库水情只能凭借肉眼判断。

陇东某县的一位领导道出了病险水库管理的无奈："安全责任的强化和病险水库随时可能出现的险情让区县的主要领导的神经相当紧张，辖区的病险水库常常让责任领导睡不好觉。"据不完全统计，为了安全，全省有50%的病险水库没有按设计要求蓄水，有的水库甚至空库度汛，直接影响着灌区的农业生产。其直接原因就是多年以来投入不足，没有一个长效的属地管理机制。

5月17日，张掖市普降暴雨，祁连山的山洪暴发，高台县南华镇的民永村、民水村、永进村被洪水淹没。民永村的村主任闫国栋说，以前的洪水是遍地跑，高速公路修好以后，每隔1公里就有1个排洪口，就像一个个抽水机一样，一个村子对着3个排洪口，不淹没才怪呢！

包村干部王吉彪说，高速公路确实给河西人民带来了实惠，但与此同时也为公路沿线的村庄带来隐患，在高台县沿线10公里高速公路上，由于排洪口的处理不当，沿线村庄每年都要遭受不同程度的洪灾。

安定区水利局副局长韩鸿鸣说，安定区总共有小(二)型以上水库8座，2座已完全失去了水库的功能，其他6座水库也基本失去应有的防洪、灌溉、调蓄等功能。坝体位于黄河流域支流祖厉河二级支流上游的马家岔水库，曾为安定区东河灌区的农业灌溉和夏灌的补充水源起着十分重要的作用。现在的马家岔水库除了能看到一座通往闸塔的危桥和上面的一座危房外，已看不出这是一座水库。当地群众告诉记者，这个水库除汛期有洪水外，平常沟道流径趋于枯竭，年内蓄水很少。

资金短缺——穷财政下的水利发展史

2002年，庆阳市政府试图利用贷款治理巴家嘴水库，但是以失败告终。庆阳市农业银行的孟先生在接受记者采访时表示，"谁敢给病险水库贷款？"

事实上，近年来，银行对投资性发电水库比较青睐，灌溉水库的收益低，投资后银行很难收回投资本息，所以金融机构更不愿意贷款给病险水库加固。除去银行贷款，病险水库的唯一资金来源也只能是财政拨款。

"一旦要财政出资的时候，地方财政的窘迫就显露无遗。"安定区水利局副局长杜琳说，安定区的病险水库治理需要资金2200万，但是贫困县的财力实在有限，自筹资金的渠道少之又少，只能对"大问题小修补"。

由于历史原因，我省现有的水库病险率较高，制约着工程效益的全面发挥，威胁着人民群众生命财产安全，成为防洪安全的隐患。近年来，经过省委省政府和水利部门的积极努力，全省158座病险水库中的79座大中型和重点小型水库已经纳入全国病险水库除险加固一、二批专项规划，估算投资8.53亿元。1998年至2006年，国家共安排了我省56座病险水库实施除险加固，共下达投资7.06亿元，其中中央补助4.72亿元，地方配套资金2.34亿元。

记者了解到，全省病险水库除险加固工作当前存在的主要问题是配套资金难以筹措落实。2006年中央安排我省病险水库项目投资13182万元，其中国家补助8765万元，需要省级配套资金1325万元，市县配套3092万元；2007年计划病险水库项目需要投资13549万元，其中省级配套2275万元，市县配套3092万元。两年省级需要配套资金3600万元，目前省内配套资金落实难度非常大。

每年“两会”，病险水库都是代表和委员必提的意见和建议。在今年的全省“两会”上，关注我省病险水库的修缮难题的代表和委员上升到83位，每一个提案几乎都希望市水利部门将其相关的水库作为资金投放的重点。

省政协委员甄海生提出，水库管理部门要打破等、靠、要思想，尝试引入市场机制，走“以坝养坝”的道路，根据当地条件，大力发展旅游、供水、养殖等产业，积累资金，来处理病险库。同时要纠正“重建轻管”的思想，打破防汛抢险舍得投入，但对管理维护维修不能安排必要经费的传统思维方式，应综合整治，多方面筹措资金，加大投资力度，加快除险和加固步伐。

5月10日，国家防汛抗旱总指挥部召开电视电话会议，传达贯彻中央领导同志重要指示精神，全面部署今年水库安全度汛工作。国家防总副总指挥、水利部部长陈雷在会上指出，目前我国水库工程现状和安全管理整体水平仍然滞后于经济社会发展，存在一些亟须解决的突出问题。各地区、各有关部门要认真领会，坚决贯彻中央领导重要指示精神，克服麻痹侥幸思想，把水库安全度汛作为一件大事、要事抓紧抓好。

（原文刊载于2007年5月19日《甘肃经济日报》，作者贯治堂、胡作政）

享受过程是一种幸福

你想如何报道新闻,就得如何报道自己。

这本作品集,并没有刻意描绘历史的雄心,但是记录发展变化是我的初衷。从150万字的稿件中筛选出40万字的稿件,几乎用了半年的时间才整理出这本书稿,完稿那天正好是儿子的生日,爱人提议,全家在外面海吃了一顿。

在精选的100多篇新闻报道里,以甘肃经济社会发展为脉络选择了能经得起历史和时间检验的人物和事件,因为是记者,我恰好与这些人和事相遇。而书名定为《我从陇上走过》,只是想真诚地梳理走过的路,而不是自诩走得有多么好。

(一)

记者不能离开现实而独立生存于这个社会。我不能,很多人也不能。

2009年初,我发现很多上班族都迷恋网络游戏——在开心网上“偷菜”,于是便写了一篇《“开心网”席卷兰州上班族》的深度报道,从精神文明和社会主义价值观等方面对“网游”的利弊进行分析性的开导。时过境迁,当大家都玩得不亦乐乎的时候,我却出于好奇地喜欢上了“QQ种菜、偷菜”。于是才发现,我们根本不能独立于这个社会,只有社会可以影响我们,我们没有条件和理由让自己与社会格格不入。

生活本该如此。

一位朋友曾经问过我一个问题:人到底是活着,还是生活?思索了很久,我说活着只是目的,而生活是一种态度。朋友没有异议。

(二)

我出生在庆阳市一个偏僻的小村庄。上个世纪80年代中期,家乡还处在温饱线上。小时候的我并没有受多少磨难,只是家里条件不好,因为是姊妹里年龄最小的 ,而且身体最弱,所以母亲常常拿比别人多一倍的杂粮换点白面粉给我当零食吃。而这可能是养尊成我至今还有的“嘴谗身懒”毛病。

在我最远的记忆里,父亲的忠厚和母亲的善良对我影响深远。

大概在我六七岁的那年,邻居家种了很多甜菜,那年的年景很好,地里的庄稼丰收在望。突然有一天中午,邻居气势汹汹地跑到我们家,说他们的甜菜丢了,父亲气急败坏,把我和姐姐狠狠地揍了一顿,但是在得知我们真的没有偷东西时,父亲开始消气了。而母亲的善良打动了邻居婶子,她用半筐苹果给了邻居婶子算是赔偿。在以后的两个晚上,父亲领着我住在邻居的甜菜地里,终于抓住了偷菜的人。

多年后,我一直想不明白,父母为什么这样做。直到有一天,我才明白,他们是要告诉我,人可以什么都没有,但不能没有尊严和品质,也许这是父母给我启蒙教育的最大礼物。而正是有了骨子里的东西,我一生受益,进入社会后虽然曾遭遇挫折,但我最终没有被社会抛弃。

大学刚毕业那年暑假,我在一次意外中遇到车祸。车祸使我的腹腔隔膜损伤,由于第一次手术不是很成功,两个月后,我又因肠粘连住进了医院,进行第二次手术。四月的天,躺在病床上的我已经崩溃了,甚至连一点活下去的勇气都没有。由于两次手术同是一个刀疤,伤口感染,术后的第15天伤口还没有愈合,医院连续两次下了病危通知书,在此期间,医院组织了多次会诊,护士24小时陪护着我。后来,在很多人的关怀下,我终于脱离危险。出院的时候,老医生拉着我的手说:“孩子,年轻是你的资本,如果不是年轻,你可能也不会有这样的奇迹。”

从死神那里挣扎过来的我那年刚22岁。后来很多人都用同一句话安慰我“大难不死,必有后福”,大难不死不假,但后福至今还未出现。忘本意味着背叛。我以为,感恩是一种生活态度,一种善于发现美并欣赏美的道德情操。生命犹如一张白纸,有了感恩的心,这张纸上便会出现粉红。一生都怀抱感恩,纸的底色也便是粉红透彻,也就有了美好的人生。

人必须感恩、知恩,感谢养育之恩、教导之恩、扶助之恩,感恩那些曾经关心你、祝福你、帮助过你的人;人只要活着,就有意义,就得热爱生命、热爱生活,不管你曾经受多大挫折。

(三)

2002年初,我加入了甘肃经济日报社这个大集体,在此之前,我一直在甘肃青年报社做记者、编辑。应该说,在甘肃经济日报社的10年多时间里,我学到了很多珍贵的东西。

刚进入甘肃经济日报社,我对报社当时提倡的以“深度报道”作为报纸头版头条的机制一时还不适应。在新闻教科书里,没有这样学过,老师也没有这样讲过。我甚至拿“昨天的新闻是报纸的立身之本”的理论来极力反对、争执,但是后来的事实证明,包括我在内的很多年轻编辑、记者都错了。

实践是检验真理的唯一标准!

事实证明,《甘肃经济日报》自2001年复刊以来,之所以能有一定的市场和影响,就是靠独特的深度报道来立身的,且不说内容和分量上如何,单就新闻的形态已经领先于同类媒体。

进入报社的第一个月,我因发表了5个头版头条的深度报道而受到报社的肯定,其中的《明天上哪找课桌?》获得当年甘肃新闻奖二等奖,也是《甘肃经济日报》复刊以来受到业界肯定的最高奖项。因为写了一些报道,我得到了很多荣誉和花环,也曾气盛、浮躁过,但我从没有好高婺远过。

(四)

在社会这所大学里,我学到了课本里没有的东西,也实践了同龄人还没来得及实践的理论。

我有很多朋友都是忘年交。已故的兰州教育学院教授张尔进就是其中一位,他大我整整45岁,为解释一句诗词,他却惹上了文字官司。为了100年前兰州一位民主人士的清白名节,张尔进教授忍受癌症病魔的肆虐,奔走相告,四处求援,为正义而战。我们每次交谈时,他的一振臂、一个眼神,令我终生难忘。那一刻,我明白:人不只是为了自己活着。

就在不久前东北某所大学教授连环抄袭论文事件发生后,我还在想,现在的教授多如牛毛,国家不缺少教授,缺少的是做学问的严谨态度,缺少的是像张尔进教授一样有严谨治学的精神。如果人人都能像他一样以人品来担保作品,以人格来捍卫正气,教授这个精英群体也不会常常处在舆论的风口浪尖上了。

记者是什么?有人认为记者是一个杂家。其实"杂"是两个方面的,不仅是文学、经济、历史、哲学等方面知识上的"杂",还需要有协调、化解、排除、疏导等能力上的"杂"。

2008年汶川地震,我带领报社记者第一时间赶到我省地震灾区文县,在几天的采访里,同行都开玩笑说我不像一个记者。在碧口镇的一个村庄里,我碰到十几个赶了几十里山路的当地摘茶叶的民工,地震后,他们想第一时间赶回家乡去,但是路途还很遥远,我因跑了几里地协调了一辆军车送他们回家而耽搁了重要采访;在文县县政府大楼里,前来上访的村民把办公室楼道围得水泄不通,我因劝回了几个村的党员回村开展自救而耽误了采访时间……诸如此类的"杂"不知有过多少次,难以记清。

工作中,有时候不是一个合格的记者,我有意识或无意识地把采访中的矛盾公开化,甚至做疏导采访对象的工作,化解本应该在新闻报道中出现的矛盾和冲突。这就像业界一致讨论的一个问题:当马路上有一个大坑时,记者是拿着照相机等待抓拍行人掉进坑里的镜头,还是要提醒行人注意脚下?

假如没有对人真正的关切,就不能成为记者;假如仅仅停留在对人的关切上,而不是对问题的求解上,就不会成为一个好记者。

不知道对否,习惯已成为自然。

(五)

当经历了,神马都是浮云,只有那一份温暖恬淡才是舒坦踏实的。

世界上最优秀的钢琴家之一加里·格拉夫曼和我国著名钢琴家郎朗有一段经典的对话,加里说:"学习音乐不仅仅是为了获奖和荣誉,必须要强调过程,只有过程才能让你一生感到满意和充实。"

在整理书稿的过程中,好朋友劝我:"这是为自己树碑,你这个年龄不适合出书。"为自己不假,但是绝不是树碑,这是个不需要树碑的时代。这个时代的青年就需要有张扬的个性和积极的心态。若不张扬,如何青春?

我对朋友说,书出版后,如果我不开心,我会及时说出来让大家开心的。

至于年龄,的确如此,固有思维逻辑是出书的人一定是功成名就、德高望重、白发苍苍之人,所以太盛、太过年轻,肯定没有人喜欢你是有道理的,这个我认。

还是《中国青年报》常务副社长张坤的话鼓励了我:“在国家级媒体能发表10多万字的文章,那不是一个人的欣慰和幸福。”

(六)

歌德说的很好:“你若要喜爱你自己的价值,你就得给世界创造价值。”

不可能任何人都喜欢你,也不可能任何人都讨厌你;不可能任何人都赞叹你,也不可能任何人都诽谤你,你自己不动心就行了。

近两年,省内一些县区宣传部门邀请我为地方通讯员讲课,分享新闻实践和心得;我也有幸受邀为兰州大学新闻与传播学院和其他大专院校的大学生讲实践课,分享成功与失败的心情,这也是一种“微幸福”。

“微幸福”一词来源于网络,是相对于大幸福而言的。这种小幸福是从心底油然而生的,它如同我们每天都会呼吸的空气,时时存在,大多时候,我们又可能漠视它的存在。

许多人说记者工作的快乐指数很低,这是因为他们对幸福的要求太高。幸福应该是一种态度,因为幸福不在于多少,在于感知幸福的能力,一个没有感知幸福能力的人,无论他得到再多,他都不幸福;一个能感知幸福的人,无论他多么平凡,他都是幸福的。

从平淡中看见欢喜,从繁琐中发现愉悦。微幸福,点点滴滴细微无奇,未必让你激动和兴奋,但它却细腻、深沉、温暖、久远,细细品味,韵味悠长,知足常乐。

收获享受幸福,我能,你也能。

(七)

所以,我要感谢给我幸福的人。

感谢《甘肃经济日报》这个平台。没有这个平台,昨天的我也许不会是今天的我。

感谢原《甘肃经济日报》总编辑王博业,他培养了很多会思考、能思考的记者、编辑,而我只是其中一个;是他创新了《甘肃经济日报》深度报道的方法和方式,而深度报道成就了包括我在内的一大批同仁。

感谢吴辰旭老先生,是他教给了我做学问的严谨态度,也是他点通了我的灵犀来虔诚文字。

感谢《甘肃经济日报》总编辑韩凤彪给予的大力支持!感谢我的同事马云、刘森、李佳宁,是他们的无数次帮助,使我在成长中懂得善待,懂得良知是职业道德的底线。

感谢我亲爱的同事们,他们的支持和鼓励是我毕生的财富!

感谢《南方周末》记者张立、傅建峰、成功、南相红、杨瑞春……感谢《中国青年报》狄多华、《经济日报》李琛奇、《光明日报》陈宗立,和他们一次次的合作受益非浅。

感谢兰州大学新闻与传播学院、西北民族大学新闻传播学院、兰州城市学院传媒学院的联合推荐，使这本书成为大学生课外新闻实践读物！

感谢所有对我帮助、包容的朋友们！

真诚地说声谢谢！谢谢你们！

尽管本书中还有部分选题立意仍欠推敲，有些文章立意还显稚嫩，但我仍然带着欣慰向你们致歉！请批评指正！

贾治堂